上饶统计年鉴

SHANGRAO STATISTICAL YEARBOOK

2016

中国统计出版社
China Statistics Press

图书在版编目(CIP)数据

上饶统计年鉴. 2016 / 上饶市统计局，国家统计局上饶调查队编.
——北京:中国统计出版社,2016.8
ISBN 978-7-5037-7876-6

Ⅰ.①上… Ⅱ.①上… ②国… Ⅲ.①统计资料-上饶市-2016-年鉴 Ⅳ.①C832.563-54

中国版本图书馆 CIP 数据核字(2016)第 184249 号

上饶统计年鉴-2016

作　　者 / 上饶市统计局、国家统计局上饶调查队
责任编辑 / 陈越月
装帧设计 / 王忠诚
出版发行 / 中国统计出版社
地　　址 / 北京市丰台区西三环南路甲 6 号
邮政编码 / 100073
电　　话 / 邮购 (010) 63376909　书店 (010) 68783171
网　　址 / http://csp.stats.gov.cn
印　　刷 / 上饶同济印刷厂
经　　销 / 新华书店
开　　本 / 890mm×1240mm　1/16
字　　数 / 980 千字
印　　张 / 25.75
印　　数 / 1-1000 册
版　　别 / 2016 年 8 月第 1 版
版　　次 / 2016 年 8 月第 1 次印刷
定　　价 / 230 元

如有印装差错，由本社发行部调换。

《上饶统计年鉴——2016》编辑部

编　者　说　明

一、《上饶统计年鉴——2016》是一本经济信息密集的资料性年刊。它以全面系统的统计资料，介绍了上饶市国民经济和社会发展情况，为各级领导和有关部门了解上饶市情、研究经济发展战略、制定规划和管理经济提供了有参考价值的统计数据；为社会各界组织生产、进行贸易以及进行招商引资决策提供了翔实的统计信息。

二、本《年鉴》以2015年各项统计资料为主，同时对一些主要指标增列了历年或主要年份的数据，全书内容分为16个部分：1、综合；2、人口；3、从业人员和职工工资；4、固定资产投资；5、能源生产与消费；6、物价；7、人民生活；8、农业；9、工业；10、建筑业；11、交通、运输、邮电通讯业；12、国内贸易、个私经济；13、对外经济贸易、旅游业；14、财政、金融；15、教育、科技、文化、卫生、体育和其他；16、与江西省及兄弟市对比资料。每篇篇首配有简要说明和内容提要，篇末附有《主要统计指标解释》。

三、本《年鉴》统计数据除特殊说明外，均按“块块统计”原则搜集得到。本《年鉴》表中的符号说明：“…”表示数据不足本表最小单位数；“空格”表示该项统计指标数据不详或无该项数据；“#”表示其中的主要项。

四、在本《年鉴》编印过程中，得到了有关领导和有关部门的大力支持，在此一并表示感谢。为使今后的《年鉴》编印工作不断改进和完善，更好地满足社会各界的需求，希望广大读者提出宝贵意见和建议。

目　　录

一、综　　合

二、人口

三、从业人员和职工工资

四、固定资产投资

五、能源生产与消费

六、物　　价

七、人民生活

八、农　　业

九、工　　业

十、建筑业

十一、交通、运输、邮电通讯业

十二、国内贸易、个私经济

十三、对外经济贸易、旅游业

十四、财政、金融

十五、教育、科技、文化、卫生、体育、其他

十六、江西省及兄弟市对比资料

地区生产总值(亿元)

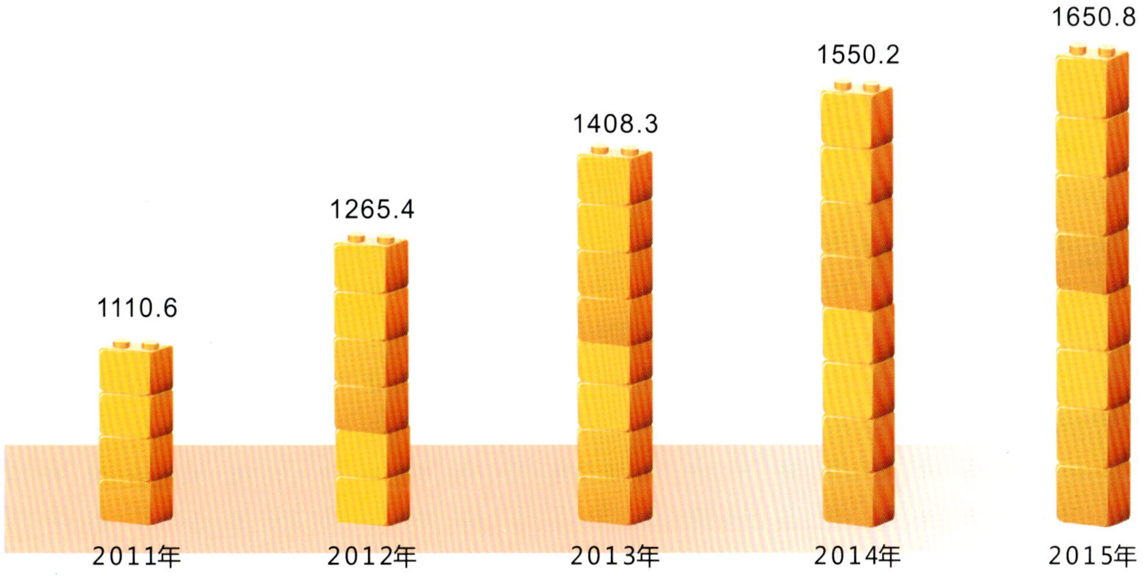

三次产业结构(%)

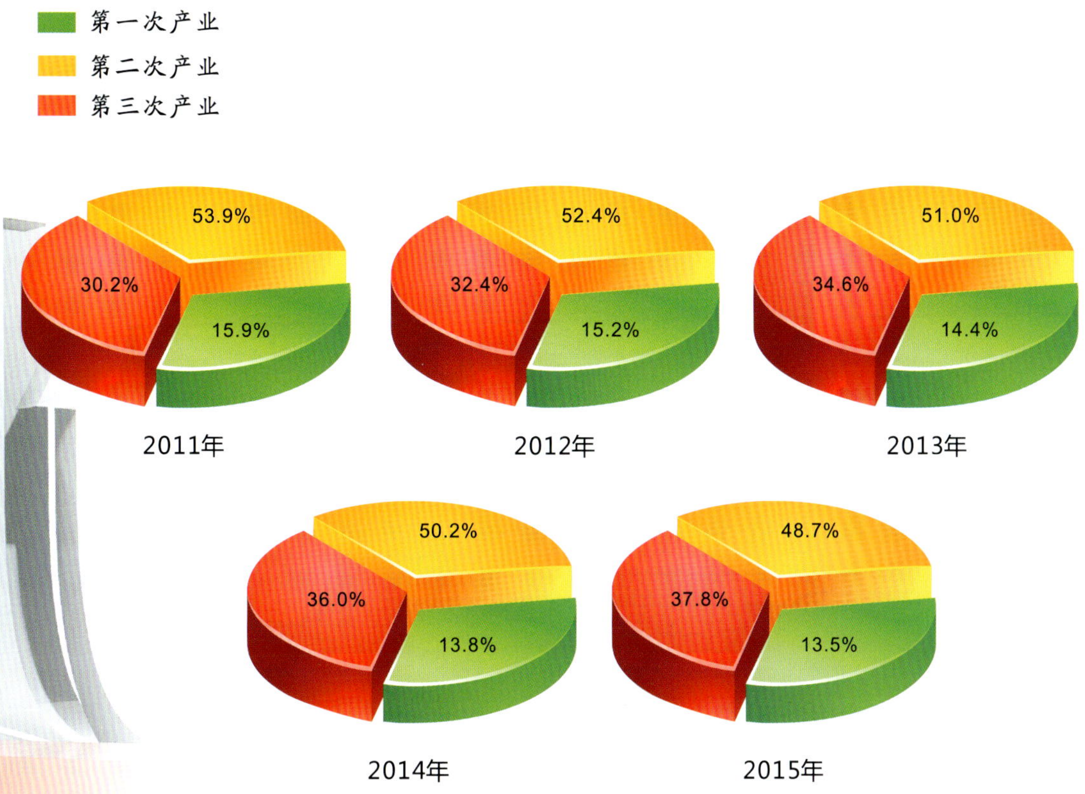

人均地区生产总值(当年价格，元)

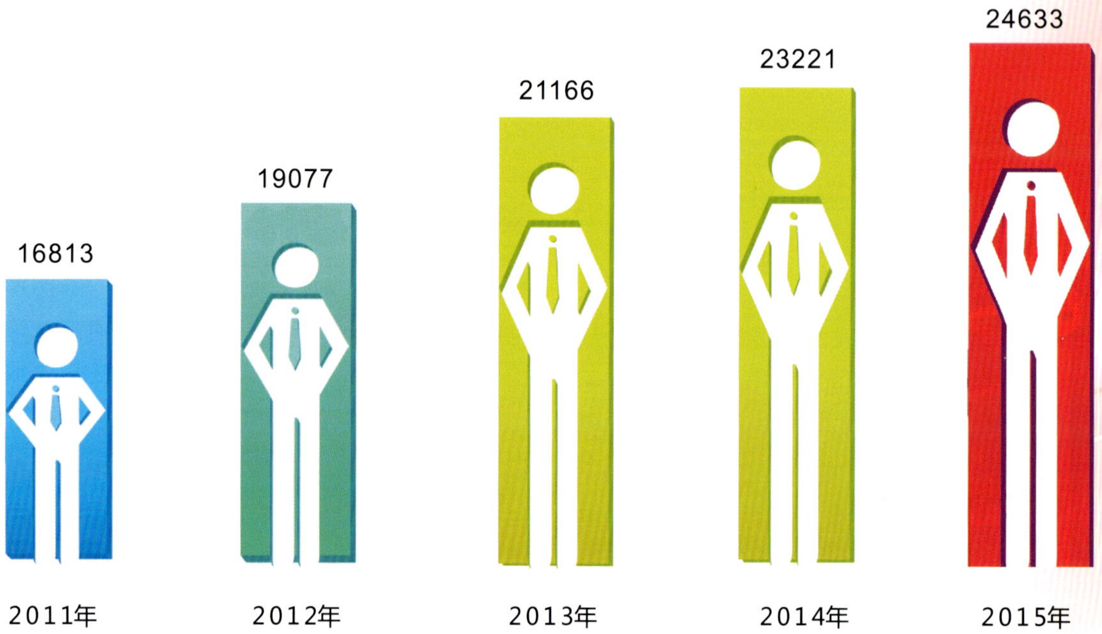

规模以上工业增加值(亿元)

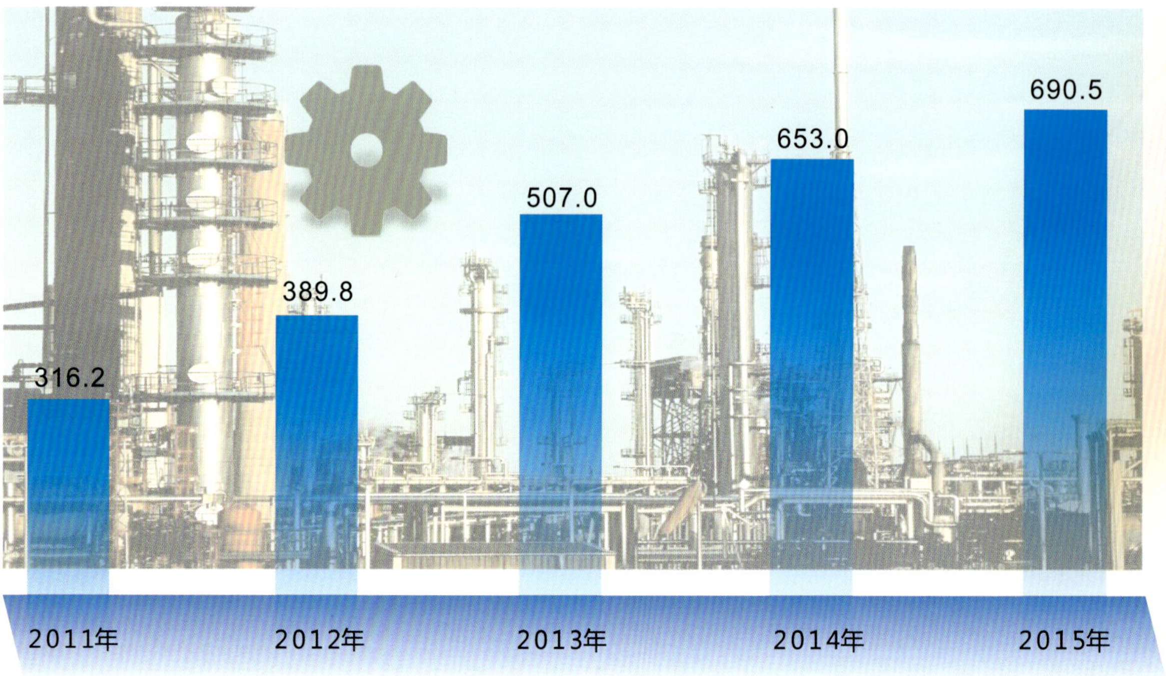

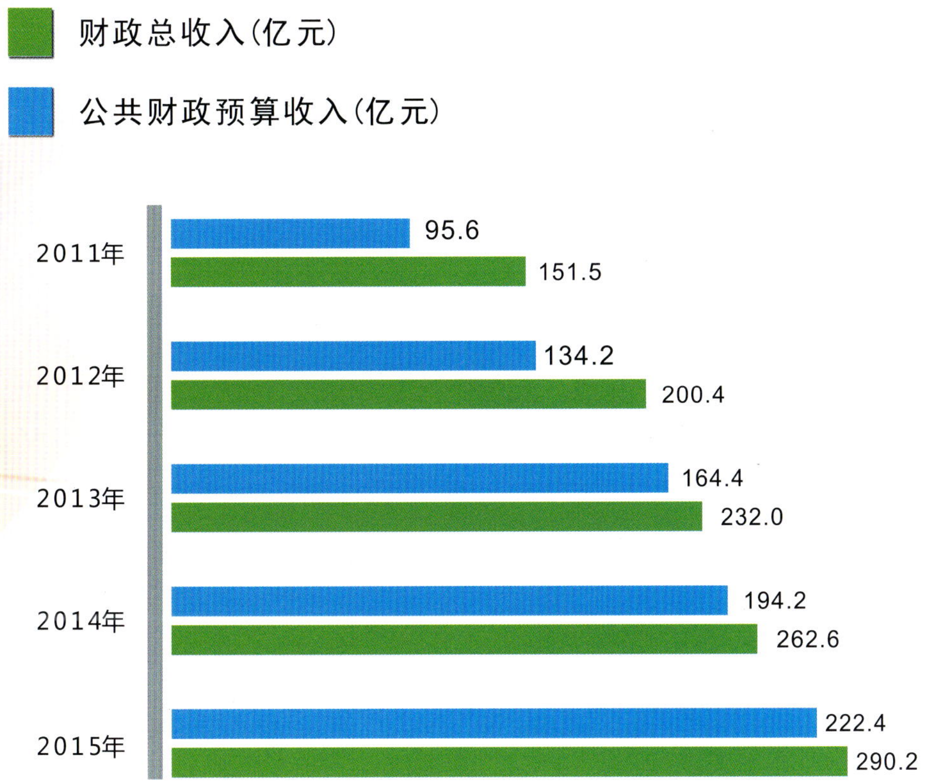
财政总收入(亿元)
公共财政预算收入(亿元)
2011年
95.6
151.5
2012年
134.2
200.4
2013年
164.4
232.0
2014年
194.2
262.6
2015年
222.4
290.2

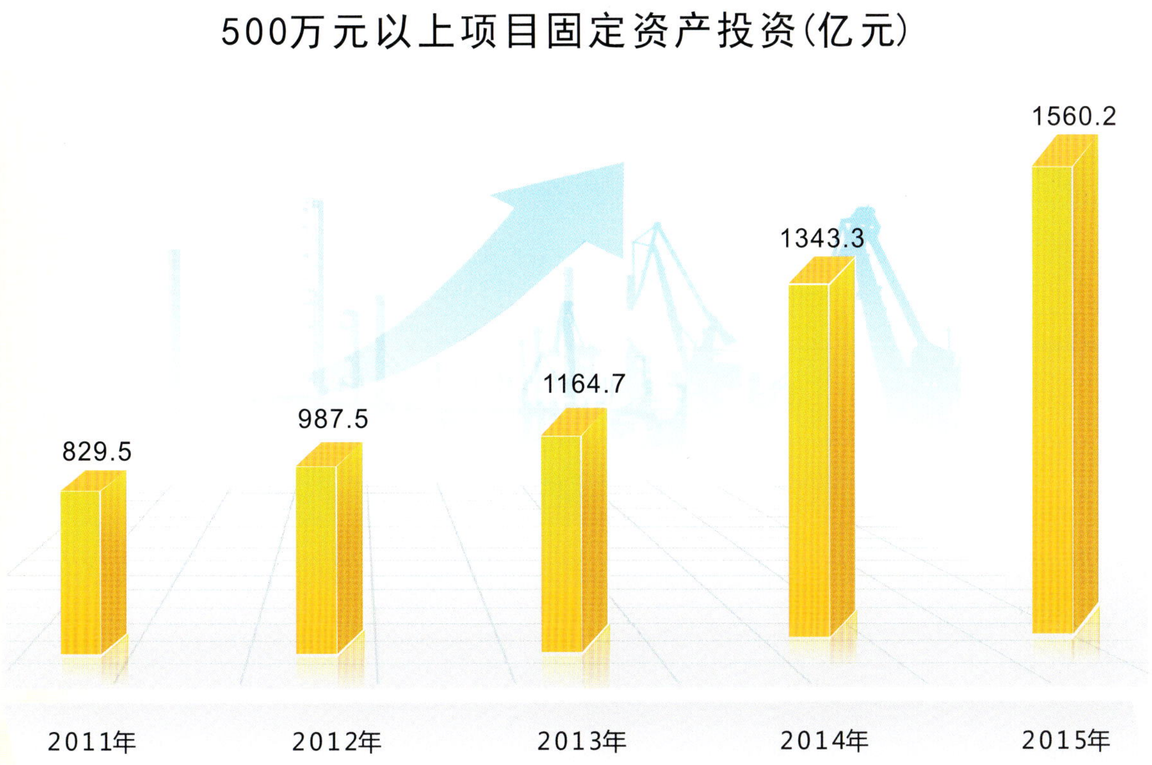
500万元以上项目固定资产投资(亿元)
829.5
987.5
1164.7
1343.3
1560.2
2011年
2012年
2013年
2014年
2015年

社会消费品零售总额(亿元)

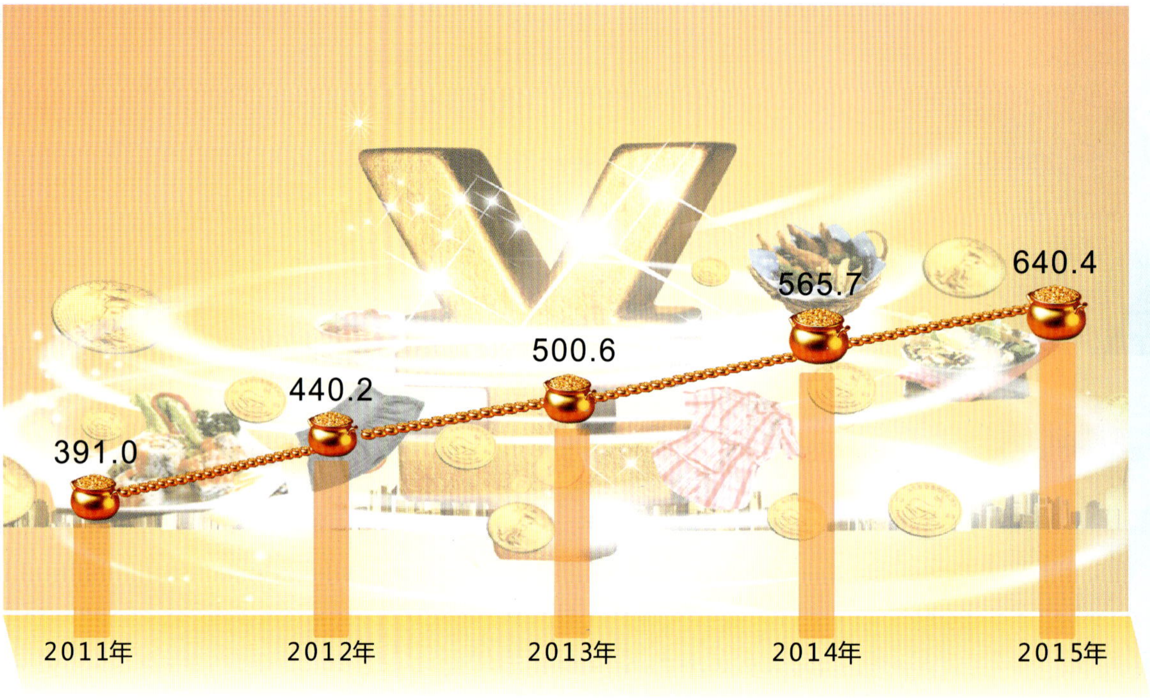

进出口总额(万美元)

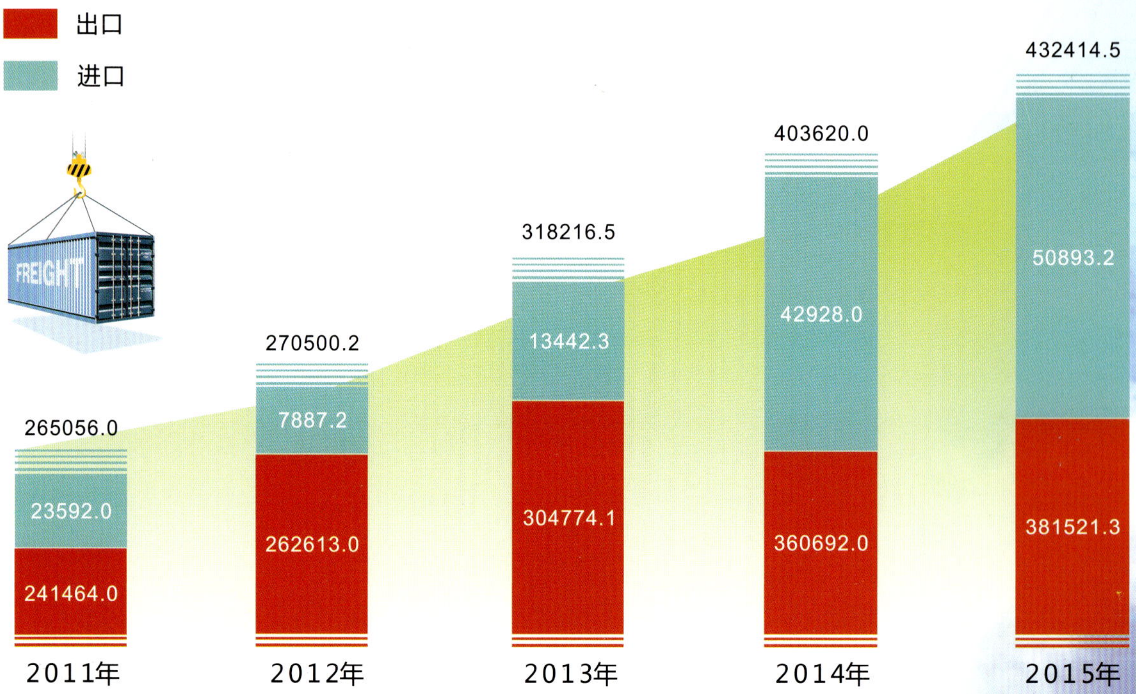

金融机构存款余额(亿元)

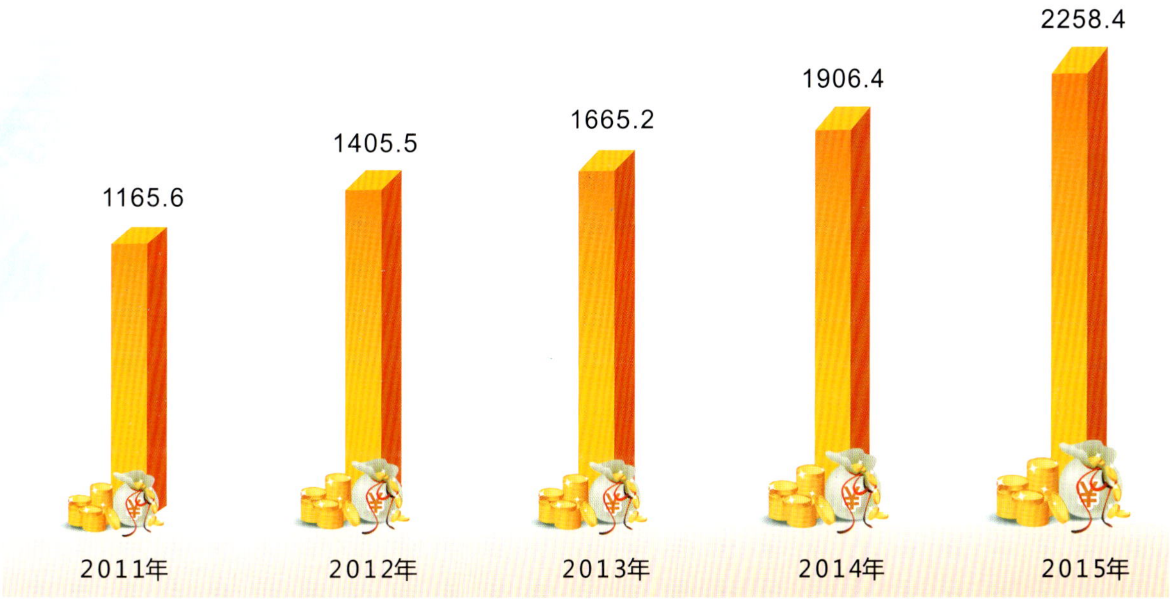

金融机构贷款余额(亿元)

货物运输周转量(万吨公里)

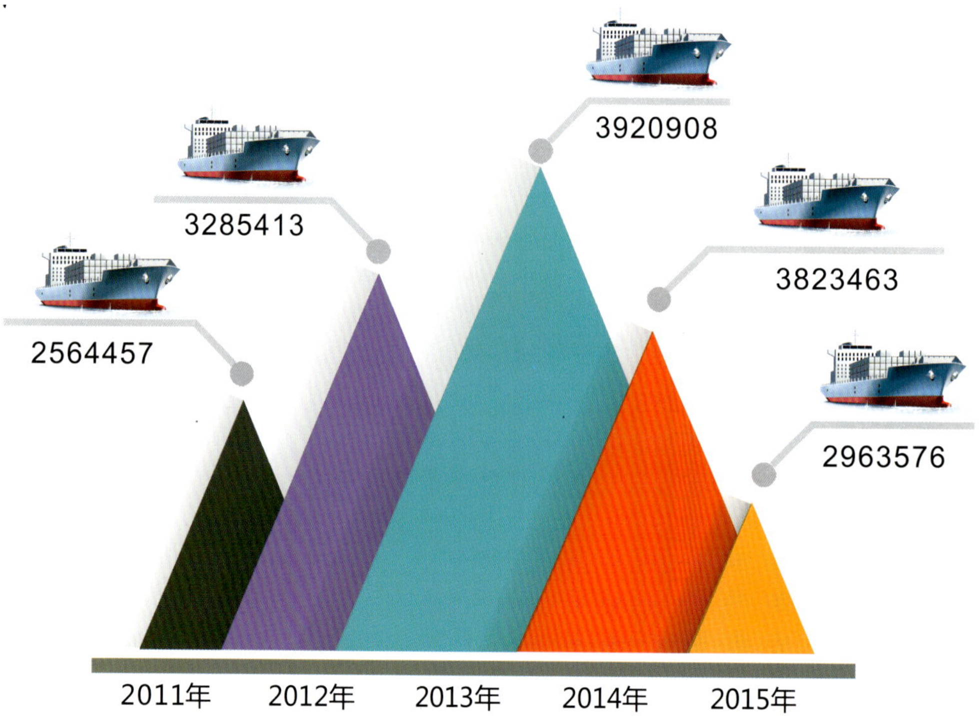

旅客运输周转量(万人公里)

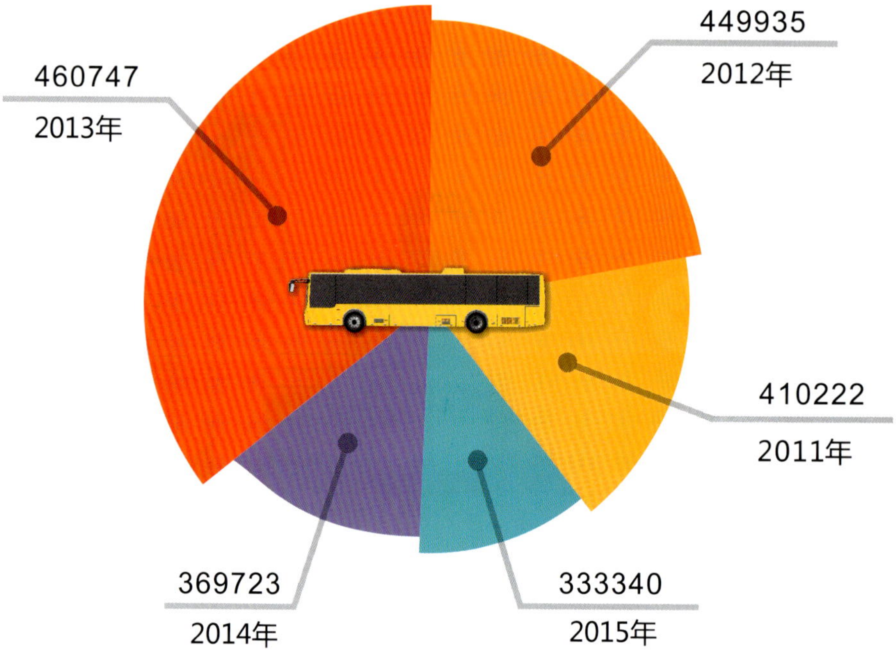

一、综　　合

简要说明

●本篇资料包括国民经济综合资料、国民经济核算资料、行政区划和气象方面等内容。

●本篇有关行政区划的资料来源于市民政局；生产总值数据来源于统计部门国民经济核算统计年报；气象资料来源于市气象局。

内容提要

●土地面积22791平方公里，设1个县级市，2个区，9个县，207个乡、镇、街道办事处。

●2015年，地区生产总值1650.8亿元，比2014年可比增长9.5%。其中第一产业222.8亿元，增长3.7%；第二产业803.4亿元，增长9.7%；第三产业624.6亿元，增长11.3%。

本篇资料整理、校对

王忠诚、孙飞、林嵩、黄靖涵

2015 年国民经济和社会发展统计公报[1]

中华人民共和国国家统计局

（2016 年 2 月 29 日）

2015 年，面对错综复杂的国际形势和艰巨繁重的国内改革发展稳定任务，党中央、国务院团结带领全国各族人民，按照“五位一体”总体布局和“四个全面”战略布局的总要求，牢固树立和贯彻落实创新、协调、绿色、开放、共享的发展理念，适应经济发展新常态，坚持改革开放，坚持稳中求进工作总基调，坚持稳增长、调结构、惠民生、防风险，不断创新宏观调控思路与方式，深入推进结构性改革，扎实推动大众创业万众创新，努力促进经济保持中高速增长、迈向中高端水平，转型升级步伐加快，改革开放不断深化，民生事业持续进步，经济社会发展迈上新台阶，实现了“十二五”圆满收官，为“十三五”经济社会发展、决胜全面建成小康社会奠定了坚实基础。

一、综合

初步核算，全年国内生产总值[2]676708 亿元，比上年增长 6.9%。其中，第一产业增加值 60863 亿元，增长 3.9%；第二产业增加值 274278 亿元，增长 6.0%；第三产业增加值 341567 亿元，增长 8.3%。第一产业增加值占国内生产总值的比重为 9.0%，第二产业增加值比重为 40.5%，第三产业增加值比重为 50.5%，首次突破 50%。全年人均国内生产总值 49351 元，比上年增长 6.3%。全年国民总收入[3]673021 亿元。

图1　2011-2015年国内生产总值及其增长速度

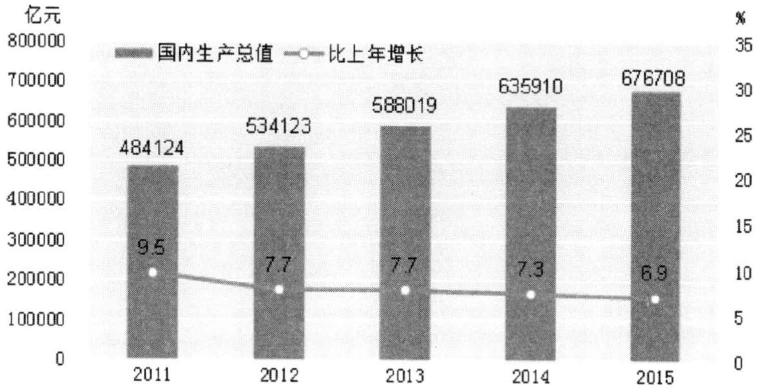

图2　2011-2015年三次产业增加值占国内生产总值比重

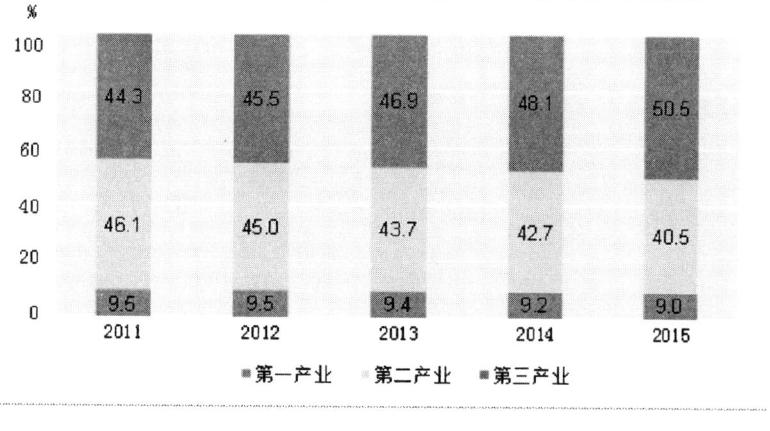

年末全国大陆总人口137462万人，比上年末增加680万人，其中城镇常住人口77116万人，占总人口比重（常住人口城镇化率）为56.10%，比上年末提高1.33个百分点。全年出生人口1655万人，出生率为12.07‰；死亡人口975万人，死亡率为7.11‰；自然增长率为4.96‰。全国人户分离的人口[4]2.94亿人，其中流动人口[5]2.47亿人。人均预期寿命76.34岁。

表1　2015年年末人口数及其构成

指　标	年末数（万人）	比重（%）
全国总人口	137462	100.0
其中：城镇	77116	56.10
乡村	60346	43.90
其中：男性	70414	51.2
女性	67048	48.8
其中：0－15岁（含不满16周岁）[6]	24166	17.6
16－59岁（含不满60周岁）	91096	66.3
60周岁及以上	22200	16.1
其中：65周岁及以上	14386	10.5

年末全国就业人员77451万人，其中城镇就业人员40410万人。全年城镇新增就业1312万人。年末城镇登记失业率为4.05%。全国农民工[7]总量27747万人，比上年增长1.3%。其中，外出农民工16884万人，增长0.4%；本地农民工10863万人，增长2.7%。

图3　2011-2015年城镇新增就业人数

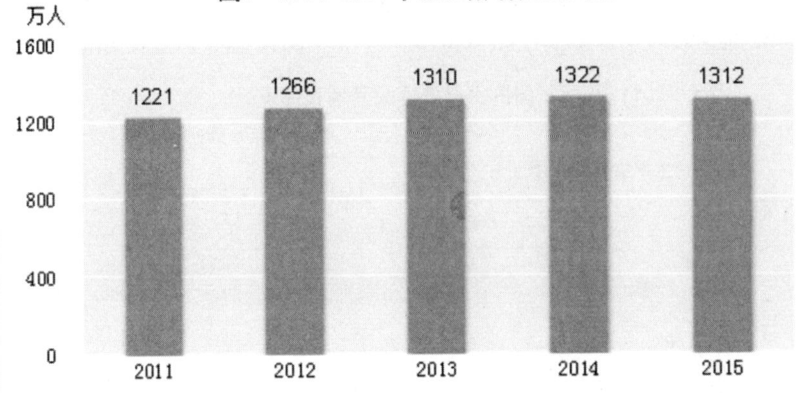

全年全员劳动生产率[8]为76978元/人，比上年提高6.6%。

图4　2011-2015年全员劳动生产率

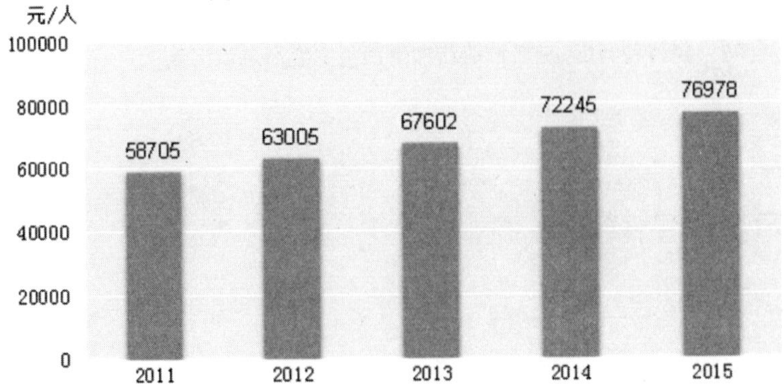

全年居民消费价格比上年上涨1.4%，其中食品价格上涨2.3%。固定资产投资价格下降1.8%。工业生

产者出厂价格下降 5.2%。工业生产者购进价格下降 6.1%。农产品生产者价格[9]上涨 1.7%。

图5 2015年居民消费价格月度涨跌幅度

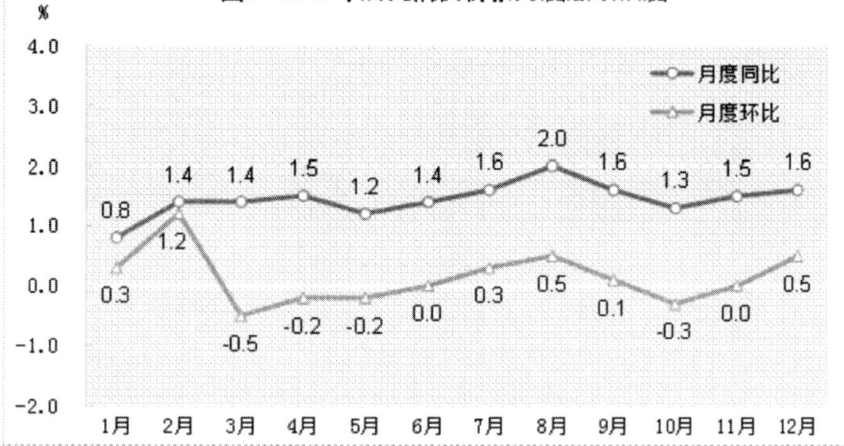

表 2 2015 年居民消费价格比上年涨跌幅度 单位:%

指标	全　国	城　市	农　村
居民消费价格	1.4	1.5	1.3
其中:食　品	2.3	2.3	2.4
烟酒及用品	2.1	2.0	2.3
衣　着	2.7	2.8	2.3
家庭设备用品及维修服务	1.0	1.0	0.9
医疗保健和个人用品	2.0	1.9	2.3
交通和通信	-1.7	-1.6	-1.9
娱乐教育文化用品及服务	1.4	1.4	1.4
居　住[10]	0.7	1.0	-0.3

年末 70 个大中城市新建商品住宅销售价格月同比上涨的城市个数为 21 个,比年初增加 20 个;下降的为 49 个,减少 20 个。

图6 2015年新建商品住宅月同比价格上涨、持平、下降城市个数变化情况

	1月	2月	3月	4月	5月	6月	7月	8月	9月	10月	11月	12月
上涨	1	0	0	1	1	2	3	9	12	16	21	21
持平	0	1	0	0	0	0	0	0	0	0	0	0
下降	69	69	70	69	69	68	67	61	58	54	49	49

全年全国一般公共预算收入 152217 亿元,比上年同口径[11]增加 8324 亿元,增长 5.8%,其中税收收入 124892 亿元,增加 5717 亿元,增长 4.8%。

图7　2011-2015年全国一般公共预算收入

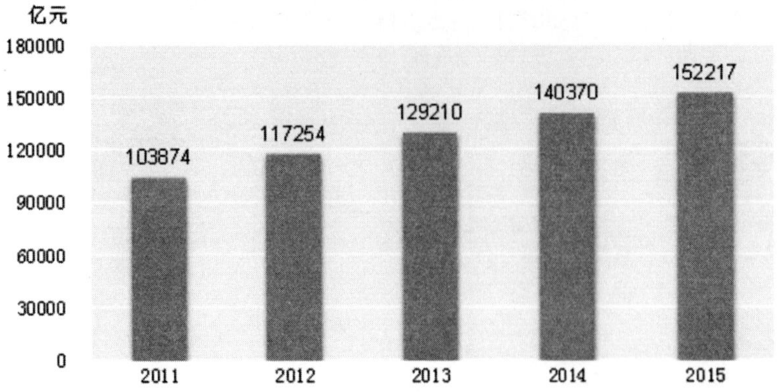

注:图中2011年至2014年数据为全国一般公共预算收入决算数,2015年为执行数。

年末国家外汇储备33304亿美元,比上年末减少5127亿美元。全年人民币平均汇率为1美元兑6.2284元人民币,比上年贬值1.4%。

图8　2011-2015年年末国家外汇储备

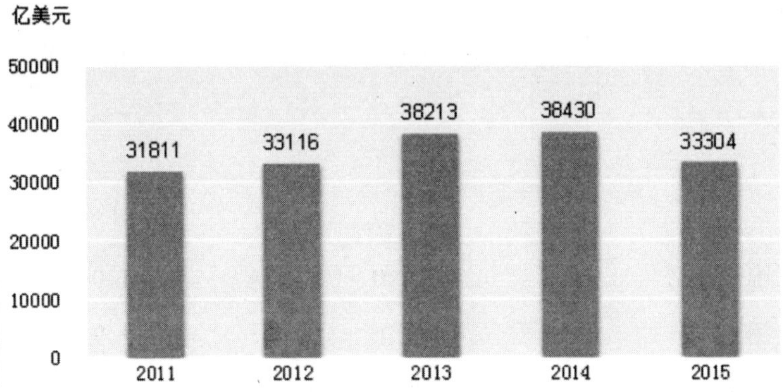

二、农业

全年粮食种植面积11334万公顷,比上年增加62万公顷。棉花种植面积380万公顷,减少42万公顷。油料种植面积1406万公顷,增加1万公顷。糖料种植面积174万公顷,减少16万公顷。

全年粮食产量62144万吨,比上年增加1441万吨,增产2.4%。其中,夏粮产量14112万吨,增产3.3%;早稻产量3369万吨,减产0.9%;秋粮产量44662万吨,增产2.3%。全年谷物产量57225万吨,比上年增产2.7%。其中,稻谷产量20825万吨,增产0.8%;小麦产量13019万吨,增产3.2%;玉米产量22458万吨,增产4.1%。

图9　2011-2015年粮食产量

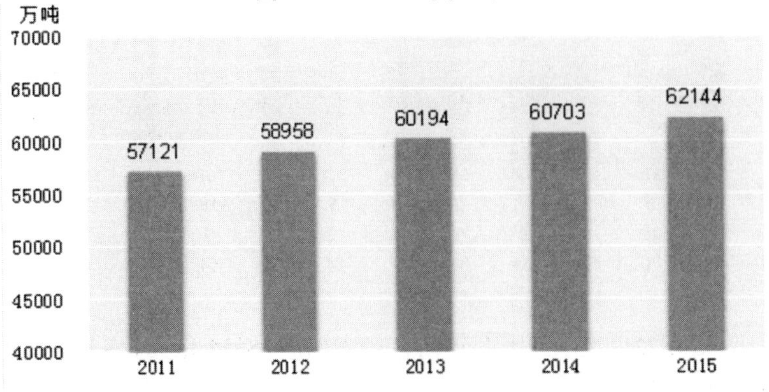

全年棉花产量561万吨，比上年减产9.3%。油料产量3547万吨，增产1.1%。糖料产量12529万吨，减产6.2%。茶叶产量224万吨，增产6.9%。

全年肉类总产量8625万吨，比上年下降1.0%。其中，猪肉产量5487万吨，下降3.3%；牛肉产量700万吨，增长1.6%；羊肉产量441万吨，增长2.9%；禽肉产量1826万吨，增长4.3%。禽蛋产量2999万吨，增长3.6%。牛奶产量3755万吨，增长0.8%。年末生猪存栏45113万头，下降3.2%；生猪出栏70825万头，下降3.7%。

全年水产品产量6690万吨，比上年增长3.5%。其中，养殖水产品产量4942万吨，增长4.1%；捕捞水产品产量1748万吨，增长0.5%。

全年木材产量6832万立方米，比上年下降17.0%。

全年新增耕地灌溉面积158万公顷，新增节水灌溉面积254万公顷。

三、工业和建筑业

全年全部工业增加值228974亿元，比上年增长5.9%。规模以上工业增加值增长6.1%。在规模以上工业中，分经济类型看，国有控股企业增长1.4%；集体企业增长1.2%，股份制企业增长7.3%，外商及港澳台商投资企业增长3.7%；私营企业增长8.6%。分门类看，采矿业增长2.7%，制造业增长7.0%，电力、热力、燃气及水生产和供应业增长1.4%。

图10　2011-2015年全部工业增加值及其增长速度

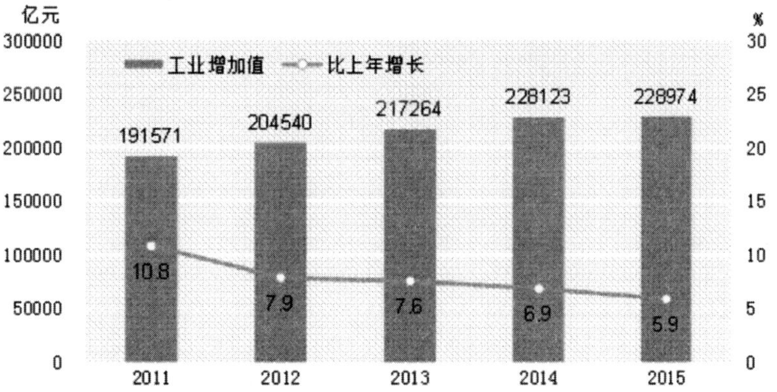

全年规模以上工业中，农副食品加工业增加值比上年增长5.5%，纺织业增长7.0%，化学原料和化学制品制造业增长9.5%，非金属矿物制品业增长6.5%，黑色金属冶炼和压延加工业增长5.4%，通用设备制造业增长2.9%，专用设备制造业增长3.4%，汽车制造业增长6.7%，电气机械和器材制造业增长7.3%，计算机、通信和其他电子设备制造业增长10.5%，电力、热力生产和供应业增长0.5%。六大高耗能行业[12]增加值比上年增长6.3%，占规模以上工业增加值的比重为27.8%。高技术制造业[13]增加值增长10.2%，占规模以上工业增加值的比重为11.8%。装备制造业[14]增加值增长6.8%，占规模以上工业增加值的比重为31.8%。

表3　2015年主要工业产品产量及其增长速度

产　品　名　称	单　位	产　量	比上年增长(%)
纱	万吨	3538.0	4.7
布	亿米	892.6	-0.1
化学纤维	万吨	4831.7	10.1
成品糖	万吨	1474.1	-10.3
卷　烟	亿支	25890.7	-0.8
彩色电视机	万台	14475.7	2.5
其中：液晶电视机	万台	14391.9	3.8
其中：智能电视	万台	8383.5	14.9
家用电冰箱	万台	7992.8	-9.1

产　品　名　称	单　位	产　量	比上年增长(%)
房间空气调节器	万台	14200.4	-1.8
一次能源生产总量	亿吨标准煤	36.2	0.0
原　煤	亿吨	37.5	-3.3
原　油	万吨	21455.6	1.5
天然气[15]	亿立方米	1346.1	3.4
发电量	亿千瓦小时	58105.8	0.3
其中:火电	亿千瓦小时	42420.4	-2.7
水电	亿千瓦小时	11264.2	5.0
核电	亿千瓦小时	1707.9	28.9
粗　钢	万吨	80382.5	-2.2
钢　材[16]	万吨	112349.6	-0.1
十种有色金属	万吨	5155.8	6.8
其中:精炼铜(电解铜)	万吨	796.2	4.2
原铝(电解铝)	万吨	3141.0	8.8
水　泥	亿吨	23.6	-5.3
硫　酸(折100%)	万吨	8975.7	0.8
烧　碱(折100%)	万吨	3020.7	-1.4
乙　烯	万吨	1714.6	1.1
化　肥(折100%)	万吨	7432.0	8.1
发电机组(发电设备)	万千瓦	12431.4	-17.4
汽　车	万辆	2450.4	3.3
其中:基本型乘用车(轿车)	万辆	1163.0	-6.8
运动型多用途乘用车(SUV)	万辆	602.4	48.0
其中:新能源汽车	万辆	32.8	161.2
大中型拖拉机	万台	68.8	6.9
集成电路	亿块	1087.2	7.1
程控交换机	万线	1880.3	-12.5
移动通信手持机	万台	181261.4	7.8
其中:智能手机	万台	139943.1	11.3
微型计算机设备	万台	31418.7	-10.4
工业机器人	台(套)	32996.0	21.7

年末全国发电装机容量150828万千瓦,比上年末增长10.5%。其中[17],火电装机容量99021万千瓦,增长7.8%;水电装机容量31937万千瓦,增长4.9%;核电装机容量2608万千瓦,增长29.9%;并网风电装机容量12934万千瓦,增长33.5%;并网太阳能发电装机容量4318万千瓦,增长73.7%。

全年规模以上工业企业实现利润63554亿元,比上年下降2.3%。分经济类型看,国有控股企业实现利润10944亿元,比上年下降21.9%;集体企业508亿元,下降2.7%,股份制企业42981亿元,下降1.7%,外商及港澳台商投资企业15726亿元,下降1.5%;私营企业23222亿元,增长3.7%。分门类看,采矿业实现利润2604亿元,比上年下降58.2%;制造业55609亿元,增长2.8%;电力、热力、燃气及水生产和供应业5341亿元,增长13.5%。

全年全社会建筑业增加值46456亿元,比上年增长6.8%。全国具有资质等级的总承包和专业承包建筑业企业实现利润 6508 亿元，增长 1.6%，其中国有控股企业 1676 亿元，增长 6.0%。

图11　2011-2015年建筑业增加值及其增长速度

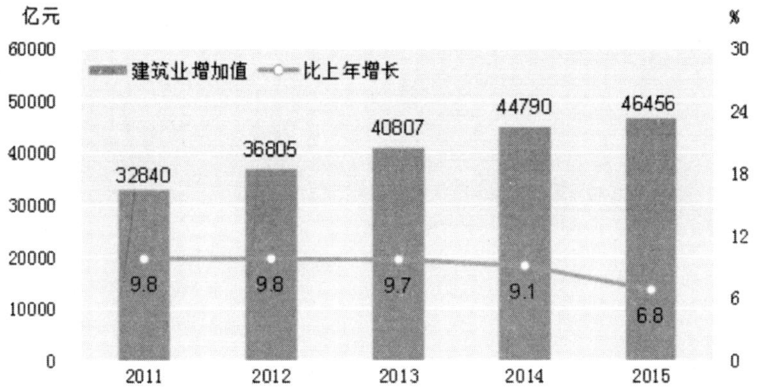

四、固定资产投资

全年全社会固定资产投资 562000 亿元，比上年增长 9.8%，扣除价格因素，实际增长 11.8%。其中，固定资产投资(不含农户)551590 亿元，增长 10.0%。分区域看[18]，东部地区投资 232107 亿元，比上年增长 12.4%；中部地区投资 143118 亿元，增长 15.2%；西部地区投资 140416 亿元，增长 8.7%；东北地区投资 40806 亿元，下降 11.1%。

图12　2011-2015年全社会固定资产投资

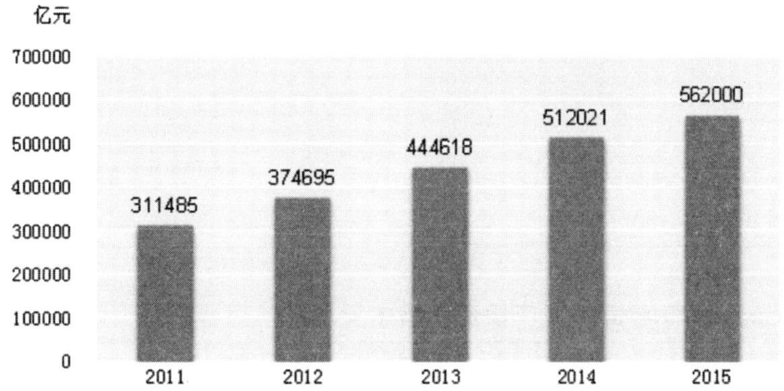

在固定资产投资(不含农户)中，第一产业投资 15561 亿元，比上年增长 31.8%；第二产业投资 224090 亿元，增长 8.0%；第三产业投资 311939 亿元，增长 10.6%。基础设施投资[19]101271 亿元，增长 17.2%，占固定资产投资(不含农户)的比重为 18.4%。民间固定资产投资[20]354007 亿元，增长 10.1%，占固定资产投资(不含农户)的比重为 64.2%。高技术产业投资[21]32598 亿元，增长 17.0%，占固定资产投资(不含农户)的比重为 5.9%。

图13　2015年按领域分固定资产投资（不含农户）及其占比

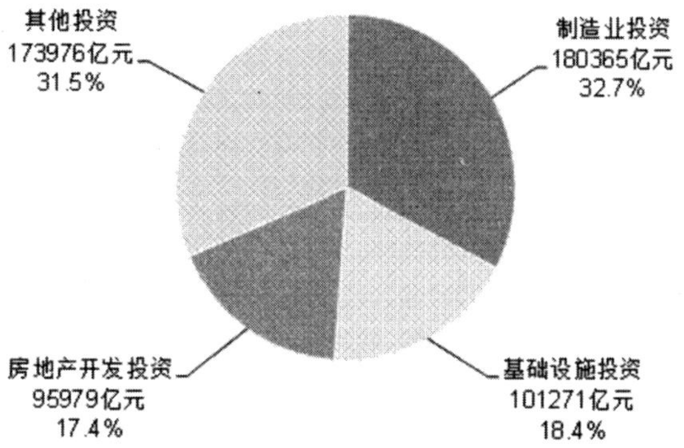

表 4　2015 年分行业固定资产投资(不含农户)及其增长速度

行　　业	投资额(亿元)	比上年增长(%)
总　计	551590	10.0
农、林、牧、渔业	19061	30.8
采矿业	12971	-8.8
制造业	180365	8.1
电力、热力、燃气及水生产和供应业	26621	16.6
建筑业	4895	10.2
批发和零售业	18682	20.1
交通运输、仓储和邮政业	48972	14.3
住宿和餐饮业	6504	5.1
信息传输、软件和信息技术服务业	5517	34.5
金融业	1367	0.3
房地产业[22]	126674	2.5
租赁和商务服务业	9436	18.6
科学研究和技术服务业	4752	12.6
水利、环境和公共设施管理业	55673	20.4
居民服务、修理和其他服务业	2628	15.5
教育	7723	15.2
卫生和社会工作	5175	29.7
文化、体育和娱乐业	6724	8.9
公共管理、社会保障和社会组织	7851	9.1

表 5　2015 年固定资产投资新增主要生产与运营能力

指　　标	单　位	绝对数
新增 220 千伏及以上变电设备	万千伏安	21785
新建铁路投产里程	公里	9531
其中:高速铁路[23]	公里	3306
增、新建铁路复线投产里程	公里	7647
电气化铁路投产里程	公里	8694
新建公路里程	公里	71401
其中:高速公路	公里	11265
港口万吨级码头泊位新增吞吐能力	万吨	38487
新增民用运输机场	个	8
新增光缆线路长度	万公里	441

全年房地产开发投资 95979 亿元,比上年增长 1.0%。其中,住宅投资 64595 亿元,增长 0.4%;办公楼投资 6210 亿元,增长 10.1%;商业营业用房投资 14607 亿元,增长 1.8%。

全年全国城镇保障性安居工程基本建成住房 772 万套,新开工 783 万套,其中棚户区改造开工 601 万套。

表 6　2015 年房地产开发和销售主要指标及其增长速度

指　　标	位	绝对数	比上年增长(%)
投资额	亿元	95979	1.0
其中:住宅	亿元	64595	0.4
其中:90 平方米及以下	亿元	24646	21.2
房屋施工面积	万平方米	735693	1.3
其中:住宅	万平方米	511570	-0.7
房屋新开工面积	万平方米	154454	-14.0
其中:住宅	万平方米	106651	-14.6
房屋竣工面积	万平方米	100039	-6.9
其中:住宅	万平方米	73777	-8.8
商品房销售面积	万平方米	128495	6.5
其中:住宅	万平方米	112406	6.9
本年到位资金	亿元	125203	2.6
其中:国内贷款	亿元	20214	-4.8
其中:个人按揭贷款	亿元	16662	21.9

五、国内贸易

全年社会消费品零售总额 300931 亿元,比上年增长 10.7%,扣除价格因素,实际增长 10.6%。按经营地统计,城镇消费品零售额 258999 亿元,增长 10.5%;乡村消费品零售额 41932 亿元,增长 11.8%。按消费类型统计,商品零售额 268621 亿元,增长 10.6%;餐饮收入额 32310 亿元,增长 11.7%。

图14　2011-2015年社会消费品零售总额

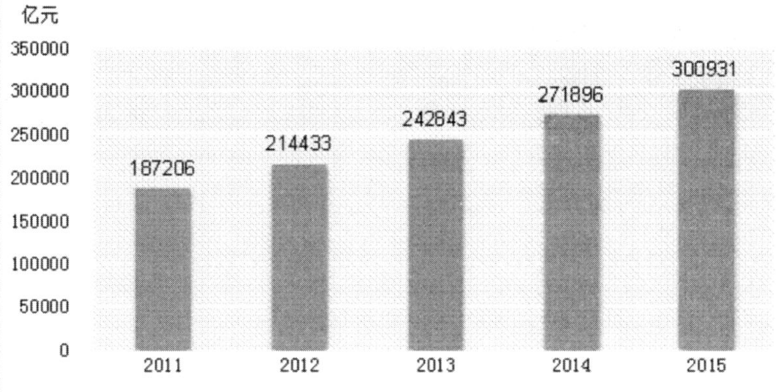

注:图中 2011 年至 2014 年数据根据第三次经济普查结果进行修订。

在限额以上企业商品零售额中,粮油、食品、饮料、烟酒类零售额比上年增长 14.6%,服装、鞋帽、针纺织品类增长 9.8%,化妆品类增长 8.8%,金银珠宝类增长 7.3%,日用品类增长 12.3%,家用电器和音像器材类增长 11.4%,中西药品类增长 14.2%,文化办公用品类增长 15.2%,家具类增长 16.1%,通讯器材类增长 29.3%,建筑及装潢材料类增长 18.7%,汽车类增长 5.3%,石油及制品类下降 6.6%。

全年网上零售额[24]38773 亿元,比上年增长 33.3%,其中网上商品零售额 32424 亿元,增长 31.6%。在网上商品零售额中,吃类商品增长 40.8%,穿类商品增长 21.4%,用类商品增长 36%。

六、对外经济[25]

全年货物进出口总额 245741 亿元,比上年下降 7.0%。其中,出口 141255 亿元,下降 1.8%;进口 104485 亿元,下降 13.2%。货物进出口差额(出口减进口)36770 亿元,比上年增加 13244 亿元。

图15 2011-2015年货物进出口总额

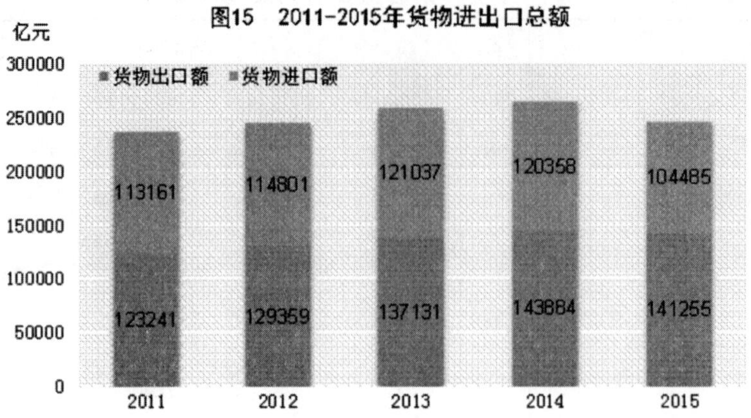

表7 2015年货物进出口总额及其增长速度

指　　标	金额(亿元)	比上年增长(%)
货物进出口总额	245741	-7.0
货物出口额	141255	-1.8
其中:一般贸易	75456	2.1
加工贸易	49553	-8.8
其中:机电产品	81421	1.1
高新技术产品	40737	0.4
货物进口额	104485	-13.2
其中:一般贸易	57323	-15.9
加工贸易	27772	-13.7
其中:机电产品	50111	-4.5
高新技术产品	34073	0.6
货物进出口差额(出口减进口)	36770	—

表8 2015年主要商品出口数量、金额及其增长速度

商品名称	单位	数量	比上年增长(%)	金额(亿元)	比上年增长(%)
煤(包括褐煤)	万吨	533	-7.1	31	-27.7
钢材	万吨	11240	19.9	3890	-10.6
纺织纱线、织物及制品	—	—	—	6796	-1.3
服装及衣着附件	—	—	—	10819	-5.5
鞋类	万吨	447	-8.4	3319	-3.9
家具及其零件	—	—	—	3277	2.6
自动数据处理设备及其部件	万台	171508	-10.6	9461	-15.2
手持或车载无线电话	万台	134342	2.4	7711	8.8
集装箱	万个	272	-10.1	475	-14.2
液晶显示板	万个	229344	-6.4	1923	-1.5
汽车	万辆	72	-19.4	696	-9.5

表9　2015年主要商品进口数量、金额及其增长速度

商品名称	数量(万吨)	比上年增长(%)	金额(亿元)	比上年增长(%)
谷物及谷物粉	3270	67.6	582	52.4
大豆	8169	14.4	2157	-12.8
食用植物油	676	4.1	311	-14.5
铁矿砂及其精矿	95272	2.2	3574	-37.7
氧化铝	465	-11.8	101	-14.2
煤(包括褐煤)	20406	-29.9	749	-45.2
原油	33550	8.8	8333	-40.5
成品油	2990	-0.3	886	-38.5
初级形状的塑料	2610	2.9	2793	-11.8
纸浆	1984	10.4	792	6.9
钢材	1278	-11.4	889	-19.2
未锻轧铜及铜材	481	-0.3	1804	-17.4

表10　2015年对主要国家和地区货物进出口额及其增长速度

国家和地区	出口额(亿元)	比上年增长(%)	进口额(亿元)	比上年增长(%)
欧盟	22096	-3.0	12985	-13.6
美国	25425	4.5	9238	-5.4
东盟	17221	3.1	12097	-5.4
中国香港	20589	-7.7	797	2.8
日本	8424	-8.3	8881	-11.4
韩国	6291	2.1	10847	-7.1
中国台湾	2785	-2.0	8904	-4.6
印度	3612	8.5	831	-17.2
俄罗斯	2161	-34.5	2066	-19.1

全年服务进出口[26]总额7130亿美元,比上年增长14.6%。其中,服务出口2882亿美元,增长9.2%;服务进口4248亿美元,增长18.6%。服务进出口逆差1366亿美元。

全年吸收外商直接投资(不含银行、证券、保险)新设立企业26575家,比上年增长11.8%。实际使用外商直接投资金额7814亿元(折1263亿美元),增长6.4%。其中"一带一路"[27]沿线国家吸收外商直接投资新设立企业2164家,增长18.3%;实际使用外商直接投资金额526亿元(折85亿美元),增长25.3%。

表11　2015年外商直接投资(不含银行、证券、保险)及其增长速度

行　业	企业数(家)	比上年增长(%)	实际使用金额(亿元)	比上年增长(%)
总　计	26575	11.8	7813.5	6.4
其中:农、林、牧、渔业	609	-15.3	94.8	1.3
制造业	4507	-13.0	2452.3	0.0
电力、燃气及水生产和供应业	264	26.9	139.4	3.1
交通运输、仓储和邮政业	449	19.4	259.7	-5.0
信息传输、计算机服务和软件业	1311	33.6	237.1	40.1
批发和零售业	9156	14.8	744.0	28.0
房地产业	387	-13.2	1789.8	-15.9
租赁和商务服务业	4465	12.7	623.3	-18.8
居民服务和其他服务业	217	19.9	44.4	0.8

全年对外直接投资额(不含银行、证券、保险)7351亿元,按美元计价为1180亿美元,比上年增长14.7%。

其中,我国对"一带一路"沿线国家对外直接投资额达 148 亿美元,增长 18.2%。

表 12　2015 年对外直接投资额(不含银行、证券、保险)及其增长速度

行　业	对外直接投资金额（亿美元）	比上年增长（%）
总　计	1180.2	14.7
其中:农、林、牧、渔业	20.5	17.8
采矿业	108.5	-43.9
制造业	143.3	105.9
电力、热力、燃气及水生产和供应业	27.9	51.6
建筑业	45.0	-35.9
批发和零售业	160.2	-7.2
交通运输、仓储和邮政业	30.9	5.5
信息传输、软件和信息技术服务业	57.8	240.0
房地产业	90.6	193.2
租赁和商务服务业	416.7	11.9

全年对外承包工程业务完成营业额 9596 亿元,按美元计价为 1541 亿美元,比上年增长 8.2%。对外劳务合作派出各类劳务人员 53 万人,下降 5.7%。

七、交通[28]、邮电和旅游

全年货物运输总量 417 亿吨,比上年增长 0.2%。货物运输周转量 177401 亿吨公里,下降 1.9%。全年规模以上港口完成货物吞吐量 114.3 亿吨,比上年增长 1.6%,其中外贸货物吞吐量 35.9 亿吨,增长 1.1%。规模以上港口集装箱吞吐量 20959 万标准箱,增长 4.1%。

表 13　2015 年各种运输方式完成货物运输量及其增长速度

指　标	单　位	绝对数	比上年增长(%)
货物运输总量	亿吨	417.1	0.2
铁路	亿吨	33.6	-11.9
公路	亿吨	315.0	1.2
水运	亿吨	61.4	2.5
民航	万吨	625.3	5.2
管道	亿吨	7.1	1.7
货物运输周转量	亿吨公里	177400.7	-1.9
铁路	亿吨公里	23754.3	-13.7
公路	亿吨公里	57955.7	2.0
水运	亿吨公里	91344.6	-1.2
民航	亿吨公里	207.3	10.4
管道	亿吨公里	4138.8	6.6

全年旅客运输总量 194 亿人次,比上年下降 4.4%。旅客运输周转量 30047 亿人公里,增长 4.9%。

表 14　2015 年各种运输方式完成旅客运输量及其增长速度

指　　标	单　位	绝对数	比上年增长(%)
旅客运输总量	亿人次	194.3	-4.4
铁路	亿人次	25.3	10.0
公路	亿人次	161.9	-6.7
水运	亿人次	2.7	2.8
民航	亿人次	4.4	11.1
旅客运输周转量	亿人公里	30047.0	4.9
铁路	亿人公里	11960.6	6.4
公路	亿人公里	10742.7	-2.3
水运	亿人公里	73.1	-1.7
民航	亿人公里	7270.7	14.8

年末全国民用汽车保有量达到 17228 万辆(包括三轮汽车和低速货车 955 万辆),比上年末增长 11.5%,其中私人汽车保有量 14399 万辆,增长 14.4%。民用轿车保有量 9508 万辆,增长 14.6%,其中私人轿车 8793 万辆,增长 15.8%。

全年完成邮电业务总量[29]28220 亿元,比上年增长 29.2%。其中,邮政行业业务总量 5079 亿元,增长 37.4%;电信业务总量 23142 亿元,增长 27.5%。邮政业全年完成邮政函件业务 45.8 亿件,包裹业务 0.4 亿件,快递业务量 206.7 亿件;快递业务收入 2770 亿元。电信业全年新增移动电话交换机容量[30]6529 万户,达到 211066 万户。年末全国电话用户总数达到 153673 万户,其中移动电话用户 130574 万户。移动电话普及率上升至 95.5 部/百人。固定互联网宽带接入用户[31]21337 万户,比上年增加 1289 万户;移动宽带用户[32]78533 万户,增加 20279 万户。移动互联网接入流量 41.9 亿 G,比上年增长 103%。互联网上网人数 6.88 亿人,增加 3951 万人,其中手机上网人数[33]6.20 亿人,增加 6303 万人。互联网普及率达到 50.3%。软件和信息技术服务业[34]完成软件业务收入 43249 亿元,比上年增长 16.6%。

图16　2011-2015年快递业务量及其增长速度

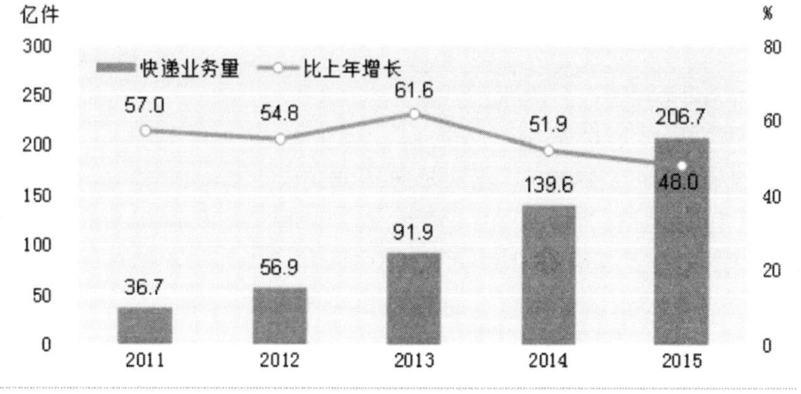

图17　2011-2015年年末固定互联网宽带接入用户和移动宽带用户数

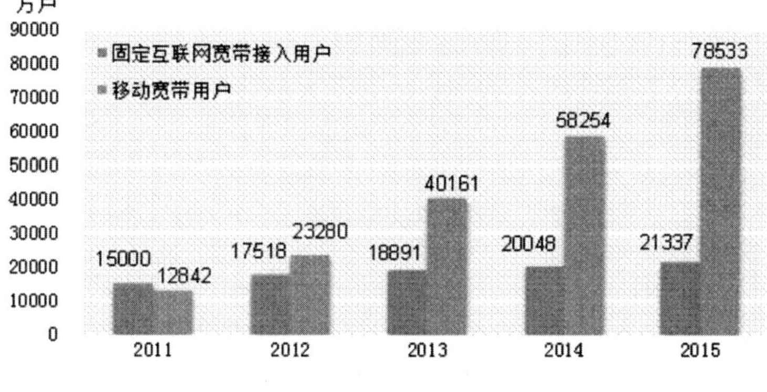

全年国内游客40亿人次，比上年增长10.5%，国内旅游收入34195亿元，增长13.1%。入境游客13382万人次，增长4.1%。其中，外国人2599万人次，下降1.4%；香港、澳门和台湾同胞10783万人次，增长5.6%。在入境游客中，过夜游客5689万人次，增长2.3%。国际旅游收入1137亿美元，增长7.8%。国内居民出境12786万人次，增长9.7%。其中因私出境12172万人次，增长10.6%；赴港澳台出境8588万人次，增长4.4%。

八、金融

年末广义货币供应量(M2)余额139.2万亿元，比上年末增长13.3%；狭义货币供应量(M1)余额40.1万亿元，增长15.2%；流通中货币(M0)余额6.3万亿元，增长4.9%。

全年社会融资规模增量[35]15.4万亿元，按可比口径计算，比上年少4675亿元。年末全部金融机构本外币各项存款余额139.8万亿元，比年初增加15.3万亿元，其中人民币各项存款余额135.7万亿元，增加15.0万亿元。全部金融机构本外币各项贷款余额99.3万亿元，增加11.7万亿元，其中人民币各项贷款余额94.0万亿元，增加11.7万亿元。

表15　2015年年末全部金融机构本外币存贷款余额及其增长速度

指　　标	年末数(亿元)	比上年末增长(%)
各项存款余额	1397752	12.4
其中：住户存款	551929	8.9
其中：人民币	546078	8.7
非金融企业存款	455209	13.7
各项贷款余额	993460	13.4
其中：境内短期贷款	366684	7.3
境内中长期贷款	538924	14.2

年末主要农村金融机构(农村信用社、农村合作银行、农村商业银行)人民币贷款余额120321亿元，比年初增加13433亿元。全部金融机构人民币消费贷款余额189520亿元，增加35869亿元。其中，个人短期消费贷款余额41008亿元，增加8497亿元；个人中长期消费贷款余额148512亿元，增加27373亿元。

全年上市公司通过境内市场累计筹资29814亿元，比上年增加21417亿元。其中，首次公开发行A股220只，筹资1579亿元；A股再筹资(包括配股、公开增发、非公开增发[36]、认股权证)6711亿元，增加2546亿元；上市公司通过发行可转债、可分离债、公司债、中小企业私募债筹资21524亿元，增加17961亿元。全年首次公开发行创业板股票86只，筹资309亿元。

全年发行公司信用类债券[37]6.72万亿元，比上年增加1.57万亿元。

全年保险公司原保险保费收入[38]24283亿元，比上年增长20.0%。其中，寿险业务原保险保费收入13242亿元，健康险和意外伤害险业务原保险保费收入3046亿元，财产险业务原保险保费收入7995亿元。支付各类赔款及给付8674亿元。其中，寿险业务给付3565亿元，健康险和意外伤害险赔款及给付915亿元，财产险业务赔款4194亿元。

九、人民生活和社会保障

全年全国居民人均可支配收入21966元，比上年增长8.9%，扣除价格因素，实际增长7.4%；全国居民人均可支配收入中位数[39]19281元，增长9.7%。按常住地分，城镇居民人均可支配收入31195元，比上年增长8.2%，扣除价格因素，实际增长6.6%；城镇居民人均可支配收入中位数为29129元，增长9.4%。农村居民人均可支配收入11422元，比上年增长8.9%，扣除价格因素，实际增长7.5%；农村居民人均可支配收入中位数为10291元，增长8.4%。全年农村居民人均纯收入为10772元。全国农民工人均月收入3072元，比上年增长7.2%。全国居民人均消费支出15712元，比上年增长8.4%，扣除价格因素，实际增长6.9%。按常住地分，城镇居民人均消费支出21392元，增长7.1%，扣除价格因素，实际增长5.5%；农村居民人均消费支出9223元，增长10.0%，扣除价格因素，实际增长8.6%。

年末全国参加城镇职工基本养老保险人数35361万人，比上年末增加1236万人。参加城乡居民基本养老保险人数50472万人，增加365万人。参加城镇基本医疗保险人数66570万人，增加6823万人。其中，参加职工基本医疗保险人数28894万人，增加598万人；参加城镇居民基本医疗保险人数37675万人，增加6225万人。参加失业保险人数17326万人，增加283万人。年末全国领取失业保险金人数227万人。参加工伤保险人数21404万人，增加765万人，其中参加工伤保险的农民工7489万人，增加127万人。参加生育保险人数17769万人，增加730万人。年末全国共有1708.0万人享受城市居民最低生活保障，4903.2万人享受农村居民最低生活保障，农村五保供养[40]517.5万人。全年资助5910.3万城乡困难群众参加基本医疗保险。按照每人每年2300元（2010年不变价）的农村扶贫标准计算，2015年农村贫困人口5575万人，比上年减少1442万人。

图18　2011-2015年全国居民人均可支配收入及其增长速度

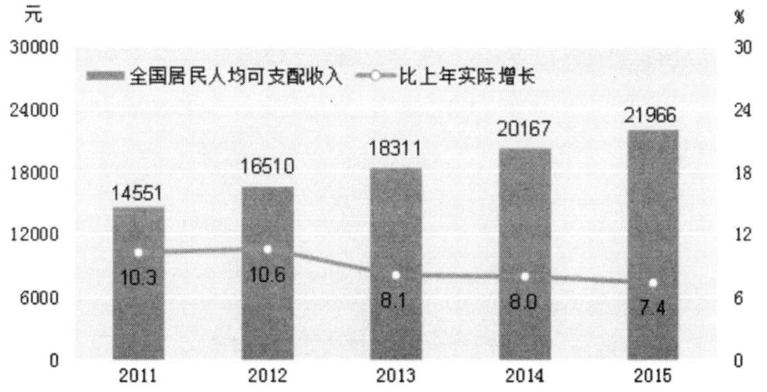

图19　2015年全国居民人均消费支出及其构成

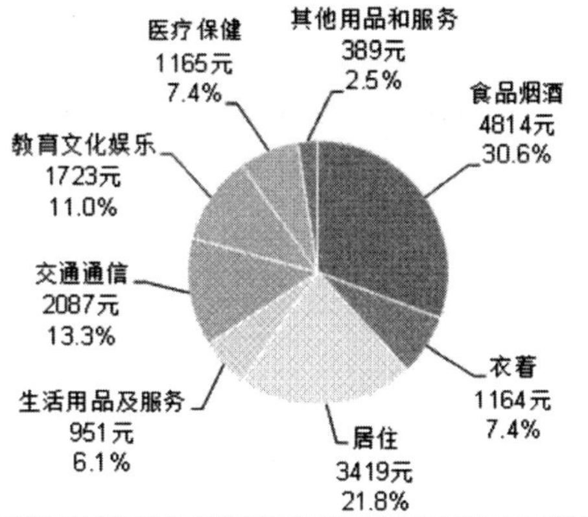

十、教育、科学技术和文化体育

全年研究生教育招生64.5万人，在学研究生191.1万人，毕业生55.2万人。普通本专科招生737.8万人，在校生2625.3万人，毕业生680.9万人。中等职业教育[41]招生601.2万人，在校生1656.7万人，毕业生567.9万人。普通高中招生796.6万人，在校生2374.4万人，毕业生797.6万人。初中招生1411.0万人，在校生4312.0万人，毕业生1417.6万人。普通小学招生1729.0万人，在校生9692.2万人，毕业生1437.2万人。特殊教育招生8.3万人，在校生44.2万人，毕业生5.3万人。学前教育在园幼儿4264.8万人。九年义务教育巩固率为93.0%，高中阶段毛入学率为87.0%。

图20　2011-2015年普通本专科、中等职业教育及普通高中招生人数

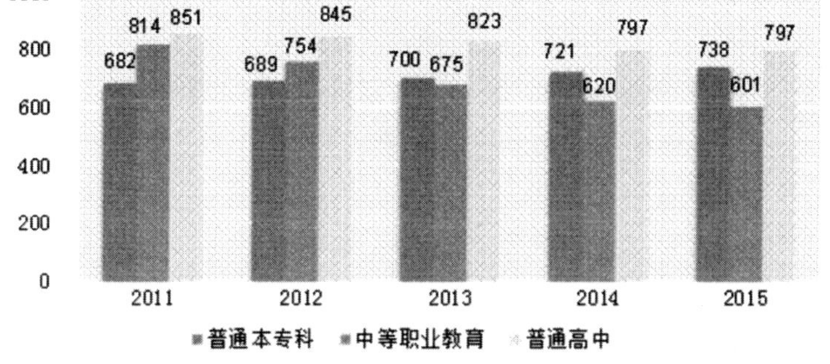

全年研究与试验发展(R&D)经费支出 14220 亿元,比上年增长 9.2%,与国内生产总值之比为 2.10%,其中基础研究经费 671 亿元。全年国家安排了 3574 项科技支撑计划课题,2561 项"863"计划课题。截至年底,累计建设国家工程研究中心 132 个,国家工程实验室 158 个,国家认定企业技术中心 1187 家。国家新兴产业创投计划[42]累计支持设立 206 家创业投资企业,资金总规模 557 亿元,投资创业企业 1233 家。全年受理境内外专利申请 279.9 万件,授予专利权 171.8 万件。截至年底,有效专利 547.8 万件,其中境内有效发明专利 87.2 万件,每万人口发明专利拥有量 6.3 件。全年共签订技术合同 30.7 万项,技术合同成交金额 9835 亿元,比上年增长 14.7%。

图21　2011-2015年研究与试验发展（R&D）经费支出

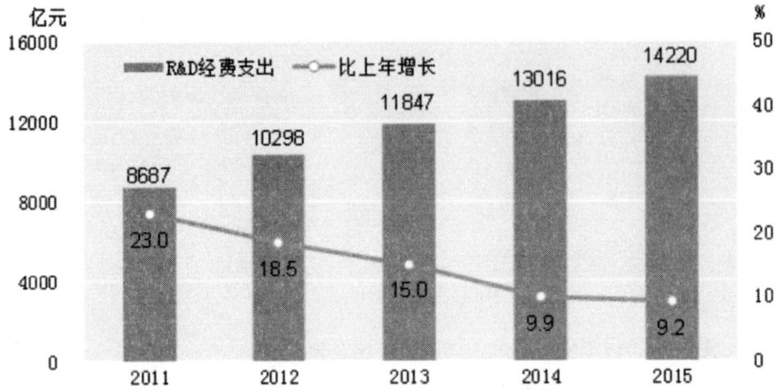

表 16　2015 年专利申请受理、授权和有效专利情况

指　标	专利数(万件)	比上年增长(%)
专利申请受理数	279.9	18.5
其中:境内专利申请受理	261.7	19.7
其中:发明专利申请受理	110.2	18.7
其中:境内发明专利	95.7	21.2
专利申请授权数	171.8	31.9
其中:境内专利授权	157.8	32.4
其中:发明专利授权	35.9	54.1
其中:境内发明专利	25.6	62.5
年末有效专利数	547.8	18.0
其中:境内有效专利	467.4	19.3
其中:有效发明专利	147.2	23.1
其中:境内有效发明专利	87.2	31.4

全年成功完成 19 次宇航发射。长征六号、长征十一号新型运载火箭成功首飞;地球静止轨道分辨率最高的遥感卫星高分四号成功发射;完成 4 颗新一代北斗导航卫星发射,北斗卫星导航系统全球组网稳步推进;国产首架大飞机 C919 成功总装下线。

年末全国共有产品检测实验室 31768 个,其中国家检测中心 641 个。全国现有产品质量、体系认证机构 221 个,已累计完成对 136780 个企业的产品认证。全国共有法定计量技术机构 3830 个,全年强制检定计量器具 7354 万台(件)。全年制定、修订国家标准 1931 项,其中新制定 1330 项。全年中央气象台和省级气象台共发布气象预警信号 5939 次,警报 6107 次。全国共有地震台站 1687 个,区域地震台网 32 个。全国共有海洋观测站(点)[43]124 个。测绘地理信息部门公开出版地图 2003 种。

年末全国文化系统共有艺术表演团体 2052 个,博物馆 2956 个。全国共有公共图书馆 3136 个,总流通[44]58339 万人次;文化馆 3315 个。有线电视用户 2.39 亿户,其中有线数字电视用户 2.02 亿户。年末广播节目综合人口覆盖率为 98.2%,电视节目综合人口覆盖率为 98.8%。全年生产电视剧 395 部 16560 集,电视动画片 134011 分钟。全年生产故事影片 686 部，科教、纪录、动画和特种影片[45]202 部。出版各类报纸 440 亿份，各类期刊 30 亿册，图书 81 亿册(张)，人均图书拥有量[46]5.91 册(张)。年末全国共有档案馆 4196 个，已开放各类档案 13294 万卷(件)。

全年我国运动员在 25 个运动大项中获得 127 个世界冠军，共创 12 项世界纪录。全年我国残疾人运动员在 34 项国际赛事中获得 395 个世界冠军。

十一、卫生和社会服务

年末全国共有医疗卫生机构 990248 个，其中医院 27215 个，乡镇卫生院 36869 个，社区卫生服务中心(站)34588 个，诊所(卫生所、医务室)195866 个，村卫生室 644751 个，疾病预防控制中心 3492 个，卫生监督所(中心)3097 个。卫生技术人员 803 万人，其中执业医师和执业助理医师 300 万人，注册护士 328 万人。医疗卫生机构床位 708 万张，其中医院 534 万张，乡镇卫生院 121 万张。

图22 2011-2015年卫生技术人员人数

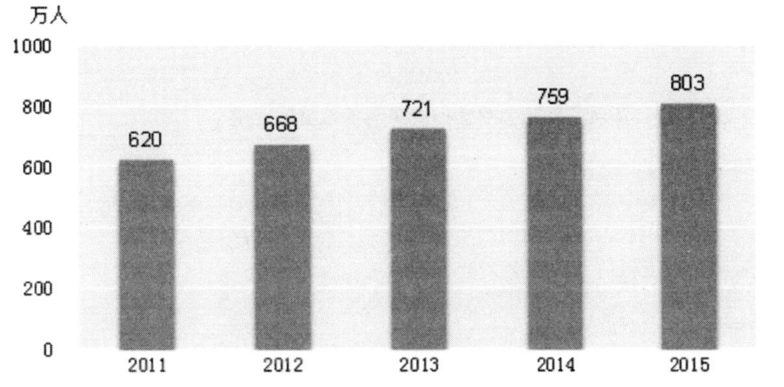

年末全国各类提供住宿的社会服务机构 3.2 万个，其中养老服务机构 2.8 万个。社会服务床位[47]676.3 万张，其中养老床位 669.8 万张。年末共有社区服务中心 2.4 万个，社区服务站 12.5 万个。

十二、资源、环境和安全生产

全年全国国有建设用地供应总量[48]53 万公顷，比上年下降 12.5%。其中，工矿仓储用地 12 万公顷，下降 15.2%；房地产用地[49]12 万公顷，下降 20.9%；基础设施等其他用地 29 万公顷，下降 7.1%。

全年水资源总量 28306 亿立方米。全年平均降水量 644 毫米。年末全国监测的 614 座大型水库蓄水总量 3645 亿立方米，与上年末蓄水量基本持平。全年总用水量 6180 亿立方米，比上年增长 1.4%。其中，生活用水增长 3.1%，工业用水增长 1.8%，农业用水增长 0.9%，生态补水增长 1.7%。万元国内生产总值用水量[50]104 立方米，比上年下降 5.1%。万元工业增加值用水量 58 立方米，下降 3.9%。人均用水量 450 立方米，比上年增长 0.9%。

图23 2011-2015年万元国内生产总值能耗降低率

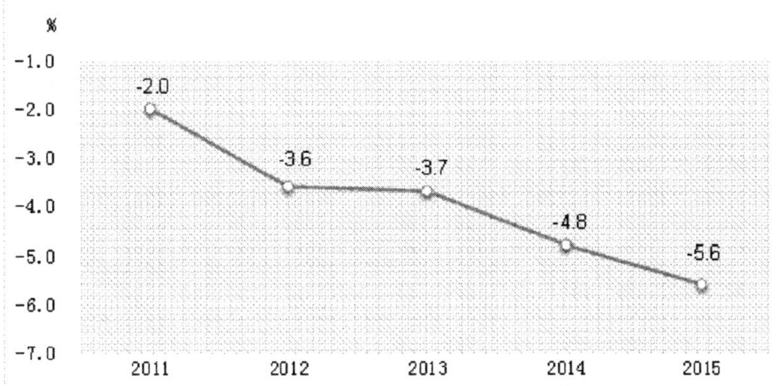

全年完成造林面积 632 万公顷，其中林业重点生态工程完成造林面积 242 万公顷，占全部造林面积的 38.

2%。截至年底，自然保护区达到2740个，其中国家级自然保护区428个。新增水土流失治理面积5.4万平方公里，新增实施水土流失地区封育保护面积2.0万平方公里。

全年平均气温为10.5℃，共有6个台风登陆。

初步核算，全年能源消费总量43.0亿吨标准煤，比上年增长0.9%。煤炭消费量下降3.7%，原油消费量增长5.6%，天然气消费量增长3.3%，电力消费量增长0.5%。煤炭消费量占能源消费总量的64.0%，水电、风电、核电、天然气等清洁能源消费量占能源消费总量的17.9%。全国万元国内生产总值能耗下降5.6%。工业企业吨粗铜综合能耗下降0.79%，吨钢综合能耗下降0.56%，单位烧碱综合能耗下降1.41%，吨水泥综合能耗下降0.49%，每千瓦时火力发电标准煤耗下降0.95%。

十大流域[51]的700个水质监测断面中，Ⅰ～Ⅲ类水质断面比例占72.1%，劣Ⅴ类水质断面比例占8.9%。十大流域水质总体为轻度污染，水质保持稳定。

近岸海域301个海水水质监测点中，达到国家一、二类海水水质标准的监测点占70.4%，三类海水占7.6%，四类、劣四类海水占21.9%。

在监测的338个城市中，城市空气质量达标的城市占21.6%，未达标的城市占78.4%。

在监测的321个城市中，城市区域声环境质量好的城市占4.0%，较好的占68.5%，一般的占26.2%，较差的占0.9%，差的占0.3%。

图24　2011-2015年清洁能源消费量占能源消费总量的比重

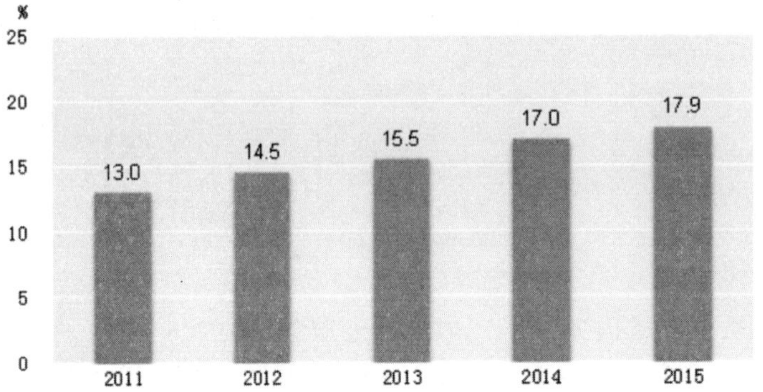

年末城市污水处理厂日处理能力达到13784万立方米，比上年末增长5.3%；城市污水处理率达到91.0%，提高0.8个百分点。城市生活垃圾无害化处理率达到92.5%，提高0.7个百分点。城市集中供热面积64.2亿平方米，增长5.1%。城市建成区绿地面积189万公顷，增长3.7%；建成区绿地率达到36.3%，提高0.05个百分点；人均公园绿地面积13.16平方米，增加0.08平方米。

全年农作物受灾面积2177万公顷，其中绝收223万公顷。全年因洪涝和地质灾害造成直接经济损失920亿元，因旱灾造成直接经济损失486亿元，因低温冷冻和雪灾造成直接经济损失89亿元，因海洋灾害造成直接经济损失72亿元。全年大陆地区共发生5级以上地震14次，成灾12次，造成直接经济损失180亿元。全年共发生森林火灾2936起，森林火灾受害森林面积1.3万公顷。

全年各类生产安全事故共死亡66182人。亿元国内生产总值生产安全事故死亡人数0.098人，比上年下降8.4%；工矿商贸企业就业人员10万人生产安全事故死亡人数1.071人，下降19.4%；道路交通事故万车死亡人数2.1人，下降4.5%；煤矿百万吨死亡人数0.162人，下降36.5%。

注释：

[1]本公报中数据均为初步统计数。各项统计数据均未包括香港特别行政区、澳门特别行政区和台湾省。部分数据因四舍五入的原因，存在着与分项合计不等的情况。

[2]国内生产总值、各产业增加值和人均国内生产总值绝对数按现价计算，增长速度按不变价格计算。

[3]国民总收入，原称国民生产总值，是指一个国家或地区所有常住单位在一定时期内所获得的初次分配收入总额。它等于国内生产总值加上来自国外的净要素收入。

[4]人户分离的人口是指居住地与户口登记地所在的乡镇街道不一致且离开户口登记地半年及以上的人口。

[5]流动人口是指人户分离人口中扣除市辖区内人户分离的人口。市辖区内人户分离的人口是指一个直辖市或地级市所辖区内和区与区之间，居住地和户口登记地不在同一乡镇街道的人口。

[6]2015年年末，0－14岁(含不满15周岁)人口为22715万人，15－59岁(含不满60周岁)人口为92547万人。

[7]年度农民工数量包括年内在本乡镇以外从业6个月及以上的外出农民工和在本乡镇内从事非农产业6个月及以上的本地农民工两部分。

[8]全员劳动生产率为国内生产总值(以2010年价格计算)与全部就业人员的比率。

[9]农产品生产者价格是指农产品生产者直接出售其产品时的价格。

[10]居住类价格包括建房及装修材料、住房租金、自有住房和水电燃料等价格。

[11]按照完善政府预算体系的要求,2015年将政府性基金中用于提供基本公共服务以及主要用于人员和机构运转等方面的11项基金转列一般公共预算。为此,需扣除11项政府性基金转列一般公共预算影响,计算同口径增幅。

[12]六大高耗能行业包括石油加工、炼焦和核燃料加工业,化学原料和化学制品制造业,非金属矿物制品业,黑色金属冶炼和压延加工业,有色金属冶炼和压延加工业,电力、热力生产和供应业。

[13]高技术制造业包括医药制造业,航空、航天器及设备制造业,电子及通信设备制造业,计算机及办公设备制造业,医疗仪器设备及仪器仪表制造业,信息化学品制造业。

[14]装备制造业包括金属制品业,通用设备制造业,专用设备制造业,汽车制造业,铁路、船舶、航空航天和其他运输设备制造业,电气机械和器材制造业,计算机、通信和其他电子设备制造业,仪器仪表制造业。

[15]天然气包括气田天然气、油田天然气(分为油田气层气、油田伴生溶解气)和煤田天然气(也称煤层气)。

[16]钢材产量数据中含企业之间重复加工钢材约34400万吨。

[17]少量发电装机容量(如地热等)文中未列出。

[18]固定资产投资按东部、中部、西部和东北地区计算的合计数据小于全国数据,是因为有部分跨地区的投资未计算在地区数据中。其中,东部地区是指北京、天津、河北、上海、江苏、浙江、福建、山东、广东和海南10省(市);中部地区是指山西、安徽、江西、河南、湖北和湖南6省;西部地区是指内蒙古、广西、重庆、四川、贵州、云南、西藏、陕西、甘肃、青海、宁夏和新疆12省(区、市);东北地区是指辽宁、吉林和黑龙江3省。

[19]基础设施投资是指建造或购置为社会生产和生活提供基础性、大众性服务的工程和设施的支出。本文中的基础设施投资包括交通运输、邮政业,电信、广播电视和卫星传输服务业,互联网和相关服务业,水利、环境和公共设施管理业投资。

[20]民间固定资产投资是指具有集体、私营、个人性质的内资企事业单位以及由其控股(包括绝对控股和相对控股)的企业单位建造或购置固定资产的投资。

[21]高技术产业投资包括医药制造、航空航天器及设备制造等六大类高技术制造业投资和信息服务、电子商务服务等九大类高技术服务业投资。

[22]房地产业投资除房地产开发投资外,还包括建设单位自建房屋以及物业管理、中介服务和其他房地产投资。

[23]高速铁路是指最高营运速度达到200公里/小时及以上的铁路。

[24]网上零售额是指通过公共网络交易平台(包括自建网站和第三方平台)实现的商品和服务零售额。其中,网上零售额包括的服务类商品,以及少部分用于生产经营用或被转卖的商品不统计在社会消费品零售总额中。

[25]货物贸易、吸收外资采用人民币计价。服务贸易、对外投资和对外承包工程由于技术原因仍主要沿用美元计价。

[26]服务进出口按照《国际收支手册(第六版)》标准统计,不含政府服务,增速按可比口径计算。

[27]“一带一路”是指“丝绸之路经济带”和“21世纪海上丝绸之路”。

[28]2015年公路客货运量、周转量数据的核算方法和统计口径发生变化,增速按可比口径计算。

[29]邮电业务总量按2010年价格计算。

[30]移动电话交换机容量是指移动电话交换机根据一定话务模型和交换机处理能力计算出来的最大同时服务用户的数量。

[31]固定互联网宽带接入用户是指报告期末在电信企业登记注册,通过xDSL、FTTx+LAN、FTTH/0以及其他宽带接入方式和普通专线接入公众互联网的用户。

[32]移动宽带用户是指报告期末在计费系统拥有使用信息,占用3G或4G网络资源的在网用户。

[33]手机上网人数是指过去半年通过手机接入并使用互联网的6周岁及以上中国居民数量。

[34]软件和信息技术服务业包括软件开发,信息系统集成服务,信息技术咨询服务,数据处理和存储服务,集成电路设计服务和其他信息技术服务等行业。

[35]社会融资规模增量是指一定时期内实体经济从金融体系获得的资金总额。

[36]非公开增发又叫定向增发,不含资产认购部分。

[37]公司信用类债券包括非金融企业债务融资工具、企业债券以及公司债、可转债等。

[38]原保险保费收入是指保险企业确认的原保险合同保费收入。

[39]人均收入中位数是指将所有调查户按人均收入水平从低到高(或从高到低)顺序排列,处于最中间位置调查户的人均收入。

[40]农村五保供养是指老年、残疾和未满16周岁的村民,无劳动能力、无生活来源又无法定赡养、抚养、扶养义务人,或者其法定赡养、抚养、扶养义务人无赡养、抚养、扶养能力的村民,在吃、穿、住、医、葬方面得到的生活照顾和物质帮助。

[41]中等职业教育包括普通中专、成人中专、职业高中和技工学校。

[42]国家新兴产业创投计划是指中央财政专项资金通过与地方政府资金、社会资本共同发起设立创业投资企业,或以股权投资模式直接投资创业企业等方式,培育和促进新兴产业发展的活动。

[43]海洋观测站(点)是指依托岸基、岛屿(或海上固定平台)进行海洋水文、气象观测,获取具有充分代表性的长期、定点、连续海洋环境观测资料的场所,部分海洋观测站存在多个观测点的情况。

[44]总流通人次是指本年度内到图书馆场馆接受图书馆服务的总人次,包括借阅书刊、咨询问题以及参加各类读者活动等。

[45]特种影片是指那些采用与常规影院放映在技术、设备、节目方面不同的电影展示方式,如巨幕电影、立体电影、立体特效(4D)电影、动感电影、球幕电影等。

[46]人均图书拥有量是指在一年内全国平均每人能拥有的当年出版图书册数。

[47]社会服务床位数除收养性机构外，还包括救助类机构、社区类机构以及军休所、军供站等机构的床位。

[48]国有建设用地供应总量是指报告期内市、县人民政府根据年度土地供应计划依法以出让、划拨、租赁等方式将土地使用权提供给单位或个人使用的国有建设用地总量。

[49]房地产用地是指商服用地和住宅用地的总和。

[50]万元国内生产总值用水量、万元工业增加值用水量和万元国内生产总值能耗按2010年价格计算。

[51]十大流域包括长江、黄河、珠江、松花江、淮河、海河、辽河、浙闽片河流、西北诸河和西南诸河。

资料来源：本公报中城镇新增就业、登记失业率、社会保障数据来自人力资源社会保障部；财政数据来自财政部；外汇储备、汇率、货币金融、公司信用类债券数据来自人民银行；水产品产量数据来自农业部；木材产量、林业、森林火灾数据来自林业局；灌溉面积、水资源数据来自水利部；发电装机容量、新增220千伏及以上变电设备数据来自中电联；新建铁路投产里程、增新建铁路复线投产里程、电气化铁路投产里程、铁路运输数据来自铁路总公司；新建公路里程、港口万吨级码头泊位新增吞吐能力、公路运输、水运、港口货物吞吐量数据来自交通运输部；新增民用运输机场、民航数据来自民航局；新增光缆线路长度、电话交换机容量、电话用户、宽带用户、移动互联网接入流量、上网人数、软件业务收入等数据来自工业和信息化部；保障性住房、城市污水处理、城市集中供热面积、建成区绿地率数据来自住房城乡建设部；货物进出口数据来自海关总署；服务进出口、外商直接投资、对外直接投资、对外承包工程、对外劳务合作等数据来自商务部；管道数据来自中石油、中石化、中海油；民用汽车、交通事故数据来自公安部；邮政业务数据来自邮政局；旅游数据来自旅游局、公安部；上市公司数据来自证监会；保险业数据来自保监会；城乡低保、五保供养、社会服务、农作物受灾面积、洪涝地质灾害造成直接经济损失、旱灾造成直接经济损失、低温冷冻和雪灾造成直接经济损失来自民政部；教育数据来自教育部；安排科技计划课题、技术合同等数据来自科技部；国家工程研究中心、企业技术中心、新兴产业创投等数据来自发展改革委；专利数据来自知识产权局；宇航发射数据来自国防科工局；质量检验、国家标准制定修订等数据来自质检总局；气象预警、平均气温、登陆台风数据来自气象局；地震数据来自地震局；海洋观测站(点)、海洋灾害造成直接经济损失数据来自海洋局；测绘数据来自测绘地信局；艺术表演团体、博物馆、公共图书馆、文化馆数据来自文化部；广播电视、电影、报纸、期刊、图书数据来自新闻出版广电总局；档案数据来自档案局；体育数据来自体育总局；残疾人运动员数据来自中国残联；卫生数据来自卫生计生委；国有建设用地供应数据来自国土资源部；自然保护区、环境监测数据来自环境保护部；安全生产数据来自安全监管总局；其他数据均来自国家统计局。

江西省 2015 年国民经济和社会发展统计公报[1]

江西省统计局　国家统计局江西调查总队

2015 年,全省上下认真贯彻落实党的十八大、十八届三中、四中、五中全会和习近平总书记系列重要讲话,特别是对江西工作“一个希望、三个着力”重要指示精神,深入实施“发展升级、小康提速、绿色崛起、实干兴赣”十六字方针,坚持稳中求进工作总基调,主动适应经济发展新常态,积极有效应对困难挑战,扎实推进稳增长、促改革、调结构、优生态、惠民生各项工作,经济社会发展取得新的成绩。

一、综合

初步核算,全年实现地区生产总值(GDP)16723.8 亿元,比上年增长 9.1%。其中,第一产业增加值 1773.0 亿元,增长 3.9%;第二产业增加值 8487.3 亿元,增长 9.4%;第三产业增加值 6463.5 亿元,增长 10.0%。三次产业结构由上年的 10.7:52.5:36.8 调整为 10.6:50.8:38.6,三次产业对 GDP 增长的贡献率分别为 4.2%、60.7%和 35.1%。人均生产总值 36724 元,增长 8.5%,按年均汇率折算为 5898 美元。

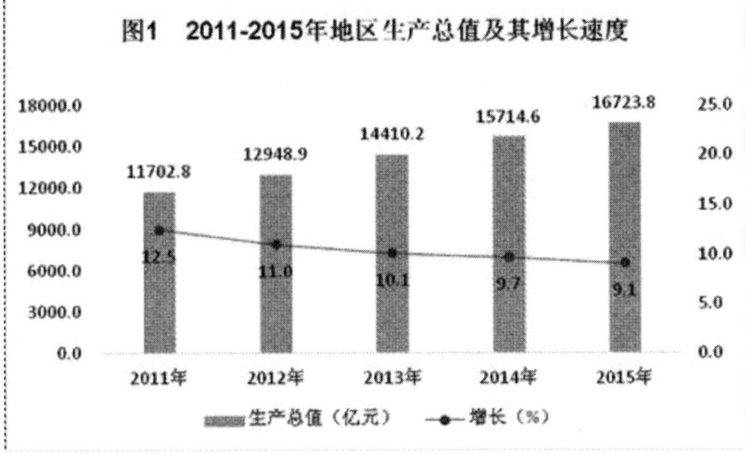

年末常住人口 4565.6 万人,比上年末增加 23.4 万人。其中,城镇人口 2356.8 万人,占总人口的比重为 51.6%,比上年末提高 1.4 个百分点。全年出生人口 60.1 万人,出生率 13.20‰,比上年下降 0.04 个千分点;死亡人口 28.4 万人,死亡率 6.24‰,下降 0.02 个千分点;自然增长率 6.96‰,下降 0.02 个千分点。

表 1　2015 年末常住人口数及其构成

指　　标	年末数(万人)	比重(%)
常住人口	4565.6	100.0
其中:城镇	2356.8	51.6
乡村	2208.9	48.4
其中:男性	2343.7	51.3
女性	2221.9	48.7
其中:0-14 岁	928.2	20.3
15-64 岁	3206.4	70.2
65 岁及以上	431.0	9.4

年末全社会就业人数 2615.8 万人,比上年末增加 12.5 万人。全年城镇新增就业 55.3 万人,城镇登记失业人数 30.0 万人,城镇登记失业率 3.35%。年末农民外出从业人员 842 万人,其中,省外务工 561 万人。

全年财政总收入 3021.5 亿元,比上年增长 12.7%,财政总收入占生产总值的比重为 18.1%,比上年提高 1.0 个百分点。其中,一般公共预算收入 2165.5 亿元,增长 15.1%;税收收入 2373.0 亿元,增长 8.9%,占财政总收入的比重为 78.5%。所有县(市、区)财政总收入突破 6 亿元,其中,财政总收入超 10 亿元的县(市、区)85 个,比上年增加 8 个;超 20 亿元的 36 个,增加 7 个;超 30 亿元的 17 个,增加 2 个;超 50 亿元的 5 个,增加 2 个;百亿县实现零突破,南昌县财政总收入达 100.9 亿元。

图2 2011-2015年财政总收入及其增长速度

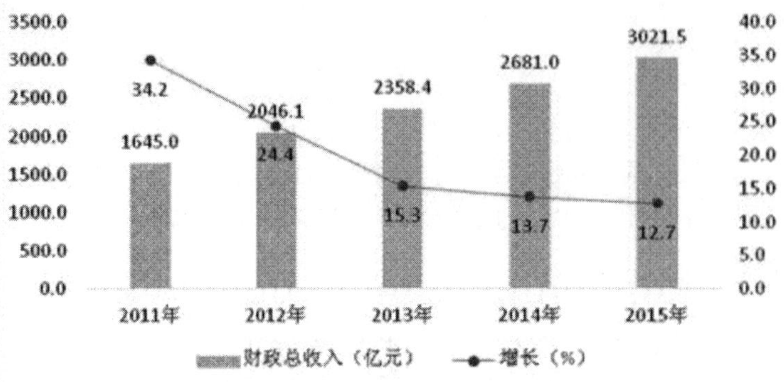

全年居民消费价格比上年上涨 1.5%,其中,城市、农村均上涨 1.5%。商品零售价格上涨 0.5%,农业生产资料价格指数上涨 1.4%,固定资产投资价格下降 1.8%,工业生产者出厂价格下降 6.3%,工业生产者购进价格下降 6.4%。

图3 2015年各月居民消费价格指数
（上年同期为100）

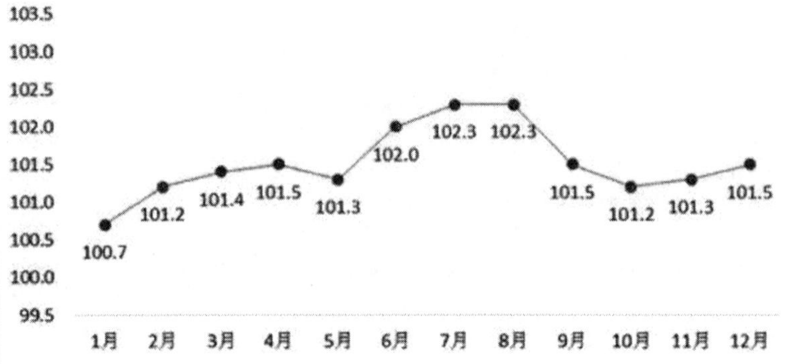

表 2 2015 年居民消费价格比上年涨跌幅度

指 标	比上年上涨(%)
居民消费价格	1.5
食品	3.3
其中:粮食	2.2
烟酒	3.0
衣着	3.2
家庭设备用品及服务	1.0
医疗保健及个人用品	1.4
交通和通信	-1.2
娱乐教育文化用品及服务	1.1
居住	-1.5

二、农业

全年粮食种植面积3705.6千公顷，比上年增长0.2%，其中，谷物种植面积3393.2千公顷，增长0.1%。油料种植面积739.9千公顷，下降0.2%。蔬菜种植面积585.4千公顷，增长2.3%。棉花种植面积81.1千公顷，下降4.5%。糖料种植面积14.5千公顷，增长1.1%。

全年粮食总产量2148.7万吨，比上年增长0.2%，再创历史新高。其中，早稻811.9万吨，下降1.0%；中稻及一季晚稻279.1万吨，增长2.4%；二季晚稻936.2万吨，增长0.4%。

图4　2011-2015年粮食产量及其增长速度

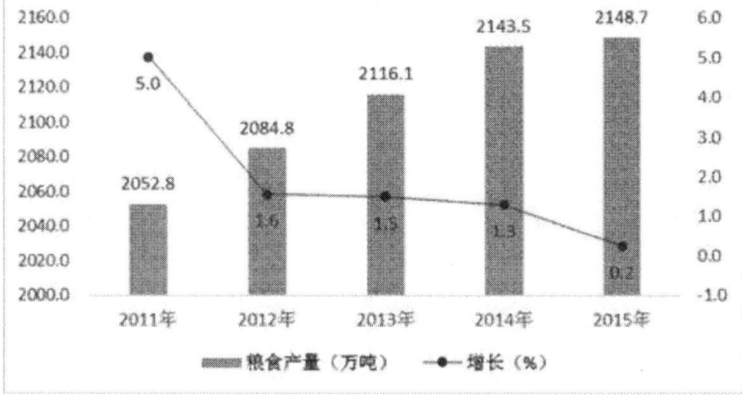

全年油料产量124.0万吨，比上年增长1.9%，其中，油菜籽73.9万吨，增长2.2%。棉花产量11.5万吨，下降13.8%。烟叶产量5.5万吨，下降7.3%。茶叶产量5.2万吨，增长10.0%。园林水果产量450.3万吨，增长8.6%。蔬菜产量1359.1万吨，增长3.6%。

全年肉类总产量355.1万吨，比上年下降0.1%。其中，猪肉产量253.5万吨，下降2.4%；牛肉产量13.6万吨，增长3.7%；羊肉产量1.2万吨，增长2.0%。禽蛋产量49.3万吨，增长3.0%。牛奶产量13.0万吨，增长1.2%。水产品产量264.2万吨，增长4.2%。年末生猪存栏1693.4万头，下降2.6%；生猪出栏3242.5万头，下降2.5%。

表3　2015年主要农产品产量及其增长速度

产品名称	产量(万吨)	比上年增长(%)
粮食	2148.7	0.2
其中:谷物	2044.3	0.1
油料	124.0	1.9
其中:油菜籽	73.9	2.2
棉花	11.5	-13.8
烟叶	5.5	-7.3
茶叶	5.2	10.0
园林水果	450.3	8.6
蔬菜	1359.1	3.6
肉类	355.1	-0.1
水产品	264.2	4.2

三、工业和建筑业

全年规模以上工业增加值7268.9亿元，比上年增长9.2%。分轻重工业看，轻工业增加值2731.2亿元，增长7.7%；重工业4537.7亿元，增长10.1%。分经济类型看，国有企业增加值269.1亿元，增长6.3%；集体企业 19.3 亿元，下降 5.7%；股份合作企业 22.3 亿元，下降 2.0%；股份制企业 2847.6 亿元，增长 9.6%；私营企业 2992.2 亿元，增长 11.7%；外商及港澳台商投资企业 1112.5 亿元，增长 6.9%。

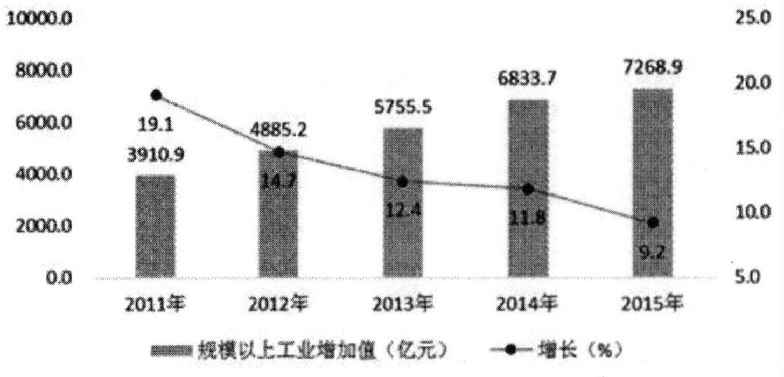

图5 2011-2015年规模以上工业增加值及其增长速度

全年规模以上工业 38 个行业大类中，34 个实现增长，占比近九成。其中，电子、电气机械、纺织、农副食品、医药和有色等六大重点行业表现突出，分别增长 16.5%、12.3%、12.3%、11.2%、10.4%、10.3%，合计实现增加值 2707.0 亿元，占规模以上工业的比重为 37.2%，对规模以上工业增长的贡献率达 46.8%。高新技术产业增加值 1869.7 亿元，增长 10.4%，占规模以上工业的比重为 25.7%，比上年提高 0.8 个百分点。抚州、赣州、吉安高新区晋升为国家级高新技术开发区，年末国家级高新技术开发区 7 家，居全国第 6、中部第 1；省级高新技术产业园区 3 家，比上年新增 1 家；国家高新技术产业化基地 27 个，居全国第 1。

全年规模以上工业 350 种主要工业品中 207 种实现增长，增长面达 59.1%。主要工业品中：发电量 843.4 亿千瓦时，增长 7.0%；十种有色金属 167.8 万吨，增长 0.1%；房间空气调节器 372.9 万台，增长 13.5%。

表 4　2015 年规模以上工业主要产品产量及其增长速度

产品名称	单　位	产量	比上年增长(%)
发电量	亿千瓦时	843.4	7.0
白酒(折 65 度，商品量)	万千升	18.2	11.1
啤酒	万千升	134.0	0.0
卷烟	亿支	678.0	0.2
布	万米	114447.3	7.0
服装	万件	127946.4	0.1
农用化学肥料	万吨	140.8	5.2
化学农药	吨	50881.1	9.5
化学原料药	吨	55569.7	10.3
水泥	万吨	9438.0	-4.2
瓷质砖	万平方米	118973.7	3.8
粗钢	万吨	2211.0	-1.1
钢材	万吨	2577.6	-1.5
十种有色金属	万吨	167.8	0.1
其中：精炼铜(电解铜)	万吨	132.0	-0.1
多晶硅	吨	16417.7	-12.8
单晶硅	吨	1614.2	-52.8

产品名称	单　位	产量	比上年增长(%)
铜材	万吨	308.2	-2.0
汽车	万辆	42.2	-8.7
彩色电视机	万台	23.6	20.4
房间空气调节器	万台	372.9	13.5

全年规模以上工业企业实现主营业务收入32459.4亿元,比上年增长4.3%;实现利税总额3543.8亿元,增长3.8%,其中,利润总额2128.0亿元,增长2.4%。主营业务收入超百亿元的企业10户,其中,江铜集团2010.4亿元,居全省首位。

年末工业园区实际开发面积618.8平方公里,投产企业9645家,比上年增加679家;从业人员217.1万人,增长1.7%。全年工业园区实现工业增加值6007.0亿元,增长9.3%;主营业务收入、利税总额、利润总额分别完成25508.3亿元、2973.2亿元和1801.8亿元,增长4.6%、6.6%和5.8%。主营业务收入超百亿元的工业园区73个,比上年增加2个;超500亿元的16个,增加8个;超千亿元的4个,增加2个。其中,南昌高新技术产业开发区1530.8亿元,居全省首位。

全年建筑业总产值4602.5亿元,比上年增长11.6%;建筑业增加值1500.6亿元,增长11.5%。房屋建筑施工面积28895.4万平方米,增长4.2%;房屋建筑竣工面积14255.6万平方米,增长12.0%。新增特级建筑企业3家、一级建筑企业80家,年末分别达6家和388家。

四、固定资产投资

全年全社会固定资产投资17388.1亿元,比上年增长15.3%。其中,固定资产投资(不含农户)16993.9亿元,增长16.0%。

图6 2011-2015年全社会固定资产投资及其增长速度

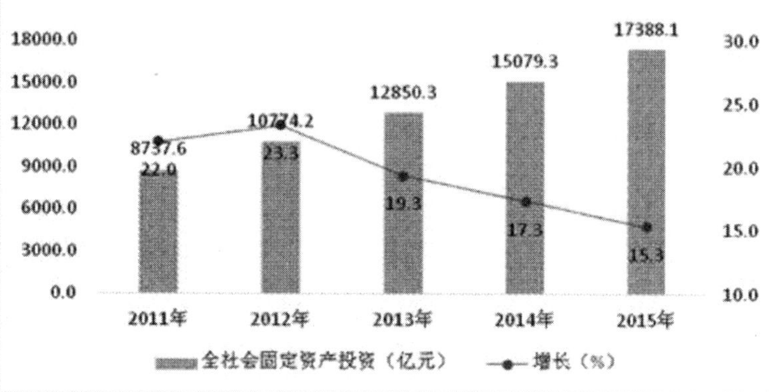

固定资产投资(不含农户)中:分产业看,第一产业投资428.8亿元,增长35.7%;第二产业投资9035.3亿元,增长13.3%,其中,工业投资8918.3亿元,增长12.8%;第三产业投资7529.8亿元,增长18.4%。分投资主体看,国有投资3833.0亿元,增长15.5%;非国有投资13160.9亿元,增长16.2%,其中,民间投资12598.5亿元,增长17.5%。

表5　2015年分行业固定资产投资(不含农户)及其增长速度

行业	投资额(亿元)	比上年增长(%)
总　计	16993.9	16.0
第一产业	428.8	35.7
第二产业	9035.3	13.3
工业	8918.3	12.8
采矿业	245.5	-15.2

行业	投资额(亿元)	比上年增长(%)
制造业	8099.6	12.0
化学原料及化学制品制造业	706.4	21.4
非金属矿制品业	937.9	14.8
黑色金属冶炼和压延加工业	55.6	-43.1
有色金属冶炼和压延加工业	405.5	-0.6
电气机械及器材制造业	635.3	8.1
计算机、通信和其他电子设备制造业	437.9	-8.3
电力、热力、燃气及水生产和供应业	573.2	47.9
建筑业	130.7	60.7
第三产业	7529.8	18.4
批发和零售业	971.6	43.1
交通运输、仓储和邮政业	818.0	16.3
住宿和餐饮业	293.1	14.2
信息传输、软件和信息技术服务业	125.4	70.2
金融业	41.1	22.0
房地产业	2096.5	8.2
租赁和商务服务业	330.0	21.9
科学研究和技术服务业	96.0	76.5
水利、环境和公共设施管理业	1691.1	14.4
居民服务、修理和其他服务业	121.6	77.0
教育	243.6	33.5
卫生和社会工作	159.7	51.7
文化、体育和娱乐业	261.3	3.8
公共管理、社会保障和社会组织	226.8	7.2

全年房地产开发投资1520.1亿元,比上年增长14.9%。其中,住宅投资1113.1亿元,增长14.5%;办公楼投资52.1亿元,下降3.5%;商业营业用房投资239.4亿元,增长20.5%。房屋施工面积15293.6万平方米,增长14.7%;房屋新开工面积3704.9万平方米,增长10.6%;房屋竣工面积1907.9万平方米,增长1.9%。商品房销售面积3478.2万平方米,增长13.4%;商品房待售面积1496.1万平方米,增长26.8%;商品房销售额1863.7亿元,增长14.9%。

五、国内贸易

全年社会消费品零售总额5896.0亿元,比上年增长11.4%。按城乡分,城镇消费品零售额4885.5亿元,增长11.0%,其中,城区3118.7亿元,增长12.9%;乡村消费品零售额1010.4亿元,增长13.4%。按消费类型分,餐饮收入693.5亿元,增长10.3%;商品零售5202.4亿元,增长11.5%。

限额以上批发零售业零售额分商品看:日用生活消费品保持较快增长。粮油、食品类实现零售额177.6亿元,比上年增长26.0%;服装、鞋帽、针纺织品类126.9亿元,增长11.4%;日用品类52.6亿元,增长13.6%。与消费升级相关商品快速增长。家具类实现零售额41.2亿元,增长42.3%;通讯器材类26.8亿元,增长38.2%;建筑及装潢材料类34.5亿元,增长28.1%。汽车销售继续保持快速增长。汽车类实现零售额663.0亿元,增长19.5%。

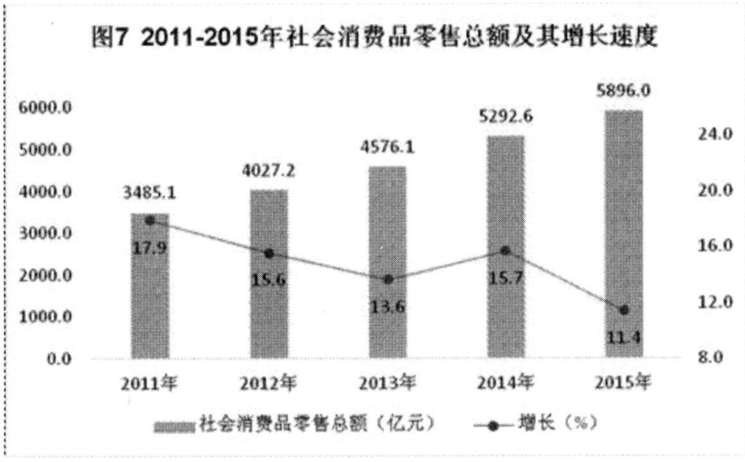

表 6　2015 年限额以上批发零售业按商品分类零售额及其增长速度

类　别	零售额(亿元)	比上年增长(%)
合计	2171.6	12.2
粮油、食品类	177.6	26.0
饮料类	28.9	20.5
烟酒类	45.4	18.9
服装、鞋帽、针纺织品类	126.9	11.4
化妆品类	17.0	1.3
金银珠宝类	35.3	10.0
日用品类	52.6	13.6
五金、电料类	5.7	27.6
体育、娱乐用品类	3.4	4.6
书报杂志类	34.2	10.4
电子出版物及音像制品类	8.2	-3.1
家用电器和音像器材类	137.3	14.4
中西药品类	143.6	24.2
文化办公用品类	20.7	13.0
家具类	41.2	42.3
通讯器材类	26.8	38.2
煤炭及制品类	6.0	50.9
石油及制品类	516.4	-6.0
建筑及装潢材料类	34.5	28.1
机电产品及设备类	6.2	11.7
汽车类	663.0	19.5
棉麻类	0.3	8.4
其他类	40.2	27.7

六、对外经济

全年进出口总值2641.5亿元,比上年增长0.7%。其中,出口值2060.9亿元,增长4.8%;进口值580.6亿元,下降11.7%。

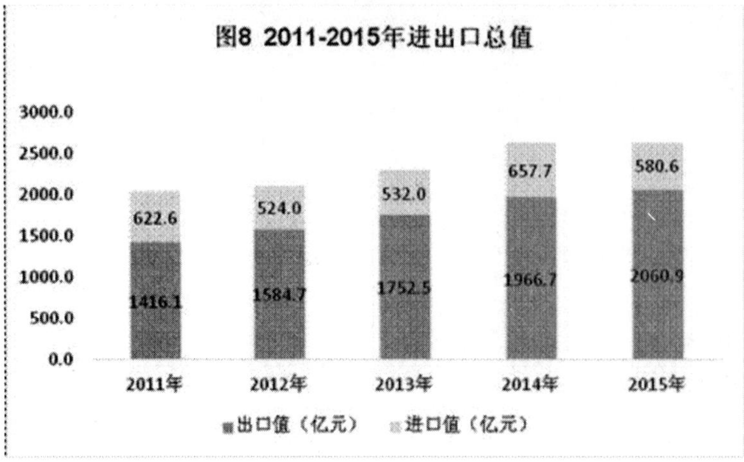

分贸易方式看,一般贸易出口1723.3亿元,增长9.5%;加工贸易出口290.9亿元,下降2.3%。分重点商品看,机电产品出口872.8亿元,增长10.1%;高新技术产品出口326.5亿元,增长1.1%;服装及衣着附件出口247.1亿元,下降13.6%。

表7 2015年外贸出口方式和主要商品分析

指　标	绝对值(亿元)	比上年增长(%)
出口值	2060.9	4.8
一般贸易	1723.3	9.5
加工贸易	290.9	-2.3
其它贸易	46.7	-50.6
主要商品出口值		
机电产品	872.8	10.1
高新技术产品	326.5	1.1
服装及衣着附件	247.1	-13.6
钢　材	55.6	-9.7
纺织纱线、织物及制品	78.9	6.9
铁合金	5.5	-12.4
农产品	38.3	-7.6
钨　品	5.3	-43.4

全年新批外商投资企业640家,合同外资金额73.7亿美元,实际使用外资金额94.7亿美元,比上年增长12.1%。引进世界500强投资背景企业3家,年末在赣投资的具有世界500强投资背景企业65家。利用省外项目2158个,增长0.3%;实际进资5232.2亿元,增长15.2%。其中,亿元以上项目1387个,增长4.3%;实际进资4654.0亿元,增长19.8%。

全年新签对外承包工程合同项目230个,比上年增长10.0%;合同金额40.4亿美元,增长52.6%;完成营业额35.1亿美元,增长23.1%。

七、交通、邮电和旅游

全年货物运输量16.1亿吨，比上年增长6.2%。其中，铁路货运量3942.7万吨，下降18.2%；公路货运量14.8亿吨，增长7.3%；水运货运量9400.7万吨，增长2.6%。货物运输周转量3904.4亿吨公里，增长1.9%。其中，铁路周转量497.0亿吨公里，下降8.2%；公路周转量3200.1亿吨公里，增长4.1%；水运周转量207.4亿吨公里，下降3.7%。

全年旅客运输量7.0亿人，比上年增长3.0%。其中，铁路客运量8458.3万人，增长9.4%；公路客运量6.1亿人，增长2.2%；水运客运量273.9万人，下降2.8%。旅客运输周转量990.9亿人公里，增长4.9%。其中，铁路周转量668.7亿人公里，增长6.5%；公路周转量321.8亿人公里，增长1.7%；水运周转量0.3亿人公里，下降6.4%。机场旅客吞吐量985.0万人，增长5.9%，其中，昌北机场旅客吞吐量749.0万人，增长3.5%。

表8　2015年货物、旅客运输量和周转量及其增长速度

指　标	单位	绝对值	比上年增长(%)
货物运输量	万吨	161213.4	6.2
铁路	万吨	3942.7	-18.2
公路	万吨	147870.0	7.3
水运	万吨	9400.7	2.6
货物周转量	亿吨公里	3904.4	1.9
铁路	亿吨公里	497.0	-8.2
公路	亿吨公里	3200.1	4.1
水运	亿吨公里	207.4	-3.7
旅客运输量	万人	69726.2	3.0
铁路	万人	8458.3	9.4
公路	万人	60994.0	2.2
水运	万人	273.9	-2.8
旅客周转量	亿人公里	990.9	4.9
铁路	亿人公里	668.7	6.5
公路	亿人公里	321.8	1.7
水运	亿人公里	0.3	-6.4

年末公路通车里程15.7万公里，比上年末增加1110公里，其中，高速公路通车里程5058公里，增加574公里；铁路营运里程3872.3公里，增加307.5公里。年末民用汽车保有量346.8万辆，增长17.0%；民用轿车保有量187.1万辆，增长21.2%，其中，私人轿车172.4万辆，增长23.8%。

全年邮电业务总量599.4亿元，比上年增长34.5%。其中，邮政业务总量69.7亿元，增长35.5%；电信业务总量529.7亿元，增长34.3%。年末固定电话用户568.4万户，本年减少9.0万户；移动电话用户3056.2万户，本年新增117.7万户。年末3G移动电话用户832.1万户，下降27.7%；4G移动电话用户1068.7万户，增长3.5倍。年末互联网宽带接入用户442.0万人，增长1.8%。

全年接待国内旅游者3.8亿人次，比上年增长23.3%；接待入境旅游者176.9万人次，增长3.1%。实现旅游总收入3637.7亿元，增长37.3%。其中，国内旅游收入3600.5亿元，增长37.7%；国际旅游外汇收入5.7亿美元，增长2.0%。新增瑞金共和国摇篮旅游区、宜春明月山旅游区两个国家5A级景区，鹰潭获批首批国家级旅游业改革创新先行区。

八、金融、证券和保险

年末金融机构人民币各项存款余额24785.1亿元，比年初增加3013.7亿元。其中，住户存款余额12389.7

亿元,增加1343.1亿元;非金融企业贷款余额6693.4亿元,增加929.3亿元。年末金融机构人民币各项贷款余额18348.0亿元,比年初增加2881.0亿元。其中,住户贷款余额6928.1亿元,增加926.2亿元;非金融机构及机关团体贷款余额11418.7亿元,增加1955.5亿元。重组江西金控集团,新组建江西银行、江西省再担保公司、江西航空公司,引进东亚、广发银行。江西省金融租赁公司、江西联合股权交易中心成立营运。

年末辖区内上市公司35家,其中,主板公司22家,中小板公司8家,创业板公司5家。辖区内有证券公司2家,分公司15家,证券营业部260家,证券交易额8.75万亿元;期货公司1家,期货营业部33家,期货成交金额9.13万亿元。

全年保险公司保费收入508.4亿元,比上年增长27.0%其中,财产险公司保费收入171.2亿元,增长17.4%;人寿险公司保费收入337.2亿元,增长32.5%。支付各类赔款及给付178.1亿元,增长25.3%。其中,财产险公司赔款85.8亿元,增长12.6%;人寿险公司赔款12.4亿元,增长80.4%;人寿险公司给付79.9亿元,增长35.4%。

九、教育和科学技术

全年研究生教育招生1.0万人,在校生2.9万人,毕业生0.9万人。普通高等教育招生31.0万人,在校生98.5万人,毕业生23.5万人。成人高等教育招生5.7万人,在校生19.2万人,毕业生5.7万人。普通高中招生32.0万人,在校生92.9万人,毕业生28.7万人。中等职业教育招生15.7万人,在校生43.1万人,毕业生14.0万人。初中学校招生60.1万人,在校生176.4万人,毕业生55.7万人。普通小学招生71.6万人,在校生422.3万人,毕业生59.4万人。特殊教育在校生2.4万人。幼儿园11870所,在园幼儿166.3万人。各类民办学校10924所,其中,独立设置民办高校18所;各类民办学校在校学生195.9万人,其中,独立设置民办高校在校学生17.4万人。学前教育毛人园率77.1%,小学净入学率99.9%,初中毛入学率98.3%。高中阶段教育毛入学率87.0%,普通高考录取率78.8%,高等教育毛入学率36.5%。

表9　2015年各类学校招生、在校生和毕业生人数

单位:万人

指标	招生数	在校生数	毕业生数
研究生教育	1.0	2.9	0.9
普通高等教育	31.0	98.5	23.5
成人高等教育	5.7	19.2	5.7
中等职业教育	15.7	43.1	14.0
普通高中	32.0	92.9	28.7
初中学校	60.1	176.4	55.7
普通小学	71.6	422.3	59.4

全年研究与试验发展(R&D)经费支出165.6亿元,比上年增长8.2%,占GDP的比重为0.99%,比上年提高0.02个百分点。年末共有国家工程(技术)研究中心8个,省工程(技术)研究中心215个;国家级重点实验室4个,省级重点实验室121个。全年获省部级以上科技成果788项,其中,基础理论成果43项,应用技术成果745项;通过省级科技主管部门鉴定的科技成果85项,获得国家科学技术进步奖的科技成果10项,获得国家科学技术奖的科技成果12项。其中,"硅衬底蓝色发光二极管"技术获得国家技术发明一等奖,"热针灸"技术获得国家科技进步二等奖。全年受理专利申请36936件,授权专利24161件;签订技术合同1136项,技术市场合同成交金额64.8亿元。

年末共有产品质量检测机构75个,其中,国家级检测中心10个。法定计量技术机构244个,全年强制检定计量器具69.2万台(件),开展产品质量监督抽查5907批次。全年获得3C证书的企业669家,获得3C证书3993张,发放自愿性产品认证证书3274张,发放工业产品生产许可证254张。测绘部门为经济社会发展提供各种基本比例尺地形图3296张,大地成果2641点,航摄成果182417平方公里。

十、文化、卫生和体育

年末共有艺术表演团体85个,文化馆104个,公共图书馆113个,博物馆138个;广播电台8座,中、短波发射台15座，电视台10座；有线广播电视用户677.0万户，其中，数字电视用户580.6万户。年末广播综合人口覆盖率97.6%，电视综合人口覆盖率98.6%。全年出版各类报纸11.2亿份，各类图书1.9亿册、期刊7878万册。

年末共有各类医疗卫生机构38557个（含村卫生室），其中，医院、卫生院2159个，妇幼保健院（所、站）112个，专科疾病防治院（所、站）111个，疾病预防控制中心148个，卫生监督所（中心）110个。卫生技术人员21.1万人，其中，执业医师和执业助理医师7.7万人，注册护士9.0万人。医院、卫生院床位数18.0万张，其中，乡镇卫生院床位数4.6万张。

年末共有全民健身中心2个，青少年俱乐部158个，城市社区多功能运动场65个，青少年户外活动营地5个；国家级体育传统项目学校15所，省级体育传统项目学校192所，省级单项体育后备人才基地29个。全年新建村级农民体育健身工程1340个，乡镇农民体育健身工程139个，老区和贫困地区"雪炭工程"设施建设项目3个。在国际和国内的重大比赛中共获得71枚金牌、49枚银牌和49枚铜牌。

十一、人民生活和社会保障

全年居民人均可支配收入18437元，比上年增长10.2%。其中，城镇居民人均可支配收入26500元，增长9.0%；农村居民人均可支配收入11139元，增长10.1%。居民人均生活消费支出12403元，增长11.9%。其中，城镇居民人均生活消费支出16732元，增长10.5%；农村居民人均生活消费支出8486元，增长12.4%。

全年就业困难人员实现就业6.9万人。共发放小额担保贷款121.8亿元，扶持个人创业9.4万人次，带动就业47.1万人次。年末参加城镇基本养老保险人数823.1万人，其中，职工587.9万人，离退休人员235.2万人。参加城镇职工医疗保险人数585.0万人，其中，职工383.7万人，退休人员201.3万人。参加农村新型合作医疗人数3450.9万人，新型农村合作医疗基金支出148.0亿元，农民参合率99.2%，参合县比例95.0%，统筹基金使用率90.0%。参加工伤保险人数500.6万人，其中，农民工126.1万人。参加失业保险人数281.5万人，参加生育保险人数251.3万人。向城市低保户发放低保金33.9亿元，月人均补差290元；向农村低保户发放低保金33.6亿元，月人均补差165元。城市居民得到政府最低生活保障人数97.6万人，农村居民得到政府最低生活保障人数169.6万人，农村居民得到政府五保救济人数22.7万人。义务教育阶段免费提供教课书的学生数598.7万名，得到政府资助的家庭生活困难学生数2.8万名。全年开工建设保障性安居工程23.26万套，基本建成28.51万套，分别达目标任务的100%和178.2%，其中，棚改开工16.54万套，棚改货币化安置率达31.9%；完成农村危房改造31.2万户，其中，国家下达任务18.2万户，省政府提前实施13万户，是完成农村危房改造任务最多的一年。完成扶贫移民搬迁10.6万人，减贫72万人。

年末共有提供住宿的社会福利机构1689个，床位数15.5万张，收养人数13.4万人，临时救济困难户12.5万人次。社区服务机构3478个，其中，社区服务中心360个。全年销售社会福利彩票32.6亿元，筹集福利彩票公益金9.2亿元，直接接受社会捐赠0.2亿元。

十二、资源、环境与安全生产

年末地表水Ⅰ－Ⅲ类水质断面（点位）达标率81.0%，城市生活污水集中处理率85%，11个设区市城区空气质量（AQI）优良率90.1%。森林覆盖率稳定在63.1%，居全国第2位；完成植树造林214.7万亩、森林抚育560万亩，森林蓄积量达到4.45亿立方米，居全国第9位。已建成国家级自然保护区14处、省级38处，国家森林公园46处、省级120处，拥有国家湿地公园28处、省级56处，湿地保有量91万公顷，占国土面积的5.45%。南昌、宜春成功创建国家森林城市，吉安获批全国生态保护与建设示范区。在全国率先实行全境流域生态补偿，首期筹集补偿资金20.91亿元。

年平均降水量2106.4毫米，较常年偏多26%，位列历史第5位。平均气温18.6℃，较常年偏高0.6℃，位列历史第6位。日照时数1338.6小时，较常年偏少近20%，创历史新低。

全年全社会能源消费总量8440.3万吨标准煤，比上年增长4.8%；万元GDP能耗0.544吨标准煤，下降3.9%，超额完成全年下降2%的目标任务。规模以上工业综合能源消费量5104.3万吨标准煤，增长1.9%；万元规模以上工业增加值能耗0.681吨标准煤，下降6.7%，超额完成下降4%的年度目标任务。

全年安全生产事故2821起，比上年下降11.8%。其中，道路交通事故818起，工矿商贸事故132起，铁路交通事故57起，水上交通事故3起，火灾事故1799起，农业机械事故12起。安全生产事故死亡人数780人，下降7.7%。其中，道路交通事故死亡559人，工矿商贸事故死亡166人，铁路交通事故死亡38人，水上交通事故死亡2人，火灾事故死亡10人，农业机械事故死亡5人。亿元生产总值安全生产事故死亡人数0.097人，下降6.7%。

注释：

1.本公报中数据均为初步统计数。部分数据因四舍五入的原因，存在着分项与合计不等的情况。

2.地区生产总值、各产业增加值和人均生产总值绝对数按现价计算，增长速度按不变价格计算。

3.根据《国民经济行业分类》(GB/T4754－2011)，第一产业指农林牧渔业(不含农林牧渔服务业)，第二产业指工业(不含开采辅助活动，金属制品、机械和设备修理业)和建筑业，第三产业指除第一产业、第二产业以外的其他行业。

4.规模以上工业统计范围为年主营业务收入2000万元及以上的企业，固定资产投资(不含农户)统计范围为计划总投资500万元及以上项目和房地产。

5.对外贸易数据改用人民币计价。

6.邮电业务总量按2010年不变价格计算。

7.万元生产总值能耗、万元规模以上工业增加值能耗按2010年不变价格计算。

8.常住人口是指实际经常居住在某地区一定时间的人口。按人口普查和抽样调查规定，主要包括：居住在本乡镇街道、户口在本乡镇街道或户口待定的人，居住在本乡镇街道、离开户口所在的乡镇街道半年以上的人，户口在本乡镇街道、外出不满半年或在境外工作学习的人。

9.小学适龄儿童入学率指调查范围内已入小学学习的学龄儿童占校内外学龄儿童总数的百分比。

10.高中阶段教育毛入学率主要反映高中阶段教育覆盖面，是指高中阶段在校生总数占15－17岁学龄人口数的百分比。

资料来源：

本公报中财政数据来自省财政厅；物价、城乡居民收入和支出、部分农业数据来自国家统计局江西调查总队；外贸数据来自南昌海关；利用外资和省外资金、对外承包工程数据来自省商务厅；铁路客货运输量、周转量数据来自南昌铁路局；公路、水路客货运输量、周转量数据来自省交通运输厅；机场旅客吞吐量数据来自省机场集团公司；电信业务量、移动电话用户数、固定电话用户数、互联网宽带用户数来自省通信管理局；邮政业务量来自省邮政管理局；旅游数据来自省旅发委；存贷款数据来自中国人民银行南昌中心支行；证券数据来自中国证券监督管理委员会江西监管局；保险数据来自中国保险监督管理委员江西监管局；教育数据来自省教育厅；科技数据来自省科技厅；专利数据来自省知识产权局；质量检测、行业标准数据来自省质量技术监督局；艺术表演团体、博物馆、公共图书馆、文化馆数据来自省文化厅；广播、电视、报纸、期刊、图书数据来自省新闻出版广电局；测绘数据来自省测绘局；卫生、新农合数据来自省卫生和计划生育委员会；体育数据来自省体育局；城镇新增就业、社会保险数据来自省人力资源和社会保障厅；城乡低保、社会福利、社区服务、社会捐赠数据来省自省民政厅；保障性住房数据来自省住房和城乡建设厅；扶贫数据来自省扶贫办；自然保护区、造林、森林覆盖率数据来自省林业厅；空气和地表水质量、污染物排放数据来自省环境保护厅；降水量、平均气温、日照时数数据来自省气象局；安全生产数据来自省安全生产监督管理局；道路交通事故数据来自省公安厅；其他数据来自省统计局。

2015 年上饶市国民经济和社会发展统计公报

上饶市统计局

2015 年，面对错综复杂的国际形势和不断加大的经济下行压力，市委、市政府深入贯彻落实习近平总书记"一个希望，三个着力"重要要求及省委"十六字"方针精神，坚持"稳中求进"工作总基调，打好经济转型升级组合拳，扎实推动"大众创业、万众创新"，积极应对各种挑战，全市经济呈现总体平稳、稳中有进的发展态势。

一、综合

经济运行稳中有进。初步核算，全年实现地区生产总值 1650.8 亿元，比上年增长 9.5%。其中，第一产业增加值 222.8 亿元，增长 3.7%；第二产业增加值 803.4 亿元，增长 9.7%；第三产业增加值 624.6 亿元，增长 11.3%。三次产业对经济增长的贡献率分别为 4.9%、56.7%和 38.3%。人均生产总值 24633 元，增长 9.1%，按年均汇率折算为 3955 美元。经济结构进一步优化。三次产业结构调整为 13.5:48.7:37.8，第三产业占比较上年提高 2.1 个百分点。非公有制经济实现增加值 1018.1 亿元，增长 9.6%，占 GDP 的比重为 61.7%，比上年提高 0.4 个百分点。

图1. 2011-2015年地区生产总值及其增速

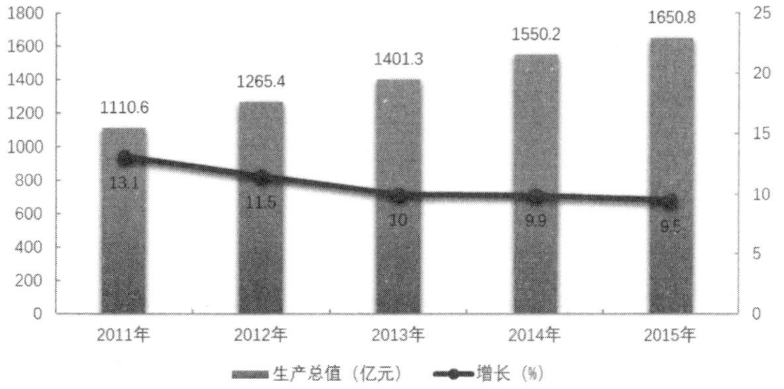

人口增长处于较低水平。根据人口变动情况抽样调查统计，年末常住人口 671.5 万人，比上年末增长 0.4%，城镇化率提高 1.48 个百分点，达到 47.34%。65 岁及以上老年人口 62.85 万人，占总人口的比重为 9.36%，比上年末提高 0.16 个百分点。全年出生人口 8.9 万人，出生率 13.28‰；死亡人口 4.2 万人，死亡率 6.27‰；自然增长率 7.01‰。

表 1　2015 年人口数及其构成

指　　标	年末数(万人)	比重(%)
常住人口	671.51	
其中:城镇	317.89	47.34
乡村	353.62	52.66
其中:男性	345.17	51.4
女性	326.34	48.6
其中:0 - 14 岁	144.51	21.52
15 - 64 岁	464.15	69.12
65 岁及以上	62.85	9.36

就业形势总体稳定。年末从业人员432.28万人，比上年末增加4.38万人。全年城镇新增就业6.22万人。新增转移农村劳动力19.48万人。年末城镇登记失业率为3.48%。年末农民外出从业人员163.95万人。其中，省外务工104.81万人。

财政收入稳定增长。全年财政总收入290.16亿元，比上年增长10.5%。其中，公共财政预算收入222.37亿元，增长14.5%。财政总收入占生产总值的比重17.6%，比上年提高0.7个百分点；税收收入211.8亿元，增长6.1%，占财政总收入的比重73.0%，比上年下降3个百分点。县域财力显著增强，所有县(市、区)财政总收入都超过10亿元，财政总收入超20亿元的县(市、区)5个，超30亿元的2个。其中，广丰区突破40亿元，达41.8亿元。

财政支出结构不断优化。全年公共财政预算支出456.9亿元，比上年增长18.8%。其中，科学技术支出5.3亿元，增长25.5%；社会保障和就业支出53.6亿元，增长21.2%；医疗卫生支出52.7亿元，增长11.9%。

居民消费价格涨幅放缓。全年居民消费价格上涨1.2%，比上年回落1.1个百分点。其中，食品类价格上涨2.1%，影响CPI上涨约0.69个百分点，衣着类价格上涨1.4%，居住类价格下降1.4%。商品零售价格上涨0.8%。工业生产者出厂价格下降4%，其中下降幅度较大的有非金属矿物制品业下降12.2%、化学纤维制造业下降11%、食品制造业下降9.9%。工业生产者购进价格下降6%，其中有色金属材料和电线类、燃料动力类价格下降幅度最大，分别下降10%、2.7%。

图2. 2011-2015年居民消费价格涨跌幅度

表2　2015年居民消费价格指数比上年涨跌幅度

类　　别	涨跌幅度(%)
居民消费价格指数	1.2
一、食品	2.1
二、烟酒	2.5
三、衣着	1.4
四、家庭设备用品及服务	1.6
五、医疗保健及个人用品	2.6
六、交通和通信	-0.7
七、娱乐教育文化用品及服务	1.7
八、居住	-1.4

二、农业

农业生产稳步发展。全年粮食总产量3528395吨，比上年增长0.72%，总产再创历史新高，实现“十二连丰”。其中，早稻1315795吨，增长2.82 %；中稻及一季晚稻483542吨，增长0.58%；二季晚稻1591125吨，减少0.81%。全年粮食种植面积598493公顷，增长0.19%；油料种植面积114963公顷，增长0.46%；棉花种植面积3976公顷，减少3.12%；蔬菜种植面积56463公顷，增长2.20%。

牧业产量略有回落。全年肉类总产量314065吨，比上年减少0.43%。年末生猪存栏2027454头，下降2.86%；生猪出栏2885393头，下降2.78%。全年牛奶产量203吨，增长76.09%。禽蛋产量63040吨，增长3.65%。

渔业生产全省一流。全市水产养殖面积125.697万亩，与去年持平；水产品总产量52.13万吨，同比增长3.19%，其中特种水产品产量20.75万吨，同比增长6%。我市水产养殖面积、产值、产量均排名全省第一。

农产品出口创汇全省一流。全市农产品出口创汇2.61亿美元，同比增长11%，排名全省第二。

表3　2015年主要农产品产量及其增长速度

产品名称	产量(吨)	比上年增长(%)
粮食	3528395	0.72
其中：稻谷	3390462	0.77
油料	197778	2.38
其中：油菜籽	139001	3.65
棉花	5650	-27.20
烟叶	394	-1.01
茶叶	17245	10.72
园林水果	66012	12.74
蔬菜及食用菌	1407020	2.79
肉类	314065	-0.43

农业产业化经营有新突破。规模以上农业企业达706家，其中国家级龙头企业4家，省级龙头企业109家，市级龙头企业318家。427家市级以上龙头企业销售收入突破300亿元，达到315.8亿元，同比增10.6%；带动农户127.9万户，同比增5%，促进农民增收32.7亿元。远泉、三清山绿色食品公司成功上市。

农业园区建设有新成果。新增余干县、德兴市为省级现代农业示范区，全市已创建省级现代农业示范区8个，国家级现代农业示范区1个。已建成各类农业园区52个，核心区面积达51.8万亩，园区产值达128.8亿元，吸纳农民就业30.5万人次。

"三品一标"创建有新作为。新增"三品一标"34个，全市"三品一标"总数达409个，其中无公害农产品266个，绿色食品84个，有机食品37个，农产品地理标志22个。

农业科技应用有新提高。建设农业科技试验示范基地21个，培育科技示范户14097户；推广应用测土配方施肥890万亩，植保专业化统防统治236.87万亩次，农村沼气用户6500户，农业主推品种、技术入户率与到位率达到95%以上。

农业投入水平有新进步。落实农业补贴资金8.71亿元，与上年持平；争取农业建设项目资金3.69亿元，同比增长7%。完成农业招商引资23.69亿元，同比增长15%，其中投资5000万元以上项目36个，过亿元项目16个。

三、工业和建筑业

工业生产稳定增长。全年规模以上工业增加值690.5亿元，增长9.6%。分轻重工业看，规模以上轻工业增加值178.7亿元，增长8.0%；重工业增加值511.8亿元，增长10.1%。分企业类型看，规模以上国有企业增加值1.2亿元，下降5.1%；集体企业增加值0.2亿元，下降29.4%；股份合作企业增加值0.9亿元，增长7.6%；股份制企业增加值215.0亿元，增长8.7%；私营企业增加值331.5亿元，增长12.8%；外商及港澳台投资企业增加值138.0亿元，增长8.6%。六大高耗能行业实现工业增加值303.8亿元，增长4.7%，低于全市平均增速4.9个百分点。

装备制造业增势较好。在规模以上工业中，全年装备制造业完成增加值177.8亿元，增长16.2%，高于全市平均水平6.6个百分点。其中，电气机械和器材制造业实现增加值111.0亿元，增长20.8%。

全年规模以上主要工业品中：发电量77.5亿千瓦时，增长4.1%；水泥1602.4万吨，增长1.8%；太阳能电池313.5万千瓦，增长56.5%。改装汽车1041辆，增长56.8%。

表 4　2015 年规模以上工业主要产品产量及其增长速度

产品名称	单　位	产 量	比上年增长(%)
原煤	万吨	116.4	5.2
大米	万吨	72.9	-6.1
精制食用植物油	万吨	1.3	10.7
精制茶	万吨	2.3	-3.9
服装	万件	7700.0	2.3
机制纸及纸板(外购原纸加工除外)	万吨	11.2	8.0
水泥	万吨	1602.4	1.8
十种有色金属	万吨	16.5	-26.7
精炼铜(电解铜)	万吨	8.1	-24.6
铜材	万吨	42.8	10.9
滚动轴承	亿套	1.1	-0.5
改装汽车	辆	1041	56.8
太阳能电池	万千瓦	313.5	56.5
光学仪器	万台(个)	5.4	-17.4
发电量	亿千瓦小时	77.5	4.1

企业效益稳步提升。全年规模以上工业实现利税 397.6 亿元,比上年增长 3.1%,其中利润 244.6 亿元,增长 4.3%。全年规模以上工业实现主营业务收入 2897.0 亿元,增长 7.4%。主营业务收入超过十亿元的企业 53 户,比上年增加 2 户。全年工业经济效益综合指数 379.5%,同比下降 6.8 个百分点。

工业园区平稳发展。年末全市工业园区投产企业 1042 家;安置从业人数 22.0 万人。全年园区完成工业增加值 647.6 亿元,增长 9.7%;主营业务收入、利润、利税分别完成 2749.6 亿元、242.4 亿元和 392.7 亿元,分别增长 7.0%、5.2%和 3.7%。年主营业务收入超百亿元的园区有 10 家,其中上饶经济技术开发区达 710.9 亿元,居全市首位。

全年建筑业总产值 485.59 亿元,比上年增长 13.1%;建筑业增加值 142.3 亿元,可比增长 12.7%。房屋建筑施工面积 3471.2 万平方米,增长 7.7%,其中新开工面积 1701.1 万平方米,增长 78.4%;房屋建筑竣工面积 2069.2 万平方米,增长 9.2%,实现房屋竣工价值 367.9 亿元,同比增长 6.9%。

四、固定资产投资

固定资产投资较快增长。全市固定资产投资完成 1560.2 亿元,增长 16.1%。分产业看,在固定资产投资中,第一产业投资 41.2 亿元,下降 2.9%;第二产业投资 928.5 亿元,增长 21.5%,其中工业投资 889.4 亿元,增长 20.5%;第三产业投资 590.6 亿元,增长 9.9%。分投资主体看,在固定资产投资中,国有投资 259.1 亿元,下降 3%;非国有投资 1301.1 亿元,增长 20.8%,其中民间投资 1241.7 亿元,增长 16.9%。

表 5　2015 年分行业固定资产投资(不含农户)及其增长速度

行　　业	投资额(亿元)	比上年增长(%)
总　　计	1560.2	16.1
第一产业	41.1	-2.9
第二产业	928.5	21.5
工业	889.4	20.5
采矿业	39.3	8.3
制造业	807.1	18.5
#化学原料及化学制品制造业	40	-17
非金属矿制品业	59.8	44
黑色金属冶炼和压延加工业	8.2	-50.1

行　　业	投资额(亿元)	比上年增长(%)
有色金属冶炼和压延加工业	58.3	0.7
电气机械及器材制造业	79.5	40.4
计算机、通信和其他电子设备制造业	29.9	-40.3
电力、热力、燃气及水生产和供应业	43	108.7
建筑业	42.3	57
第三产业	590.6	9.9
批发和零售业	85.3	157.1
交通运输、仓储和邮政业	42.2	1.7
住宿和餐饮业	25.7	27.2
信息传输、软件和信息技术服务业	6.8	280.4
金融业	0.2	40.7
房地产业	174.5	4.9
租赁和商务服务业	19.8	9.9
科学研究和技术服务业	0.6	-6.1
水利、环境和公共设施管理业	156	-15.8
居民服务、修理和其他服务业	1	-8.4
教育	12.1	30.1
卫生和社会工作	15.2	95
文化、体育和娱乐业	23.2	-28.5
公共管理、社会保障和社会组织	20.3	20.4

城镇化建设步伐加快。全市开工城镇建设项目719个,完成投资291亿元。现代化区域中心城市建设步伐进一步加快,市中心城区开工城建项目55个,完成投资74亿元。

房地产投资稳定增长。全年房地产开发投资129.4亿元,比上年增长3.1%。其中,住宅投资增长0.6%,商业营业用房投资增长13.9%,办公楼投资增长457.2%。商品房竣工面积158.4万平方米,下降12%;商品房销售面积278.9万平方米,增长8.1%;商品房销售额136.9亿元,增长6.2%。

五、国内贸易

消费品市场总体平稳。全年社会消费品零售总额640.4亿元,比上年增长13.2%。分城乡看,城镇消费品零售额461.7亿元,增长12.9 %;乡村消费品零售额178.7亿元,增长14.1%。

图3. 2011-2015年社会消费品零售总额及其增长速度

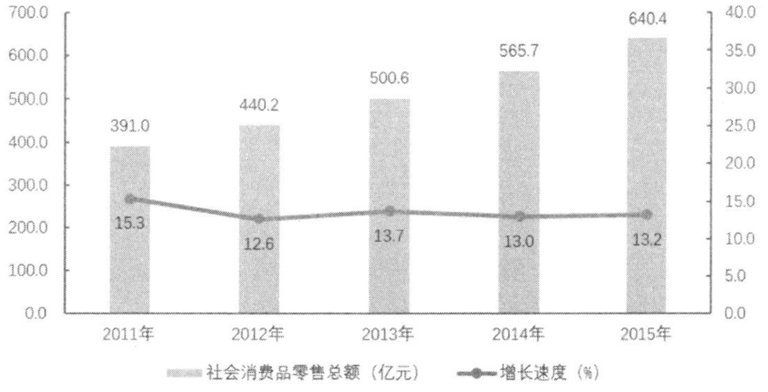

限额以上批发零售业零售额179.6亿元,增长15.9%。其中,粮油、食品类零售额20.3亿元,增长31.8%;服装、鞋帽、针纺织品类零售额10.4亿元,增长38.1%;汽车类零售额51.9亿元,增长21.0%;家具类零售额10.7亿元,增长39.6%;石油及制品类零售额29.8亿元,下降15.6%;家用电器和音像器材类零售额12.7亿元,增长19.3%;化妆品类零售额1.7亿元,增长17.6%;建筑及装潢材料类零售额6.3亿元,增长

15.5%。

六、对外经济

对外贸易形势向好。全年进出口总额 43.2 亿美元,比上年增长 7.13%。其中,出口 38.2 亿美元,增长 5.77%;进口 5.1 亿美元,增长 18.55%。在出口中,外商投资企业出口额 9.2 亿美元,增长 4.9%;私营企业出口额 28.8 亿美元,下降 2.99%;国有企业出口额 0.17 亿美元,下降 26.7%。

图4. 2011-2015年进出口总额

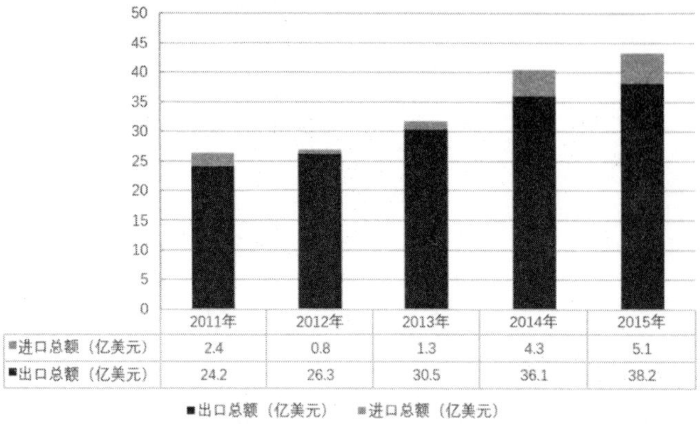

出口结构不断优化。全年机电产品出口 17.1 亿美元,比上年增长 29%;高新技术产品出口 12.9 亿美元,增长 35.9%。对韩国、香港、日本等国家或地区出口增长平稳,分别为 4.64%、1.97%和 1.66%。

表 6 2015 年进出口总额及其增长速度

指　　标	绝对数(亿美元)	比上年增长(%)
进出口总额	43.2	7.13
出口额	38.2	5.77
其中:一般贸易	35.7	16.4
加工贸易	2.4	-52.8
其中:机电产品	17.1	29
其中:高新技术产品	12.9	35.9
进口额	5.09	18.55
其中:一般贸易	4.85	40.5
加工贸易	0.24	-70.3
其中:机电产品	4.41	31.03
其中:高新技术产品	4.33	35.83

利用外资增速加快。全年新批外商投资企业 1 个,实际使用外商直接投资 9.41 亿美元,比上年增长 12.15%,同比加快 1.35 个百分点。利用省外 5000 万元以上项目实际进资 509.12 亿元,增长 16.18%。截止 2015 年底,全省具有世界 500 强投资背景的外商投资企业 65 家。

对外合作力度加大。全年对外承包工程合同项目 1 个,合同金额 0.37 亿美元,比上年增长 23%,同比加快 23 个百分点;完成营业额 0.37 亿美元,增长 23%,同比加快 23 个百分点。

七、交通、邮电和旅游

交通运输业基本平稳。全年公路、水运完成旅客运输量 8218.1 万人,比上年下降 15.03%;完成货物运输量 22483.15 万吨,比上年增长 3.50%;旅客周转量 332999 万人公里,比上年下降 9.73%;货物周转量 3095800 万吨公里,比上年下降 20.85%。

表7　2015年公路、水运完成客货运输量及其增长速度

指　　标	单　位	绝对数	比上年增长(%)
旅客运输量	万　人	8218.1	-15.03
公路	万　人	8207	-15.07
水运	万　人	11.1	39.2
旅客周转量	万人公里	332999	-9.73
公路	万人公里	332932	-9.74
水运	万人公里	67	50.1
货物运输量	万　吨	22483.15	3.50
公路	万　吨	20354	2.72
水运	万　吨	2129.15	11.4
货物周转量	万吨公里	3095800	-20.85
公路	万吨公里	2781111	-23.69
水运	万吨公里	314689	17.9

重大基础设施建设加快推进。全年新增公路里程74.4公里,通车总里程达到20239.2公里,其中高速公路通车里程达到617.5公里。

汽车保有量较快增长。年末民用汽车拥有量35.9万辆,增长16.7%,其中私人汽车拥有量30.7万辆,增长21.0%。

邮电通信能力不断提高。全年邮电业务总量12.71亿元,增长17.58%。其中,电信业务总量5.94亿元,下降0.95%;邮政业务总量6.77亿元,增长40.68%。年末固定电话用户90万户。全年新增移动电话用户6万户,年末移动电话用户总数为85万户。3G移动电话用户50万户,增长8.69%。固定互联网宽带接入用户53万户,比上年增加7万户;移动宽带用户2.5万户。

旅游业发展进一步加快。全年接待国内旅游人数9344.4万人次,比上年增长33.1%,同比加快3.2个百分点;国内旅游收入790.2亿元,增长38.3%,同比加快6.2个百分点。入境旅游者人数62.5万人次,增长38%;旅游外汇收入2.6亿美元,增长40%。

八、金融和保险业

金融市场运行总体平稳。年末金融机构人民币各项存款余额2258.4亿元,比上年末增长18.45%。其中,非金融企业存款余额460亿元,增长36.6%;个人存款余额1438.6亿元,增长15.2%。年末金融机构人民币各项贷款余额1474.3亿元,增长19.46%。其中,短期贷款余额663.7亿元,增长16.5%;中长期贷款余额757.2亿元,增长20.4%。年末金融机构人民币消费贷款余额328.4亿元,增长11.3%。

保险业加快发展。全年保险公司保费收入48.21亿元,比上年增长31.7%,同比加快3.7个百分点。其中,财产险保费收入17.21亿元,增长19.4%;寿险保费收入31亿元,增长44.2%。支付各类赔款及给付14亿元,增长23.0%。其中,财产险赔款8.69亿元,增长11%;寿险给付5.3亿元,增长51.0%。

九、教育和科学技术

教育事业较快发展。普通高校在校生2.62万人。普通高中、初中、小学在校生分别为13.71万人、27.36万人和68.12万人。特殊教育在校生0.35万人。幼儿园2118所,在园幼儿24.3万人。高中阶段毛入学率87%,提高2个百分点;初中适龄人口入学率99.7%;小学适龄儿童入学率100%。

表 8　2015 年各类学校招生、在校生和毕业生人数

指　　标	招生数(万人)	在校生数(万人)	毕业生数(万人)
普通高校	0.89	2.62	0.70
成人高校	0.27	1.08	0.20
中等职业学校	1.65	4.32	1.36
普通高中	4.88	13.71	4.13
普通初中	9.62	27.36	8.39
普通小学	11.35	68.12	9.76

2015 年末共有省工程(技术)研究中心 10 个,省级重点实验室 1 个。全年获省部级以上科技成果 1 项,通过省级科技主管部门鉴定的科技成果 1 项。全年受理专利申请 2835 件,授权专利 1608 件。

十、文化、卫生和体育

公共文化服务水平进一步提高。年末共有艺术表演团体 9 个,文化馆 13 个,公共图书馆 13 个,博物馆 13 个。广播电台 12 座,电视台 12 座,广播电视台 12 座。有线广播电视用户 96 万户,数字电视用户 69 万户。广播综合人口覆盖率 98.67%;电视综合人口覆盖率 98.8%。

卫生事业平衡发展。年末共有各类医疗卫生机构 8426 个(含村卫生室)。其中,医院、卫生院 353 个,妇幼保健院(所、站)13 个,专科疾病防治院(所、站)18 个,疾病预防控制中心 12 个,卫生监督所(中心)12 个。卫生技术人员 26973 人,其中,执业医师和执业助理医师 10396 人,注册护士 10815 人。医院和卫生院床位 23317 张。

体育事业取得新进展。群众体育活动深入开展。扎实推进了全民健身运动。全市共有体育场馆 25 个,专业体育运动员 825 人,全年我市体育健儿在国际和国内的重大比赛中,奋勇拼搏,共获得 4 枚金牌和 1 枚银牌。深入开展全民健身运动,群众体育运动进一步普及,全年共发行体育彩票 2.72 亿元。全民健身和竞技体育取得新成绩,承办了上饶市第三届市直机关运动会、中华龙舟大赛、中式台球中国公开赛、江西上饶 2015“三清山杯“男篮俱乐部争霸、上饶市体育舞蹈比赛暨精英大奖赛等赛事,获得了 2015 年第一届青运会比赛皮划艇(3 枚)和羽毛球(1 枚)冠军(金牌)。

十一、人民生活和社会保障

居民生活水平持续改善。根据城乡一体化住户抽样调查,全年农村居民人均可支配收入 10112 元,比上年增长 11.1%;城镇居民人均可支配收入 26924 元,增长 9.2%。年末农村居民人均住房建筑面积 55 平方米,比上年末增加 2 平方米。城镇居民人均住房建筑面积 43 平方米,比上年末增加 3 平方米。城镇居民人均生活消费支出 15137 元,增长 9.0%,其中食品支出 5193 元,增长 6.4%;农村居民人均生活消费支出 7198 元,增长 14.2%,其中食品支出 2509 元,增长 14.2%。

社会保障体系进一步完善。全年就业困难人员实现就业 5779 人。共发放小额担保贷款 15.67 亿元,扶持个人创业 1.05 万人次,带动就业 4.8 万人次。年末参加城镇基本养老保险人数 89.59 万人,比上年末增长 11.54%。其中,参保职工 61.48 万人,参保离退休人员 28.21 万人。参加城镇职工医疗保险人数 62.89 万人,其中,职工 42.18 万人,退休人员 19.90 万人。全市 12 个县(市、区)全部开展新型农村合作医疗试点工作,实现农村人口全覆盖,基金支出额 24.49 亿元。参加失业保险人数 30.12 万人,参加生育保险人数 24.04 万人。参加工伤保险人数 45.01 万人,其中参加工伤保险的农民工 11.22 万人。重大疾病免费救治工作顺利推进,全年免费救治大病患者 1.85 万例,其中:白内障 3641 例、乳腺癌 24 例、白血病 20 例、尿毒症血透 2592 例、重性精神病 11921 例、宫颈癌 13 例、先天性心脏病 295 例。向城市低保户发放低保金月人均补差 290 元;向农村低保户发放低保金月人均补差 165 元。为全市义务教育阶段公办学校学生全部免除学杂费和免费提供教课书。全年新开工保障性住房 3.82 万套,基本建成 2.54 万套。新开工棚户区改造 2.71 万套,基本建成 1.55 万套。发放廉租住房租赁补贴 2.03 万户。加大扶贫开发力度,全年完成扶贫移民搬迁 10023 人,减贫 12.96 万人。

社会福利事业健康发展。年末有各类收养性社会福利提供床位 2.38 万张,收养各类人员 1.96 万人,临时救济困难户2.92万人次。全年销售社会福利彩票2.26亿元,筹集福利彩票公益金0.64亿元。

十二、资源、环境与安全生产

强化环境监管。否决了38个有污染隐患的项目,全市主要河流监测断面水质达标率96.57%,削减化学需氧量4086.09吨、二氧化硫1483.49吨、氮氧化物12863.11吨、氨氮689.26吨。

全年气候异常,气温偏高,降水偏多,日照偏少,灾害性天气多发频发。全年平均降水量2316毫米,较常年偏多516毫米;全年平均平均气温18.5℃,较常年偏高0.6℃;日照时数为1412.9小时,较常年偏少365.1小时。

节能减排顺利推进。安排节能技改资金971万元,支持了江西天马钢管有限公司年产3万吨轴承钢管炉窑节能环保技改项目、江西省金瑞铜业有限公司年产5万吨再生阳极铜冶炼工艺节能技改项目等,帮助企业实现节能近万吨标准煤。初步核算,万元生产总值综合能耗为0.4526吨标准煤,同比下降3.25%,单位工业增加值能耗下降7.33%。全年化学需氧量排放量7.78万吨,同比下降1.87%,二氧华硫排放量3.6万吨,同比下降1.67%。单位生产总值能耗下降和主要污染物减排完成年度目标任务。

安全生产形势总体稳定,杜绝了特大事故,有效遏制了较大事故,一般事故得到了预期控制,但重大事故有所抬头。全年共发生各类事故341起,与上年同比上升15.2%,其中生产安全事故89起,同比上升5.95%。全年生产经营性道路交通事故77起,与上年同比上升16.67%;工矿商贸生产安全事故12起,与上年同比下降33.33%,其中:煤矿生产安全事故3起,同比下降40%,非煤工矿商贸生产安全事故9起,同比下降30.77%。全年各类事故共死亡131人,与上年同比上升6.5%,其中生产安全事故死亡57人,同比上升1.79%。全年生产经营性道路交通事故死亡35人,与上年同比上升12.9%;工矿商贸事故死亡22人,与上年同比下降12%,其中:煤矿生产安全事故死亡12人(10月9日,上饶县永吉煤矿发生一起重大事故,死亡10人),同比上升100%,非煤工矿商贸生产安全事故死亡10人,同比下降47.37%。

注:

1.本公报所列各项数据均为初步统计数。

2.部分数据因四舍五入的原因,存在着与分项合计不等的情况。

3.生产总值、各产业增加值绝对数按现价计算,增长速度按不变价格计算。

4.从2011年开始,纳入规模以上工业统计范围的工业企业起点标准从年主营业务收入500万元提高到2000万元,固定资产投资统计的起点标准从计划总投资50万元提高到500万元,与此同时,月度投资统计制度将统计范围从城镇扩大到城镇和农村企事业组织,并定义为“固定资产投资(不含农户)”。

5.自2014年起,居民可支配收入与消费支出数据均采用城乡住户调查一体化新口径统计。

6.邮电通信相关数据取自中国电信上饶分公司和市邮政管理局。

1-1 行政区划

(2015年末)

县市	土地面积(平方公里)	街道办事处(个)	镇(个)	乡(个)	居委会(个)	村委会(个)	乡、镇、街道办事处名称
全市	22791.1	21	101	85	444	2183	
信州区	308.7	6	3		79	46	东市 西市 水南 灵溪 北门 茅家岭 沙溪 朝阳 秦峰
广丰区	1377.8	3	16	4	59	167	永丰 芦林 丰溪 五都 洋口 横山 桐畈 湖丰 大南 排山 毛村 枧底 泉波 壶峤 霞峰 下溪 吴村 沙田 铜钹山 大石 东阳 嵩峰 少阳
上饶县	2246.1	3	11	10	35	195	罗桥 旭日 兴园 田墩 上泸 华坛山 茶亭 皂头 四十八 枫岭头 煌固 花厅 五府山 郑坊 望仙 石人 清水 石狮湖村 董团 尊桥 应家 黄沙岭 铁山
玉山县	1722.6	2	9	6	43	195	冰溪 文成 仙岩 下镇 岩瑞 临湖 双明 樟村 横街 紫湖 必姆 下塘 四股桥 南山 怀玉 六都 三清
铅山县	2177.7		7	10	16	162	河口 永平 石塘 湖坊 鹅湖 武夷山 汪二 陈坊 虹桥 新滩 葛仙山 稼轩 英将 紫溪 太源畲族 天柱山 篁碧畲族
横峰县	655.2	1	2	6	10	63	兴安 岑阳 葛源 姚家 莲荷 司铺 港边 龙门畈 青板
弋阳县	1592.5	1	9	5	14	126	桃源 弋江 漆工 港口 曹溪 樟树墩 圭峰 叠山 南岩 朱坑 湾里 葛溪 清湖 中畈 旭光
余干县	2330.8		9	11	43	323	玉亭 瑞洪 黄金埠 石口 古埠 九龙 乌泥 杨埠 社赓 康山 东塘 大塘 鹭鸶港 三塘 洪家嘴 白马桥 江埠 枫港 大溪 梅港
鄱阳县	4214.7	1	14	15	43	527	饶州 鄱阳 石门街 田畈街 谢家滩 四十里街 双港 古县渡 饶埠 油墩街 乐丰 饶丰 金盘岭 高家岭 凰岗 侯家岗 莲花山 银宝湖 响水滩 鸦鹊湖 柘港 枧田街 游城 珠湖 白沙洲 团林 昌洲 芦田 三庙前 莲湖
万年县	1135.5		6	6	25	130	陈营 石镇 青云 梓埠 大源 裴梅 湖云 齐埠 汪家 上坊 苏桥 珠田
婺源县	2947.5	1	10	6	25	172	蚺城 紫阳 清华 秋口 江湾 思口 中云 赋春 镇头 许村 太白 溪头 段莘 浙源 沱川 大鄣山 珍珠山
德兴市	2082.0	3	5	6	52	77	银城 新营 香屯 泗洲 花桥 绕二 海口 新岗山 黄柏 万村 张村 昄大 李宅 龙头山

1－2 国民经济和社会发展总量与速度指标

指　　标	总　　量　　指　　标						2015年比2014年增长%
	2010年	2011年	2012年	2013年	2014年	2015年	
人口、就业（万人）							
年末总人口	658.75	662.35	664.29	666.43	668.80	671.51	0.41
年末从业人员数	395.69	405.31	417.36	421.43	427.90	432.28	1.02
国民经济核算							
生产总值（万元）	9010029	11105823	12653897	14083200	15502360	16508064	9.5
第一产业	1518961	1764960	1928313	2024863	2132554	2228015	3.7
第二产业	4591774	5989820	6625422	7177273	7790101	8033840	9.7
第三产业	2899294	3351043	4100162	4881064	5579705	6246209	11.3
人均生产总值（元）	13729	16813	19077	21166	23221	24633	9.1
农　　业							
农业总产值（万元）	2503809	2806654	3057054	3280286	3479409	3635094	3.7
主要农产品产量							
粮　　食（万吨）	304.90	322.74	337.92	345.48	350.31	352.84	0.7
棉　　花（吨）	6169	6124	7507	6379	7761	5650	－27.2
甘　　蔗（吨）	101262	113372	115669	124569	120978	120855	－0.1
黄(红)麻（吨）	480	322	177	95	66	47	－28.8
苎　　麻（吨）	257	260	276	263	265	262	－1.1
烟　　叶（吨）	461	481	980	580	398	394	－1.0
茶　　叶（吨）	10137	11239	11915	12972	15575	17254	10.8
园林水果（吨）	47919	49251	54870	56965	58553	66018	12.7
肉类总产量（吨）	281678	288295	245774	307144	315427	314065	－0.4
水 产 品（吨）	423990	438691	471998	482958	505174	521283	3.2
年末生猪存栏数（万头）	197.34	203.97	210.56	211.91	208.72	202.75	－2.9
当年出栏肉猪数（万头）	266.68	271.36	283.02	289.75	296.80	288.54	－2.8
工　　业							
工业总产值(当年价)（万元）	11759109	14470356	18061973	22053974	26117446	28554978	9.3
主要工业产品产量							
机制纸及纸板（吨）	184831	176562	106792	116417	103308	111560	8.0
改装汽车（辆）	605	804	994	625	664	1041	56.8
原　　煤（万吨）	109.3	59.2	63.0	70.9	99.0	116.4	17.6
发 电 量（万千瓦时）	602090	697432	635788	716357	748899	775167	3.5
水　　泥（万吨）	1059	1258	1283	1488	1565	1602	2.4
运输、邮电业							
货物周转量（万吨公里）	2511471	2564457	3285413	3920908	3823463	2963576	－22.5
旅客周转量（万人公里）	401473	410222	449935	460747	369723	333340	－9.8
邮电业务收入（万元）	106338.32	264823.88	282800	306500	320500	343400	7.1
函　　件（万件）	1968	2520	4698	506	624	189	－69.8
报刊发行量（万份）	5300	5723	5837	5907	6158	6457	4.9

1-2续表

指 标	总量指标						2015年比2014年增长%
	2010年	2011年	2012年	2013年	2014年	2015年	
固定资产投资							
全社会固定资产投资额(万元)	6616230	8010321	10007215	11899970	13707556	15893713	15.9
内外贸易							
社会消费品零售总额 (万元)	3305011	3812301	4291805	5005892	5656658	6404178	13.2
外贸出口总额 (万美元)	152097	241772.08	262613	304774	360692	381521	5.8
实际利用外资额 (万美元)	50425	59366	67516	75733	83912	94111	12.2
财 政							
财政总收入 (万元)	1139031	1515404	2003602	2320061	2626098	2901584	10.5
公共财政预算支出(万元)	1916792	2406011	3042588	3562046	3846056	4569648	18.8
人均财政收入 (元)	1736	2294	3021	3487	3934	4330	10.1
教 育							
高等学校在校学生数 (人)	20375	20660	21661	22761	24444	26166	7.0
中等专业学校在校学生数 (人)	21614	22420	23387	25234	25887	25343	-2.1
普通中学在校学生数 (万人)	44.83	45.42	44.76	39.73	39.94	41.06	2.8
小学在校学生数 (万人)	71.46	72.71	72.95	67.36	68.70	68.12	-0.8
卫 生							
卫生机构数 (个)	801	1051	1048	1055	1054	1044	-0.9
卫生技术人员 (人)	17206	20334	23445	24345	24627	25590	3.9
# 医 生	6794	7835	8744	9007	9205	9222	0.2
病 床 (张)	15678	18454	19814	21993	23667	25147	6.3
# 医院病床	8576	11210	12685	14221	16211	17187	6.0
物价指数(上年=100)							
市区居民消费价格总指数	103.1	105	102.6	102.7	102.3	101.2	1.2
市区商品零售物价总指数	102.9	104	101.9	101.9	101.1	100.8	0.8
人民生活							
城镇非私营单位在岗职工年平均工资 (元)	23428	27625	32951	40921	43561	50414	15.7
全市城镇居民人均年可支配收入(元)	15535	17698	20177	22195	24656	26924	9.2
全市农村居民人均年可支配收入(元)	5317	6134	7011	7919	9102	10112	11.1
个人存款年末余额 (亿元)	654	759	907	1070	1241	1439	15.9
平均每一居民年末储蓄存款余额(元)	9963	11495	13667	16054	18554	21423	15.5

注:1、从2011年起,规模以上工业限额为2000万元,固定资产投资限额为500万元。
2、本表速度指标中,生产总值、农业总产值指标均按可比价格计算。
3、自1998年起,职工工资为在岗职工工资。自2012年起,平均工资含劳务派遣人员工资。
4、自2014年起,城镇居民可支配收入与农村居民人均年可支配收入数据均采用城乡住户调查一体化新口径统计。

1-3 上 饶 的 一 天

指标	单位	2010年	2011年	2012年	2013年	2014年	2015年
地区生产总值	万元	24685	30427	34668	38392	42472	45228
一产	万元	4162	4836	5283	5548	5843	6104
二产	万元	12580	16410	18152	19432	21343	22011
三产	万元	7943	9181	11233	13413	15287	17113
全部工业增加值	万元	10386	13847	15138	16306	17718	18112
财政总收入	万元	3121	4152	5489	6356	7195	7950
公共财政预算收入	万元	1988	2619	3676	4505	5321	6092
公共财政预算支出	万元	5251	6592	8336	9759	10537	12520
全社会固定资产投资	万元	25862	27822	27417	32603	37555	43544
社会消费品零售总额	万元	9055	10445	11758	13365	15498	17546
海关进出口	万美元	457	726	741	872	1106	1185
# 出口	万美元	417	662	719	835	988	1045
外商直接投资实际使用额	万美元	138	163	185	207	230	258
金融机构人民币年末贷款余额	万元	26752	18962	22680	27532	33811	40391
金融机构人民币年末存款余额	万元	15814	31934	38507	45622	52229	61874

1－4　上饶市与江西省人均主要指标比较表

（2015 年）

指　　　标	单　位	上饶市	江西省
一、生产总值(当年价)	元	24633	36724
二、规模以上工业增加值	元	10304	15962
三、500 万元项目固定资产投资	元	23282	37317
四、财政总收入	元	4330	6635
公共财政预算收入	元	3318	4755
五、社会消费品零售总额	元	9556	12947
六、实际利用外资	美元	140	208
七、农业总产值	元	5424	6278
主要农产品产量			
粮　　食	千克	527	472
棉　　花	千克	0.84	2.53
园林水果	千克	9.85	98.89
肉类总产量	千克	46.86	77.97
水 产 品	千克	77.79	58.03
八、主要工业品产量			
发 电 量	千瓦时	1157	1852
水　　泥	千克	2391	2073

1-5 上饶市与江西省国民经济主要比例关系比较表

（2015年）　　单位：%

类　　别	上饶市	江西省
生产总值中三次产业比例(当年价)		
第一产业	13.5	10.6
第二产业	48.7	50.7
第三产业	37.8	38.7
社会从业人员中三大产业比例		
第一产业	29.0	30.0
第二产业	33.9	32.5
第三产业	37.1	37.5
农业总产值中农林牧渔业比例(当年价)		
农　　业	41.5	46.4
林　　业	8.4	10.3
牧　　业	25.6	25.2
渔　　业	22.0	14.7
服 务 业	2.5	3.4
规模以上工业增加值		
轻 工 业	25.9	37.6
重 工 业	74.1	62.4
500万元以上项目固定资产投资		
第一产业	2.6	2.5
第二产业	59.5	53.2
第三产业	37.9	44.3
财政总收入占生产总值比重	17.6	18.1
公共财政预算收入构成		
税收收入	65.9	70.0
公共财政预算支出内部结构比例		
医疗卫生支出	11.5	9.02

1-6 国民经济主要指标占全省的比重

（2015年）

指　　　标	单位	上饶市	江西省	上饶市占江西省比重%
一、土地面积	平方公里	22791.1	166933	13.65
二、年末总人口(抽样调查人口)	万人	671.51	4565.63	14.71
三、职工年末人数	万人	41.54	440.14	9.44
四、生产总值	亿元	1650.81	16723.78	9.87
五、规模以上工业增加值	亿元	690.54	7268.90	9.50
六、农业总产值	亿元	363.51	2859.10	12.71
主要农产品产量				
粮　　食	万吨	352.84	2148.1	16.43
棉　　花	吨	5650	115200	4.90
苎　　麻	吨	262	6000	4.37
园林水果	万吨	6.60	450	1.47
生猪出栏	万头	288.54	3242.55	8.90
水 产 品	万吨	52.13	264.25	19.73
肉　　类	万吨	31.41	355.08	8.84
七、主要工业品产量				
机制纸与纸板	万吨	11.16	173.60	6.43
硫　　酸	万吨	52.58	334.09	15.74
发 电 量	亿千瓦小时	77.52	843.41	9.19
水　　泥	万吨	1602.44	9438.01	16.98
八、500万元以上项目固定资产投资	亿元	1560.23	16993.90	9.18
#第一产业	亿元	41.17	428.81	9.60
第二产业	亿元	928.49	9035.33	10.28
第三产业	亿元	590.57	7529.76	7.84
#工　　业	亿元	889.41	8918.31	9.97
房地产	亿元	129.39	1520.10	8.51
九、社会消费品零售总额	亿元	640.42	5925.50	10.81
十、实际利用外资	亿美元	9.41	94.73	9.93
十一、财政总收入	亿元	290.16	3021.54	9.60
公共财政预算收入	亿元	222.37	2165.52	10.27
公共财政预算支出	亿元	456.96	4419.89	10.34
个人存款余额	亿元	1438.57	12389.73	11.61
十二、在校学生				
高等学校	万人	2.62	98.45	2.66
中等专业学校	万人	2.53	24.98	10.15
普通中学	万人	41.06	269.31	15.25
职业中学	万人	1.56	17.18	9.07
小学	万人	68.12	422.31	16.13
十三、卫生技术人员	万人	2.56	21.10	12.13
#医生	万人	0.92	7.68	12.00
病床数	万张	2.51	21.10	11.92
#医院病床	万张	1.72	19.79	8.69

注：在岗职工含劳务派遣人员。

1－7 生产总值分项目构成

单位：万元

指　　标	2014	2015
地区生产总值	15502360	16508064
按产业分		
第一产业	2132554	2228015
第二产业	7790101	8033840
第三产业	5579705	6246209
按行业分		
农林牧渔业	2184674	2283712
工业	6467001	6611002
建筑业	1323100	1422838
批发和零售业	1181167	1275437
交通运输、仓储和邮政业	650471	687054
住宿和餐饮业	475884	528060
信息传输、软件和信息技术服务业	285671	329824
金融业	379898	463303
房地产业	768327	794586
租赁和商务服务业	186722	251681
科学研究和技术服务业	79403	98576
水利、环境和公共设施管理业	56082	68646
居民服务、修理和其他服务业	236973	270541
教育	394725	441423
卫生和社会工作	221255	259775
文化、体育和娱乐业	119908	156039
公共管理、社会保障和社会组织	491099	565567
按收入法分		
劳动者报酬	8786839	9365300
生产税净额	1952622	2059515
固定资产折旧	1704030	1807564
营业盈余	3058869	3275685
按支出法分		
最终消费支出	6820300	8449638
资本形成总额	9368113	10057104
货物和服务净流出	－686053	－1998678

注：根据国家统计局《关于印发三次产业划分规定的通知》(国统字〔2012〕108 号)文件精神，自 2013 年起对三次产业重新划分，将 A 门类“农、林、牧、渔业”中的“05 农、林、牧、渔服务业”，B 门类“采矿业”中的“11 开采辅助活动”，C 门类“制造业”中的“43 金属制品、机械和设备修理业”等三个大类一并调入第三产业，明确第三产业即为服务业。

1-8 地 区 生

(按当年

	上饶市	信州区	广丰区	上饶县	玉山县
地区生产总值	16508064	1913000	2901842	1729188	1345901
# 第一产业	2228015	66356	208915	160255	148331
第二产业	8033840	432764	1630518	1309463	690376
第三产业	6246209	1413880	1062409	259470	507194
# 农林牧渔业	2283712	70274	212638	162241	149951
工业	6611002	257511	1245697	1258128	615264
建筑业	1422838	175253	384821	51335	75112
批发和零售业	1275437	316072	285434	64122	127935
交通运输、仓储和邮政业	687054	112751	90050	40405	50300
住宿和餐饮业	528060	136175	35625	13696	65903
信息传输、软件和信息技术服务业	329824	170425	42819	7945	42328
金融业	463303	94062	75113	38752	39792
房地产业	794586	178487	188539	15750	60706
租赁和商务服务业	251681	32370	10244	5368	4837
科学研究和技术服务业	98576	5944	14289	246	2503
水利、环境和公共设施管理业	68646	6741	20967	735	1531
居民服务、修理和其他服务业	270541	39068	47321	3417	22152
教育	441423	99453	40215	33276	20009
卫生和社会工作	259775	54461	43305	13757	16558
文化、体育和娱乐业	156039	40216	62097	323	18428
公共管理、社会保障和社会组织	565567	123737	102668	19692	32592
人均地区生产总值(元)	24633	45054	37853	24249	23007

产 总 值

价格计算）　　　　　　　　　　　　　　单位：万元

铅山县	横峰县	弋阳县	余干县	鄱阳县	万年县	婺源县	德兴市
972633	700012	849937	1200505	1802827	1115220	830253	1150296
164624	67446	141969	360239	564430	129586	113351	102514
450452	421953	400898	429481	770242	632962	269828	471610
357557	210613	307070	410785	468155	352672	447074	576172
165923	69541	144483	385548	570615	133981	114481	104037
398278	411179	343916	330723	526443	560521	201912	337696
52174	10774	56982	98758	243799	72441	67916	133914
69625	31840	67052	56917	67531	53201	95892	70802
61511	27854	62399	49145	113403	40270	55507	64125
19561	29638	27221	23876	13498	16079	71563	67817
20679	7589	22517	9077	32176	5817	7380	41786
19556	27226	15529	12649	39864	29932	7198	82170
38831	26873	25369	53203	93279	29356	37076	39913
2878	3060	2241	50826	468	21890	1663	25862
1591	1347	1197	4917	1032	2653	5772	14184
1138	2881	1472	1649	1278	4420	1218	14507
65572	16439	20320	13034	6230	12033	9223	12741
18968	10815	17031	31351	41825	59384	62045	29754
9939	7646	10983	23623	11760	28862	24591	18437
10551	4016	7641	9142	4175	8500	10969	44157
15858	11294	23584	46067	35451	35880	55847	48394
22367	37183	23629	13286	13644	30502	24455	38497

1－9 地区生产

（按当年

	上饶市	信州区	广丰区	上饶县	玉山县
地区生产总值	100	100	100	100	100
# 第一产业	13.5	3.5	7.2	9.3	11.0
第二产业	48.7	22.6	56.2	75.7	51.3
第三产业	37.8	73.9	36.6	15.0	37.7
# 农林牧渔业	13.83	3.67	7.33	9.38	11.14
工业	40.05	13.46	42.93	72.76	45.71
建筑业	8.62	9.16	13.26	2.97	5.58
批发和零售业	7.73	16.52	9.84	3.71	9.51
交通运输、仓储和邮政业	4.16	5.89	3.10	2.34	3.74
住宿和餐饮业	3.20	7.12	1.23	0.79	4.90
信息传输、软件和信息技术服务业	2.00	8.91	1.48	0.46	3.14
金融业	2.81	4.92	2.59	2.24	2.96
房地产业	4.81	9.33	6.50	0.91	4.51
租赁和商务服务业	1.52	1.69	0.35	0.31	0.36
科学研究和技术服务业	0.60	0.31	0.49	0.01	0.19
水利、环境和公共设施管理业	0.42	0.35	0.72	0.04	0.11
居民服务、修理和其他服务业	1.64	2.04	1.63	0.20	1.65
教育	2.67	5.20	1.39	1.92	1.49
卫生和社会工作	1.57	2.85	1.49	0.80	1.23
文化、体育和娱乐业	0.95	2.10	2.14	0.02	1.37
公共管理、社会保障和社会组织	3.43	6.47	3.54	1.14	2.42

总值构成

价格计算）　　　　单位:%

铅山县	横峰县	弋阳县	余干县	鄱阳县	万年县	婺源县	德兴市
100	100	100	100	100	100	100	100
16.9	9.6	16.7	30.0	31.3	11.6	13.7	8.9
46.3	60.3	47.2	35.8	42.7	56.8	32.5	41.0
36.8	30.1	36.1	34.2	26.0	31.6	53.8	50.1
17.06	9.93	17.00	32.12	31.65	12.01	13.79	9.04
40.95	58.74	40.46	27.55	29.20	50.26	24.32	29.36
5.36	1.54	6.70	8.23	13.52	6.50	8.18	11.64
7.16	4.55	7.89	4.74	3.75	4.77	11.55	6.16
6.32	3.98	7.34	4.09	6.29	3.61	6.69	5.57
2.01	4.23	3.20	1.99	0.75	1.44	8.62	5.90
2.13	1.08	2.65	0.76	1.78	0.52	0.89	3.63
2.01	3.89	1.83	1.05	2.21	2.68	0.87	7.14
3.99	3.84	2.98	4.43	5.17	2.63	4.47	3.47
0.30	0.44	0.26	4.23	0.03	1.96	0.20	2.25
0.16	0.19	0.14	0.41	0.06	0.24	0.70	1.23
0.12	0.41	0.17	0.14	0.07	0.40	0.15	1.26
6.74	2.35	2.39	1.09	0.35	1.08	1.11	1.11
1.95	1.54	2.00	2.61	2.32	5.32	7.47	2.59
1.02	1.09	1.29	1.97	0.65	2.59	2.96	1.60
1.08	0.57	0.90	0.76	0.23	0.76	1.32	3.84
1.63	1.61	2.77	3.84	1.97	3.22	6.73	4.21

1-10 地区生产

（可比价格，

	上饶市	信州区	广丰区	上饶县	玉山县
地区生产总值	109.5	109.5	110.9	109.7	110.8
#第一产业	103.7	105.2	104.0	103.4	102.8
第二产业	109.7	106.1	111.1	110.1	109.9
第三产业	111.3	112.0	112.2	110.6	114.7
#农林牧渔业	103.8	105.1	104.0	103.4	107.0
工业	109.1	103.8	110.4	110.0	109.6
建筑业	112.7	113.5	113.5	112.8	113.3
批发和零售业	107.5	107.0	102.9	102.2	101.3
交通运输、仓储和邮政业	104.6	111.1	101.7	97.5	102.3
住宿和餐饮业	109.0	117.2	108.6	108.7	109.1
信息传输、软件和信息技术服务业	120.7	126.1	124.2	100.4	137.4
金融业	123.0	132.9	121.5	122.1	121.3
房地产业	105.0	94.3	128.9	120.0	114.2
租赁和商务服务业	120.0	126.1	124.2	237.4	148.0
科学研究和技术服务业	107.6	113.2	105.4	100.4	117.2
水利、环境和公共设施管理业	113.6	113.2	105.4	101.6	121.7
居民服务、修理和其他服务业	118.0	126.1	124.2	121.1	148.6
教育	109.3	113.2	105.4	126.0	111.4
卫生和社会工作	110.2	113.8	105.4	112.6	111.6
文化、体育和娱乐业	123.9	126.8	124.2	100.3	142.8
公共管理、社会保障和社会组织	118.5	112.1	105.4	110.8	109.5
人均地区生产总值	109.1	109.2	110.5	109.2	110.4

总值指数

上年 = 100）

铅山县	横峰县	弋阳县	余干县	鄱阳县	万年县	婺源县	德兴市
111.0	102.0	108.6	110.1	108.4	110.8	108.0	109.8
104.9	103.2	104.1	103.9	104.0	105.1	103.4	103.5
111.2	99.9	109.6	110.7	110.3	110.3	108.6	111.0
113.8	107.8	109.1	115.4	109.4	114.8	108.7	108.7
104.9	104.3	104.1	104.0	104.3	105.1	103.4	103.5
110.8	102.0	109.0	109.9	110.3	110.2	107.4	110.3
114.0	50.1	114.3	114.2	110.3	110.8	113.8	116.1
103.4	108.4	102.0	112.4	102.8	106.4	107.3	104.4
102.4	100.8	100.3	110.4	107.1	104.6	104.6	103.7
108.6	109.5	109.3	122.9	109.1	108.7	108.8	109.6
131.0	110.4	128.8	116.6	87.0	120.0	104.9	149.5
114.7	119.8	119.9	117.0	118.5	121.9	117.1	109.2
109.2	108.1	103.0	107.6	107.9	108.8	108.7	114.8
131.0	108.7	101.3	137.8	103.0	124.8	111.8	177.1
113.0	100.1	103.2	102.6	101.4	116.6	113.3	75.1
119.8	100.1	112.0	103.9	106.8	115.2	112.3	75.0
131.0	108.3	150.4	159.3	101.6	127.3	114.5	237.1
115.2	100.1	114.6	118.7	130.9	125.1	111.2	93.5
119.8	100.1	108.2	110.4	103.5	120.7	109.1	90.7
135.0	107.3	99.7	203.6	101.6	121.0	110.0	184.4
115.6	100.1	114.2	112.9	143.4	123.2	109.7	66.1
110.6	101.6	108.0	109.7	108.0	110.4	107.7	109.4

1-11 各县(市、区)平均气温和极端值

(2015年)

县市	全年平均气温(度)	极端最高		极端最低	
		气温(度)	日期(日/月)	气温(度)	日期(日/月)
信州区	18.1	37.3	5/8	-2.8	2/1
广丰区	18.7	38.6	5/8	-3.3	2/1
上饶县	18.9	38.3	5/8	-1.1	2/1
玉山县	18.1	37.7	4/8	-3.3	2/1
铅山县	18.3	38.0	5/8	-2.8	2/1
横峰县	18.9	38.4	5/8	-1.9	2/1
弋阳县	18.8	38.6	5/8	-2.9	2/1
余干县	18.9	37.8	5/8	-0.7	2/1
鄱阳县	18.6	36.6	5/8	-0.2	18/12
万年县	18.5	38.3	5/8	-3.2	2/1
婺源县	17.5	37.2	6/8	-5.0	2/1
德兴市	18.1	37.2	5/8	-3.5	2/1

1-12 各县(市、区)全年日照、降水、蒸发、初终霜情况

(2015年)

县　　市	全年日照（小时）	全年降水（毫米）	全年降水日　数（天）	全　年蒸发量（毫米）	初　霜（上年度）（日/月）	终　霜（日/月）	初　终霜日数（天）	无霜期（天）
信州区	1491.0	2293.6	210	712.9	6/12	10/2	67	309
广丰区	1433.4	2032.5	184	/	5/12	13/2	71	306
上饶县	1454.6	2316.5	205	/	6/12	10/2	67	309
玉山县	1287.4	2602.6	214	725.4	2/1	13/2	43	286
铅山县	1343.1	2247.0	198	/	3/12	10/2	41	289
横峰县	1412.9	2279.8	184	/	6/12	7/2	64	312
弋阳县	1349.6	2744.3	202	/	13/12	7/2	57	292
余干县	1371.4	1892.0	199	/	13/12	10/2	60	309
鄱阳县	1531.6	1911.7	190	917.8	6/12	7/2	64	312
万年县	1489.0	2116.2	153	/	1/1	13/2	44	286
婺源县	1496.3	2631.8	180	/	4/12	12/2	71	286
德兴市	1271.0	2763.6	206	690.4	2/1	13/2	43	286

备注：上饶市(信州区)、玉山县、鄱阳县、德兴市四个基准(基本)站有蒸发观测，其他台站已取消蒸发观测。

1-13 城市社会经济基本情况

(2015年)

项　　目	计量单位	全　　市	其中:市辖区
一、行政区划			
所辖行政区数	个	2	-
所辖行政县(旗)数	个	9	-
所辖行政县级市数	个	1	-
二、土地面积及水资源			
行政区域土地面积	平方公里	22791.1	370
建成区面积	平方公里	240.06	77.36
城市现状建设用地面积	平方公里	225.77	73.34
其中:居住用地面积	平方公里	77.69	29.08
公共管理与公共服务用地	平方公里	23.15	6.8
商业服务业设施用地	平方公里	18.26	3.03
工业用地	平方公里	24.58	4.35
物流仓储用地	平方公里	4.72	0.38
道路与交通设施用地	平方公里	40.5	14.68
公共设施用地	平方公里	11.92	3.98
绿地与广场用地	平方公里	24.95	11.03
本年征用土地面积	平方公里	2.91	
其中:耕地	平方公里	1.05	
水资源总量	万平方米	3654900	-
三、人口与就业			
(一)人口			
年末户籍人口	万人	774.40	138.56
其中:女	万人	366.09	66.78
农业人口	万人	608.60	86.94
年平均人口	万人	773.75	137.83
年出生人口	人	99765	17832
年死亡人口	人	33765	3830
年末总户数	万户	220.79	37.30
常住人口	万人	671.51	119.3608
其中:城镇人口	万人	317.89	-
(二)从业人员			
从业人员期末人数(城镇)	人	463290	151139
第一产业(农、林、牧、渔业)	人	5383	
第二产业	人	201060	72298
其中:采矿业	人	5378	631
制造业	人	111123	27274
电力、热力、燃气及水生产和供应业	人	7938	2232
建筑业	人	76621	42161

备注:市辖区数据为信州区、广丰区数据合计。

1－13 续表 1

项　　目	计量单位	全　　市	其中:市辖区
第三产业	人	256847	78841
其中:批发和零售业	人	18147	7203
交通运输、仓储和邮政业	人	9257	4130
住宿、餐饮业	人	4090	1194
信息传输、计算机服务和软件业	人	5296	3521
金融业	人	13574	6877
房地产业	人	6688	2523
租赁和商务服务业	人	6295	1454
科学研究、技术服务和地质勘查业	人	1374	477
水利、环境和公共设施管理业	人	6052	1245
居民服务和其他服务业	人	877	179
教育	人	83564	17066
卫生、社会保障和社会福利业	人	28810	9756
文化、体育和娱乐业	人	2584	1133
公共管理和社会组织	人	70239	22083
城镇私营和个体从业人员	人	461900	119971
城镇登记失业人数	人	32695	3017
四、综合经济			
(一)地区生产总值(当年价格)	万元	16508064	4814842
第一产业增加值	万元	2228015	275292
第二产业增加值	万元	8033840	2063282
第三产业增加值	万元	6246209	2476268
地区生产总值(2010 年价格)	万元	15030268	4481699
人均地区生产总值	元	24633	40418
地区生产总值增长率	%	9.5	10.3
(二)财政			
公共财政收入	万元	2223687	451308
其中:税收收入	万元	1464733	328876
其中:企业所得税	万元	101872	22585
个人所得税	万元	26031	4409
公共财政支出	万元	4569445	706418
其中:一般性公共服务支出	万元	372213	25762
科学技术支出	万元	52745	5420
教育支出	万元	924780	40227
文化体育与传媒支出	万元	49455	5268
医疗卫生支出	万元	526593	34351
节能保护支出	万元	82186	6325

1－13 续表 2

项　　目	计量单位	全　　市	其中:市辖区
城乡社区事务支出	万元	451461	11102
交通运输支出	万元	89518	8490
社会保障和就业支出	万元	535996	48162
住房保障支出	万元	241880	24995
(三)金融			
年末金融机构各项存款余额	万元	22584147	7709045
其中:住户存款	万元	14385675	3628013
年末金融机构各项贷款余额	万元	14742891	6598041
(四)保险			
保费收入	万元	482096	–
其中:财产险	万元	172079	–
人身险	万元	310017	–
赔款、给付	万元	140000	–
其中:财产险	万元	86877	–
人身险	万元	53123	–
五、规模以上工业			
(一)工业企业数	个	971	223
其中:内资企业	个	936	211
其中:国有企业	个	11	1
私营企业	个	557	141
港、澳、台商投资企业	个	24	10
外商投资企业	个	11	2
(二)工业总产值(当年价)	万元	28554978	6801741
其中:内资企业	万元	24155823	6042706
其中:国有企业	万元	40584	3871
私营企业	万元	13979569	3379753
港、澳、台商投资企业	万元	4199242	709639
外商投资企业	万元	199913	49396
(三)企业财务			
从业人员年平均人数	万人	21.12	4.85
流动资产合计	万元	6978745.4	1597532.1
固定资产合计	万元	5286679.2	1158793
主营业务收入	万元	29649112.1	6925240.9
主营业务成本	万元	25897889.9	6003300.5
主营业务税金及附加	万元	219841.4	97400.1
本年应交增值税	万元	1384324.4	178067.7
利润总额	万元	2484866.6	658851.8
(四)战略性新兴产业总产值	万元		

1－13 续表 3

项　　目	计量单位	全　　市	其中:市辖区
六、交通运输、通讯与能源			
(一)交通运输			
铁路旅客运量	万人	735.28	-
铁路货物运量	万吨	394.1	-
公路客运量(全社会)	万人	8207	-
公路货运量(全社会)	万吨	20354	-
水运客运量(全社会)	万人	45.4	-
水运货运量(全社会)	万吨	808.13	-
内河港口货物吞吐量(规模以上)	万吨	1764	-
境内公路总里程	公里	20239.214	-
其中:高速公路里程	公里	617.543	-
民用汽车拥有量	辆	358775	-
其中:私人汽车拥有量	辆	306665	-
(二)邮电通信			
年末邮政局(所)数	处	244	37
邮政业务收入	万元	52000	-
电信业务收入	万元	291400	-
固定电话年末用户数	万户	85.2	-
移动电话年末用户数	万户	505.3	-
其中:3G及以上电话用户	万户	208.72	
互联网宽带接入用户数	万户	92.5	-
(三)能源电力			
规模以上工业能源消费量	万吨标准煤	370.44	-
全社会用电量	万千瓦时	1192422	203550
其中:工业用电	万千瓦时	774873	90750
城乡居民生活用电	万千瓦时	233480	55853
七、贸易、外经与旅游			
(一)贸易			
社会消费品零售总额	万元	6404178	1743369
限额以上批发零售贸易业商品销售总额	万元	2868725	1335041
限额以上批发零售企业数(法人数)	个	331	94

1－13续表4

项　目	计量单位	全　市	其中:市辖区
其中:零售业	个	280	84
限额以上批发零售贸易业企业财务			
其中:从事批发和零售业活动的从业人员平均人数	万人	1.79	0.57
流动资产合计	万元	810569	303414.5
固定资产合计	万元	205226	65841.4
主营业务收入	万元	2712849	1181618.5
主营业务成本	万元	2330064	968114.2
主营业务税金及附加	万元	78090	59130.9
本年应交增值税	万元	45408	32236.8
利润总额	万元	133812	88991.1
(二)外经			
货物进口额(海关数)	万美元	50893	-
货物出口额(海关数)	万美元	381521	-
外商直接投资合同项目	个	81	21
当年实际使用外资金额	万美元	94111	16941
(三)旅游			
入境游客人数(含一日游游客)	人次	625279.4	-
国际旅游(外汇)收入	万美元	25635.4	-
国内游客	人次	93443600	-
国内旅游收入	万元	7902776	-
八、固定资产投资			
(一)固定资产投资			
固定资产投资(不含农户)	万元	15602263	3487306
其中:房地产开发投资	万元	1293855	295165
其中:住宅	万元	971524	201590
全年新增固定资产	万元	9165970	1764014
(二)房地产			
商品房屋销售面积	万平方米	278.9	65
其中:住宅	万平方米	249.2	57.4
其中:别墅、高档公寓	万平方米	3.3	0.9
商品房屋销售额	万元	1369136	451464
其中:住宅	万元	1127215	365677
其中:别墅、高档公寓	万元	22238	7355
待售面积	万平方米	160.18	20.39

1－13 续表 5

项　　目	计量单位	全　　市	其中:市辖区
(三)保障性住房建设			
保障性住房本年完成投资	万元	91169.53	4037.88
其中:廉租房	万元	10409	
公共租赁住房	万元	80761	4037.88
保障性住房新开工面积	万平方米	44.26	2.3
其中:公共租赁住房	万平方米	44.26	2.3
保障性住房竣工面积	万平方米	19.26	
其中:廉租房	万平方米	2.9	
九、教育、科技、体育、文化与卫生			
(一)教育			
学校数			
其中:普通高等学校数	所	3	
中等职业教育学校数	所	46	10
普通中学数	所	331	71
普通小学数	所	1898	235
成人高等学校数	所	4	
专任教师数			
其中:普通高等学校专任教师数	人	1285	
中等职业教育学校专任教师数	人	1429	416
普通中学专任教师数	人	26780	5400
普通小学专任教师数	人	34745	6327
在校学生数			
其中:普通高等学校在校学生数	人	26166	
中等职业教育学校在校学生数	人	43184	19491
普通中学在校学生数	万人	41.06	5.1664
普通小学在校学生数	万人	68.12	12.1632
成人高等学校在校学生数	人	10773	
初中毕业生升学率	%	89.2	100
(二)科技			
科技活动人员	人	5555	251
R&D 人员数	人	2802	59
R&D 内部经费支出	万元	103700	10000
专利申请受理量	项	2835	467
专利申请授权量	项	1608	440
其中:发明	项	72	29
(三)文化			
体育场馆数	个	25	5

1－13 续表 6

项　　目	计量单位	全　　市	其中:市辖区
剧场、影剧院数	个	57	10
公共图书馆图书总藏量	千册	2020.85	230.2
订销报刊杂志累计份数	千份	65782	15716
广播节目综合人口覆盖率	%	98.67	98.38
电视节目综合人口覆盖率	%	98.8	99.10
有线电视入户率	%	61	85.60
(四)卫生			
医院、卫生院数	个	353	65
医院、卫生院床位数	张	23317	6740
医生数(执业医师＋执业助理医师)	人	10396	3176
注册护士	人	10815	3903
十、人民生活			
在岗职工平均人数	万人	41.86	13.32
在岗职工工资总额	万元	2110245	755963.4
在岗职工平均工资	元	50414	56745
(一)居民收支			
工资性收入	元	13912	
经营净收入	元	6362	
财产净收入	元	2281	
转移净收入	元	4369	
城镇居民人均可支配收入	元	26924	
城镇居民人均消费支出	元	15137	
其中:食品烟酒	元	5193	
衣着	元	1241	
居住	元	3372	
生活用品及服务	元	967	
交通和通信	元	1588	
教育文化和娱乐	元	1539	
医疗保健	元	725	
其他用品及服务	元	510	
(二)居民生活			
每百户居民家庭拥有量			
其中:家用汽车	辆	14	
固定电话	部	23	
移动电话	部	234	
其中:接入互联网	部	121	
计算机	台	54	

1－13续表7

项　　目	计量单位	全　　市	其中:市辖区
其中:接入互联网	台	48	
电冰箱(柜)	台	88	
彩色电视机	台	141	
中高档乐器	架	1	
照相机	架	12	
摄像机	架	4	
洗衣机	台	78	
城镇人均住房建筑面积	平方米	42.67	
居民消费价格指数(上年为100)	%	101.2	
十一、社会保障			
城镇职工基本养老保险参保人数	人	896922	151870
城乡居民社会养老保险参保人数	人	2721600	340200
城镇职工基本医疗保险参保人数	人	620894	94211
城镇居民基本医疗保险参保人数	人	1520284	316909
失业保险参保人数	人	300162	46626
工伤保险参保人数	人	450064	78307
生育保险参保人数	人	240377	39920
社会福利院数	个	266	34
社会福利院床位数	张	23872	2853
社区服务设施数	个	4002	1321
城镇居民最低生活保障人数	人	119092	19357
十二、公共管理			
(一)事故			
交通事故死亡人数	人	109	22
交通事故损失额	万元	100.18	2.86
火灾事故死亡人数	人	1	1
火灾事故损失额	万元	2245	287.59
(二)社会治安			
刑事案件立案数	起	3751	898
刑事罪犯人数	人	1834	741
其中:青少年人数(年龄14－25周岁)	人	388	167
十三、市政公用事业			
(一)基础设施			
城市维护建设资金支出	万元	1251331	878908
年末实有城市道路面积	万平方米	3999.53	1432.86
排水管道长度	公里	2667.57	1032.27
供水综合生产能力(包括自备水源)	万立方米/日	83.15	29.1
供水总量	万吨	14280.95	6389.3

1－13 续表 8

项　　目	计量单位	全　　市	其中:市辖区
售水量	万吨	10913.15	4133.3
其中:居民家庭用水量	万吨	7282.35	2814.35
用水人口	万人	191.59	66.32
用水普及率	%	97.07	99.69
供气总量(人工、天然气)	万立方米	-	1260.9
其中:居民家庭用量	万立方米	-	819
用气人口	人	-	167200
液化石油气供气总量	吨	-	20400
其中:居民家庭用量	吨	-	15285
用液化气人口	人	-	510900
(二)公共交通			
年末实有公共汽(电)车运营车辆数	辆	-	289
全年公共汽(电)车客运总量	万人次	-	6227
年末实有出租汽车数	辆	-	615
(三)绿地			
建成区绿化覆盖面积	公顷	11747.71	3657
其中:建成区	公顷	10481.97	3591
绿地面积	公顷	10461.88	3289
其中:建成区	公顷	9634.8	3234
公园绿地面积	公顷	3235.94	1043
公园面积	公顷	2421.2	628
十四、环境保护			
工业废水排放量	万吨	6533.57	-
工业废气排放量	万平方米	15216729.07	-
工业二氧化硫产生量	吨	87921.01	-
工业二氧化硫排放量	吨	35021.14	-
工业氮氧化物产生量	吨	38599.89	-
工业氮氧化物排放量	吨	22548.22	-
工业烟(粉)尘产生量	吨	2797409.1	-
工业烟(粉)尘排放量	吨	35904.21	-
工业重金属产生量	吨	1598.3	-
工业重金属排放量	吨	125.56	-
一般工业固体废物综合利用率	%	10.11	-
污水处理率	%	88.32	-
污水处理厂集中处理率	%	86.32	-
生活垃圾无害化处理率	%	99.13	-
空气质量达到及好于二级的天数	天	344	-

主要统计指标解释

国内(地区)生产总值 指按市场价格计算的一个国家(或地区)所有常住单位在一定时期内生产活动的最终成果。地区生产总值有三种表现形态,价值形态、收入形态和产品形态。从价值形态看,它是所有常住单位在一定时期内所生产的全部货物和服务价值超过同期投入的全部非固定资产货物和服务价值的差额,即所有常住单位的增加值之和;从产品形态看,它是最终使用的货物和服务减去进口货物和服务。在实际核算中,国内(或地区)生产总值的有三种计算方法,即生产法,收入法和支出法。三种方法分别从不同的方面反映国内(或地区)生产总值及其构成。

地区收入总值 即国民生产总值,指一个国家(或地区)所有常住单位在一定时期内收入初次分配的最终成果,它等于地区生产总值加上来自国外的劳动者报酬和财产收入减去支付给国外的劳动者报酬和财产收入,与地区生产总值不同,地区生产总值是一个生产概念,而地区收入总值是一个收入概念。

支出法地区生产总值 是从最终使用的角度反映一个国家(或地区)一定时期内生产活动最终成果的一种方法,包括最终消费支出、资本形成总额及货物和服务净出口三部分。计算公式为:

支出法地区生产总值 = 最终消费支出 + 资本形成总额 + 货物和服务净出口

最终消费支出 指常住单位为满足物质、文化和精神生活的需要,从本国经济领土和国外购买的货物和服务的支出。它不包括非常住单位在本国经济领土内的消费支出。最终消费支出分为居民消费支出和政府消费支出。

居民消费支出 指常住住户在一定时期内对于货物和服务的全部最终消费支出。居民消费支出除了直接以货币形式购买的货物和服务的消费支出外,还包括以其他方式获得的货物和服务的消费支出,即所谓的虚拟消费支出。居民虚拟消费支出包括如下几种类型:单位以实物报酬及实物转移的形式提供给劳动者的货物和服务;住户生产并由本住户消费了的货物和服务,其中的服务仅指住户的自有住房服务;金融机构提供的金融媒介服务;保险公司提供的保险服务。

政府消费支出 指政府部门为全社会提供的公共服务的消费支出和免费或以较低的价格向居民住户提供的货物和服务的净支出,前者等于政府服务的产出价值减去政府单位所获得的经营收入的价值;后者等于政府部门免费或以较低价格向居民住户提供的货物和服务的市场价值减去向居民住户收取的价值。

资本形成总额 指常住单位在一定时期内获得减去处置的固定资本和存货的净额,包括固定资本形成总额和存货增加两部分。

固定资本形成总额 指常住单位在一定时期内获得的固定资产减处置的固定资产的价值总额。固定资产是通过生产活动生产出来的,且其使用年限在一年以上,单位价值在规定标准以上的资产,不包括自然资产。可分为有形固定资本形成总额和无形固定资本形成总额。有形固定资本形成总额包括一定时期内完成的建筑工程、安装工程和设备器具购置(减处置)价值,以及土地改良、新增役、种、奶、毛、娱乐用牲畜和新增经济林木价值。无形固定资本形成总额包括矿藏的勘探、计算机软件等获得减处置。

存货增加 指常住单位在一定时期内存货实物量变动的市场价值，即期末价值减期初价值的差额，再扣除当期由于价格变动而产生的持有收益。存货增加可以是正值，也可以是负值，正值表示存货上升，负值表示存货下降。包括生产单位购进的原材料、燃料和储备物资等存货，以及生产单位生产的产成品、在制品和半产品等存货。

货物和服务净出口 指货物和服务出口减货物和服务进口的差额。出口包括常住单位向非常住单位出售或无偿转让的各种货物和服务的价值；进口包括常住单位从非常住单位购买或无偿得到的各种货物和服务的价值。由于服务活动的提供与使用同时发生，一般把常住单位从非常住单位得到的服务作为进口，非常住单位从常住单位得到的服务作为出口。货物的出口和进口都按离岸价格计算。

三次产业 三产业的划分是世界上较为常用的产业结构分类，但各国的划分不尽一致。我国的三次产业划分是：

第一产业是指农业、林业、畜牧业、渔业。

第二产业是指工业和建筑业。

第三产业是指除第一、二产业以外的其他行业。

固定资产折旧 指一定时期内为弥补固定资产损耗按照规定的固定资产折旧率提取的固定资产折旧，或按国民经济核算统一规定的折旧率虚拟计算的固定资产折旧。它反映了固定资产在当期生产中的转移价值。各类企业和企业化管理的事业单位的固定资产折旧是指实际计提的折旧费。不计提折旧的政府机关、非企业化管理的事业单位和居民住房是按照统一规定的折旧率和固定资产原值计算的虚拟折旧。原则上，固定资产折旧应按固定资产当期的重置价值计算，但是目前我国尚不具备对全社会固定资产进行重估价的基础，所以暂时只能采用上述办法。

劳动者报酬 指劳动者因从事生产活动而获得的全部报酬。包括劳动者获得的各种形式的工资、奖金和津贴，既包括货币形式的，也包括实物形式的，还包括劳动者所享受的公费医疗和医药卫生费、上下班交通补贴、单位支付的社会保险费、住房公积金等。对于个体经济来说，其所有者所获得的劳动报酬和经营利润不易区分，这两部分统一作为劳动者报酬处理。

生产税净额 指生产税减生产补贴后的余额，生产税是指政府对生产单位从事生产、销售和经营活动以及因从事生产活动使用某些生产要素（如固定资产、土地、劳动力）所征收的各种税、附加贯和规费。生产补贴与生产税相反，指政府对生产单位的单方面转移支出，因此视为负生产税，包括政策亏损补贴、价格补贴等。

营业盈余 指常住单位创造的增加值扣除固定资产折旧、劳动者报酬和生产税净额后的余额，它相当于企业的营业利润加上生产补贴，但要扣除利润中开支的工资、福利等。

二、人　　口

本篇资料整理、校对

韩　风

简要说明

●本篇资料反映我市人口和计划生育的基本情况。

●本篇有关人口方面的资料来源于统计局、公安局和卫计委三个部门。

●目前人口统计数字有三种:1.统计部门提供的人口数字,调查方法有三类:①人口普查,每10年搞一次;②1%人口抽样调查,每5年搞一次;③人口变动抽样调查,每年搞一次。人口抽样调查数字以全市为总体,重点取得全市人口总数和人口出生率、死亡率及自然增长率情况。2.公安部门户籍统计人口数字,据此数据可以分析农业人口、非农业人口和男性人口、女性人口情况。3.2015年常住人口数是根据2015年1%人口抽样调查资料取得的。

内容提要

●2015年末,户籍总人口774.40万人,常住人口671.51万人。

●2015年末,人口出生率13.28‰,人口自然增长率7.01‰。

2－1　人口变动情况抽样调查主要数据

（2015 年）

名　称	出生率（‰）	死亡率（‰）	自增率（‰）	净增人口（人）	出生人口（人）	死亡人口（人）	自增人口（人）	年　初总人口（人）	年　末总人口（人）	年平均人　口（人）
上饶市	13.28	6.27	7.01	27170	88997	42009	46988	6687968	6715138	6701553
信州区	12.37	5.55	6.82	1583	5253	2357	2896	423840	425423	424631
广丰区	13.31	6.32	6.99	3108	10204	4845	5359	765076	768185	766631
上饶县	13.33	6.27	7.06	2891	9506	4471	5034	711646	714538	713092
玉山县	13.32	6.28	7.04	2384	7796	3675	4121	584059	586443	585251
铅山县	13.22	6.17	7.05	1735	5749	2683	3066	433989	435724	434857
横峰县	13.17	6.26	6.91	752	2479	1178	1301	187883	188635	188259
弋阳县	13.27	6.26	7.01	1440	4774	2252	2522	359066	360506	359786
余干县	13.48	6.37	7.11	3769	12180	5756	6424	901689	905459	903574
鄱阳县	13.52	6.51	7.01	5503	17865	8602	9263	1318614	1324118	1321366
万年县	13.26	6.22	7.04	1466	4848	2274	2574	364891	366357	365624
婺源县	13.10	6.16	6.94	1351	4450	2093	2357	339022	340373	339697
德兴市	13.03	6.10	6.93	1188	3893	1823	2071	298191	299379	298785

2-2 各县(市、区)户籍统计户数及人口

(2015年)　　户数单位:户;人数单位:人

县市	总户数	总人口	按性别分		总人口中非农业人口
			男	女	
全市	2207889	7744010	4083096	3660914	1657964
信州区	126487	424269	213495	210774	283531
广丰区	246482	961261	504225	457036	232582
上饶县	211233	834121	437245	396876	175347
玉山县	179301	637963	336432	301531	104892
铅山县	133126	477715	251979	225736	83437
横峰县	69476	225677	121088	104589	40815
弋阳县	117255	420688	225193	195495	83175
余干县	312959	1064634	567441	497193	142595
鄱阳县	449723	1559773	829348	730425	219379
万年县	125187	430734	228285	202449	80394
婺源县	124619	370450	192140	178310	60026
德兴市	112041	336725	176225	160500	151791

注:本表为公安部门年报数。

2-3 户数及人口变动情况

项　　目	2000	2005	2010	2011	2012	2013	2014	2015
年末总户数　（户）	1576532	1779669	2122551	2186502	2210824	2293466	2306248	2207889
年末总人数　（人）	6427158	6759960	7403325	7501859	7603319	7596829	7730866	7744010
男	3355966	3559699	3894367	3945312	3998976	3995771	4074768	4083096
女	3071192	3200261	3508958	3556547	3604343	3601058	3656098	3660914
非农业人口	1045406	1216571	1408330	1426072	1461340	1511727	1491634	1657964
市镇人口	3236844	4008780	4957754					
# 市人口	648587	675677	721622	730997	749484	743219	753671	
乡村人口	3190314	2751180	2445571					6086046
人口变动								
出生人口　（人）	98013	87431	90171	89372	89615	88160	88859	88997
出生率　（‰）	16.10	13.81	13.74	13.53	13.51	13.25	13.31	13.28
死亡人口　（人）	38414	37163	39601	39831	40927	42017	41993	42009
死亡率　（‰）	6.31	5.87	6.03	6.03	6.17	6.31	6.29	6.27
自然增长人口(人)	59599	50268	50570	49541	48688	46143	46867	46988
自然增长率　（‰）	9.79	7.94	7.71	7.50	7.34	6.94	7.02	7.01
迁入人口　（人）	109221	94068	71051	73381	69873	57831	120385	27426
迁出人口　（人）	98442	98864	65116	66564	66789	86119	132395	41320
机械变动率　（‰）	1.7	0.71	0.9	0.91	0.46			
人口密度(人/平方公里)	268	297	289	290	291			

注:本表出生人口、出生率、死亡人口、死亡率、自然增长率等指标为人口抽样数;2000 年、2010 年资料为人口普查数;其它均为公安部门年报数。

2－4　城镇化率情况表

（2015 年）

地　　名	总人口(人)	城镇人口(人)	乡村人口(人)	城镇化率(%)
上　饶　市	6715138	3178946	3536192	47.34
信　州　区	425423	309070	116353	72.65
广　丰　区	768185	417739	350446	54.38
上　饶　县	714538	325472	389066	45.55
玉　山　县	586443	287240	299203	48.98
铅　山　县	435724	202263	233461	46.42
横　峰　县	188635	89354	99281	47.37
弋　阳　县	360506	157902	202605	43.80
余　干　县	905459	374860	530599	41.40
鄱　阳　县	1324118	522497	801621	39.46
万　年　县	366357	173983	192374	47.49
婺　源　县	340373	150377	189996	44.18
德　兴　市	299379	168191	131188	56.18

主 要 统 计 指 标 解 释

人口数　指一定时点，一定地区范围内的有生命的个人的总和。

市镇人口　指城市及县辖镇内的全部人口。包括市(镇)农业人口，但不包括市辖县人口。

市　是指经国家批准成立“市”建制的城市。

镇　1984年11月，国务院批转《民政部关于调整建镇标准的报告》，主要实行镇管村的体制。对设置镇建制调整如下：(1)行政标准。凡是县级地方国家机关所在地，均应设置镇的建制；(2)行政＋非农业人口标准。总人口2万以下的乡、乡政府驻地非农业人口超过2000人的可建制镇，总人口2万人以上的乡、乡政府驻地非农业人口占全乡人口的10%以上的也可建制镇；(3)特殊标准。少数民族地区、人口稀少的边远地区，山区、工矿区、小港口、风景旅游、边境口岸等地，非农业人口虽不足2000人，如有必要，也可建镇。因此凡具备建镇条件的乡，撤乡建镇后，都实行了镇管村的体制。

人口密度　指一定时点一定地区的人口数与该地区的面积数之比，即一定时点的单位土地面积上的人口数，通常以每平方公里的居住人数来表示：

人口密度＝该地区的人口数／一定地区的土地面积

出生率　(又称总出生率或粗出生率)指在一定时期内(通常为在一年内)出生人数与同期人口总数之比。它反映人口的出生水平，一般以千分率即平均每千人口所出生的人数来表示，计算公式为：

出生率＝年出生人数／年平均人口数×1000‰

死亡率　指在一定时期内(通常为在一年内)一定地区的死亡人数与同期平均人口数(或其中人口数)之比。一般以千分率表示。计算公式为：

死亡率＝年死亡人数／年平均人口数×1000‰

人口自然增长率　指在一定时期内(通常为在一年内)一定地区人口自然增加数(即出生人数减死亡人数)与平均人口数(或期中人口数)之比，一般以千分率表示。计算公式为：

人口自然增长率＝(本年出生人口数－本年死亡人口数)／年平均人口数×1000‰

也可直接用出生率减死亡率求得。

人口机械变动率＝(迁入人口－迁出人口)／年平均人口数×1000‰

三、从业人员和职工工资

简要说明

●本篇资料反映我市劳动经济方面的基本情况。

●本篇资料除城镇个体、私营企业从业人员资料由市市场和质量监督管理局提供外，均来源于统计局劳动综合统计年报和农村基层组织情况报表。

●调查范围：劳动综合统计报表的调查范围为全部独立核算单位，采用全面调查形式搜集资料。统计分类及标准：单位隶属关系采用 GB12404－90，国民经济行业划分采用 GBT4754－94，单位经济类型根据国家统计局、国家工商行政管理局《关于经济类型划分的暂行规定》划分。

●从 1998 年开始，职工人数为在岗人数，工资总额为在岗职工工资总额，并且不包括德兴铜矿、永平铜矿、银山铅锌矿。以前年度资料则为全社会口径。

内容提要

●2015 年末，社会劳动者人数 432.28 万人，其中：第一产业从业人员 125.13 万人，第二产业从业人员 146.64 万人，第三产业从业人员 160.51 万人。

●2015 年末，在岗职工人数 41.54 万人；在岗职工工资总额 211.02 亿元，在岗职工年平均工资 50414 元。

本篇资料整理、校对

林　嵩

3－1　城乡劳动力资源配置情况

（2015 年）　　　　单位：万人

指　　标	城乡合计	城镇	乡村
一、年末劳动力资源总数	466.11	113.37	352.74
其中：当年新增加的劳动力资源		3.36	5.43
1、年末 16 岁以上全部人数		104.28	
2、机械变动差额跨地区调整数（＋、－）			
二、经济活动人口	435.55	112.72	322.83
（一）从业人口	432.28	109.45	322.83
1、按就业身份分组			
⑴非私营单位从业人员	46.33	46.33	
⑵私营业主	8.53	5.62	2.91
⑶个体户主	21.42	11.32	10.10
⑷私营企业和个体从业人员	86.98	46.19	40.79
⑸乡镇企业从业人员	62.64		62.64
⑹农业从业人员	206.39		206.39
⑺其他			
2、按经济类型分组			
⑴国有经济	22.81	22.81	
⑵集体经济	201.74	1.13	200.61
⑶股份合作	0.86	0.31	0.55
⑷联营	0.84	0.08	0.76
⑸有限责任公司	40.22	13.77	26.46
⑹股份有限公司	4.48	4.29	0.19
⑺私营	90.70	25.04	65.66
⑻个体	58.24	30.76	27.48
⑼港澳台投资	3.76	3.05	0.71
⑽外商投资	0.81	0.40	0.41
⑾其他	7.81	7.81	
3、按国民经济行业分组			
(1)农、林、牧、渔业	125.13	2.37	122.76
(2)采矿业	1.45	1.45	
(3)制造业	104.13	18.97	85.16
(4)电力、热力、燃气及水的生产和供应业	1.04	1.04	
(5)建筑业	40.02	10.30	29.72
(6)批发和零售业	63.70	31.53	32.17
(7)交通运输、仓储和邮政业	26.84	2.52	24.33
(8)住宿和餐饮业	22.82	4.83	17.98
(9)信息传输、软件和信息技术服务业	3.60	1.72	1.88
(10)金融业	1.56	1.56	
(11)房地产业	2.38	2.38	
(12)租赁和商务服务业	4.94	4.94	
(13)科学研究和技术服务业	0.71	0.71	
(14)水利、环境和公共设施管理业	0.80	0.80	
(15)居民服务、修理和其他服务业	5.73	4.49	1.24
(16)教育	8.51	8.51	
(17)卫生和社会工作	3.04	3.04	
(18)文化、体育和娱乐业	0.95	0.95	
(19)公共管理、社会保障和社会组织	7.02	7.02	
(20)其他	7.92	0.33	7.59
（二）失业人口	3.27	3.27	
按三次产业分			
第一产业	125.13		
第二产业	146.64		
第三产业	160.51		

3-2　城镇非私营单位分行业在岗职工人数

（2015 年）　　单位:人

行　　业	合　计	信州区	广丰区	上饶县	玉山县	铅山县	横峰县
总　　计	415445	71114	60717	24842	24969	17199	9519
农、林、牧、渔业	1813			32	5	280	13
采矿业	4313	7	609	281	242	463	704
制造业	94209	6885	11098	2932	3621	987	807
电力、热力、燃气及水的生产和供应业	6597	802	1135	620	764	662	357
建筑业	66077	9105	28525	1634	3930	3086	61
批发和零售业	16726	6212	288	1467	372	347	209
交通运输、仓储和邮政业	9104	3889	240	860	218	627	584
住宿和餐饮业	3924	1102	81	512	228	173	
信息传输、软件和信息技术服务业	4860	3339			196	183	53
金融业	11659	4729	796	570	750	468	400
房地产业	6472	1744	741	510	975	222	73
租赁和商务服务业	5821	1313	12	70	192	173	77
科学研究和技术服务业	1271	406		57	150	194	90
水利、环境和公共设施管理业	5143	728	460	258	1225	310	261
居民服务、修理和其他服务业	785	90		19			16
教育	81134	8440	8446	6897	5352	3663	1852
卫生和社会工作	26545	6894	1758	2495	1995	1250	882
文化、体育和娱乐业	2436	917	162	83	157	107	94
公共管理、社会保障和社会组织	66556	14512	6366	5545	4597	4004	2986

3-2　续表

单位:人

行　　业	弋阳县	余干县	鄱阳县	万年县	婺源县	德兴市	经开区	三管委
总　　计	17159	29409	56521	20743	18707	22575	40519	1457
农、林、牧、渔业	4	795			100	584		
采矿业	653			175		1179		
制造业	3237	4482	8815	4120	4380	4576	38269	
电力、热力、燃气及水的生产和供应业	441	694	187		303	632		
建筑业	1705	437	12180	1694	811	2909		
批发和零售业	227	2436	1604	1385	331	799	1049	
交通运输、仓储和邮政业	572	218	344	390	600	469	28	65
住宿和餐饮业	68	141	358		218	651		392
信息传输、软件和信息技术服务业	106	198	138	213	237	197		
金融业	524	765	1031	345	613	668		
房地产业	145	57	479	225	373	513	415	
租赁和商务服务业	59	170	969	727	1567	492		
科学研究和技术服务业	55	11	48	15	142	103		
水利、环境和公共设施管理业	467	201	138	264	227	154	77	378
居民服务、修理和其他服务业	70	12	233		81	264		
教育	4270	10057	19556	5982	2878	3125		152
卫生和社会工作	1323	3145	2759	1510	1728	1261		9
文化、体育和娱乐业	94	41	214	126	81	173	281	
公共管理、社会保障和社会组织	3192	5376	7556	3617	3837	3826	681	461

3-3 城镇非私营单位在岗职工工资总额

(2015 年)　　　　单位:万元

行　　业	合　计	信州区	广丰区	上饶县	玉山县	铅山县	横峰县
总　　计	2110245	458819	297144	130442	115064	80121	41152
农、林、牧、渔业	6611			116	20	1096	48
采矿业	21057	32	3946	1140	762	1615	1134
制造业	448017	32118	47315	10527	17090	3530	3151
电力、热力、燃气及水的生产和供应业	47921	4833	6834	5279	5280	4452	2038
建筑业	271718	41065	126497	4745	11764	9384	210
批发和零售业	75814	37455	1472	6102	1969	1539	744
交通运输、仓储和邮政业	41970	19479	1264	3778	692	2308	2095
住宿和餐饮业	12335	3760	309	1548	661	525	
信息传输、软件和信息技术服务业	39148	30497			898	1057	235
金融业	83754	32921	6791	5041	5972	2631	3197
房地产业	29249	8439	3687	2372	4185	882	321
租赁和商务服务业	26033	8687	52	83	794	554	183
科学研究和技术服务业	6487	2475		213	677	926	303
水利、环境和公共设施管理业	20426	5137	1263	641	3679	1589	505
居民服务、修理和其他服务业	3001	406		105			50
教育	447984	73694	51024	44500	27720	21483	9668
卫生和社会工作	158162	58999	10528	13306	9677	6096	4136
文化、体育和娱乐业	14143	6944	950	561	688	414	367
公共管理、社会保障和社会组织	356417	91879	35214	30388	22536	20040	12767

3-3 续表

单位:万元

行　　业	弋阳县	余干县	鄱阳县	万年县	婺源县	德兴市	经开区	三管委
总　　计	76003	124431	246724	106628	102996	118670	206383	5679
农、林、牧、渔业	17	2273			318	2724		
采矿业	2765			1279		8386		
制造业	13653	18177	36700	24707	20132	24743	196175	
电力、热力、燃气及水的生产和供应业	2745	7511	1624		2593	4733		
建筑业	4507	933	53842	6107	2451	10213		
批发和零售业	1075	6752	4176	5803	1615	2735	4377	
交通运输、仓储和邮政业	2619	1017	1248	1665	2985	2426	108	285
住宿和餐饮业	109	364	1034		579	1972		1475
信息传输、软件和信息技术服务业	468	1031	930	1315	1592	1126		
金融业	3277	4956	5514	2555	5354	5543		
房地产业	614	188	1741	1035	1815	2114	1856	
租赁和商务服务业	144	506	2967	2961	7147	1956		
科学研究和技术服务业	174	48	249	69	916	437		
水利、环境和公共设施管理业	1481	867	362	1553	1272	550	159	1379
居民服务、修理和其他服务业	96	52	696		365	1233		
教育	20852	42836	85310	29935	18991	19454		582
卫生和社会工作	5962	12536	12170	8499	11834	6319		36
文化、体育和娱乐业	205	736	647	431	1094	1106		
公共管理、社会保障和社会组织	15240	23649	37515	18713	21942	20903	3709	1922

3－4 城镇非私营单位在岗职工年平均工资

单位:元

项目	2005	2009	2010	2011	2012	2013	2014	2015
总计	11830	20759	23428	27625	32951	40921	43561	50414
按经济类型分								
国有经济单位	12600	21407	24203	28634	33811	39861	42771	53978
城镇集体单位	7140	15059	17418	22264	24728	40842	47782	53290
其他单位	9682	19029	21735	25518	33439	41937	43795	47026
按企业事业机关分								
企业	10334	19345	22761	27102	32555	42187	44196	48890
事业	13468	22076	23818	27758	34473	41152	43074	52293
机关	13397	21512	24307	28616	31719	35383	40523	54324
民间非盈利组织		22047	22219	28299	30429			
其他					14097	30283	36582	41249
按国民经济行业分								
农、林、牧、渔业	7390	14020	17595	22829	24859	26491	30061	36263
采矿业	10954	21204	25674	39214	37317	51729	50036	48642
制造业	9898	17927	21865	27833	35280	43929	44935	46793
电力、热力、燃气及水的生产和供应业	13648	24746	31993	33334	44363	58294	61179	72692
建筑业	7488	17104	18281	22360	28326	36812	38962	42625
批发和零售业	8876	16446	24486	23997	20192	35833	38891	45571
交通运输、仓储和邮政业	12107	18282	20675	26295	29863	40709	41728	46827
住宿和餐饮业	9181	16236	17815	18039	43907	26010	29192	31693
信息传输、软件和信息技术服务业	24810	30300	28878	34830	30576	57362	71528	81723
金融业	16521	28822	34249	43988	52755	63273	70124	72096
房地产业	10897	16407	23514	26698	34910	36213	40204	45349
租赁和商务服务业	12248	18730	21236	24381	28700	34978	37421	44604
科学研究和技术服务业	12571	20078	23576	27464	33550	33141	39888	51155
水利、环境和公共设备管理业	10183	22151	17963	20719	31518	32038	34956	41707
居民服务、修理和其他服务业	7396	15195	18951	22887	28218	36885	41392	41957
教育	14552	23627	24169	28686	32491	42656	44427	54689
卫生和社会工作	13905	24665	25463	27965	35676	40741	42383	56645
文化、体育和娱乐业	13530	21228	22937	26243	31883	36849	39686	58939
公共管理、社会保障和社会组织	14154	21805	24558	26421	32228	35254	39886	53427
按县市区分								
信州区	13769	22365	27005	29945	39330	43228	45710	61797
广丰区	14353	22379	23521	25863	32529	42064	44272	50384
上饶县	12429	24201	28427	29837	35856	36575	40303	52670
玉山县	11454	21550	25006	26598	29883	35845	40839	46341
铅山县	13024	20270	20749	24745	29160	33731	37366	47842
横峰县	9200	22277	22522	24417	30500	36708	37469	43474
弋阳县	10362	19996	22997	26919	32989	37487	39730	44692
余干县	10206	20304	21330	23702	27704	34171	38257	42364
鄱阳县	9153	17227	19061	24786	25967	37896	38485	43835
万年县	10458	20437	21450	27967	30291	41012	44485	51671
婺源县	16042	20579	23985	31747	36737	40679	45812	54805
德兴市	14439	25183	29205	35976	40691	45242	50008	52437
经开区						50558	50524	50917
三管委		20318	24153	28595	35726	36264	38446	39911

注:1998 至今职工年均工资为在岗职工年平均工资,其他年份为职工年平工资。2012 年开始,在岗职工年平均工资含劳务。

3－5　城镇非私营国有单位分行业在岗职工人数

（2015 年）　　　　单位：人

行　　业	合　计	信州区	广丰区	上饶县	玉山县	铅山县	横峰县
总　　计	196993	36831	17031	15615	14004	10892	7696
农、林、牧、渔业	1813			32	5	280	13
采矿业	1185			60		240	704
制造业	1123	278					
电力、热力、燃气及水的生产和供应业	1565	380	193		123	55	357
建筑业	2224	2195					
批发和零售业	3942	1346		150	243	237	125
交通运输、仓储和邮政业	3703	1562		127	192	128175	
住宿和餐饮业	266	38					
信息传输、软件和信息技术服务业	1660	223			196	135	47
金融业	5255	1452	463	205	438	237	201
房地产业	550	244			30	39	
租赁和商务服务业	1448	370				173	75
科学研究和技术服务业	1061	284		57	150	194	2
水利、环境和公共设施管理业	4104	647	460	162	1225	260	261
居民服务、修理和其他服务业	422	141		19			10
教育	76499	8321	8049	6784	5011	3585	1764
卫生和社会工作	21872	4068	1421	2461	1689	1250	882
文化、体育和娱乐业	1745	770	79	13	105	75	94
公共管理、社会保障和社会组织	66556	14512	6366	5545	4597	4004	2986

3－5　续表

单位：人

行　　业	弋阳县	余干县	鄱阳县	万年县	婺源县	德兴市	经开区	三管委
总　　计	10375	20548	29706	11194	10193	11189	709	1010
农、林、牧、渔业	4	795			100	584		
采矿业	131			50				
制造业		6	48			669		
电力、热力、燃气及水的生产和供应业	247				78	132		
建筑业					29			
批发和零售业	36	1054	229	351	130	41		
交通运输、仓储和邮政业	356	218	88	144	245	440	28	
住宿和餐饮业		78				131		19
信息传输、软件和信息技术服务业	106	198	138	213	237	167		
金融业	255	415	760	185	321	323		
房地产业	1	5		88	93	58		
租赁和商务服务业	59	170		171	168	262		
科学研究和技术服务业	55	11	48	15	142	103		
水利、环境和公共设施管理业	284	201		133	23	70		378
居民服务、修理和其他服务业	15	12	233		81			
教育	4270	8923	18639	4636	2878	3023		152
卫生和社会工作	1323	2872	1871	1510	1728	1261		
文化、体育和娱乐业	41	214	96	81	103	99		
公共管理、社会保障和社会组织	3192	5376	7556	3617	3837	3826	681	461

3－6　城镇非私营国有单位在岗职工工资总额

（2015 年）　　　　单位：万元

行　　业	合　计	信州区	广丰区	上饶县	玉山县	铅山县	横峰县
总　　计	1083467	264699	99844	92211	69365	57202	33726
农、林、牧、渔业	6611			116	20	1096	48
采矿业	2798			216		751	1134
制造业	7574	1915					
电力、热力、燃气及水的生产和供应业	7674	2043	739		343	191	2038
建筑业	8184	8005					
批发和零售业	27600	14965		1102	1564	1112	490
交通运输、仓储和邮政业	20663	10360		804	586	503	899
住宿和餐饮业	960	122					
信息传输、软件和信息技术服务业	9781	1338			898	940	220
金融业	38690	11378	3871	1569	3660	1665	1464
房地产业	2571	1147			182	199	
租赁和商务服务业	6147	2452				554	180
科学研究和技术服务业	5545	1828		213	677	926	8
水利、环境和公共设施管理业	16197	4871	1263	387	3679	1477	505
居民服务、修理和其他服务业	1509	209		105			33
教育	429093	73142	49065	44088	26513	21283	9438
卫生和社会工作	124484	32867	9237	13149	8268	6096	4136
文化、体育和娱乐业	10969	6179	455	76	439	369	367
公共管理、社会保障和社会组织	356417	91879	35214	30388	22536	20040	12767

3－6　续表

单位：万元

行　　业	弋阳县	余干县	鄱阳县	万年县	婺源县	德兴市	经开区	三管委
总　　计	49219	86752	136309	59435	63140	63781	3817	3969
农、林、牧、渔业	17	2273			318	2724		
采矿业	410			288				
制造业		26	288			5346		
电力、热力、燃气及水的生产和供应业	949				532	838		
建筑业					179			
批发和零售业	420	3560	1065	2093	897	332		
交通运输、仓储和邮政业	1758	1017	446	741	1213	2229	108	
住宿和餐饮业		187				565		87
信息传输、软件和信息技术服务业	468	1031	930	1315	1592	1051		
金融业	1897	2856	4239	1587	2413	2090		
房地产业	4	28		477	360	174		
租赁和商务服务业	144	506		561	790	961		
科学研究和技术服务业	174	48	249	69	916	437		
水利、环境和公共设施管理业	669	867		631	197	273		1379
居民服务、修理和其他服务业	51	52	696		365			
教育	20852	38451	81734	24029	18991	18989		582
卫生和社会工作	5962	11467	8588	8499	11834	6319		
文化、体育和娱乐业	205	736	560	431	601	551		
公共管理、社会保障和社会组织	15240	23649	37515	18713	21942	20903	3709	1922

3-7 城镇非私营国有单位在岗职工年平均工资(含劳务)

(2015 年)　　　　单位:元

行　　业	合　计	信州区	广丰区	上饶县	玉山县	铅山县	横峰县
总　　计	53978	65464	58690	59185	49525	52556	43811
农、林、牧、渔业	36263			36125	39000	39132	37000
采矿业	23575			36000		31033	16058
制造业	40326	37139					
电力、热力、燃气及水的生产和供应业	50821	53910	38290		27902	29875	57073
建筑业	37371	37045					
批发和零售业	70996	110850		73467	64346	47298	39192
交通运输、仓储和邮政业	55234	65118		61831	30500	39289	51360
住宿和餐饮业	35691	32053					
信息传输、软件和信息技术服务业	59245	60004			45796	70662	46787
金融业	72902	79123	84526	76522	83566	69941	72841
房地产业	46552	48078			60800	51128	
租赁和商务服务业	41786	66278				31851	24000
科学研究和技术服务业	52357	64147		37368	45140	48229	39500
水利、环境和公共设施管理业	41617	75278	27463	23883	30036	56378	19356
居民服务、修理和其他服务业	42487	44014		55105			32500
教育	55654	87900	60973	64778	52910	59383	53501
卫生和社会工作	56311	80694	65368	54763	48951	49723	46893
文化、体育和娱乐业	63627	83422	56136	58077	41829	49160	39074
公共管理、社会保障和社会组织	53427	63483	55368	54803	49002	49951	42757

3-7 续表

单位:元

行　　业	弋阳县	余干县	鄱阳县	万年县	婺源县	德兴市	经开区	三管委
总　　计	47757	42197	45950	52896	62268	56892	54602	40500
农、林、牧、渔业	41750	28559			31790	45936		
采矿业	16058	31767			57560			
制造业		43000	55000			78496		
电力、热力、燃气及水的生产和供应业	38425		58614		68218	61647		
建筑业					61690			
批发和零售业	116750	33426	46524	59895	69023	80951		
交通运输、仓储和邮政业	49521	46670	50625	51486	48891	50203	38536	
住宿和餐饮业		23620				42818		43250
信息传输、软件和信息技术服务业	44113	52071	67391	61751	69502	62530		
金融业	74404	68651	55774	85805	75184	65514		
房地产业	38000	55000		54250	38710	30000		
租赁和商务服务业	24390	30452		32407	47311	36668		
科学研究和技术服务业	31618	43182	51813	46267	64507	42833		
水利、环境和公共设施管理业	24309	43129		47406	85565	40147		37259
居民服务、修理和其他服务业	33667	43000	29871		45049			
教育	49355	43092	43851	51831	66380	62961		38787
卫生和社会工作	45300	39927	45899	56281	69327	50034		
文化、体育和娱乐业	50098	34402	58333	53210	58379	55677		
公共管理、社会保障和社会组织	47819	43981	49649	51737	57320	54590	55273	43684

3－8 城镇非私营集体单位在岗职工年平均工资(含劳务)

(2015 年)　　　　单位:元

行　　业	合　计	信州区	广丰区	上饶县	玉山县	铅山县	横峰县
总　　计	53290	76240	51732	95650	40948	41844	94043
农、林、牧、渔业							
采矿业	39250				39250		
制造业	56392	71331					
电力、热力、燃气及水的生产和供应业							
建筑业	37298	83787	46733		41806		20000
批发和零售业	40305	95386					20000
交通运输、仓储和邮政业	88122	88122					
住宿和餐饮业							12667
信息传输、软件和信息技术服务业	62430	62430					
金融业	76941		92263	95650		41844	97371
房地产业	40903		40919				
租赁和商务服务业	61974	76018			36954		
科学研究和技术服务业							
水利、环境和公共设施管理业	38487						
居民服务、修理和其他服务业							
教育							
卫生和社会工作	76101	77573					
文化、体育和娱乐业							
公共管理、社会保障和社会组织							

3－8 续表

单位:元

行　　业	弋阳县	余干县	鄱阳县	万年县	婺源县	德兴市	三管委
总　　计	50031	38847	41183	40266	61589	76564	40444
农、林、牧、渔业							
采矿业							
制造业				40702		60520	
电力、热力、燃气及水的生产和供应业							
建筑业	28706	21604	37247	37578	26630		
批发和零售业	55563	42308		37400	11375	25634	
交通运输、仓储和邮政业							
住宿和餐饮业	31263						
信息传输、软件和信息技术服务业							
金融业	52248	60000	47066	60500	100716	108235	
房地产业	41083						
租赁和商务服务业					31068	43040	
科学研究和技术服务业							
水利、环境和公共设施管理业				38487			
居民服务、修理和其他服务业							
教育							
卫生和社会工作							40444
文化、体育和娱乐业							
公共管理、社会保障和社会组织							

3－9　城镇非私营其他单位在岗职工年平均工资(含劳务)

(2015年)　　　　单位:元

行　　业	合　计	信州区	广丰区	上饶县	玉山县	铅山县	横峰县
总　　计	47026	56195	46799	39396	42302	38979	35887
农、林、牧、渔业							
采矿业	58185	45571	65431	41810	31476	36749	
制造业	47386	44467	42653	35159	47738	36170	39286
电力、热力、燃气及水的生产和供应业	79195	66268	64701	84188	76423	68943	
建筑业	43179	50331	47117	29690	28912	34062	37074
批发和零售业	38081	45502	50924	38053	31450	38827	30617
交通运输、仓储和邮政业	40164	39971	52671	41195	40846	42364	31243
住宿和餐饮业	31406	34384	35919	30644	28991	32831	
信息传输、软件和信息技术服务业	95013	94146				35515	25333
金融业	67409	66718	69522		74099		
房地产业	45652	47860	77256	46883	43088	36492	43959
租赁和商务服务业	41580	52609	51800	36000	50831		15000
科学研究和技术服务业	45067	52992					33954
水利、环境和公共设施管理业	42171	32840		26500		38621	
居民服务、修理和其他服务业	41436	51763					29000
教育	40909	46420	49457	36460	35911	25641	26125
卫生和社会工作	57357	93039	39988	46118	44595		
文化、体育和娱乐业	46630	44500	59651	69286	38323	18200	
公共管理、社会保障和社会组织							

3－9续表

单位:元

行　　业	弋阳县	余干县	鄱阳县	万年县	婺源县	德兴市	经开区	三管委
总　　计	39468	43141	41552	52307	44855	46500	50853	38571
农、林、牧、渔业								
采矿业	45471			81238		70058		
制造业	42258	41160	42002	64447	44997	49290	51229	
电力、热力、燃气及水的生产和供应业	93547	104901	86818		90806	76960		
建筑业	27419		44691	32947	30718	34515		
批发和零售业	32125	22851	23351	33214	38883	34143	42248	
交通运输、仓储和邮政业	39870		32213	45502	48423	68069		43877
住宿和餐饮业	16059	27641	28797		26546	27156		37637
信息传输、软件和信息技术服务业						25000		
金融业								
房地产业	43797	30302	37774	41000	51246	42914	43461	
租赁和商务服务业			30813	43249	44795	43500		
科学研究和技术服务业								
水利、环境和公共设施管理业	44377		26217	84000	52725	32917	20688	
居民服务、修理和其他服务业	9000					46338		
教育		38729	39081	43943		45146		
卫生和社会工作		39607	40255					
文化、体育和娱乐业					27989	74932		
公共管理、社会保障和社会组织								

主要统计指标解释

从业人员 指从事一定社会劳动并取得劳动报酬或经济收入的全部劳动力。括(1)全部职工;(2)城镇私营企业从业人员;(3)城镇个体劳动者;(4)农村社会劳动者;(5)其他社会劳动者。

单位从业人员 是指在各级国家机关、政党机关、社会团体及企业、事业单位中工作,并取得劳动报酬的全部人员。包括职工、再就业的离退休人员、民办教师以及在各单位中工作的外方人员和港、澳、台方人员。

职工 指在国有经济、城镇集体经济、联营经济、股份制经济、外商和港澳、台投资经济、其他经济单位及其附属机构工作,并由其支付工资的各类人员。

在岗职工 指在本单位工作并由单位支付工资的人员,以及有工作岗位,但由于学习、病伤、产假等原因暂未工作,仍由单位支付工资的人员。

离开本单位仍保留劳动关系的职工指由于各种原因,已离开本人的生产或工作岗位,并已不在本单位从事其他工作,仍与用人单位保留劳动关系的职工。

国有经济单位职工 指在各级党政机关、人民团体及其所属国有经济企业、事业单位工作,并由其支付工资的各种人员。具体包括:固定职工、合同制职工、临时职工。

固定职工 指经国家劳动部门或组织部门正式分配、安排和批准招收为固定职工的人员。包括出勤的,因故未出勤的,编制内的,编制外的,在国外工作的,试用期间的以及临时借到其他单位的人员。

合同制职工 指各单位根据国务院国发(1986)77号文件和国务院令第99号的规定,通过签订有固定期限劳动合同、无固定期限劳动合同和以完成一项工作为期限劳动合同所使用的职工。包括实行全员劳动合同制单位的全部职工。

长期职工 指用工期限在一年以上(含一年)的职工。包括原固定职工、合同制职工、长期临时工以及国有单位使用的城镇单位的人员和其他使用期限在一年以上的原计划外用工。

临时职工 指在用工期限不超过一年的职工。包括各单位根据国家有关规定招用的,签订一年以内的劳动合同或使用期不超过一年的临时性、季节性用工。

城镇集体经济单位职工 指在城镇集体所有制企业、事业及其管理部门中工作,并由其支付工资的各种人员。包括固定职工、临时职工、季节工、轮换工等。

其他各种经济单位职工 指在国有与集体合营、国有与私人合营、集体与私人合营、中外合资、中外合作、华侨或港澳台工商业者经营、外资经营企业事业单位中工作,并由其支付工资的人员。国有与集体合营单位包括与乡村集体所有制单位合营,在统计职工人数时,包括参加劳动的乡村劳动力。中外合资、中外合作、华侨或港澳台工商业者经营和外资经营单位职工人数中不包括外籍职工和港澳职工。

工资总额 指国家在一定时期内实际支付给全部职工的劳动报酬。凡是各单位根据职工劳动的数量和质量支付给职工个人的劳动报酬及其他根据国家法令、政策规定支付的工资,不论是由工资科目开支的,还是工资科目以外的其它各项经费科目(如搬运费、材料费、加工费、职工福利基金、企业基金、企业利润留成与附属机构的业务收入等)开支的。也不论是货币形式或实物形式支付的,均包括在工资总额内。

中层及以上管理人员 指在单位及其职能部门中担任领导并具有决策、管理权的人员。包括单位主要负责人或高级管理人员(包含同级别及副职)、单位内的一级部门或内设机构的负责人(包含同级别及副职),特大型单位可以包括一级部门内设的管理机构的负责人(包含副职)。

具体包括中国共产党中央委员会和地方各级组织负责人、国家机关及其工作机构负责人、民主党派和社会团体及其工作机构负责人、事业单位负责人、企业负责人。

专业技术人员 指专门从事各种科学研究和专业技术工作的人员。从事本类职业工作的人员,一般都要求接受过系统的专业教育,具体相应的专业理论知识,并且按规定的标准条件评聘专业技术职务,以及未聘任专业技术职务,但在专业技术岗位上工作的人员。

具体包括科学研究人员、工程技术人员、农业技术人员、飞机和船舶技术人员、卫生专业技术人员、经济业务人员、金融业务人员、法律专业人员、教学人员、文学艺术工作人员、体育工作人员、新闻出版、文化工作人员、宗教职业者、其他专业技术人员。

办事人员和有关人员 指在国家机关、党群组织、企业、事业单位中从事行政业务、行政事务工作的人员和从事安全保卫、消防、邮电等业务的人员。

具体包括行政办公人员、安全保卫和消防人员、邮政和电信业务人员、其他办事人员和有关人员。

商业、服务业人员 指从事商业、餐饮、旅游、娱乐、运输、医疗辅助服务及社会和居民生活等服务工作的人员。

具体包括购销人员、仓储人员、餐饮服务人员、饭店、旅游及健身娱乐场所服务人员、运输服务人员、医疗卫生辅助服务人员、社会服务和居民生活服务人员、其他商业、服务业人员。

生产、运输设备操作人员及有关人员 生产、运输设备操作人员及有关人员指从事矿产勘查、开采，产品的生产制造、工程施工和运输设备操作的人员及有关人员。

具体包括勘测及矿物开采人员，金属冶炼、轧制人员，化工产品生产人员，机构制造加工人员，机电产品装配人员，机械设备修理人员，电力设备安装、运行、检修及供电人员，电子元器件与设备制造、装配、调试及维修人员，橡胶和塑料制品生产人员，纺织、针织、印染人员，裁剪、缝纫和皮革、毛皮制品加工制作人员，粮油、食品、饮料生产加工及饲料生产加工人员，烟草及其制品加工人员，药品生产人员，木材加工、人造板生产、木制品制作及制浆、造纸和纸制品生产加工人员，建筑材料生产加工人员，玻璃、陶瓷、搪瓷及其制品生产加工人员，广播影视制品制作、播放及文物保护作业人员，印刷人员、工艺、美术品制作人员，文化教育、体育用品制作人员，工程施工人员，运输设备操作人员及有关人员，环境监测与废物处理人员，检验、计量人员，其他生产、运输设备操作人员及有关人员。

劳务外包人员 企业根据自身在生产过程的实际情况，把非核心的、辅助性的、季节性强的、不定期生产的生产环节或是生产线外包出来，由专业公司负责组织人员按计划和指标进行生产，这样的人员称为劳务外包人员。

劳务派遣人员 根据《中华人民共和国合同法》规定，指与劳务派遣单位签订劳动合同，并被劳务派遣单位遣到实际用工单位工作，且劳务派遣单位与实际用工单位签订《劳务派遣协议》的人员。

四、固定资产投资

简要说明

●本篇资料反映我市固定资产投资情况。

●本篇资料除农村个人投资根据市农村经济抽样调查队资料推算外，其他统计资料均来自统计局固定资产投资全面统计报表。

●全社会固定资产投资统计范围为，凡是在报告期内进行固定资产投资活动的单位和城乡居民都应该纳入统计，镇集体投资，联营经济、股份制经济、外商投资经济、港澳台投资经济及其他经济类型的投资，农村集体投资，城镇工矿区私人建房投资，农村个人生产性固定资产和建房投资。

●固定资产投资统计范围为计划投资500万元及以上在建项目固定资产投资和房地产开发投资。

内容提要

●2015年，全社会固定资产投资15893713万元，比上年增长15.9%。

本篇资料整理、校对

顾朝晖、章　晟

4－1　全社会固定资产投资及构成情况

单位:万元

指　　标	2011 年	2012 年	2013 年	2014 年	2015 年
全社会固定资产投资额	8351384	10007215	11899970	13707556	15893713
固定资产投资	8294856	9875066	11646829	13433252	15602263
农村农户投资(推算):	56528	132149	253141	274304	291450
农户新(建)购住房价值	44528	75675	221498	229115	241057
农户购置生产性固定资产支出	12000	56474	31643	45189	50393

4-2 固定资产投资完成情况

单位:万元、%

指标名称	2014 年	2015 年	增速
本年完成投资	13433252	15602263	16.1
其中:工业	7381674	8894156	20.5
其中:住宅	1080216	971524	-10.1
1、按登记注册类型分			
内资企业	13395930	15345282	14.6
国有企业	2639268	2546413	-3.5
集体企业	228989	174442	-23.8
股份合作企业	26768	5631	-79.0
联营企业	73471	94517	28.6
有限责任公司	2339346	2987037	27.7
股份有限公司	884556	1233295	39.4
私营企业	6206203	7568776	22.0
其他企业	997329	735171	-26.3
港、澳、台商投资企业	27047	212511	685.7
外商投资企业	1275	10860	751.8
个体经营	9000	33610	273.4
2、按建设性质分			
其中:新建	9466975	11619749	22.7
扩建	1502754	1430710	-4.8
改建和技术改造	2078247	2080636	0.1
3、按投资构成分			
建筑工程	7343969	8880229	20.9
安装工程	1519633	2061261	35.6
设备工器具购置	2509030	2792480	11.3
其他费用	2060620	1868293	-9.3
4、按产业分			
第一产业	423925	411673	-2.9
第二产业	7648154	9284858	21.4
第三产业	5361173	5905732	10.2
本年资金来源合计	14950568	16944981	13.3
1、上年末结余资金	1129335	1304281	15.5
2、本年资金来源小计	13821233	15640700	13.2
(1)国家预算内资金	231353	356887	54.3
(2)国内贷款	1079450	1357919	25.8
(3)利用外资	34994	20268	-42.1
(4)自筹资金	9997861	11203548	12.1
(5)其他资金来源	2476731	2683382	8.3
本年新增固定资产	6987541	9165970	31.2
本年施工房屋面积	20980306	22482106	7.2
其中:住宅	8604757	8671230	0.8
本年竣工房屋面积	4202264	4007736	-4.6
其中:住宅	1651291	1670250	1.1

4－3 按行业分固定资产投资完成情况

单位：万元、%

指标名称	2014年	2015年	增速
一、计划投资			
1、计划总投资	26643789	31931527	19.8
2、自开始建设至本年底累计完成投资	20018454	24767886	23.7
二、本年完成投资	13433252	15602263	16.1
其中：国有经济控股	2816521	3047202	8.2
其中：住宅	1080216	1075489	－0.4
其中：本月完成投资	224093	1149825	413.1
1、按登记注册类型分			
内资企业	13395930	15345282	14.6
国有企业	2639268	2546413	－3.5
集体企业	228989	174442	－23.8
股份合作企业	26768	5631	－79.0
联营企业	73471	94517	28.6
国有联营企业	17365	34116	96.5
集体联营企业	51006	60401	18.4
国有与集体联营企业	4200		－100.0
其他联营企业	900		－100.0
有限责任公司	2339346	2987037	27.7
国有独资公司	14220	10383	100.0
其他有限责任公司	2325126	2976654	28.0
股份有限公司	884556	1233295	39.4
私营企业	6206203	7568776	22.0
其他企业	997329	735171	－26.3
港、澳、台商投资企业	27047	212511	685.7
外商投资企业	1275	10860	751.8
个体经营	9000	33610	273.4
2、按建设性质分			
其中：新建	9466975	11619749	22.7
扩建	1502754	1430710	－4.8
改建和技术改造	2078247	2080636	0.1
3、按投资构成分			
建筑工程	7343969	8880229	20.9
安装工程	1519633	2061261	35.6
设备工器具购置	2509030	2792480	11.3
其中：用于更新的设备	547198	455203	－16.8
其他费用	2060620	1868293	－9.3
4、按国民经济行业分			
(一)农、林、牧、渔业	446942	455822	2.0
农业	256800	264884	3.1
林业	33348	42266	26.7
畜牧业	74541	76297	2.4
渔业	59236	28226	－52.3

4-3 续表 1

单位:万元、%

指标名称	2014 年	2015 年	增速
农、林、牧、渔服务业	23017	44149	91.8
(二)采矿业	362727	392987	8.3
煤炭开采和洗选业	89684	62400	-30.4
有色金属矿采选业	128267	170683	33.1
非金属矿采选业	114794	127324	10.9
开采辅助活动	3900		-100.0
其他开采业	26082	6000	-77.0
(三)制造业	6781375	8071434	19.0
农副食品加工业	283937	339741	19.7
食品制造业	50351	158319	214.4
酒、饮料和精制茶制造业	89637	118811	32.5
烟草制品业		9625	
纺织业	137247	341532	148.8
纺织服装、服饰业	262248	355771	35.7
皮革、毛皮、羽毛及其制品和制鞋业	86190	215019	149.5
木材加工及木、竹、藤、棕、草制品业	139994	131859	-5.8
家具制造业	311697	248544	-20.3
造纸和纸制品业	188750	126248	-33.1
印刷业和记录媒介的复制	25174	88251	250.6
文教、美工、体育和娱乐用品制造业	154827	239043	54.4
石油加工、炼焦和核燃料加工业	22000	169	-99.2
化学原料和化学制品制造业	482355	400232	-17.0
医药制造业	501375	482418	-3.8
化学纤维制造业	42695	104595	145.0
橡胶和塑料制品业	253266	225103	-11.1
非金属矿制品业	415361	598273	44.0
黑色金属冶炼和压延加工业	169695	82280	-51.5
有色金属冶炼和压延加工业	579642	583461	0.7
金属制品业	277876	328025	18.0
通用设备制造业	308934	845334	173.6
专用设备制造业	216643	350795	61.9
汽车制造业	358165	230479	-35.7
铁路、船舶、航空航天和其他运输设备制造业	114791	92968	-19.0
电气机械及器材制造业	534550	795125	48.7
计算机、通信和其他电子设备制造业	500926	299280	-40.3
仪器仪表制皂业	84800	81565	-3.8
其他制造业	127339	113156	-11.1
废弃资源综合利用业	59943	79719	33.0
金属制品、机械和设备修理业	967	5694	488.8
(四)电力、热力、燃气及水生产和供应业	237572	429735	80.9

4-3 续表2

单位:万元、%

指标名称	2014 年	2015 年	增速
电力、热力的生产和供应业	118511	248245	109.5
燃气生产和供应业	17099	10493	-38.6
水的生产和供应业	101962	170997	67.7
(五)建筑业	271347	422976	55.9
房屋建筑业	189363	202909	7.2
土木工程建筑业	79232	134644	69.9
建筑安装业	1685	7280	332.0
建筑装饰和其他建筑业	1067	78143	7223.6
(六)批发和零售业	331738	852800	157.1
批发业	148877	250532	68.3
零售业	182861	602268	229.4
(七)交通运输、仓储和邮政业	414598	422224	1.8
道路运输业	362997	314246	-13.4
装卸搬运和运输代理业	7200	65055	803.5
仓储业	18477	25950	40.4
(八)住宿和餐饮业	201692	256592	27.2
住宿业	169827	239422	41.0
餐饮业	31865	17170	-46.1
(九)信息传输、软件和信息技术服务业	17853	67913	280.4
电信、广播电视和卫星传输服务	3550	29155	721.3
互联网和相关服务	2403	26758	1013.5
软件和信息技术服务业	11900	12000	0.8
(十)金融业	1527	2148	40.7
货币金融服务	227	148	-34.8
(十一)房地产业	1661471	1745267	5.0
房地产开发投资	1254844		-100.0
房地产业	406627		-100.0
(十二)租赁和商务服务业	179905	197703	9.9
商务服务业	163705	125321	-23.4
(十三)科学研究和技术服务业	6100	5730	-6.1
研究和试验发展		730	
专业技术服务业	5400		-100.0
(十四)水利、环境和公共设施管理业	1842594	1560002	-15.3
水利管理业	50873	66996	31.7
生态保护和环境治理业	43933	27173	-38.1
公共设施管理业	1747788	1465833	-16.1
(十五)居民服务、修理和其他服务业	10808	9900	-8.4
居民服务业	1408	500	-64.5
机动车、电子产品和日用产品修理业	9100	3500	-61.5

4－3 续表3

单位:万元、%

指标名称	2014年	2015年	增速
(十六)教育	93247	121268	30.1
教育	93247	121268	30.1
(十七)卫生和社会工作	78115	152312	95.0
卫生	64924	121727	87.5
社会工作	13191	30585	131.9
(十八)文化、体育和娱乐业	324612	231961	－28.5
文化艺术业	9100	117344	1189.5
体育	195063	27149	－86.1
娱乐业	53007	71394	34.7
(十九)公共管理、社会保障和社会组织	169029	203489	20.4
国家机构	163079		－100.0
群众团体、社会团体和其他成员组织	1450		－100.0
基层群众自治组织	4500		－100.0
三、本年新增固定资产	6987541	9165970	31.2
四、项目个数			
(1)施工项目个数	1704	1828	7.3
其中:本年新开工	1095	1175	7.3
(2)本年投产项目个数	1168	1361	16.5
五、房屋建筑面积			
(1)本年施工房屋面积	20980306	22482106	7.2
其中:住宅	8604757	8671230	0.8
(2)本年竣工房屋面积	4202264	4007736	－4.6
其中:住宅	1651291	1670250	1.1
六、用地面积			
本年实际征用和购置土地面积	611180		－100.0
本年实际征用和购置土地成交价款	144689		－100.0
七、本年资金来源及应付款			
(一)本年资金来源合计	14950568	16944981	13.3
1、上年末结余资金	1129335	1304281	15.5
2、本年资金来源小计	13828891	15640700	13.1
(1)国家预算资金	231653	356887	54.1
(2)国内贷款	1079450	1357919	25.8
(3)利用外资	34994	20268	－42.1
其中:外商直接投资	6000		－100.0
(4)自筹资金	10005219	11203548	12.0
其中:企、事业单位自有资金	1156584	1228549	6.2
(5)其他资金来源	2476731	2683382	8.3
(二)各项应付款	1034852	1145840	10.7
其中:工程款	429221	605914	41.2

4－4 按行业登记注册类型

指标名称	本年合计	内资企业		
			国有企业	集体企业
本年完成投资	15602263	15345282	2546413	174442
(一)农、林、牧、渔业	455822	455822	33431	1550
农业	264884	264884	6863	
林业	42266	42266	24568	
畜牧业	76297	76297		
渔业	28226	28226		
农、林、牧、渔服务业	44149	44149	2000	1550
(二)采矿业	392987	392987	135643	
煤炭开采和洗选业	62400	62400		
有色金属矿采选业	170683	170683	135343	
非金属矿采选业	127324	127324	300	
开采辅助活动	26580	26580		
其他开采业	6000	6000		
(三)制造业	8071434	7867313	76143	7487
农副食品加工业	339741	339741		100
食品制造业	158319	152419		
酒、饮料和精制茶制造业	118811	118711		4100
纺织业	341532	341532	26000	
纺织服装、服饰业	355771	355771		
皮革、毛皮、羽毛及其制品和制鞋业	215019	210539		
木材加工及木、竹、藤、棕、草制品业	131859	131859		
家具制造业	248544	248544	8570	
造纸和纸制品业	126248	123004		
印刷业和记录媒介的复制	88251	57081		
文教、美工、体育和娱乐用品制造业	239043	236978		
石油加工、炼焦和核燃料加工业	169	169		
化学原料和化学制品制造业	400232	400232		
医药制造业	482418	482418		
化学纤维制造业	104595	104595		
橡胶和塑料制品业	225103	225103		
非金属矿制品业	598273	598273		330
黑色金属冶炼和压延加工业	82280	79158		
有色金属冶炼和压延加工业	583461	583461		

固定资产投资完成情况

单位:万元

股份合作企业	联营企业	有限责任公司	股份有限公司	私营企业	其他企业	港、澳、台商投资企业	外商投资企业	个体经营
5631	94517	2987037	1233295	7568776	735171	212511	10860	33610
	4350	49131	37179	259749	70432			
		2221	14279	207116	34405			
		1910	9390	1400	4998			
		32900	13510	16790	13097			
	2150	2600		15487	7989			
	2200	9500		18956	9943			
		31600	6500	183724	35520			
		8900		32200	21300			
		9000		26340				
		4200	6500	108104	8220			
		9500		17080				
					6000			
1771	10834	1830394	261600	5467706	211378	193161	10860	100
		161585		178056				
		23464		128955		5900		
	5200	58877	12500	38034				100
		60076	34400	221056				
		59640	1283	294848				
		138494		72045		4480		
		29968	3100	94791	4000			
		12122	4425	223427				
1771		16500	18559	86174		3244		
	3546	8900	8000	36635		31170		
		61382		175596		2065		
				169				
		116548	3000	269678	11006			
		37150	12700	355768	76800			
		85629		18966				
		64632	10000	144471	6000			
		141150	4011	412227	40555			
		26462		52696		3122		
		101323	11100	471038				

4-4 续表1

指标名称	本年合计	内资企业		
			国有企业	集体企业
金属制品业	328025	328025	22000	
通用设备制造业	845334	841054	8000	
专用设备制造业	350795	350795		
汽车制造业	230479	230479		
铁路、船舶、航空航天和其他运输设备制造业	92968	92968		
电气机械及器材制造业	795125	656225	5573	
计算机、通信和其他电子设备制造业	299280	288420		
仪器仪表制造业	81565	81565	6000	
其他制造业	113156	113156		
废弃资源综合利用业	79719	79719		2957
金属制品、机械和设备修理业	5694	5694		
(四)电力、热力、燃气及水生产和供应业	429735	422785	177540	9300
电力、热力的生产和供应业	248245	248245	87219	800
燃气生产和供应业	10493	3543	3543	
水的生产和供应业	170997	170997	86778	8500
(五)建筑业	413046	410046	56111	3420
房屋建筑业	198862	198862	18332	
土木工程建筑业	128761	125761	36829	3420
建筑安装业	7280	7280		
建筑装饰和其他建筑业	78143	78143	950	
(六)批发和零售业	852800	851900	112285	
批发业	250532	250532	15005	
零售业	602268	601368	97280	
(七)交通运输、仓储和邮政业	422224	422224	272368	4400
道路运输业	314246	314246	255395	4400
装卸搬运和运输代理业	65055	65055		
仓储业	25950	25950		
(八)住宿和餐饮业	256592	240392	100	8000
住宿业	239422	223222	100	8000
餐饮业	17170	17170		
(九)信息传输、软件和信息技术服务业	67913	67913	29155	
电信、广播电视和卫星传输服务	29155	29155	29155	

单位:万元

股份合作企业	联营企业	有限责任公司	股份有限公司	私营企业	其他企业	港、澳、台商投资企业	外商投资企业	个体经营
		84703	20303	201019				
		151871	44064	634119	3000	4280		
		162497	800	173181	14317			
		18404	10900	201175				
				92968				
		125908		482744	42000	138900		
		15249	32500	240671			10860	
		4740	9965	60860				
	2088	23650	9990	63728	13700			
		39470	10000	27292				
				5694				
		45662	15400	115900	58983	6950		
		38720	3700	89046	28760			
						6950		
		6942	11700	26854	30223			
3860	21609	68591	22050	205189	29216	3000		
	4890	32031	18810	124799				
	4342	36560	3240	35065	6305	3000		
					7280			
3860	12377			45325	15631			
	1050	189775	424090	105890	18810			900
		140702	41090	51491	2244			
	1050	49073	383000	54399	16566			900
	7000	22500	29150	71673	15133			
		22500		16818	15133			
			10200	54855				
	7000		18950					
		57760	114330	47874	12328	9400		6800
		57760	104630	42004	10728	9400		6800
			9700	5870	1600			
		14560	19552	4646				

4-4 续表2

指标名称	本年合计	内资企业	国有企业	集体企业
互联网和相关服务	26758	26758		
软件和信息技术服务业	12000	12000		
(十)金融业	2148	2148		148
货币金融服务	148	148		148
(十一)房地产业	1745267	1721957	182679	50721
房地产开发投资	1293855	1293855	4265	0
房地产业	451412	428102	178414	50721
(十二)租赁和商务服务业	197703	197703	8516	
商务服务业	125321	125321	7134	
(十三)科学研究和技术服务业	5730	5730		
研究和试验发展	730	730		
(十四)水利、环境和公共设施管理业	1569932	1567932	1127295	81880
水利管理业	66996	66996	65696	1300
生态保护和环境治理业	27173	27173	27173	
公共设施管理业	1475763	1473763	1034426	80580
(十五)居民服务、修理和其他服务业	9900	9400		
居民服务业	500			
机动车、电子产品和日用产品修理业	3500	3500		
(十六)教育	121268	121268	86578	1640
(十七)卫生和社会工作	152312	152312	54460	996
卫生	121727	121727	38866	996
社会工作	30585	30585	15594	
(十八)文化、体育和娱乐业	231961	231961	74351	
广播、电视、电影和影视录音制作业	16074	16074	8074	
文化艺术业	117344	117344	39128	
体育	27149	27149	27149	
娱乐业	71394	71394		
(十九)公共管理、社会保障和社会组织	203489	203489	119758	4900
国家机构	190245	190245	111414	
群众团体、社会团体和其他成员组织	8244	8244	3844	4400
基层群众自治组织	5000	5000	4500	500

单位:万元

股份合作企业	联营企业	有限责任公司	股份有限公司	私营企业	其他企业	港、澳、台商投资企业	外商投资企业	个体经营
		3560	18552	4646				
		11000	1000					
			2000					
	7631	577800	118151	658166	126809			23310
		566180	107338	616072				
	7631	11620	10813	42094	126809			23310
	27500	14430	11500	135757				
	27500	14430	11500	64757				
				5730				
				730				
	14543	29000	144793	144203	26218			2000
	14543	29000	144793	144203	26218			2000
				9400				500
								500
				3500				
		27610	3850	1490	100			
			4900	54687	37269			
			4900	39696	37269			
				14991				
		28224		90992	38394			
				5000	3000			
		28224		49992				
				36000	35394			
			18250	6000	54581			
			18250	6000	54581			

4-5 分县500万以上固定资产投资完成情况

单位:万元、%

县　市	2014年	2015年	增速
上　饶　市	13433252	15602263	16.1
信　州　区	1234287	1401768	13.6
广　丰　区	1750218	2085538	19.2
上　饶　县	1705059	2100828	23.2
玉　山　县	1251393	1465622	17.1
铅　山　县	999165	1177416	17.8
横　峰　县	634224	565170	-10.9
弋　阳　县	737146	863717	17.2
余　干　县	1036307	1238693	19.5
鄱　阳　县	1291898	1417774	9.7
万　年　县	913955	1070996	17.2
婺　源　县	779636	894882	14.8
德　兴　市	1099964	1319859	20.0

4-6 分县工业固定资产投资完成情况

单位:万元、%

县　市	2014 年	2015 年	增速
上　饶　市	7381674	8894156	20.5
信　州　区	115817	283797	145.0
广　丰　区	920133	1091060	18.6
上　饶　县	1295783	1550630	19.7
玉　山　县	608665	780221	28.2
铅　山　县	714638	838335	17.3
横　峰　县	408690	365460	-10.6
弋　阳　县	585240	711680	21.6
余　干　县	376880	533906	41.7
鄱　阳　县	823899	951508	15.5
万　年　县	764831	798667	4.4
婺　源　县	270721	292915	8.2
德　兴　市	496377	695977	40.2

4－7 分县分行业登记注册

县市	本年合计	内资企业		
			国有企业	集体企业
上饶市	15602263	15345282	2546413	174442
信州区	1401768	1398768	355835	12750
广丰区	2085538	2020417	239361	8017
上饶县	2010828	1961928	172423	
玉山县	1465622	1465622	366054	26160
铅山县	1177416	1177416	118290	
横峰县	565170	565170	65700	148
弋阳县	863717	863717	75707	
余干县	1238693	1238693	289100	
鄱阳县	1417774	1417774	183303	
万年县	1070996	1064046	115700	4200
婺源县	894882	851872	132244	18600
德兴市	1319859	1319859	432696	104567

类型固定资产投资完成情况

单位:万元

股份合作企业	联营企业	有限责任公司	股份有限公司	私营企业	其他企业	港、澳、台商投资企业	外商投资企业	个体经营
5631	94517	2987037	1233295	7568776	735171	212511	10860	33610
	7000	218857	536602	206007	61717	3000		
5631	29494	190812	33555	1465976	47571	54261	10860	
		195135	177915	1406955	9500	138900		
		124070		949338				
		176054	16600	697472	169000			
		7696	14050	477576				
		287470	3040	475570	21930			
		28978	74201	618376	228038			
		1131261		102961	249			
		127301	3700	813145		6950		
	58023	331355	71522	177028	63100	9400		33610
		168048	302110	178372	134066			

4－8　房地开发企业房屋

（2015

指标名称	合计	去年同期	增幅（%）	住宅
房屋施工面积	10726284	9281903	15.6	8016323
其中:本年新开工面积	3036518	3020435	0.5	2244499
本年房屋竣工面积	1583569	1798683	－12	1319009
其中:不可销售面积	47324	11414	314.6	41041
本年住宅竣工套数				10324
本年房屋竣工价值	400910	398961	0.5	315144
房屋出租面积	4875	9330	－47.7	
本年商品房销售面积	2789180	2581162	8.1	2491811
其中:本月销售面积	555354	641705	－13.5	490528
现房销售面积	769074	750312	2.5	699226
期房销售面积	2020106	1830850	10.3	1792585
本年商品房销售额	1369136	1289463	6.2	1127215
其中:本月销售额	247244	258540	－4.4	190654
现房销售额	362188	442382	－18.1	312031
期房销售额	1006948	847081	18.9	815184
本年商品住宅销售套数				21601
现房销售套数				6093
期房销售套数				15508
待售面积	1601799	1488060	7.6	1218270
其中:待售1－3年面积	833709	703621	18.5	608946
其中:待售3年以上面积	114107	38560	195.9	73776

施工、销售和空置情况

年）

单位：平方米、万元

去年同期	增幅（%）	90平米及以下住房	去年同期	增幅（%）	144平米及以上住房	去年同期	增幅（%）
7711907	3.9	1255064	867887	44.6	920170	970491	-5.2
2470457	-9.1	342889	330596	3.7	202236	143972	40.5
1482396	-11	137330	149614	-8.2	132276	273179	-51.6
11493	-10.2	1816	1871	-2.9	699	1356	-48.5
308279	2.2	33368	37828	-11.8	47278	62970	-24.9
9330	-100						
2383942	4.5	405862	183392	121.3	208185	318318	-34.6
566744	-13.4	63716	21226	200.2	8925	86485	-89.7
657081	6.4	116097	80183	44.8	55016	131233	-58.1
1726861	3.8	289765	103209	180.8	153169	187085	-18.1
1166783	-3.4	167936	78068	115.1	132185	131006	0.9
211645	-9.9	19580	7538	159.8	6152	27752	-77.8
383922	-18.7	48552	31140	55.9	33305	53133	-37.3
782861	4.1	119384	46928	154.4	98880	77873	27
19411	11.3	4819	2221	117	1103	1671	-34
5424	12.3	1360	974	39.6	268	842	-68.2
13987	10.9	3459	1247	177.4	835	829	0.7
1188678	2.5	75718	102743	-26.3	141790	189192	-25.1
545535	11.6	43999	55030	-20	56974	109405	-47.9
27115	172.1	2681	4302	-37.7	21954	9727	125.7

4－8 续表

指标名称	别墅、高档公寓	去年同期	增幅（%）	办公楼
房屋施工面积	347719	398807	－12.8	198860
其中:本年新开工面积	30748	106094	－71	14891
本年房屋竣工面积	48693	45213	7.7	8212
其中:不可销售面积				244
本年住宅竣工套数	234	175	33.7	
本年房屋竣工价值	25856	11510	124.6	1754
房屋出租面积				4875
本年商品房销售面积	32845	52046	－36.9	30615
其中:本月销售面积	9896	15513	－36.2	3231
现房销售面积	24058	10440	130.4	
期房销售面积	8787	41606	－78.9	30615
本年商品房销售额	22238	25485	－12.7	20966
其中:本月销售额	2780	5532	－49.7	2194
现房销售额	14619	2919	400.8	
期房销售额	7619	22566	－66.2	20966
本年商品住宅销售套数	141	215	－34.4	
现房销售套数	120	47	155.3	
期房销售套数	21	168	－87.5	
待售面积	113927	95337	19.5	643
其中:待售1－3年面积	51516	28759	79.1	102
其中:待售3年以上面积	16621	8561	94.1	

去年同期	增幅（%）	商业营业用房	去年同期	增幅（%）	其他房屋	去年同期	增幅（%）
30948	542.6	1709543	946477	80.6	801558	592571	35.3
3512	324	460421	313748	46.7	316707	232718	36.1
3518	133.4	202677	223591	-9.4	53671	89178	-39.8
1278	-80.9		600	-100	6039	9536	-36.7
822	113.4	67680	69661	-2.8	16332	20199	-19.1
5381	468.9	182363	150960	20.8	84391	40879	106.4
803	302.4	43877	57289	-23.4	17718	16869	5
541	-100	39203	79344	-50.6	30645	13346	129.6
4840	532.5	143160	71616	99.9	53746	27533	95.2
3905	436.9	190934	103507	84.5	30021	15268	96.6
305	619.3	49325	38636	27.7	5071	7954	-36.2
206	-100	39912	51648	-22.7	10245	6606	55.1
3699	466.8	151022	51859	191.2	19776	8662	128.3
643		324218	248644	30.4	58668	50095	17.1
102		201634	145421	38.7	23027	12563	83.3
		25613	9154	179.8	14718	2291	542.4

4－9 房地产企业财务状况

（2015 年）　　　　单位:万元

指标名称	总　计（按经济注册类型分）	国有企业	集体企业	股份有限公　司	私营及个体投资	港澳台商投资企业
计划总投资	7554841	33313	10800	541141	2536995	
自开始建设累计完成投资	4648968	27641	12873	316519	1932347	
本年完成投资	1293855	4265		106498	429600	
其中:本月完成	197079			10075	57326	
按构成分:建筑工程	897285	3121		66779	322930	
按构成分:安装工程	126357	750		1889	44869	
按构成分:设备工器具购置	13359			1370	3832	
按构成分:其他费用	256854	394		36460	57969	
其中:旧建筑物购置费	3540			2767	753	
其中:土地购置费	205163			32456	37689	
按工程用途分:商品住宅	971524	4194		66602	326213	
其中:90 平方米及以下	213342			6540	54989	
其中:90－144 平方米	662917	2640		54712	222228	
其中:144 平方米及以上	95265	1554		5350	48996	
其中:别墅、高档公寓	28517	1559		1608	17802	
按工程用途分:办公楼	27243			1262	4534	
按工程用途分:商业营业用房	172956	56		10326	48047	
按工程用途分:其他	122132	15		28308	50806	
本年新增固定资产	531402	19035		45652	244677	
一、本年实际到位资金合计	2047117	8365	215	92785	622075	
1.上年末结余资金	473043	167		14991	122611	
2.本年实际到位资金小计	1574074	8198	215	77794	499464	
(1)国内贷款	134823			18220	40139	
银行贷款	119273			15624	36685	
非银行金融机构贷款	15550			2596	3454	
(2)利用外资						
(3)自筹资金	666852	1000		30786	206335	
其中:自有资金	287972			10599	117303	
其中:股东投入资金	153273			5410	26828	
其中:借入资金	67906			5888	15747	
(4)其他资金来源	772399	7198	215	28788	252990	
其中:定金及预收款	363280	2655	60	15233	119505	
其中:个人按揭贷款	368779	4543	155	10657	126261	
二、本年各项应付款合计	324672	1519		66605	103859	
其中:工程款	248268	1468		47011	83621	
待开发土地面积	859293			184207	131009	40000
本年土地购置面积	587512			72503	214511	
本年土地成交价款	195139			16456	50480	
其中:拆迁补偿费	509			399	107	
土地使用权出让金	140085			2467	36886	
契税	4772			512	994	

4-10 房地产开发企业投资、资金和土地情况

(2015年) 单位:万元

指标名称	总计 (按隶属关系分)	上年同期	增幅 (%)
计划总投资	7554841	5862416	28.9
自开始建设累计完成投资	4648968	3860433	20.4
本年完成投资	1293855	1254844	3.1
其中:本月完成	197079	224093	-12.1
按构成分:建筑工程	897285	936473	-4.2
按构成分:安装工程	126357	94041	34.4
按构成分:设备工器具购置	13359	28199	-52.6
按构成分:其他费用	256854	196131	31
其中:旧建筑物购置费	3540	8428	-58
其中:土地购置费	205163	141225	45.3
按工程用途分:商品住宅	971524	965539	0.6
其中:90平方米及以下	213342	115677	84.4
其中:90-144平方米	662917		
其中:144平方米及以上	95265	90561	5.2
其中:别墅、高档公寓	28517	45761	-37.7
按工程用途分:办公楼	27243	4889	457.2
按工程用途分:商业营业用房	172956	151867	13.9
按工程用途分:其他	122132	132549	-7.9
本年新增固定资产	531402	476723	11.5
一、本年实际到位资金合计	1482112	1982184	-25.2
1.上年末结余资金	333013	451528	-26.2
2.本年实际到位资金小计	1149099	1530656	-24.9
(1)国内贷款	119769	212049	-43.5
其中:银行贷款	104219	191348	-45.5
其中:非银行金融机构贷款	15550	20701	-24.9
(2)利用外资			
(3)自筹资金	452588	574656	-21.2
其中:自有资金	223392	255987	-12.7
其中:股东投入资金	56464	119711	-52.8
其中:借入资金	47603	82995	-42.6
(4)其他资金来源	576742	743951	-22.5
其中:定金及预收款	254066	379834	-33.1
其中:个人按揭贷款	282336	329399	-14.3
二、本年各项应付款合计	288095	325966	-11.6
其中:工程款	223170	217707	2.5
待开发土地面积	730295	653963	11.7
本年土地购置面积	328749	611180	-46.2
本年土地成交价款	93936	144689	-35.1
其中:拆迁补偿费	506	1768	-71.4
其中:土地使用权出让金	39353	89529	-56
契税	1506	2310	-34.8

4－11　分县(市、区)房地产开发投资

（2015 年）　　单位:万元

县　市	本年完成投　资	去年同期完成投资	增　长（%）
上饶市	1293855	1254844	3.1
信州区	152793	293233	－47.9
广丰区	149372	109331	36.6
上饶县	226636	108456	109.0
玉山县	147714	124166	19.0
铅山县	53036	37497	41.4
横峰县	31929	36271	－12.0
弋阳县	39850	38886	2.5
余干县	128557	136678	－5.9
鄱阳县	171977	171804	0.1
万年县	66165	46842	41.3
婺源县	69723	95418	－26.9
德兴市	56103	56262	－0.3

主 要 统 计 指 标 解 释

全社会固定资产投资　以货币表现的在一定时期内全社会建造和购置固定资产活动的工作量以及与此有关的费用的总称，包括建设项目固定资产投资、房地产开发投资、农村农户固定资产投资。该指标是反映固定资产投资规模、结构和发展速度的综合性指标。全社会固定资产投资按登记注册类型可分为国有、集体、个体、联营、股份制、外商、港澳台商、其他等。

农村投资　包括在农村区域范围内进行固定资产投资活动的企业、事业、行政单位及农村个人投资。农村个人固定资产投资为农村抽样调查总队根据抽样调查资料推算。

房地产开发投资　包括各种经济类型的房地产开发公司、商品房建设公司及其他房地产开发单位统一开发的包括统代建、拆迁还建的住宅、厂房、仓库、饭店、宾馆、度假村、写字楼、办公楼等房屋建筑物和配套的服务设施、土地开发工程，如道路、给水、排水、供电、供热、通讯、平整场地等基础设施工程的投资。包括非房地产企业实际从事房地产开发或经营活动，不包括单纯的土地交易活动。

建设总规模　是指在报告期内所有施工项目的计划总投资。这个指标和施工项目相对应。

在建总规模　是指在报告期末所有在建项目的计划总投资。

在建净规模　是指报告期末所有在建项目建成投产尚需的投资总量。

在建净规模＝在建总规模－未投产项目(期末在建)累计完成投资。

固定资产投资资金来源　根据固定资产投资的资金来源不同，分为上年末结余资金、本年资金来源小计和各项应付款。其中本年资金来源小计又分为国家预算内资金、国内贷款、债券、利用外资、自筹资金和其他资金。

(1)国家预算内资金　分为财政拨款和财政安排的贷款两部分。包括中央财政的基本建设基金(分经营性基金和非经营性基金两部分)、专项支出(如煤代油专项等)、收回再贷、贴息资金，财政安排的挖潜改造和新产品试制支出、城建支出、商业部门简易建筑支出、不发达地区发展基金等资金中用于固定资产投资的资金；地方财政中由国家统筹安排的资金等。

(2)国内贷款　是指报告期固定资产投资单位向银行及非银行金融机构借入的用于固定资产投资的各种国内借款，包括银行利用自有资金及吸收的存款发放的贷款、上级主管部门拨入的国内贷款、国家专项贷款(包括煤代油贷款、劳改煤矿专项贷款等)，地方财政专项资金安排的贷款、国内储备贷款、周转贷款等。

(3)债券　是指企业(公司)或金融机构通过发行各种债券，筹集的用于固定资产投资的资金。包括由银行代理国家专业投资公司发行的重点企业债券和基本建设债券。

(4)利用外资　是指报告期收到的用于固定资产建造和购置投资的境外资金(包括设备、材料、技术在内)。包括外商直接投资、对外借款(外国政府贷款、国际金融组织贷款、出口信贷、外国银行商业贷款、对外发行债券和股票)及外商其他投资(包括补偿贸易和加工装配由外商提供的设备价款、国际租赁)。不包括我国自有外汇资金(包括国家外汇、地方外汇、留成外汇、调济外汇和中国银行自有资金发行的外汇贷款等)。计算利用外资时，需要折算成人民币，折算中所使用的外汇汇率按现汇计算，即按使用外汇时的汇率计算。

(5)外商直接投资　是指外国投资商要与中国

企业(政府)合资、合作或独资中以外汇现金、设备(或实物)、技术、专利或其他方式投入的资金总量。

(6)自筹资金　指固定资产投资单位报告期收到的,由各地区、各部门及企业、事业单位筹集用于固定资产投资的预算外资金,包括中央各部门、各级地方和企业、事业单位的自有资金。

(7)其中资金来源　是指在报告期收到的除以上各种资金之外其他用于固定资产投资的资金。包括社会集资、个人资金、无偿捐赠的资金及其他单位拨入的资金等。

固定资产投资按国民经济行业分　国民经济行业分类按企、事业单位所从事的生产或其他经济活动的性质的同一性进行的分类。固定资产投资按国民经济行业分类,基本建设项目按建成投产后的主要产品的种类或主要用途及社会经济活动种类来划分。一般情况下,一个建设项目只能属于一种国民经济行业。为了更准确地反映国民经济各行业之间的比例关系,联合企业(总厂)所属分厂属于不同行业的,原则上按分厂划分行业。

固定资产投资按建设性质分　建设项目的性质一般分为新建、扩建、迁建、恢复。基本建设按建设项目划分建设性质,更新改造、国有经济单位其他固定资产投资及城镇集体投资按整个企业、事业单位的建设情况确定建设性质。目前基本建设和更新改造是根据我国现行的计划管理体制区分,所以基本建设和更新改造都可以分别按新建、扩建等划分。

(1)新建　一般是指从无到有、"平地起家"新开始建设的单位。有的单位原有的基础很小,经过建设后其新增加的固定资产价值超过原有固定资产价值(原值)三倍以上的也算新建。

(2)扩建　一般是指为扩大原有产品的生产能力,在厂内或其他地点增建主要生产车间(或主要工程)、独立的生产线或总厂之下的分厂的企业;事业单位和行政单位在原单位增建业务用房、行政机关增建办公楼等)也作为扩建。

(3)改建　一般是指现有企业、事业单位为了技术进步,提高产品质量,增加花色品种,促进产品升级换代、降低消耗和成本,加强资源综合利用和三废治理、劳保安全等,采用新技术、新工艺、新材料等对现有设施、工艺条件进行填平补齐而增建不增加本单位主要产品生产能力的车间等,也属于改建。

固定资产投资按用途分　固定资产投资按工程的经济用途分为用于第一产业、第二产业、第三产业和住宅四部分的建设。是研究不同用途的固定资产投资之间比例关系的重要指标。基本建设投资、国有经济单位其他固定资产投资及城镇集体投资的用途按单项工程确定,现有企业、事业单位更新改造的用途按更新改造项目确定。

固定资产投资按构成分　固定资产投资活动按其工作内容和实现方式分为建设安装工程,设备、工具、器具购置,其他费用三个部分。

(1)建筑安装工程(建筑工作量)　指各种房屋、建筑物的建造工程和各种设备、装置的安装工程。包括各种房屋建造工程,各种用途设备基础和各种工业窑炉的砌筑工程;为施工而进行的各种准备工作和临时工程以及完工后的清理工作等;铁路、道路的铺设,矿井的开凿及石油管道的架设等;水利工程;防空地下建筑等特殊工程;以及各种机械设备的安装工程;为测定安装工程质量,对设备进行的试行工作。在安装工程中,不包括被安装设备本身的价值。

(2)设备、工具、器具购置　指购置或自制达到固定资产标准的设备、工具、器具的价值,固定资产的标准按财务部门规定。新建单位、扩建单位的新建车间按照设计和计划要求购置或自制的全部设备、工具、器具,不论是否达到固定资产标准均计入"设备、工具、器具购置"中。

(3)其他费用　指除建筑安装工程和设备、工具、器具购置以外的投资完成额。它包括两种性质的费用,一种是属于增加固定资产的费用,主要有:建设单位管理费,土地、青苗等补偿费和安置费、各种经济林木的营造费、办公和生活家具、器具购置费、引进技术和进口设备项目的其他费用、联合试运转费；一种是属于不增加固定资产的费用，主要有：施工机械转移费、生产职工培训费、农业开荒费用及报废工程损失费等。

施工项目 指报告期内曾进行建筑或安装工程施工活动的建设项目。包括报告期内新开工项目、报告期以前开工跨入报告期继续施工的项目以及报告期施工过并在报告期内全部建设投产或停缓建的项目。

全部建成投产项目 工业项目指设计文件规定形成生产能力的主体工程及其相应配套的辅助设施全部建成，经负荷试运转，证明具备生产设计规定合格产品的条件，并经过验收鉴定合格或达到竣工验收标准，与生产性工程配套的生产配套工程全部建成，能够发挥设计规定的全部效益，经验收鉴定合格或达到竣工验收标准，正式移交使用的建设项目。

施工和竣工房屋建筑面积 房屋建筑面积是从房屋外墙线处起的各层平面面积的总和，包括房屋结构（如柱、墙）占用的面积和地下室面积。多层建筑按各自然面积总和计算，包括房屋内的楼隔层，突出墙面的眺望间、门斗、有柱雨罩的面积。不包括突出墙面结构的构件 、艺术装饰等所占的面积，如台阶等。凹阳台 、挑阳台按其水平投影面积一半计算建筑面积。

竣工面积 指在报告期内房屋建筑按照设计要求已全部完工，达到住人和使用条件，经验收鉴定合格，正式移交使用单位的建筑面积。

房屋建筑面积竣工率 指一定时期内房屋竣工面积占同期房屋施工面积的比率。它是从房屋建筑施工速度的角度反映投资效果和建筑业经济效益的指标。

新增固定资产 指通过投资活动所形成的新的固定资产价值。包括已经建成投入生产或交付使用的工程价值和达到固定资产标准的设备、工具、器具的价值及有关应摊入的费用。它是以价值形式表示的固定资产投资成果的综合性指标，可以综合反映不同时期、不同部门、不同地区的固定资产投资成果。

五、能源生产与消费

本篇资料整理、校对

丰何生

简要说明

●本篇资料反映我市工业企业能源生产与消费情况。

●本篇资料除全社会用电量、石油销售数据来源于市供电局、商务局以外，其余均由统计系统根据国家统计局制发的报表制度逐级汇总上报而来。

●能源数据统计范围：1997 年及以前年度统计范围为县及县以上工业、建筑业、运输邮电企业；1998－2000 年统计范围为乡及乡以上独立核算工业企业和年产品销售收入 500 万元及以上的村及村以下工业企业；2001 年－2010 年统计范围为规模以上工业企业（年主营业务收入 500 万元及以上的法人工业企业）。2011 年及以后统计范围为规模以上工业企业（年主营业务收入 2000 万元及以上的法人工业企业）

5－1 规模以上工业企业

（2015

指 标	计量单位	年初库存	全年购进量	购自省外
原煤	吨	459918	4988190	4431518
其中:1.无烟煤	吨	6572	155461	36248
2.炼焦烟煤	吨	3770	21260	9156
3.一般烟煤	吨	449576	4811469	4386114
洗精煤	吨	1658	26946	12782
煤制品	吨	568	7383	847
焦炭	吨	2857	92758	21130
其它焦化产品	吨		3370	930
天然气(气态)	万立方米	5	531	
液化天然气(液态)	吨	1	691	234
汽油	吨	27	2456	
柴油	吨	281	22234	1095
燃料油	吨	817	41337	10937
液化石油气	吨	41	225	
润滑油	吨	14	213	
电力	万千瓦时		591821	
煤矸石用于燃料	吨		18094	
城市垃圾用于燃料	吨		1073	
生物质废料用于燃料	吨	25	161795	18
余热余压	百万千焦		1677498	
其它工业废料用于燃料	吨		21537	4420
其他燃料	吨标准煤	43	1362	565
能源合计	吨标准煤			

能源购进、消费与库存

年）

消费量				年末库存
消费合计	1.工业生产消费	2.非工业生产消费	合计中车辆用油	
5187219	5166436	20783		276426
173735	173605	130		6396
21610	21610			3135
4991873	4971221	20652		266895
26705	26704	1		1850
6244	6244			1707
93224	93224			2583
3352	3352			18
531	531			
675	666	8		17
2908	1819	1089	800	7
22015	17606	4410	7681	629
40801	40738	73		1417
252	236	17		15
211	211			20
603366	596127	7238	8146	
18094	18094			
1073	1073			
161782	161782			
4674250	4674250			
20777	20777			
1755	1755			44
4811416	4779821	31596		

5-2 规模以上工业企业主要

（2015

分行业	原煤（吨）	#无烟煤（吨）	#炼焦烟煤（吨）	#一般烟煤（吨）
全部规模以上工业企业	5187219	173735	21610	4991873
采矿业	58074	16969	4	41101
煤炭开采和洗选业				
黑色金属矿采选业				
有色金属矿采选业	8	4	4	
非金属矿采选业	58066	16965		41101
制造业	2200584	156766	21606	2022212
农副食品加工业	9482	3079		6403
食品制造业	69648			69648
酒、饮料和精制茶制造业	2415	399		2016
纺织业	8490	618		7872
纺织服装、服饰业	1135	86		1049
皮革、毛皮、羽毛及其制品和制鞋业				
木材加工和木、竹、藤、棕、草制品业				
家具制造业	551			551
造纸和纸制品业	15266		13630	1636
印刷和记录媒介复制业	21			21
文教、工美、体育和娱乐用品制造业	580			580
石油加工、炼焦和核燃料加工业				
化学原料和化学制品制造业	125566	29035		96531
医药制造业	21231	2530		18701
化学纤维制造业				
橡胶和塑料制品业	2277			2277
非金属矿物制品业	1872671	104864	7976	1759831
黑色金属冶炼和压延加工业	3697	3697		
有色金属冶炼和压延加工业	59166	9785		49381
金属制品业	1700	1700		
通用设备制造业	941			941
专用设备制造业	3375			3375
汽车制造业	6			6
铁路、船舶、航空航天和其他运输设备制造业				
电气机械和器材制造业	2167	973		1195
计算机、通信和其他电子设备制造业				
仪器仪表制造业				
其他制造业	198			198
废弃资源综合利用业				
电力、热力、燃气及水生产和供应业	2928561			2928561
电力、热力生产和供应业	2928561			2928561
燃气生产和供应业				
水的生产和供应业				

能源按行业分组消费量(一)

年)

洗精煤 (吨)	煤制品 (吨)	焦炭 (吨)	其它焦 化产品 (吨)	天然气 (气态) (万立方米)	液化 天然气 (液态)(吨)	汽油 (吨)
26705	6244	93224	3352	531	675	2908
						316
						120
						5
						168
						23
26705	6244	93224	3352	531	675	1840
						1
						13
						22
						33
						65
						35
						246
						5
15059				3		187
						56
						4
6735						208
				46		12
4912	6010	78773	3352	442	295	98
		648			155	78
						73
		13803		39	226	4
						2
						672
						13
	234					9
						5
						752
						721
						18
						13

5－2 规模以上工业企业主要

（2015

分行业	柴油（吨）	燃料油（蹲）	液化石油气（吨）	润滑油（吨）
全部规模以上工业企业	22015	40801	252	211
采矿业	10230			10
煤炭开采和洗选业	252			
黑色金属矿采选业				
有色金属矿采选业	5963			10
非金属矿采选业	4015			
制造业	11391	40716	252	201
农副食品加工业				
食品制造业	206			
酒、饮料和精制茶制造业	4			
纺织业				
纺织服装、服饰业	15			
皮革、毛皮、羽毛及其制品和制鞋业	1			
木材加工和木、竹、藤、棕、草制品业	12			
家具制造业				
造纸和纸制品业				
印刷和记录媒介复制业				
文教、工美、体育和娱乐用品制造业				
石油加工、炼焦和核燃料加工业				
化学原料和化学制品制造业	472			43
医药制造业	10			
化学纤维制造业	14			
橡胶和塑料制品业				
非金属矿物制品业	9624			46
黑色金属冶炼和压延加工业	3			
有色金属冶炼和压延加工业	530	38492	252	106
金属制品业	147			
通用设备制造业	49	180		5
专用设备制造业	136	2044		
汽车制造业	4			
铁路、船舶、航空航天和其他运输设备制造业				
电气机械和器材制造业	152			
计算机、通信和其他电子设备制造业				
仪器仪表制造业				
其他制造业	3			
废弃资源综合利用业	9			
电力、热力、燃气及水生产和供应业	394	85		
电力、热力生产和供应业	353	85		
燃气生产和供应业	38			
水的生产和供应业	3			

能源按行业分组消费量(二)

年）

电力 （万千瓦时）	煤矸石 用于燃料 （吨）	城市垃圾 用于燃料 （吨）	生物质废料 用于燃料 （吨）	余热余压 （百万千焦）	其它工业废 料用于燃料 （吨）	其他燃料 （吨标准煤）	能源合计 （吨标准煤）
603366	18094	1073	161782	4674250	20777	1755	4811416
40857							108213
7221							9419
3377							4157
21540							36372
8718							58264
484898	18094	1073	86992	4674250	20777	1755	2527417
9445							19087
5554			2447				58118
892			42				2971
10646							19339
4470							6441
2076							2605
5825		1073			6030		10414
729							1290
13785	18094		9088				39514
882							1100
11086							14039
8							10
35747			57541		14747		190129
13045			9314			179	36672
3693							4564
3498							5926
150888				4673977			1613509
33065							44758
66341						1157	280914
12057				273			17660
11077							14728
3642							29373
4796						419	6326
12							15
72125			8560				95902
5851							7210
1828							2247
1336							1924
500							634
77610			74790				2175787
69290			74790				2165455
24							111
8297							10220

5-3 规模以上工业企业分县(市、区)能源消费量(一)

(2015年)

能源名称	计量单位	上饶市	信州区	广丰区	上饶县	玉山县	铅山县
原煤	吨	5187218.85	14531.79	59106.66	63821.69	559475.06	30413.02
其中:1.无烟煤	吨	173735.29	3790.99	4370.33	2913.75	97493.71	2975.54
2.炼焦烟煤	吨	21610.14	7976	13630		4.14	
3.一般烟煤	吨	4991873.42	2764.8	41106.33	60907.94	461977.21	27437.48
洗精煤	吨	26705.48			2187.56		12871
煤制品	吨	6244.32			4781	1229.32	
焦炭	吨	93224.41	1289.77	3630	16131.4	9674.32	34791.09
其它焦化产品	吨	3352.05			22		890
天然气(气态)	万立方米	530.87				34	49.34
液化天然气(液态)	吨	674.82		154.8		397.02	
汽油	吨	2907.58	116.95	165.64	1210.38	282.06	44.21
柴油	吨	22015.39	543.07	3041.29	1366.5	3695.37	177.15
燃料油	吨	40801.17	721.69		6722.48	5172.91	19272.17
液化石油气	吨	252.33				252.33	
润滑油	吨	211.4				114.12	
电力	万千瓦时	603365.53	18662.91	80698.31	92439.8	87130.6	27426.72
煤矸石用于燃料	吨	18094					
城市垃圾用于燃料	吨	1073					
生物质废料用于燃料	吨	161781.8					
余热余压	百万千焦	4674249.87			146160	1172241.01	
其它工业废料用于燃料	吨	20777					
其他燃料	吨标准煤	1755.25				1157.1	
能源合计	吨标准煤	4811416.33	38911.47	152811.4	196445.71	595429.11	128369.26

5－3 规模以上工业企业分县(市、区)能源消费量(二)

(2015 年)

能源名称	计量单位	横峰县	弋阳县	余干县	鄱阳县	万年县	婺源县	德兴市
原煤	吨	11644.16	627732	2928560.7	5406.3	714045.8	2634.1	169847.57
其中:1.无烟煤	吨	1446.16				3513	4.1	57227.71
2.炼焦烟煤	吨							
3.一般烟煤	吨	10198	627732	2928560.7	5406.3	710532.8	2630	112619.86
洗精煤	吨	4912.32						6734.6
煤制品	吨							234
焦炭	吨	2555.69				12381		12771.14
其它焦化产品	吨	2440.05						
天然气(气态)	万立方米						5.3	442.23
液化天然气(液态)	吨	123						
汽油	吨	72.89	131.62	106	176.28	43.2	51.65	506.7
柴油	吨	81.46	2127.49	727.82	108.38	1664.25	34.78	8447.83
燃料油	吨	6570.92		2045		296		
液化石油气	吨							
润滑油	吨							97.28
电力	万千瓦时	14227.37	67318.94	65075.42	21021.55	68122.07	5746.46	55495.38
煤矸石用于燃料	吨		18094					
城市垃圾用于燃料	吨							1073
生物质废料用于燃料	吨		70085.44	1922.06	74789.8	8560	42	6382.5
余热余压	百万千焦		1677771			1678077.86		
其它工业废料用于燃料	吨							20777
其他燃料	吨标准煤			179.06	419.09			
能源合计	吨标准煤	45916.36	538036.16	2126465.6	67937.82	660486.43	9163.06	251443.95

5－4　规模以上工业企业水消费按行业分组消费量

（2015 年）　　　　单位：万立方米

项　　目	工业取水总量						重复用水
	取水合计	地表水	地下水	自来水	雨水收集利用	其他水	
总计	17505	13915	567	3009	4	10	80305
煤炭开采和洗选业	31		31				
黑色金属矿采选业	1		1				
有色金属矿采选业	710	497	209	3	1		770
非金属矿采选业	768	76	83	609			5
农副食品加工业	80	2	1	77			1
食品制造业	93	54	3	36			108
酒、饮料和精制茶制造业	33	1		32			
纺织业	129	1	25	103			21
纺织服装、鞋、帽制造业	96	2	1	93			2
皮革、毛皮、羽毛(绒)等	38	2		36			
木材加工及木、竹、藤等	53		4	49			6
家具制造业	10			10			
造纸及纸制品业	303	150		153			185
印刷业和记录媒介的复制	26			26			
文教、工美、体育和娱乐用品制造业	34		4	30			2
化学原料及化学制品制造	228	56	11	160		1	85
医药制造业	182	45	23	114			104
化学纤维制造业	2			1		1	
橡胶和塑料制品业	40			40			6
非金属矿物制品业	781	484	149	145		3	651
黑色金属冶炼及压延	34		1	33			2
有色金属冶炼及压延	812	548	13	248	3		1205
金属制品业	174	88	2	84			86
通用设备制造业	187	2		185			37
专用设备制造业	22	2	1	19			
汽车制造业	56	15	1	37		3	
电气机械及器材制造业	563	3	4	554		2	50
通信设备、计算机及其他	50	1		49			
仪器仪表制造业	32			32			
其他制造业	17			17			
废弃资源综合利用业	4	3		1			12
电力、热力生产和供应业	1485	1453		32			76967
燃气生产和供应业	1			1			
水的生产和供应业	10430	10430					

5－5　规模以上工业企业平均每天主要能源消费量

品　　名	2010 年	2011 年	2012 年	2013 年	2014 年	2015 年
原　煤（吨）	12332.14	14446.59	13497.81	13793.77	13802.02	14211.56
焦　炭（吨）	183.57	151.69	229.01	288.23	335.48	255.41
汽　油（吨）	4.08	4.38	6.08	7.54	7.10	7.97
柴　油（吨）	36.24	38.87	49.48	60.92	62.89	60.32
燃料油（吨）	35.72	49.81	68.43	70.14	76.92	111.78
电力(万千瓦小时)	1005.99	1155.49	1328.68	1449.78	1511.60	1653.06

注:能源消耗数据统计范围为年主营业务收入 2000 万元以上法人工业企业。

5-6 分县(市、区)石油商品销售量

单位:吨

县(市、区)	汽　　油	柴　　油
全　　市	280501	293294
信　州　区	33021	15703
广　丰　区	26209	16562
上　饶　县	30512	25295
玉　山　县	24140	41929
铅　山　县	21350	28049
横　峰　县	7027	10156
弋　阳　县	14036	25289
余　干　县	29995	30780
鄱　阳　县	28827	34234
万　年　县	18290	28927
婺　源　县	25983	17093
德　兴　市	21111	19277

5-7 辖区内分县(市、区)用电量

(2015年)　　　　单位:万千瓦时

县(市、区)	总售电量(总用电量)		工业用电量	
	总计	增长(%)	总计	增长(%)
全市	1192422	8.30	774873	6.21
信州区	93721	14.56	17700	8.20
广丰区	109829	-1.69	73050	-4.70
上饶县	142070	10.44	103583	10.42
玉山县	102118	4.38	67529	4.50
铅山县	67674	2.17	46728	7.10
横峰县	27865	3.78	12561	0.21
弋阳县	80114	6.97	58709	-0.93
余干县	117931	26.50	76445	35.47
鄱阳县	93276	10.10	28961	2.59
万年县	87964	4.48	67348	4.64
婺源县	44417	9.85	17658	-12.42
德兴市	225443	7.10	206101	6.50

5－8 “十二五”分县(市、区)单位

县　市	单位 GDP 能耗下降率				
	2011 年	2012 年	2013 年	2014 年	2015 年
上饶市	1.19	6.082	3.74	3.94	3.25
信州区	3.99	6.936	5.65	3.72	3.09
广丰区	5.45	6.780	4.12	3.64	4.10
上饶县	0.99	7.135	4.46	4.68	3.21
玉山县	4.04	5.518	4.73	4.92	3.30
铅山县	2.90	4.297	3.66	4.87	4.74
横峰县	9.56	4.504	3.44	4.99	2.22
弋阳县	－9.23	13.037	3.71	4.86	4.72
余干县	9.09	3.712	3.47	3.86	3.24
鄱阳县	4.85	4.715	4.70	3.41	2.79
万年县	－2.74	14.500	4.73	4.89	4.74
婺源县	10.80	3.329	4.70	2.51	2.15
德兴市	2.92	5.132	3.58	3.88	3.28

GDP能耗等完成情况表

单位：%

单位工业增加值能耗下降率					单位 GDP 电耗下降率				
2011 年	2012 年	2013 年	2014 年	2015 年	2011 年	2012 年	2013 年	2014 年	2015 年
1.81	12.59	4.85	8.68	7.33	4.09	9.62	0.48	3.38	1.10
27.69	21.92	5.39	6.53	5.56	1.27	5.71	-5.74	6.29	4.60
16.27	5.21	12.19	4.12	9.84	4.31	6.07	6.61	-4.76	11.38
-4.07	10.13	6.21	13.32	7.66	5.72	16.95	1.90	0.10	-0.72
9.27	10.21	15.34	10.05	9.50	3.18	11.56	-1.87	11.03	5.80
-32.98	5.13	8.71	8.71	9.85	9.82	13.51	7.73	2.24	7.96
20.64	5.10	10.35	15.60	4.76	-8.92	8.01	1.71	12.79	-1.74
-17.17	16.94	4.22	6.12	7.45	9.35	22.18	-7.22	11.33	1.44
16.03	21.98	4.64	8.54	7.50	5.12	8.37	-0.33	-1.71	-14.90
5.98	4.97	10.78	10.72	4.85	-2.45	-2.01	-0.25	4.52	-1.54
1.29	5.11	10.79	6.21	10.10	11.06	11.97	-2.37	2.20	5.73
23.99	2.35	8.07	10.95	4.93	3.20	13.77	7.18	-23.70	-1.74
-4.63	5.21	8.16	8.95	5.59	1.26	6.11	3.88	6.84	2.46

主要统计指标解释

能源生产总量 指一定时期内地区一次能源生产量的总和，是观察地区能源生产水平、规模、构成和发展速度的总量指标。一次能源生产量包括原煤、原油、天然气、水电及其他动力能(如风能、地热能等)发电量。不包括低热值燃料生产量、生物质能、太阳能等的利用和由一次能源加工转换而成的二次能源产量。

能源消费总量 指一定时期内地区物质生产部门、非物质生产部门和生活消费的各种能源的总和。是观察能源消费水平、构成和增长速度的总量指标。能源消费总量包括原煤和原油及其制品、天然气、电力。不包括低热值燃料、生物质能和太阳能等的利用。能源消费总量分为三部分，即终端能源消费量、能源加工转换损失量和损失量。

(1)**终端能源消费量** 指一定时期内地区物质生产部门，非物质生产部门和生活消费的各种能源在扣除了用于加工转换二次能源消费量和损失量以后的数量。

(2)**能源加工转换损失量** 指能源在加工转换过程中的各种损失量，等于投入加工转换的各种能源数量之和与产出能源产品之和的差额。它是观察能源在加工转换过程中损失量变化的指标。

(3)**能源损失量** 指一定时期内能源在输送、分配、储存过程中发生的损失和由于客观原因造成的各种损失量。不包括各种气体能源放空、放散量。

能源生产弹性系数 是研究能源生产量的增长与国民经济增长之间关系的指标。计算公式为：

$$\text{能源生产弹性系数}=\frac{\text{能源生产总量年平均增长速度}}{\text{国民经济年平均增长速度}}$$

电力生产弹性系数 是研究电力生产量的增长与国民经济增长之间关系的指标。一般来说，电力的发展应快于国民经济的发展，也就是说电力应超前发展。其计算公式为：

$$\text{电力生产弹性系数}=\frac{\text{电力生产总量年平均增长速度}}{\text{国民经济年平均增长速度}}$$

能源消费弹性系数 是反映能源消费增长速度与国民经济增长速度之间比例关系的指标。其计算公式为：

$$\text{能源消费弹性系数}=\frac{\text{能源消费量年平均增长速度}}{\text{国民经济年平均增长速度}}$$

电力消费弹性系数 是反映电力消费增长速度与国民经济增长速度之间比例关系的指标。其计算公式为：

$$\text{电力消费弹性系数}=\frac{\text{电力消费量年平均增长速度}}{\text{国民经济年平均增长速度}}$$

六、物　　价

本篇资料整理、校对

罗来辉、郑丽萍

简要说明

●本篇价格指数资料，主要反映流通、消费等环节的价格变动趋势和变动幅度。

●价格指数统计由国家统计局上饶调查队组织实施。我市信州区和铅山县分别被省和国家抽选为调查县(区)，他们依照国家统计局统一制定的价格统计调查制度向基层采集原始数据汇总后上报。

●消费、零售价格指数都是采用分层抽样调查方法编制的，然后以样本推断总体。编制过程有五大要素：1.在市区或镇辖区内选定经营规模大、商品种类多的商场(集市)作为调查点；2.选定消费量大、价格变动有代表性的商品，再确定每个商品的代表规格品。其代表规格品的筛选原则是：与社会生产和人民生活关系密切、销售数量(金额)大、市场供应保持稳定、价格变动趋势有代表性、所选的代表规格品之间差异大；3.采用派员直到调查点登记调查，同时聘请辅助调查 员协助登记调查；4、每年确定一次权数；5.采用国际通行的“链式拉斯贝尔公式”编制指数。

内容提要

●2015 年上饶市市区居民消费价格总指数为101.2%，铅山县为 101.1%。

●2015 年上饶市市区商品零售价格总指数为100.8%，铅山县为 100.0%。

6－1　商品零售价格分类指数

（2015 年）　　　　　　　　　　（2014＝100）

项　　目	市　区	铅山县	项　　目	市　区	铅山县
商品零售价格总指数	100.8	100.0	3.专业音像器材	100.0	100.0
一、食品	102.3	103.1	六、文化办公用品	99.2	100.2
1.粮食	105.0	102.5	七、日用品	99.9	100.8
2.淀粉及制品	100.0	100.0	1.日用百货	100.0	99.0
3.干豆类及豆制品	108.0	98.8	2.日用杂品	100.0	101.6
4.油脂	96.5	92.0	3.洗涤用品	100.0	102.2
5.肉禽及其制品	103.8	105.1	4.其他日用品	99.8	101.1
6.蛋	95.0	93.9	八、体育娱乐用品	100.0	103.5
7.水产品	102.8	99.6	1.体育用品	100.0	101.2
8.菜	105.1	112.2	2.娱乐用品	100.0	105.2
9.调味品	105.0	100.0	九、交通、通信用品	100.9	97.2
10.糖	100.2	100.6	1.交通运输机械	100.9	98.2
11.干鲜瓜果	89.5	99.6	2.通信器材	100.9	95.9
12.糕点饼干面包	100.0	100.0	十、家具	102.3	100.0
13.液体乳及乳制品	100.0	100.6	十一、化妆品	100.0	101.4
14.在外用膳食品	109.0	104.0	十二、金银珠宝	103.5	92.5
15.其他食品	100.0	100.0	十三、中西药品及医疗保健用品	105.0	101.2
二、饮料、烟酒	101.9	100.9	1.医疗器具及用品	107.0	99.1
1.茶及饮料	100.0	100.0	2.中药材及中成药	100.8	101.9
2.烟草	103.0	101.8	3.西药	109.6	100.7
3.酒	101.3	100.0	4.保健器具及用品	97.0	101.4
三、服装、鞋帽	101.1	101.8	十四、书报杂志及电子出版物	103.1	103.6
1.服装	101.5	102.1	1.教材及参考书	100.0	105.4
2.鞋袜帽	100.5	101.6	2.书报杂志	107.8	102.7
3.其他	100.0	100.0	3.电子音像制品	100.0	100.0
四、纺织品	100.0	100.0	十五、燃料	90.2	86.8
1.衣着材料	100.0	100.0	1.煤炭及制品	97.1	98.3
2.床上用品	100.0	100.0	2.石油及制品	88.1	79.5
五、家用电器及音像器材	100.6	100.0	十六、建筑材料及五金电料	98.3	96.7
1.家庭设备	101.1	100.2	1.建筑装璜材料	98.0	96.0
2.文娱用耐用消费品	100.0	99.8	2.五金电料	100.0	100.7

6－2 居民消费价格分类指数

（2015 年）　　　　（2014 = 100）

项　目	市　区	铅山县	项　目	市　区	铅山县
居民消费价格总指数	101.2	101.1	3.鞋袜帽	100.5	101.7
一、食品	102.1	102.9	4.衣着加工服务费	102.5	106.8
1.粮食	104.4	102.4	四、家庭设备用品及维修服务	101.6	101.4
2.淀粉及制品	100.0	100.0	1.耐用消费品	101.6	100.1
3.干豆类及豆制品	107.8	98.7	2.室内装饰品	99.9	100.0
4.油脂	95.5	91.9	3.床上用品	100.0	100.0
5.肉禽及其制品	104.0	105.1	4.家庭日用杂品	100.0	101.6
6.蛋	95.2	94.0	5.家庭服务及加工维修服务	110.4	108.7
7.水产品	102.6	99.6	五、医疗保健和个人用品	102.6	100.9
8.菜	105.1	111.9	1.医疗保健	103.5	101.0
9.调 味 品	104.2	100.0	2.个人用品及服务	100.6	100.7
10.糖	100.2	100.6	六、交通和通信	99.3	98.4
11.茶及饮料	100.0	100.0	1.交通	98.4	97.6
12.干鲜瓜果	89.2	99.6	2.通信	99.9	99.2
13.糕点饼干面包	100.0	100.0	七、娱乐教育文化用品及服务	101.7	102.8
14.液体乳及乳制品	100.0	100.6	1.文娱用耐用消费品及服务	99.2	98.9
15.在外用膳食品	108.8	104.0	2.教育	102.4	104.2
16.其他食品	100.0	100.0	3.文化娱乐类	101.9	101.3
二、烟酒	102.5	100.9	4.旅游	101.2	99.7
1.烟草	103.0	101.6	八、居住	98.6	97.3
2.酒	101.8	100.0	1.建房及装修材料	101.7	98.0
三、衣着	101.4	102.0	2.住房租金	100.0	101.7
1.服　装	101.7	102.1	3.自有住房	101.7	101.6
2.衣着材料	100.0	100.0	4.水、电、燃料	96.1	93.9

主 要 统 计 指 标 解 释

居民消费价格指数　是反映一定时期内城乡居民支付所购买生活消费品和获得服务项目的价格变动趋势和程度的相对数。编制居民消费价格指数，可以观察居民生活消费品及服务项目价格的变动对城乡居民生活的影响，为各级党政领导掌握居民消费价格状况，研究和制定居民消费价格政策、工资政策等提供科学依据。居民消费价格指数还是反映通货膨胀的重要指标。

商品零售价格指数　是反映工业、商业、餐饮业和其他零售企业向城乡居民、机关团体出售生活消费品和办公用品的价格变动趋势和程度的相对数。通过它，可以观察市场商品零售价格总升降水平，说明货币购买力的强弱，分析市场供求关系。同时，还可在此基础上编制其它各种派生价格指数，为研究城乡市场流通和新国民经济核算提供科学依据。

七、人民生活

本篇资料整理、校对

邱　兰、王　威

简要说明

●本篇资料反映我市人民生活状况，包括居民收支及消费情况。

●本篇中有关城镇居民和农村居民生活状况的数据来源于城乡居民住户收支与生活状况抽样调查资料，是城乡住户调查一体化改革后，统一城乡居民调查指标，按照统一抽样方法，统一调查过程，抽样调查了全市各县（市、区）1180户调查户，经统一数据处理汇总的结果。

内容提要

●2015年，全市城镇居民人均可支配收入分别为26924元，比2014年增长9.2%；全市农村居民人均可支配收入10112元，比2014年增长11.1%（城乡一体化调查指标新口径对比）。

●2015年，全市城镇居民人均住房建筑面积为43平方米；全市农村居民人均住房建筑面积55平方米。

7-1 城镇住户基本情况

指　　标	单位	2014年	2015年	增幅%
调查户数	户	440	440	—
城镇人均住房建筑面积	平方米/人	40	43	7.5
全年人均可支配收入	元	24656	26924	9.2
(一)工资性收入	元	13313	13912	4.5
(二)家庭经营净收入	元	5416	6362	17.5
(三)财产性净收入	元	2133	2281	6.9
(四)转移性净收入	元	3795	4369	15.1
全年人均生活消费支出	元	13891	15137	9.0
(一)食品消费支出	元	4881	5194	6.4
(二)衣着	元	1073	1241	15.7
(三)居住	元	3359	3372	0.4
(四)家庭设备、用品及服务	元	763	968	26.9
(五)医疗保健	元	885	725	-18.1
(六)交通和通讯	元	1159	1588	37.0
(七)文化教育、娱乐用品及服务	元	1392	1539	10.6
(八)其他商品和服务	元	380	510	34.2

7－2　城镇居民平均每人主要实物消费量

单位:公斤

品　　名	2014 年	2015 年
粮　　食	140	135
# 稻谷、小麦	131	125
蔬　　菜	110	123
食　　油	15	15
猪　　肉	16	18
家　　禽	7	7
蛋　　类	5	6
奶及奶制品	9	10
食　　糖	1	1
酒	6	6
水　　果	21	26

7-3 农村住户基本情况

指　　　　标	单位	2014年	2015年	增幅%
调查户数	户	740	740	—
农村居民人均住房建筑面积	平方米/人	53	55	3.8
全年人均可支配收入	元	9102	10112	11.1
(一)工资性收入	元	4369	4835	10.7
(二)经营净收入	元	3037	3196	5.2
1.第一产业净收入	元	1994	2181	9.4
2.第二产业净收入	元	266	231	-13.2
3.第三产业净收入	元	777	783	0.8
(三)财产性净收入	元	72	76	5.6
(四)转移性净收入	元	1624	2005	23.5
全年人均消费支出	元	6304	7198	14.2
(一)食品消费支出	元	2197	2509	14.2
(二)衣着	元	376	426	13.3
(三)居住	元	1718	2004	16.6
(四)家庭设备、用品及服务	元	435	507	16.6
(五)医疗保健	元	416	464	11.5
(六)交通和通讯	元	529	508	-4.0
(七)文化教育、娱乐用品及服务	元	512	614	19.9
(八)其他商品和服务	元	120	166	38.3

7-4 农村居民人均可支配收入及构成

（2015年）

指 标	平均每人(元)	构成(%)
全年人均可支配收入	10112	100.00
(一)工资性收入	4835	47.81
(二)家庭经营净收入	3196	31.61
1.第一产业净收入	2181	21.57
(1)农业收入	1839	18.19
(2)林业收入	115	1.14
(3)牧业收入	198	1.96
(4)渔业收入	29	0.29
2.第二产业净收入	231	2.28
(1)工业收入	61	0.60
(2)建筑业收入	170	1.68
3.第三产业净收入	783	7.74
(1)交通.运输.邮电业收入	102	1.01
(2)批零贸易业.饮食业收入	478	4.73
(3)社会服务业收入	132	1.31
(4)文教卫生业收入		
(5)其他行业收入	71	0.70
(三)财产性净收入	76	0.75
(四)转移性净收入	2005	19.83

7－5　农村住户总支出及构成

(2015 年)

指　标	平均每人(元)	构成(%)
全 年 总 支 出	9640	100.00
一、生产经营费用支出	1285	13.33
1.第一产业经营费用支出	764	7.93
农业	613	6.36
林业	12	0.12
牧业	136	1.41
渔业	3	0.03
2.第二产业经营费用支出	148	1.54
工业	27	0.28
建筑业	121	1.26
3.第三产业经营费用支出	373	3.87
交通运输	96	1.00
批发和零售贸易、餐饮业	220	2.28
社会服务业	54	0.56
文教卫生业		
其他行业生产费用	3	0.03
二、财产性支出	3	0.03
三、转移性支出	133	1.38
其中:社会保障支出	92	0.95
四、购置资产及非经常性转移支出	786	8.15
1、购置资产支出	353	3.66
2、非经常性转移支出	433	4.49
五、借贷性支出	235	2.44
六、生活消费支出	7198	74.67
1、食品烟酒	2509	26.03
2、衣着	426	4.42
3、居住	2004	20.79
4、家庭设备、用品及服务	507	5.26
5、交通和通讯	508	5.27
6、文化教育、娱乐用品及服务	614	6.37
7、医疗保健	464	4.81
8、其他商品和服务	166	1.72

7－6　农村居民平均每人主要实物消费量

单位:公斤

品　　名	2014 年	2015 年
粮　　食	123	134
# 稻谷、小麦	118	128
蔬　　菜	86	78
食　　油	14	11
猪　　肉	15	14
家　　禽	4	4
蛋　　类	4	5
奶及奶制品	4	5
食　　糖	1	1
酒	10	13
水　　果	11	6

7-7 各县(市、区)城乡居民人均可支配收入(新口径)

(2015 年)

单位:元

地　　区	城镇居民	农村居民
上饶市	26924	10112
信州区	29300	13382
广丰区	28607	12541
上饶县	21996	7726
玉山县	24222	11580
铅山县	20786	9952
横峰县	19657	7627
弋阳县	24611	10518
余干县	19351	7736
鄱阳县	18831	7731
万年县	24682	10374
婺源县	20015	9806
德兴市	26591	11748

主要统计指标解释

城乡居民可支配收入　指居民家庭在调查期内获得的、可用于最终消费支出和储蓄的总和,即居民家庭可以用来自由支配的收入。可支配收入既包括现金,也包括实物收入。按照收入来源,包含四项,即:

可支配收入=工资性收入+经营净收入+财产净收入+转移净收入

其中:经营净收入=经营收入—经营费用—生产性固定资产折旧—生产税

财产净收入=财产性收入—财产性支出

转移净收入=转移性收入—转移性支出

城乡居民家庭总支出　指家庭全部实际支出。包括消费性支出、生产经营费用支出、转移性支出、财产性支出、购置资产及非经常性转移支出、商业保险支出、借贷性支出。

城乡居民消费支出　指调查户用于本家庭日常生活消费需要的全部支出,包括用于消费品的支出和用于服务性消费的支出。根据用途不同,消费支出可划分为食品烟酒、衣着、居住、生活用品及服务、医疗保健、交通和通讯、娱乐教育文化服务、其它用品和服务八大类。根据来源不同,消费支出可划分为现金消费支出、实物消费支出(含自产自用、来自单位、来自政府和其他社会组织)。

城乡居民年末住房面积　是指调查户家庭成员在年末调查时点实际居住的建筑面积,以房屋产权证或租赁证为准。

八、农　　业

简要说明

●本篇资料反映我市农业生产基本情况。

●本篇资料来源:除林业、渔业、农业机械拥有情况、水利情况分别取自市林业局、市农业局、市水利局统计报表外,其余资料均来源于统计部门农林牧渔业综合统计报表。农林牧渔业统计报表是按照国家统计局统一要求逐级汇总上报的。

内容提要

●2015 年,农业总产值 3635094 万元,按可比价计算,比上年增长 3.73%。

●2015 年,粮食总产量 3528395 吨,棉花产量 5650 吨,肉类总产量 314064.58 吨,水产品产量 521283 吨。

本篇资料整理、校对

吴凯华、杨晓东、王欣

8-1 农村乡(镇)基本情况

项 目	单 位	2014年	2015年
一、乡镇政府	个	188	187
镇政府	个	100	101
乡政府	个	88	86
二、村民委员会	个	2306	2304
三、村民小组	个	25835	25859
四、自来水受益村委会个数	个	1228	1316
占村委会总个数比重	%	53.3	57.1
五、通有线电视的村委会个数	个	2251	2258
占村委会总个数比重	%	97.6	98
六、通宽带的村委会个数	个	2027	2063
占村委会总个数比重	%	87.9	89.5

8－2 各县(市、区)乡(镇)组织情况

(2015年)

县　市	乡(镇)政府个数(个)	#镇政府(个)	村民委员会(个)	村民小组(个)
全　市	186	101	2304	25859
信州区	3	3	63	788
广丰区	20	16	167	2996
上饶县	22	11	224	3510
玉山县	14	9	191	1754
铅山县	17	7	162	2451
横峰县	8	2	68	897
弋阳县	14	9	129	1764
余干县	20	9	370	3117
鄱阳县	29	14	537	4255
万年县	12	6	130	1375
婺源县	16	10	172	1798
德兴市	11	5	76	1018
三管委	1		15	136

8－3 各县(市、区)农业总产值

(2015年按当年价格计算,新口径)　　单位:万元

县　市	农业总产值	农业	林业	牧业	渔业	服务业
全　市	3635094	1507621	305758	932055	800684	88976
信州区	105732	48365	8049	24311	20052	4955
广丰区	322452	111151	18079	149871	39329	4022
上饶县	242096	116543	41357	49950	29827	4419
玉山县	232190	81821	33784	65263	45875	5447
铅山县	264746	120224	28150	53968	60411	1993
横峰县	126318	56385	6922	49154	11098	2759
弋阳县	234361	96494	24561	81937	28708	2661
余干县	562978	157703	13621	119177	244356	28121
鄱阳县	894723	478634	21291	126116	245038	23644
万年县	306647	111230	33142	123463	33050	5762
婺源县	161145	72255	26861	47705	12228	2096
德兴市	181706	56816	49941	41140	30712	3097

8－4　各县(市、区)农业商品产值

(2015年按当年价格计算,新口径)　　单位:万元

县　　市	农业商品产值	农业产值	林业产值	牧业产值	渔业产值	服务业产值
全　　市	2606417	999977	194975	735962	599647	75856
信州区	81489	34977	6797	19504	16255	3956
广丰区	245054	81932	12678	116275	30697	3472
上饶县	178802	78293	29654	45884	21555	3416
玉山县	113730	21656	16065	41950	29739	4320
铅山县	188675	85210	17995	40094	43887	1489
横峰县	81112	26451	4789	42177	6205	1490
弋阳县	164302	59112	15354	63887	23429	2520
余干县	489229	131051	11649	107204	212892	26433
鄱阳县	596353	317124	5770	100147	153910	19402
万年县	222519	80118	23301	90152	23987	4961
婺源县	116115	44975	19431	37923	11690	2096
德兴市	129037	39078	31492	30765	25401	2301

8－5　各县(市、区)农业增加值

(2015年按当年价格计算,新口径)　　单位:万元

县　　市	农业增加值	农　业	林　业	牧　业	渔　业	服务业
全　　市	2283712	957172	200392	530459	539992	55697
信州区	70274	30062	5855	16398	14041	3918
广丰区	212638	66609	10247	104604	27455	3723
上饶县	162241	82239	31212	30034	16770	1986
玉山县	149951	48951	27574	46015	25791	1620
铅山县	165923	76196	17432	34544	36452	1299
横峰县	69541	29147	4043	26102	8154	2095
弋阳县	144483	62815	16566	38717	23871	2514
余干县	385548	106020	8533	80124	165562	25309
鄱阳县	570615	309052	9088	75103	171187	6185
万年县	133981	51964	15720	37670	24232	4395
婺源县	114481	58463	24300	22056	8532	1130
德兴市	104036	35654	29822	19092	17946	1523

8－6 各县(市、区)农业中间消耗

(2015年按当年价格计算、新口径) 单位:万元

县　　市	农业中间消耗	农　　业	林　　业	牧　　业	渔　　业	服务业
全　　市	1351382	550449	105366	401596	260692	33279
信州区	35458	18303	2194	7913	6011	1037
广丰区	109814	44542	7832	45267	11874	299
上饶县	79855	34304	10145	19916	13057	2433
玉山县	82239	32870	6210	19248	20084	3827
铅山县	98823	44028	10718	19424	23959	694
横峰县	56777	27238	2879	23052	2944	664
弋阳县	89878	33679	7995	43220	4837	147
余干县	177430	51683	5088	39053	78794	2812
鄱阳县	324108	169582	12203	51013	73851	17459
万年县	172666	59266	17422	85793	8818	1367
婺源县	46664	13792	2561	25649	3696	966
德兴市	77670	21162	20119	22048	12766	1574

8－7 各县(市、区)农业总产值、中间消耗、增加值

(2015年按当年价格计算、新口径) 单位:万元

县　　市	农业总产值	农业中间消耗	农业增加值	占农业总产值比重(%)	
				中间消耗	增加值
全　　市	3635094	1351382	2283712	37.18	62.82
信州区	105732	35458	70274	33.54	66.46
广丰区	322452	109814	212638	34.06	65.94
上饶县	242096	79855	162241	32.98	67.02
玉山县	232190	82239	149951	35.42	64.58
铅山县	264746	98823	165923	37.33	62.67
横峰县	126318	56777	69541	44.95	55.05
弋阳县	234361	89878	144483	38.35	61.65
余干县	562978	177430	385548	31.52	68.48
鄱阳县	894723	324108	570615	36.22	63.78
万年县	306647	172666	133981	56.31	43.69
婺源县	161145	46664	114481	28.96	71.04
德兴市	181706	77670	104036	42.74	57.26

8－8　各县（市、区）主要农业机械年末拥有量

（2015年）

县　市	农业机械总动力（千瓦）	大中型农用拖拉机		小型农用拖拉机	
		（混合台）	（千瓦）	（台）	（千瓦）
全　市	2653561.01	3403	130128.6	57627	686177.34
信州区	48948	54	2344	109	1202
广丰区	173700	85	3110	168	1460
上饶县	138500	50	2110	480	5760
玉山县	183965	92	3909	370	3760
铅山县	231381	270	9450	2750	29153
横峰县	64282	176	9419	630	3975
弋阳县	148250	177	4784	5074	58351
余干县	546124	436	19187	27620	341445
鄱阳县	646011	1766	62626	13963	176319
万年县	108351.01	184	10611.6	3087	33981.34
婺源县	213000	8	300	1380	11800
德兴市	151049	105	2278	1996	18971

8－8　续表

县　市	联合收割机		机动水稻插秧机	
	台数	千瓦	台数	千瓦
全　市	10532	316302.8	1414	7031.8
信州区	59	2273	10	208
广丰区	100	3120	20	70
上饶县	100	4000	8	86
玉山县	78	2460	12	72
铅山县	700	32200	70	420
横峰县	227	10215		
弋阳县	722	20082	31	88
余干县	4207	109441	193	1585
鄱阳县	3000	81100	963	4099
万年县	651	28133.8	75	239.8
婺源县	310	11200	14	56
德兴市	378	12078	18	108

8－9 各县(市、区)农业化肥施用及水利情况

(2015 年)

县　　市	农用化肥施用量(吨)		农村用电量(万千瓦小时)	有效灌溉面积(千公顷)
	实物量	折纯量		
全　　市	558256.6	146830	205868.1	241.39
信州区	7663	1562	11737	4.71
广丰区	32709	7058	16155	16.12
上饶县	24557.6	9580	48252	25.59
玉山县	28785	7988	13269	14.79
铅山县	31641	12777	16988	13.53
横峰县	7838	2094	4470.1	6.26
弋阳县	31461	11807	10112	14.24
余干县	171492	37725	12772	45.47
鄱阳县	157599	38376	38382	66.59
万年县	29290	7728	9230	13.47
婺源县	18316	4589	7657	7.87
德兴市	16535	5425	15361	12.42
三管委	370	121	1483	0.33

8－10 农作物播种面积和产量

项　目	播种面积（公顷）			总产量（吨）		
	2014年	2015年	增减(%)	2014年	2015年	增减(%)
农作物总面积	801086	803473	0.30	5720202	5919135	3.48
粮食作物	597378	598493	0.19	3503071	3528395	0.72
谷物	563542	564556	0.18	3384185	3409853	0.76
稻谷	557479	558695	0.22	3364482	3390462	0.77
早稻	232073	232893	0.35	1279669	1315795	2.82
中稻及一季晚稻	71177	71183	0.01	480768	483542	0.58
二季晚稻	254229	254619	0.15	1604045	1591125	－0.81
小麦	2200	1849	－15.95	4609	3577	－22.39
杂粮	3863	4012	3.86	15094	15814	4.77
豆类合计	19996	20262	1.33	41029	40021	－2.46
# 大豆	12523	12781	2.06	27326	26733	－2.17
薯类(折粮计算)	13840	13676	－1.18	77857	78521	0.85
经济作物	203711	204980	0.62	2317926	2390740	3.14
油料合计	114438	114963	0.46	193180	197778	2.38
花生	14274	14645	2.60	49329	49093	－0.48
油菜籽	92535	92762	0.25	134111	139001	3.65
芝麻	7621	7544	－1.01	9702	9641	－0.63
棉花	4104	3976	－3.12	7761	5650	－27.20
麻类合计	103	98	－4.85	331	309	－6.65
黄红麻	19	14	－26.32	66	47	－28.79
苎麻	84	84	0.00	265	262	－1.13
甘蔗	3220	3239	0.59	120978	120855	－0.10
烟叶	196	137	－30.10	398	394	－1.01
中药材	891	912	2.36	1127	1304	15.71
蔬菜及食用菌	55250	56463	2.20	1368802	1407020	2.79
其他农作物	19472	18984	－2.51	452779	466456	3.02

8-11 各县(市、区)粮食作物播种面积和产量

县　市	播种面积(公顷)		总产量(吨)	
	2014 年	2015 年	2014 年	2015 年
合　计	597378	598493	3503071	3528395
信州区	8655	8684	49028	49607
广丰区	40389	39666	189070	191054
上饶县	29881	29486	166645	163360
玉山县	36648	36741	205996	207032
铅山县	29321	28933	176200	176684
横峰县	13500	13479	78477	78772
弋阳县	37470	37237	223088	224511
余干县	140013	180489	847000	860218
鄱阳县	179984	142240	1102335	1108133
万年县	43230	43816	247864	250226
婺源县	18487	18182	103892	104385
德兴市	19310	18976	110526	110998
三管委	490	564	2950	3415

8－12　各县(市、区)茶叶、水果生产情况

(2015 年)　　产量单位:吨;面积单位:公顷

县　市	茶叶总产量	园林水果总产量		年末茶园面积	年末果园面积	
		总计	#柑桔类		总计	#柑桔园
全　市	17253.6	66018	30112	19741	27802.4	16358
信州区	21	632	417		125	74
广丰区	126	12751	9250	1040	10250	9360
上饶县	331	3235	1472	932	2740	512
玉山县	636	8355	3682	2466	4212	2012
铅山县	121	1788	769	920	373	126
横峰县	53	7790	1039	172	550	197
弋阳县	253	12894	8570	114	874	420
余干县	5	3773	1868	546	2759	1344
鄱阳县	289	10697	1114	450	1574	178
万年县	87	1640	630	688	3059	1543
婺源县	15200	1235	531	12000	984	385
德兴市	123	1222	770	386	296	207
三管委	8.6	6		27	6.4	

8－13　各县(市、区)造林面积和主要林产品产量

(2015 年)

县　市	人工造林面积(公顷)	年末实有封山(沙)育林面积(公顷)	森林抚育面积(公顷)	四旁(零星)植树(株)	当年苗木产量(株)	育苗面积(公顷)
上饶市	18253	23974	46570	10091550	110061925	19663
市辖区	201	134	1000			
信州区	87	67	667		65627	102
广丰区	1457	1766	2467	15750	2029904	726
上饶县	1833	2534	3435	2100000	43466733	5831
玉山县	1267	1493	3200	155800	2895315	868
铅山县	1067	2200	4400	200000	14312262	3748
横峰县	874	1133	867	400000	770259	772
弋阳县	762	1933	4000		67796	250
余干县	2400	1580	1400	1100000	1113088	752
鄱阳县	3100	1800	5134	3200000	7030000	2126
万年县	2200	1801	1200	720000	30788143	3031
婺源县	1282	5800	11467	1800000	313369	449
德兴市	1723	1733	7333	400000	7209429	1008

8－14　各县(市、区)主要畜产品和蜂蜜产量

（2015 年）　　　　单位:吨

县　市	肉类总产量	#猪　肉	#牛　肉	#羊　肉	禽　蛋	牛　奶	蜂　蜜
全　市	314065	237110	13751	1958	63040	203	2802
信州区	4674.00	3657.00	212	14	616	72	3.45
广丰区	53714	29027	1610	1300	21015	30	138.96
上饶县	11786	9251	337	69	1565	30	630
玉山县	18142	16187	250	63	3086		541.05
铅山县	14861	11645	1277	150	2943.7		66.17
横峰县	16968	15871	277	21	869		19
弋阳县	22376	17825	1650	46	7300		190
余干县	37934	23165	3526	19	3126		31
鄱阳县	41970	25023	3606	87	13651	71	150
万年县	66624	64901	721	104	5550		108.18
婺源县	14640	11954	225	42	2455		772
德兴市	10252	8502	55	29	863		125.19
三管委	124	102	5	14	0.3		27

8－15　牧业生产情况

指　标	2014 年	2015 年
当年出栏肉猪数　(头)	2968009	2885393
猪年末存栏　(头)	2087168	2027454
当年出售和自宰肉用牛　(头)	115519	116879
牛年末存栏　(头)	281534	288352
当年出售和自宰肉用羊　(只)	119518	122771
年末羊只数　(只)	62273	64382
当年肉类总产量　(吨)	315427	314065
猪肉产量	242084	237111
牛肉产量	13579	13751
羊肉产量	1888	1958
兔肉产量	108	111
禽肉产量	57246	60799
牛奶产量　(吨)	115	203
年末家禽只数　(万只)	214226	243178
当年家禽产蛋量　(吨)	60822	63040
当年蜂蜜产量　(吨)	3265	2802

8-16 各县(市、区)畜禽年末数

(2015年)

县　市	猪(头)	牛(头)	奶　牛(头)	其中：能繁母猪(头)	羊(头)	兔(只)	家　禽(百只)
全　市	2027454	288352	61	157962	64382	48220	243178
信州区	28026	3076	17	2206	648		2388
广丰区	198256	35235	8	12526	29985	12166	51976
上饶县	87487	14305	9	9553	3768	150	7491
玉山县	115115	13021		10623	2205	18256	10467
铅山县	118759	31342		6680	5479	2200	7432
横峰县	182655	9143		8060	1213	2200	8430
弋阳县	163154	30600		10670	2028	4500	13480
余干县	224410	26170		17579	2665	966	38468
鄱阳县	259485	100749	27	17388	5002	2770	81358
万年县	476500	13800		50966	4608		5758
婺源县	90850	6686		6265	4150	3200	8550
德兴市	80867	4077		5412	1757	1452	7318
三管委	1890	148		34	874	360	62

8-17 各县(市、区)畜禽出栏(笼)数和自宰数

(2015年)

县　市	猪(头)	牛(头)	羊(头)	兔(只)	家　禽(百只)
全　市	2885393	116879	122771	54100	396444
信州区	47600	1810	921		5264
广丰区	346600	13764	81264	19004	135872
上饶县	112816	2831	4587	230	14136
玉山县	197406	2120	3926	18526	10687
铅山县	138630	11107	9368	810	11917
横峰县	191220	2365	1425	1012	5072
弋阳县	212200	14100	2945	3000	19319
余干县	282500	29633	1201	1336	74649
鄱阳县	305153	30517	5437	6592	87273
万年县	801250	6160	6490		5986
婺源县	143570	1958	2610	2610	15150
德兴市	104968	474	1807	740	11093
三管委	1480	40	790	240	26

8－18 渔业生产情况

指标	2014	2015
渔业村（个）	85	77
渔业户数（户）	95714	95544
渔业人口（人）	407544	398209
渔业劳动力（人）	182498	182265
# 专业劳动力（人）	98181	98096
养殖面积(亩)	1256970	1259198
池塘(亩)	309922	310910
水库(亩)	320683	321803
水产品总产量(吨)	505174	521283
# 养殖产量(吨)	449392	464981
鱼 类(吨)	414752	467865
甲壳类(吨)	18253	30690
贝 类(吨)	8125	13040
全年珍珠产量（公斤）	111000	111000
全年鱼苗产量（亿尾）	43.09	43.57

8－19 各县(市、区)水产品产量及养殖面积

(2015年)　　产量单位:吨;面积单位:亩

县市	水产品总产量	#养殖产量	鱼类	甲壳类	贝类	养殖面积
全市	521283	464981	428595	19055	8526	1259198
信州区	10955	10348	9351	205	101	13800
广丰区	31136	27504	26142	460	631	41143
上饶县	22317	20591	20239	212	128	48600
玉山县	31647	30389	25167	1415	2454	54900
铅山县	26107	22030	20660	1149		41991
横峰县	5736	5070	4218	360	171	13371
弋阳县	26236	23475	19922	28	250	44350
余干县	149314	133726	127361	5480	403	412620
鄱阳县	172650	150242	135654	8975	42346	471930
万年县	26080	25156	24193	543		66809
婺源县	9126	6846	6672	106		24600
德兴市	9979	9604	9016	122	154	25084

主要统计指标解释

农林牧渔业总产值包括：

(1)农业产值，包括谷物及其他作物产值(如谷物、豆类、薯类、油料、棉花、麻类、糖料、烟草及其他作物)、蔬菜园艺作物(如蔬菜、花卉及其他园艺作物)、水果、坚果、饮料和香料作物以及中药材产值。

(2)林业产值，包括林木培育和种植产值、竹木采运产值以及林产品产值。

(3)牧业产值，包括大牧畜饲养、猪的饲养、畜禽饲养、狩猎和捕捉动物以及其他畜牧业产值。

(4)渔业产值，包括海水产品和内陆水域水产品养殖、捕捞产值，如鱼类、虾蟹类、贝类等产值。

(5)服务业产值，包括农林牧渔服务业营业收入。

从2004年开始农业总产值采用新口径计算方法

农林牧渔业中间消耗 指各种经济类型的农业生产单位和农户，在农业生产经营过程中投入(或消耗)的各种物质产品和劳务价值的总和。包括中间物质消耗和中间劳务消耗两个部分。计入中间消耗必须具备以下两个条件：一是与总产出相对应的生产过程中消耗的物质产品和劳务活动；二是本期投入并一次性消耗的不属于固定资产的非耐用品。

农林牧渔业增加值 指各种经济类型的农业生产和农户从事农业生产经营活动所提供的社会最终产品的货币表现。增加值的计算方法有两种，一是生产法：农林牧渔业增加值 = 农村牧渔业 - 中间消耗；二是分配法：农林牧渔业增加值 = 固定资产折旧 + 劳动者报酬 + 生产税净额(生产税 - 生产补贴) + 营业盈余。

粮食产量 指全社会的产量，包括国营农场等全民所有制经济的，集体统一和农民家庭经营的产量，还包括工矿企业家属办的农场和其他生产单位的产量，粮食除包括稻谷、小麦、玉米、高粱、谷子及其他杂粮外，还包括薯类和大豆。其产量计算方法，豆类按去豆荚后的干豆计算；薯类(包括甘薯和马铃薯，不包括芋头和木薯)，1963 年以前按每 4 公斤鲜薯折 1 公斤粮食计算，从 1964 年以后按 5 公斤鲜薯折 1 公斤粮食计算，其他粮食一律按脱粒后的原粮计算。

谷物 指稻谷、小麦、玉米、谷子、高粱和其他谷物，不包括薯类和大豆。早稻是指从播种到成熟约120天以内，中稻为 120 - 150 天，晚稻为 150 - 180 天。其他谷物指除稻谷、小麦、玉米、谷子、高粱以外的一些子实主要用作粮食的作物，包括大麦、元麦(青稞)、莜麦、荞麦、糜子、黍子等。

造林面积 是指本年度内在荒山、荒地、沙丘等一切可以造林的土地上，采用人工播种、植苗、飞机播种等方法新植的集中连片的乔木林和灌木林，经过检查验收，符合“造林技术规程”要求的株数，成活率达 85%以上的年末实测面积。

工程造林 是指(1)有资金保证；(2)按工程项目进行管理；(3)经过严格的检查验收并记入技术档案。这三个条件要同时具备才属工程造林。

水产品产量 指人工养殖的水产品和天然生长水产品的捕捞产量。包括海水的鱼类、虾蟹类、贝类和藻类以及淡水的鱼类、虾蟹类和贝类，不包括淡水水生植物。

猪、牛、羊肉产量 指当年出栏并已屠宰的猪、牛、羊的肉产量。即屠宰后除去头蹄下水后带骨肉(即胴体重)的重量。

灌溉面积 指有效灌溉面积即具有一定的水源,地块比较平整,灌溉中设备已经配套,在一般年景下当年能够进行正常灌溉的面积。

农业机械总动力 指主要用于农、林、牧、渔业的各种动力机械的动力总和,包括耕作机械,排灌机械、收获机械、农产品加工机械、运输机械、植物保护机械、牧业机械、林业机械、渔业机械和其他农业机械(内燃机按引擎功率折成瓦(特)计算,电动机按功率折成瓦(特)计算)。不包括专门用于乡办工业、基本建设、非农业运输、科学试验和教学等非农业生产方面用的动力与作业机械。

九、工　　业

本篇资料整理、校对：

童　慧、黄龙龙

简要说明

一、本篇资料的主要内容

本篇资料反映全市规模以上工业经济方面的基本情况，包括12个县(市、区)和上饶经济技术开发区的主要工业经济统计数据：其中，信州区直属是信州区的其中数；上饶县直属是上饶县的其中数；上饶经济技术开发区的数据是全市的其中数；茶亭园、朝阳园和综合园数据是上饶经济技术开发区的其中数；

1.规模以上工业企业单位数和总产值，以及按企业登记注册类型、轻重工业、企业规模、工业行业大类和按地区分组的主要经济指标；

2.规模以上国有及国有控股、外商投资、港澳台商投资和私营工业企业主要经济指标和经济效益指标；

3.规模以上主要工业产品产量。

4.工业园区主要经济指标。

二、本篇资料的统计范围

本篇资料中的统计范围为年主营业务收入2000万元及以上工业法人企业。

本篇资料中工业行业分类按2011年《国民经济行业分类》(GB/T4754－2011)划分；企业大中小微型划分按2011年《统计上大中小微型企业划分办法》(国统字〔2011〕75号)标准执行。

三、本篇的资料来源和统计调查方法

本篇工业企业统计数据主要是根据工业统计月度及年度报表中有关资料整理汇总的。

内容提要

●2015年，全市规模以上工业企业971个，工业总产值2855亿元，主营业务收入2965亿元，实现利润248亿元。

●2015年，全市规模以上工业原煤116万吨，发电量775167万千瓦时，改装汽车1041辆，水泥1602万吨，太阳能电池313万千瓦。

9-1 规模以上工业企业

（2015

指标名称	企业单位数（个）	亏损企业	工业总产值（当年价格）
总　　计	971	101	28554978
一、按登记注册类型分组：			
内资企业	936	94	24155823
国有企业	11	5	40584
地方企业	11	5	40584
集体企业	1		5571
股份合作企业	3		32720
有限责任公司	327	49	8330220
国有独资公司	13		1207944
其他有限责任公司	314	49	7122275
股份有限公司	30	6	1630164
私营企业	557	34	13979569
私营独资企业	25		294578
私营合伙企业	4	1	22644
私营有限责任公司	501	30	13153377
私营股份有限公司	27	3	508970
其他企业	7		136997
港、澳、台商投资企业	24	6	4199242
合资经营企业(港或澳、台资)	3		122188
合作经营企业(港或澳、台资)	1	1	17710
港澳台商独资经营企业	17	4	3685401
港澳台商投资股份有限公司	2	1	363250
其他港澳台商投资企业	1		10693
外商投资企业	11	1	199912
中外合资经营企业	6		87221
外资企业	4		57362
其他外商投资企业	1	1	55330
二、按经济组织类型分组			
独资企业	58	9	4083495
国有企业	11	5	40584
集体企业	1		5571
私营独资企业	25		294578
港澳台商独资经营企业	17	4	3685401
外资企业	4		57362
合作、合伙企业	17	3	276094
股份合作企业	3		32720
私营合伙企业	4	1	22644
合作经营企业(港或澳、台资)	1	1	17710
其他企业(内资)	7		136997
其他港澳台商投资企业	1		10693
其他外商投资企业	1	1	55330
股份有限公司	59	10	2502383
股份有限公司(内资)	30	6	1630164
私营股份有限公司	27	3	508970
港澳台商投资股份有限公司	2	1	363250
有限责任公司	837	79	21693006
国有独资公司	13		1207944
私营有限责任公司	501	30	13153377
合资经营企业(港或澳、台资)	3		122188
中外合资经营企业	6		87221
其他有限责任公司	314	49	7122275
三、在总计中：亏损企业	101	101	1241568
在总计中：国有控股企业	52	8	2528728
在总计中：农村工业	6	2	22757
在总计中：轻工业	386	26	7274467
重工业	585	75	21280511
在总计中：大型企业	12	2	5282293
中型企业	166	14	11759684
小型企业	773	82	11380176
微型企业	20	3	132825

主要经济指标(一)

年)

单位:万元

工业销售产值(当年价格)	出口交货值	资产总计	流动资产合计	产成品	固定资产合计	固定资产原价	累计折旧
28238560	2305005	14839759	6978745	788758	5286679	7023390	2126569
23944326	774262	12336968	5698531	582451	4220413	5661238	1681494
39121		92204	28835	1847	37459	47521	11907
39121		92204	28835	1847	37459	47521	11907
5520		539	433				
32720		9358	4936	259	2982	3110	431
8236870	182201	5561298	2441368	243187	2004567	2811315	900606
1207145	19181	1357848	369643	21040	560136	902476	351357
7029725	163019	4203449	2071725	222146	1444432	1908839	549249
1632956	65033	834065	505364	26770	263897	437920	178305
13864475	527029	5783950	2697047	309060	1880948	2328607	587037
290531	339	136681	58104	6218	54203	76759	27039
22643		17502	8353	212	6076	5692	2450
13050456	476729	5372725	2513981	290891	1726995	2140855	533148
500844	49961	257042	116610	11740	93674	105301	24400
132664		55556	20549	1327	30561	32764	3209
4106368	1515592	2265434	1202715	191690	959544	1220761	409357
122188		97235	45406	493	51825	62452	14134
17712	7344	36276	13959	1794	17690	22148	4458
3602955	1149090	2001505	1058535	182344	848652	1084927	380839
352819	351779	108372	76742	5545	29875	37404	7599
10693	7379	22047	8073	1515	11502	13829	2327
187867	15151	237356	77500	14617	106722	141392	35718
87826	15151	66462	30553	2955	33651	47283	13857
56996		27585	15977	1916	2951	4567	2440
43045		143309	30970	9747	70121	89542	19421
3995124	1149429	2258513	1161884	192325	943265	1213775	422224
39121		92204	28835	1847	37459	47521	11907
5520		539	433				
290531	339	136681	58104	6218	54203	76759	27039
3602955	1149090	2001505	1058535	182344	848652	1084927	380839
56996		27585	15977	1916	2951	4567	2440
259477	14723	284048	86839	14853	138930	167084	32296
32720		9358	4936	259	2982	3110	431
22643		17502	8353	212	6076	5692	2450
17712	7344	36276	13959	1794	17690	22148	4458
132664		55556	20549	1327	30561	32774	3209
10693	7379	22047	8073	1515	11502	13829	2327
43045		143309	30970	9747	70121	89542	19421
2486619	466773	1199479	698716	44054	387446	580625	210304
1632956	65033	834065	505364	26770	263897	437920	178305
500844	49961	257042	116610	11740	93674	105301	24400
352819	351779	108372	76742	5545	29875	37404	7599
21497341	674080	11097719	5031307	537525	3817039	5061906	1461745
1207145	19181	1357848	369643	21040	560136	902476	351357
13050456	476729	5372725	2513981	290891	1726995	2140855	533148
122188		97235	45406	493	51825	62452	14134
87826	15151	66462	30553	2955	33651	47283	13857
7029725	163019	4203449	2071725	222146	1444432	1908839	549249
1195423	50782	1169524	539670	73708	383152	515320	148580
2499160	19283	2829472	934617	48647	1127645	1804790	708361
22267		20264	13163	226	5243	7759	2516
7200796	914006	3435414	1491366	195486	1466241	1682229	344878
21037764	1390999	11404345	5487379	593271	3820439	5341161	1781691
5195443	1320462	3111150	1644314	219925	1366649	1857762	633870
11710937	489169	5427347	2148539	245268	2122914	2969652	910783
11199691	495374	6121201	3128179	322229	1744318	2134734	572045
132490		180061	57714	1336	52798	61241	9872

9－1 续表1

指标名称	企业单位数（个）	亏损企业	工业总产值（当年价格）
四、按行业分			
煤炭开采和洗选业	15	1	60434
黑色金属矿采选业	2		98859
有色金属矿采选业	24	5	345496
非金属矿采选业	34	1	545903
农副食品加工业	43	4	1224029
食品制造业	12	1	491509
酒、饮料和精制茶制造业	13	1	111059
纺织业	52	1	905065
纺织服装、服饰业	64	5	819077
皮革、毛皮、羽毛及其制品和制鞋业	26	1	283288
木材加工和木、竹、藤、棕、草制品业	23	1	361839
家具制造业	17		136276
造纸和纸制品业	19	1	211462
印刷和记录媒介复制业	9		159140
文教、工美、体育和娱乐用品制造业	27	3	655613
石油加工、炼焦和核燃料加工业	1	1	3483
化学原料和化学制品制造业	106	16	1218398
医药制造业	30	4	514049
化学纤维制造业	3		101142
橡胶和塑料制品业	21	5	185031
非金属矿物制品业	88	11	1051842
黑色金属冶炼和压延加工业	14	2	735606
有色金属冶炼和压延加工业	98	12	9379712
金属制品业	30		602585
通用设备制造业	54	5	815002
专用设备制造业	16	1	290979
汽车制造业	21	2	353461
铁路、船舶、航空航天和其他运输设备制造业	1		2264
电气机械和器材制造业	44	6	5398691
计算机、通信和其他电子设备制造业	12	1	505983
仪器仪表制造业	11	4	75746
其他制造业	9		92623
废弃资源综合利用业	7	1	74001
电力、热力生产和供应业	20	2	729509
燃气生产和供应业	2	1	3971
水的生产和供应业	3	2	11850
五、按地区分			
信州区	57	13	890089
其中：直属	25	9	254837
广丰区	166	4	5911652
上饶县	89	26	5381838
其中：直属	38	12	649563
玉山县	139	6	2966507
铅山县	58	9	1833283
横峰县	41	5	1778836
弋阳县	78	8	1477574
余干县	53	8	1692916
鄱阳县	87	9	2557391
万年县	87	3	2312173
婺源县	28	1	490901
德兴市	88	9	1261817
其中：上饶市经济技术开发区	101	26	6062408
综合园	83	18	5367527
茶亭园	8	4	538364
朝阳园	10	4	156517

单位：万元

工业销售产值（当年价格）	出口交货值	资产总计	流动资产合计	产成品	固定资产合计	固定资产原价	累计折旧
59502		45560	17925	4033	16296	28959	15834
99111		46861	32535	73	9721	14219	4498
330450		518352	147267	23166	138276	190754	67828
543254		756795	259338	6927	89976	111735	26546
1222043	76027	492027	246721	57528	168106	165283	27714
491088	234432	134880	56426	5950	64094	87990	23896
104855	10656	122315	60337	11763	46177	47713	6489
896773	153930	328708	161588	21738	96672	116627	29479
812896	156279	295991	115399	10877	130375	135718	14573
281866	47640	127753	50733	4666	53712	60096	9879
364608	97582	203361	74442	7031	100599	121199	22282
136730		68475	43045	3873	19633	22146	2866
209120		183083	71593	8988	100235	69415	11405
158786		138043	46455	2854	63614	74633	11179
641790	27729	235370	92012	18348	111333	134493	32261
3483		2257	1770				
1199136	10618	700042	337964	29702	275342	357358	93157
499272	2731	275682	133531	19538	95307	124143	33862
100637		52496	39180	1596	10294	13511	3420
182863	45749	123663	61343	4830	55751	63903	12050
1035816		1177329	596954	26571	407373	678815	280654
702427		169989	56588	6620	102559	125472	23402
9341030	339	3242913	1760304	210769	766614	1019405	294782
591846	183835	298507	178097	18054	98784	119296	23647
797088	22215	576124	287788	23119	250245	305768	74111
288369		136647	68889	7115	40494	59058	19825
340939	310	454715	215187	14369	62232	79451	18709
2264		3187	673		2464	2934	470
5317775	860546	2808482	1505631	226829	1161673	1505687	492270
506045	356066	178174	97474	5821	60496	71873	15887
73881	5799	44920	27264	3870	16209	24296	10880
92527	12523	25417	13983	1406	9685	11399	2170
66427		21280	7586	410	5675	7395	2015
729356		744968	93737	12	605766	1007118	403246
3691		30389	2179		22692	30072	7380
10818		75007	16812	312	28209	35459	7906
835348	90804	1020985	699665	69696	225854	328515	118307
255961	68361	191887	99920	7249	72249	98734	27118
5888769	565791	2748445	897868	77737	932939	1141244	295783
5300070	893259	3311542	1830099	256888	1136623	1538705	588926
645250	11276	686352	383852	26780	179476	215535	73518
2961106	75606	1143892	655051	83411	381552	518055	176980
1821470	3274	903773	540669	75622	152804	197873	60739
1775945	339	610054	274873	62432	206196	303934	109104
1476950	137959	770740	480435	8755	224835	320683	97184
1652350	5847	922900	217869	15076	493227	739119	250981
2534483	188173	1111046	294405	21866	805404	889749	84645
2258306	216518	1045072	566363	33223	331617	476094	153630
482143	96513	238099	120176	17237	74059	110074	38200
1251620	30924	1013211	401274	66814	321570	459347	152090
5928286	962274	3881545	2290192	309744	1188224	1671985	648858
5234207	904426	3454287	2045992	292556	1110751	1552951	606597
535818	3897	338282	178822	11508	65742	104569	39248
158261	53951	88975	65379	5681	11730	14465	3013

9-1 规模以上工业企业

(2015

指标名称	负债合计	流动负债合计	非流动负债合计
总计	7834040	5686509	934664
一、按登记注册类型分组:			
内资企业	6437958	4601707	738274
国有企业	50431	30513	19918
地方企业	50431	30513	19918
集体企业	443		
股份合作企业	3996	3636	54
有限责任公司	3051914	2321617	358527
国有独资公司	590309	269147	147211
其他有限责任公司	2461605	2052471	211316
股份有限公司	408722	310716	90113
私营企业	2895666	1912765	268564
私营独资企业	63509	53251	282
私营合伙企业	7951	7540	245
私营有限责任公司	2736847	1786483	259386
私营股份有限公司	87359	65491	8651
其他企业	26787	22459	1100
港、澳、台商投资企业	1276033	1000358	164408
合资经营企业(港或澳、台资)	31287	2270	
合作经营企业(港或澳、台资)	35717	35717	
港澳台商独资经营企业	1162471	933769	164408
港澳台商投资股份有限公司	29654	11698	
其他港澳台商投资企业	16904	16904	
外商投资企业	120049	84445	31982
中外合资经营企业	28670	12893	12155
外资企业	14106	14106	
其他外商投资企业	77273	57446	19827
二、按经济组织类型分组			
独资企业	1290960	1031640	184608
国有企业	50431	30513	19918
集体企业	443		
私营独资企业	63509	53251	282
港澳台商独资经营企业	1162471	933769	164408
外资企业	14106	14106	
合作、合伙企业	168628	143702	21226
股份合作企业	3996	3636	54
私营合伙企业	7951	7540	245
合作经营企业(港或澳、台资)	35717	35717	
其他企业(内资)	26787	22459	1100
其他港澳台商投资企业	16904	16904	
其他外商投资企业	77273	57446	19827
股份有限公司	525734	387904	98763
股份有限公司(内资)	408722	310716	90113
私营股份有限公司	87359	65491	8651
港澳台商投资股份有限公司	29654	11698	
有限责任公司	5848718	4123263	630067
国有独资公司	590309	269147	147211
私营有限责任公司	2736847	1786483	259386
合资经营企业(港或澳、台资)	31287	2270	
中外合资经营企业	28670	12893	12155
其他有限责任公司	2461605	2052471	211316
三、在总计中:亏损企业	776886	615104	77352
在总计中:国有控股企业	1260925	765570	285104
在总计中:农村工业	10875	8042	2833
在总计中:轻工业	1562693	1069031	202950
重工业	6271347	4617478	731714
在总计中:大型企业	1632765	1261084	294604
中型企业	2768978	1965587	268357
小型企业	3322745	2436421	342749
微型企业	109553	23416	28955

主要经济指标(二)

年)　　单位:万元

所有者权益合计	主营业务收入	主营业务成本	利润总额	从业人员年平均人数(人)
6956254	29649112	25897890	2484867	214695
5879227	24802700	21782953	2021018	181429
41773	42662	38636	-119	1893
41773	42662	38636	-119	1893
96	5726	3893	337	50
5362	34700	29261	3826	538
2499023	8799614	7772310	678975	72447
767540	1234735	1041275	152728	9634
1731483	7564879	6731035	526247	62813
425344	1620158	1400024	152318	12236
2878862	14163211	12421311	1180002	92047
73171	297202	255015	23765	4513
9551	23062	20685	1009	417
2626456	13327512	11722694	1099993	82857
169683	515435	422917	55235	4260
28769	136629	117518	5678	2218
959721	4657570	3942782	463849	30512
65948	122188	101833	13757	977
558	17787	15698	-987	166
809353	4144722	3504626	417820	23658
78718	362181	311267	33119	4660
5143	10693	9358	140	1051
117307	188842	172156		2754
37792	88007	78187	4685	1057
13479	57791	50065	6121	522
66036	43045	43904	-10806	1175
937872	4548102	3852236	447925	30636
41773	42662	38636	-119	1893
96	5726	3893	337	50
73171	297202	255015	23765	4513
809353	4144722	3504626	417820	23658
13479	57791	50065	6121	522
115420	265916	236422	-1139	5565
5362	34700	29261	3826	538
9551	23062	20685	1009	417
558	17787	15698	-987	166
28769	136629	117518	5678	2218
5143	10693	9358	140	1051
66036	43045	43904	-10806	1175
673745	2497773	2134208	240671	21156
425344	1620158	1400024	152318	12236
169683	515435	422917	55235	4260
78718	362181	311267	33119	4660
5229219	22337321	19675024	1797409	157338
767540	1234735	1041275	152728	9634
2626456	13327512	11722694	1099993	82857
65948	122188	101833	13757	977
37792	88007	78187	4685	1057
1731483	7564879	6731035	526247	62813
343899	1405187	1372916	-49088	19369
1568546	2557660	2175194	249382	23159
9390	23177	19444	781	638
1861640	7296565	6204834	640397	83968
5094615	22352547	19693056	1844469	130727
1478385	5780029	4921545	562411	43675
2658368	11923913	10341645	1173627	80514
2788092	11821269	10521645	747167	89753
31409	123902	113055	1661	753

9－1 续表2

指标名称	负债合计	流动负债合计	非流动负债合计
四、按行业分			
煤炭开采和洗选业	17386	15310	1108
黑色金属矿采选业	16283	2077	14206
有色金属矿采选业	254927	182894	42011
非金属矿采选业	275270	73409	25675
农副食品加工业	229858	151757	20942
食品制造业	58705	38449	9973
酒、饮料和精制茶制造业	57991	49205	8782
纺织业	165191	119279	8498
纺织服装、服饰业	148697	127685	7894
皮革、毛皮、羽毛及其制品和制鞋业	70530	40244	16499
木材加工和木、竹、藤、棕、草制品业	120079	109772	732
家具制造业	29362	19315	6997
造纸和纸制品业	95866	52882	5644
印刷和记录媒介复制业	40440	11213	2595
文教、工美、体育和娱乐用品制造业	71187	34966	11191
石油加工、炼焦和核燃料加工业	1264		
化学原料和化学制品制造业	347900	291285	23540
医药制造业	156192	123123	28865
化学纤维制造业	14196	5659	8537
橡胶和塑料制品业	55258	48248	4794
非金属矿物制品业	458093	427142	18448
黑色金属冶炼和压延加工业	49828	37622	3114
有色金属冶炼和压延加工业	2117085	1480976	139739
金属制品业	135210	107171	13612
通用设备制造业	295582	200577	69719
专用设备制造业	86019	63746	1840
汽车制造业	214526	192622	20272
铁路、船舶、航空航天和其他运输设备制造业	226	226	
电气机械和器材制造业	1594158	1237169	233075
计算机、通信和其他电子设备制造业	52976	27019	2645
仪器仪表制造业	26956	24053	2904
其他制造业	17233	14335	2361
废弃资源综合利用业	9326	6818	2094
电力、热力生产和供应业	493554	322925	167013
燃气生产和供应业	11670	8623	3048
水的生产和供应业	45016	38716	6300
五、按地区分			
信州区	729686	617697	86494
其中:直属	110979	94254	3380
广丰区	975188	260414	42599
上饶县	2036955	1628215	279332
其中:直属	505081	346892	49639
玉山县	630727	513978	27406
铅山县	530614	289993	9263
横峰县	424127	373347	40514
弋阳县	241975	117420	122752
余干县	583264	400598	182382
鄱阳县	530389	523627	4384
万年县	454032	385993	51015
婺源县	136508	110099	9891
德兴市	560575	465128	78632
其中:上饶市经济技术开发区	2461341	2029928	332166
综合园	2150581	1804766	312807
茶亭园	246658	173176	19359
朝阳园	64102	51987	

单位:万元

所有者权益合计	主营业务收入	主营业务成本	利润总额	从业人员年平均人数(人)
28173	62722	53423	2781	2504
30578	99111	80862	9686	413
263425	327435	274622	138	5248
481525	544602	441770	56525	3770
251810	1221934	1050165	114140	6409
76175	493990	407298	50014	2802
64324	104977	84580	4609	1492
163405	908812	782655	81132	11876
147295	829178	707157	70539	14789
57224	281924	219959	29252	8026
83281	362029	323006	17785	7983
39113	123030	103418	9592	1655
86608	200575	172466	14863	2449
97603	161409	133208	18976	1695
164183	662325	567697	66479	5404
994	3544	3529	－3	32
352141	1218585	1061572	87693	12290
119490	502009	425129	34163	4428
38300	100637	88177	10758	464
68403	188878	158068	16212	3261
719235	1051368	866851	105757	12425
111462	730426	613634	92818	2820
1125828	9751440	8922553	701962	22681
163297	602817	490811	69458	6992
280541	864098	752180	65856	13650
50628	319639	266427	29208	2591
240190	521795	477279	30575	3786
2961	2264	2059	3	56
1184643	5911446	5060330	558096	31079
125197	506521	441375	46567	8224
17963	75365	71693	－675	4046
8184	92555	84389	5446	1013
11954	73697	63135	5097	409
251414	726643	629998	78172	7246
18718	10517	6834	1312	190
29991	10818	9581	－118	497
281083	976399	922069	18870	15553
70692	255849	254565	1736	4618
1773257	5948842	5081231	639982	32204
1244904	6398513	5607515	538348	35558
151589	949949	904345	19191	4897
513165	2996757	2636095	244688	18478
373159	1821029	1625080	152982	8100
185926	1771214	1599434	144466	10144
519811	1464452	1289368	105954	11414
339636	1694243	1473265	174755	8745
580049	2542779	2167151	226295	34782
591040	2304554	1948379	192303	17458
101591	478219	423519	22576	7373
452634	1252112	1124783	23647	14886
1380420	6962554	6146923	549797	45296
1303706	6169114	5370674	536291	41596
61943	643063	617858	13669	1562
14770	150377	158391	－163	2138

9－2 规模以上地方(市县属)

(2015

指标名称	企业单位数(个)	亏损企业	工业总产值(当年价格)
总计	952	99	27401310
一、按登记注册类型分组:			
内资企业	917	92	23002156
国有企业	11	5	40584
地方企业	11	5	40584
集体企业	1		5571
股份合作企业	3		32720
有限责任公司	310	48	7495537
国有独资公司	8		745097
其他有限责任公司	302	48	6750440
股份有限公司	28	5	1311178
私营企业	557	34	13979569
私营独资企业	25		294578
私营合伙企业	4	1	22644
私营有限责任公司	501	30	13153377
私营股份有限公司	27	3	508970
其他企业	7		136997
港、澳、台商投资企业	24	6	4199242
合资经营企业(港或澳、台资)	3		122188
合作经营企业(港或澳、台资)	1	1	17710
港澳台商独资经营企业	17	4	3685401
港澳台商投资股份有限公司	2	1	363250
其他港澳台商投资企业	1		10693
外商投资企业	11	1	199912
中外合资经营企业	6		87221
外资企业	4		57362
其他外商投资企业	1	1	55330
二、按经济组织类型分组			
独资企业	58	9	4083495
国有企业	11	5	40584
集体企业	1		5571
私营独资企业	25		294578
港澳台商独资经营企业	17	4	3685401
外资企业	4		57362
合作、合伙企业	17	3	276094
股份合作企业	3		32720
私营合伙企业	4	1	22644
合作经营企业(港或澳、台资)	1	1	17710
其他企业(内资)	7		136997
其他港澳台商投资企业	1		10693
其他外商投资企业	1	1	55330
股份有限公司	57	9	2183398
股份有限公司(内资)	28	5	1311178
私营股份有限公司	27	3	508970
港澳台商投资股份有限公司	2	1	363250
有限责任公司	820	78	20858324
国有独资公司	8		745097
私营有限责任公司	501	30	13153377
合资经营企业(港或澳、台资)	3		122188
中外合资经营企业	6		87221
其他有限责任公司	302	48	6750440
三、在总计中:亏损企业	99	99	1017013
在总计中:国有控股企业	33	6	1375060
在总计中:农村工业	6	2	22757
在总计中:轻工业	384	26	7188680
重工业	568	73	20212630
在总计中:大型企业	9	1	4880928

工业企业主要经济指标(一)

年)　　　　单位:万元

工业销售产值(当年价格)	出口交货值	资产总计	流动资产合计	产成品	固定资产合计	固定资产原价	累计折旧
27102031	2285722	13527945	6447227	772416	4604624	5843197	1615813
22807796	754979	11025154	5167012	566109	3538358	4481045	1170738
39121		92204	28835	1847	37459	47521	11907
39121		92204	28835	1847	37459	47521	11907
5520		539	433				
32720		9358	4936	259	2982	3110	431
7418448	162917	4706355	2201539	233443	1453683	1859390	487057
748158		761344	205715	12341	154900	219397	72677
6670290	162917	3945011	1995824	221102	1298783	1639993	414380
1314848	65033	377194	213674	20172	132726	209653	81097
13864475	527029	5783950	2697047	309060	1880948	2328607	587037
290531	339	136681	58104	6218	54203	76759	27039
22643		17502	8353	212	6076	5692	2450
13050456	476729	5372725	2513981	290891	1726995	2140855	533148
500844	49961	257042	116610	11740	93674	105301	24400
132664		55556	20549	1327	30561	32764	3209
4106368	1515592	2265434	1202715	191690	959544	1220761	409357
122188		97235	45406	493	51825	62452	14134
17712	7344	36276	13959	1794	17690	22148	4458
3602955	1149090	2001505	1058535	182344	848652	1084927	380839
352819	351779	108372	76742	5545	29875	37404	7599
10693	7379	22047	8073	1515	11502	13829	2327
187867	15151	237356	77500	14617	106722	141392	35718
87826	15151	66462	30553	2955	33651	47283	13857
56996		27585	15977	1916	2951	4567	2440
43045		143309	30970	9747	70121	89542	19421
3995124	1149429	2258513	1161884	192325	943265	1213775	422224
39121		92204	28835	1847	37459	47521	11907
5520		539	433				
290531	339	136681	58104	6218	54203	76759	27039
3602955	1149090	2001505	1058535	182344	848652	1084927	380839
56996		27585	15977	1916	2951	4567	2440
259477	14723	284048	86839	14853	138930	167084	32296
32720		9358	4936	259	2982	3110	431
22643		17502	8353	212	6076	5692	2450
17712	7344	36276	13959	1794	17690	22148	4458
132664		55556	20549	1327	30561	32764	3209
10693	7379	22047	8073	1515	11502	13829	2327
43045		143309	30970	9747	70121	89542	19421
2168511	466773	742608	407026	37456	256275	352358	113097
1314848	65033	377194	213674	20172	132726	209653	81097
500844	49961	257042	116610	11740	93674	105301	24400
352819	351779	108372	76742	5545	29875	37404	7599
20678919	654797	10242777	4791479	527781	3266154	4109980	1048196
748158		761344	205715	12341	154900	219397	72677
13050456	476729	5372725	2513981	290891	1726995	2140855	533148
122188		97235	45406	493	51825	62452	14134
87826	15151	66462	30553	2955	33651	47283	13857
6670290	162917	3945011	1995824	221102	1298783	1639993	414380
970983	50782	1045275	488639	68900	325133	421846	112322
1362630		1517658	403098	32305	445590	624597	197605
22267		20264	13163	226	5243	7759	2516
7119209	894825	3222430	1370382	186526	1413637	1588552	303805
19982822	1390897	10305516	5076845	585890	3190987	4254645	1312008
4798816	1301281	2470310	1232777	204627	1184713	1538375	496308

9－2 续表1

指标名称	企业单位数（个）	亏损企业	工业总产值（当年价格）
中型企业	157	13	11215952
小型企业	766	82	11171606
微型企业	20	3	132825
四、按行业分			
煤炭开采和洗选业	15	1	60434
黑色金属矿采选业	2		98859
有色金属矿采选业	24	5	345496
非金属矿采选业	34	1	545903
农副食品加工业	43	4	1224029
食品制造业	12	1	491509
酒、饮料和精制茶制造业	13	1	111059
纺织业	52	1	905065
纺织服装、服饰业	64	5	819077
皮革、毛皮、羽毛及其制品和制鞋业	26	1	283288
木材加工和木、竹、藤、棕、草制品业	23	1	361839
家具制造业	17		136276
造纸和纸制品业	19	1	211462
印刷和记录媒介复制业	9		159140
文教、工美、体育和娱乐用品制造业	27	3	655613
石油加工、炼焦和核燃料加工业	1	1	3483
化学原料和化学制品制造业	106	16	1218398
医药制造业	30	4	514049
化学纤维制造业	3		101142
橡胶和塑料制品业	21	5	185031
非金属矿物制品业	86	11	925833
黑色金属冶炼和压延加工业	14	2	735606
有色金属冶炼和压延加工业	96	11	9083545
金属制品业	30		602585
通用设备制造业	52	5	719252
专用设备制造业	16	1	290979
汽车制造业	21	2	353461
铁路、船舶、航空航天和其他运输设备制造业	1		2264
电气机械和器材制造业	44	6	5398691
计算机、通信和其他电子设备制造业	12	1	505983
仪器仪表制造业	11	4	75746
其他制造业	9		92623
废弃资源综合利用业	7	1	74001
电力、热力生产和供应业	8	1	97175
燃气生产和供应业	2	1	3971
水的生产和供应业	2	2	8444
五、按地区分			
信州区	54	13	767568
其中：直属	24	9	228066
广丰区	164	4	5849219
上饶县	88	26	5301279
其中：直属	37	12	569004
玉山县	138	6	2963468
铅山县	57	8	1804744
横峰县	41	5	1778836
弋阳县	76	8	1352109
余干县	51	8	1408226
鄱阳县	86	9	2520874
万年县	85	3	2165770
婺源县	27	1	464274
德兴市	85	8	1024944
其中：上饶市经济技术开发区	98	26	5886098
综合园	81	18	5271776
茶亭园	7	4	457805
朝阳园	10	4	156517

单位：万元

工业销售产值（当年价格）	出口交货值	资产总计	流动资产合计	产成品	固定资产合计	固定资产原价	累计折旧
11167205	489169	4919398	2085688	245268	1693998	2231022	599735
11003520	495272	5958176	3071048	321184	1673115	2012559	509899
132490		180061	57714	1336	52798	61241	9872
59502		45560	17925	4033	16296	28959	15834
99111		46861	32535	73	9721	14219	4498
330450		518352	147267	23166	138276	190754	67828
543254		756795	259338	6927	89976	111735	26546
1222043	76027	492027	246721	57528	168106	165283	27714
491088	234432	134880	56426	5950	64094	87990	23896
104855	10656	122315	60337	11763	46177	47713	6489
896773	153930	328708	161588	21738	96672	116627	29479
812896	156279	295991	115399	10877	130375	135718	14573
281866	47640	127753	50733	4666	53712	60096	9879
364608	97582	203361	74442	7031	100599	121199	22282
136730		68475	43045	3873	19633	22146	2866
209120		183083	71593	8988	100235	69415	11405
158786		138043	46455	2854	63614	74633	11179
641790	27729	235370	92012	18348	111333	134493	32261
3483		2257	1770				
1199136	10618	700042	337964	29702	275342	357358	93157
499272	2731	275682	133531	19538	95307	124143	33862
100637		52496	39180	1596	10294	13511	3420
182863	45749	123663	61343	4830	55751	63903	12050
910624		820738	354173	24727	312872	503641	199982
702427		169989	56588	6620	102559	125472	23402
9044978	339	3114395	1688798	205957	725990	960327	276217
591846	183835	298507	178097	18054	98784	119296	23647
717205	2932	354291	146907	13695	185716	200550	22781
288369		136647	68889	7115	40494	59058	19825
340939	310	454715	215187	14369	62232	79451	18709
2264		3187	673		2464	2934	470
5317775	860546	2808482	1505631	226829	1161673	1505687	492270
506045	356066	178174	97474	5821	60496	71873	15887
73881	5799	44920	27264	3870	16209	24296	10880
92527	12523	25417	13983	1406	9685	11399	2170
66427		21280	7586	410	5675	7395	2015
97022		169112	18524	12	125203	168952	43775
3691		30389	2179		22692	30072	7380
7750		45990	15675	51	26370	32902	7187
728694	71521	783217	552658	60272	151516	205558	59047
229190	68361	175952	93794	7249	62440	80994	19188
5826336	565791	2709593	889894	77737	902442	1075817	260839
5219511	893259	3275965	1827630	256888	1104019	1476600	559120
564691	11276	650775	381383	26780	146872	153430	43712
2958121	75606	1142878	654103	83357	381486	517313	176305
1792931	3274	880818	539496	75622	131520	158234	41691
1775945	339	610054	274873	62432	206196	303934	109104
1351485	137959	722836	456211	8751	203130	282155	79829
1367660	5847	573475	176835	15076	195539	261901	71452
2497966	188173	1079756	290744	21866	781385	841238	60154
2112666	216518	672940	322829	31432	222905	273081	59329
455516	96513	213629	114534	17237	58720	78243	21708
1015200	30924	862785	347422	61744	265767	369124	117235
5767845	942991	3624135	2146842	300320	1091091	1504662	567723
5154325	885143	3232455	1905111	283131	1046223	1447733	555267
455259	3897	302705	176353	11508	33138	42464	9443
158261	53951	88975	65379	5681	11730	14465	3013

9－2 规模以上地方(市县属)

(2015

指标名称	负债合计	流动负债合计	非流动负债合计
总计	7101023	5167169	720986
一、按登记注册类型分组:			
内资企业	5704940	4082367	524596
国有企业	50431	30513	19918
地方企业	50431	30513	19918
集体企业	443		
股份合作企业	3996	3636	54
有限责任公司	2507183	1969034	166379
国有独资公司	246927	60748	12228
其他有限责任公司	2260256	1908286	154151
股份有限公司	220435	143960	68583
私营企业	2895666	1912765	268564
私营独资企业	63509	53251	282
私营合伙企业	7951	7540	245
私营有限责任公司	2736847	1786483	259386
私营股份有限公司	87359	65491	8651
其他企业	26787	22459	1100
港、澳、台商投资企业	1276033	1000358	164408
合资经营企业(港或澳、台资)	31287	2270	
合作经营企业(港或澳、台资)	35717	35717	
港澳台商独资经营企业	1162471	933769	164408
港澳台商投资股份有限公司	29654	11698	
其他港澳台商投资企业	16904	16904	
外商投资企业	120049	84445	31982
中外合资经营企业	28670	12893	12155
外资企业	14106	14106	
其他外商投资企业	77273	57446	19827
二、按经济组织类型分组			
独资企业	1290960	1031640	184608
国有企业	50431	30513	19918
集体企业	443		
私营独资企业	63509	53251	282
港澳台商独资经营企业	1162471	933769	164408
外资企业	14106	14106	
合作、合伙企业	168628	143702	21226
股份合作企业	3996	3636	54
私营合伙企业	7951	7540	245
合作经营企业(港或澳、台资)	35717	35717	
其他企业(内资)	26787	22459	1100
其他港澳台商投资企业	16904	16904	
其他外商投资企业	77273	57446	19827
股份有限公司	337448	221148	77233
股份有限公司(内资)	220435	143960	68583
私营股份有限公司	87359	65491	8651
港澳台商投资股份有限公司	29654	11698	
有限责任公司	5303987	3770679	437919
国有独资公司	246927	60748	12228
私营有限责任公司	2736847	1786483	259386
合资经营企业(港或澳、台资)	31287	2270	
中外合资经营企业	28670	12893	12155
其他有限责任公司	2260256	1908286	154151
三、在总计中:亏损企业	665133	530004	50699
在总计中:国有控股企业	527907	246231	71426
在总计中:农村工业	10875	8042	2833
在总计中:轻工业	1437453	984434	162307
重工业	5663570	4182735	558679
在总计中:大型企业	1345134	1035627	232430

工业企业主要经济指标(二)

年)　　单位:万元

所有者权益合计	主营业务收入	主营业务成本	利润总额	从业人员平均人数(人)
6377458	28470743	24859156	2386045	201917
5300431	23624330	20744219	1922196	168651
41773	42662	38636	-119	1893
41773	42662	38636	-119	1893
96	5726	3893	337	50
5362	34700	29261	3826	538
2188812	7937454	7011893	597040	61920
514417	741189	632346	82672	3754
1674395	7196264	6379547	514367	58166
156758	1303949	1121708	135431	9985
2878862	14163211	12421311	1180002	92047
73171	297202	255015	23765	4513
9551	23062	20685	1009	417
2626456	13327512	11722694	1099993	82857
169683	515435	422917	55235	4260
28769	136629	117518	5678	2218
959721	4657570	3942782	463849	30512
65948	122188	101833	13757	977
558	17787	15698	-987	166
809353	4144722	3504626	417820	23658
78718	362181	311267	33119	4660
5143	10693	9358	140	1051
117307	188842	172156		2754
37792	88007	78187	4685	1057
13479	57791	50065	6121	522
66036	43045	43904	-10806	1175
937872	4548102	3852236	447925	30636
41773	42662	38636	-119	1893
96	5726	3893	337	50
73171	297202	255015	23765	4513
809353	4144722	3504626	417820	23658
13479	57791	50065	6121	522
115420	265916	236422	-1139	5565
5362	34700	29261	3826	538
9551	23062	20685	1009	417
558	17787	15698	-987	166
28769	136629	117518	5678	2218
5143	10693	9358	140	1051
66036	43045	43904	-10806	1175
405159	2181564	1855892	223785	18905
156758	1303949	1121708	135431	9985
169683	515435	422917	55235	4260
78718	362181	311267	33119	4660
4919008	21475161	18914607	1715474	146811
514417	741189	632346	82672	3754
2626456	13327512	11722694	1099993	82857
65948	122188	101833	13757	977
37792	88007	78187	4685	1057
1674395	7196264	6379547	514367	58166
331403	1182646	1157804	-47781	17721
989750	1379291	1136461	150560	10381
9390	23177	19444	781	638
1773895	7180419	6093094	639877	79494
4603563	21290324	18766063	1746168	122423
1125176	5350742	4534145	545189	37120

9－2 续表2

指标名称	负债合计	流动负债合计	非流动负债合计
中型企业	2442154	1752337	154783
小型企业	3204182	2355789	304818
微型企业	109553	23416	28955
四、按行业分			
煤炭开采和洗选业	17386	15310	1108
黑色金属矿采选业	16283	2077	14206
有色金属矿采选业	254927	182894	42011
非金属矿采选业	275270	73409	25675
农副食品加工业	229858	151757	20942
食品制造业	58705	38449	9973
酒、饮料和精制茶制造业	57991	49205	8782
纺织业	165191	119279	8498
纺织服装、服饰业	148697	127685	7894
皮革、毛皮、羽毛及其制品和制鞋业	70530	40244	16499
木材加工和木、竹、藤、棕、草制品业	120079	109772	732
家具制造业	29362	19315	6997
造纸和纸制品业	95866	52882	5644
印刷和记录媒介复制业	40440	11213	2595
文教、工美、体育和娱乐用品制造业	71187	34966	11191
石油加工、炼焦和核燃料加工业	1264		
化学原料和化学制品制造业	347900	291285	23540
医药制造业	156192	123123	28865
化学纤维制造业	14196	5659	8537
橡胶和塑料制品业	55258	48248	4794
非金属矿物制品业	358560	327688	18369
黑色金属冶炼和压延加工业	49828	37622	3114
有色金属冶炼和压延加工业	2020763	1412116	112277
金属制品业	135210	107171	13612
通用设备制造业	168380	138167	4926
专用设备制造业	86019	63746	1840
汽车制造业	214526	192622	20272
铁路、船舶、航空航天和其他运输设备制造业	226	226	
电气机械和器材制造业	1594158	1237169	233075
计算机、通信和其他电子设备制造业	52976	27019	2645
仪器仪表制造业	26956	24053	2904
其他制造业	17233	14335	2361
废弃资源综合利用业	9326	6818	2094
电力、热力生产和供应业	109490	60205	45669
燃气生产和供应业	11670	8623	3048
水的生产和供应业	19120	12820	6300
五、按地区分			
信州区	592694	545498	21701
其中:直属	101190	84465	3380
广丰区	943911	234619	37118
上饶县	2013038	1609523	274108
其中:直属	481164	328200	44415
玉山县	629958	513210	27406
铅山县	508383	272964	4061
横峰县	424127	373347	40514
弋阳县	218583	103697	113082
余干县	380618	285689	94645
鄱阳县	499532	496881	273
万年县	339858	275394	47440
婺源县	120702	96490	7694
德兴市	429619	359859	52945
其中:上饶市经济技术开发区	2310222	1948827	262148
综合园	2023379	1742356	248014
茶亭园	222741	154483	14134
朝阳园	64102	51987	

单位:万元

所有者权益合计	主营业务收入	主营业务成本	利润总额	从业人员平均人数(人)
2477243	11380181	9884186	1100158	75625
2743630	11615919	10327770	739037	88419
31409	123902	113055	1661	753
28173	62722	53423	2781	2504
30578	99111	80862	9686	413
263425	327435	274622	138	5248
481525	544602	441770	56525	3770
251810	1221934	1050165	114140	6409
76175	493990	407298	50014	2802
64324	104977	84580	4609	1492
163405	908812	782655	81132	11876
147295	829178	707157	70539	14789
57224	281924	219959	29252	8026
83281	362029	323006	17785	7983
39113	123030	103418	9592	1655
86608	200575	172466	14863	2449
97603	161409	133208	18976	1695
164183	662325	567697	66479	5404
994	3544	3529	-3	32
352141	1218585	1061572	87693	12290
119490	502009	425129	34163	4428
38300	100637	88177	10758	464
68403	188878	158068	16212	3261
462177	926177	772729	88097	11144
111462	730426	613634	92818	2820
1093632	9457286	8643690	696041	21455
163297	602817	490811	69458	6992
185911	736675	630664	64641	9084
50628	319639	266427	29208	2591
240190	521795	477279	30575	3786
2961	2264	2059	3	56
1184643	5911446	5060330	558096	31079
125197	506521	441375	46567	8224
17963	75365	71693	-675	4046
8184	92555	84389	5446	1013
11954	73697	63135	5097	409
59621	98110	88424	4331	1711
18718	10517	6834	1312	190
26871	7750	6924	-303	327
180308	826107	777955	17418	10720
64547	232980	231967	1498	4351
1765680	5886409	5020729	639036	31000
1233245	6317954	5527138	538300	35007
139929	869390	823968	19142	4346
512919	2993772	2633973	244677	18418
372435	1792490	1596284	153526	7482
185926	1771214	1599434	144466	10144
495299	1338986	1171588	99239	11026
192857	1409553	1271805	102465	7665
579617	2506162	2130867	226194	34595
333081	2158914	1833367	174486	15856
92927	451592	397183	22224	6910
433164	1017591	898833	24013	13094
1274130	6754572	5945030	548534	40179
1209076	6041691	5249158	535077	37030
50284	562504	537481	13620	1011
14770	150377	158391	-163	2138

9－3 规模以上工业增加值

（快报数） 单位：万元

指标名称	2015 年	2015 年比 2014 年增长（%）
总　　计	6905428	9.60
一、按登记注册类型分组：		
国有企业	12196	－5.14
集体企业	1828	－29.43
股份合作企业	8602	7.64
股份制企业	2149720	8.65
外商和港澳台商投资企业	1379901	8.59
其他经济类型企业	37740	9.40
私营企业	3315441	12.85
二、按轻、重工业分		
轻工业	1787010	7.98
重工业	5118418	10.07
三、在总计中：国有控股企业	698037	5.14
非公有工业	6168217	10.48
在总计中：大型企业	1343891	11.63
中型企业	2728305	6.83
小型企业	2819938	12.85
微型企业	13293	－30.57
四、按工业行业分		
煤炭开采和洗选业	19056	14.06
黑色金属矿采选业	18389	20.08
有色金属矿采选业	249631	111.82
非金属矿采选业	181986	5.14
农副食品加工业	255591	4.80
食品制造业	138459	12.91
酒、饮料和精制茶制造业	34232	0.74
纺织业	224614	19.61
纺织服装、服饰业	240520	3.72
皮革、毛皮、羽毛及其制品和制鞋业	129039	6.02
木材加工和木、竹、藤、棕、草制品业	59440	4.53
家具制造业	59901	－18.12
造纸和纸制品业	58466	9.40
印刷和记录媒介复制业	43376	14.87
文教、工美、体育和娱乐用品制造业	173725	13.66
化学原料和化学制品制造业	368137	－10.75

9-3 续表

指标名称	2015 年	2015 年比 2014 年增长(%)
医药制造业	123140	13.52
化学纤维制造业	18461	12.03
橡胶和塑料制品业	32795	0.54
非金属矿物制品业	348081	4.94
黑色金属冶炼和压延加工业	228738	29.75
有色金属冶炼和压延加工业	1896226	5.75
金属制品业	122888	10.21
通用设备制造业	158790	10.75
专用设备制造业	80839	9.60
汽车制造业	47446	13.45
铁路、船舶、航空航天和其他运输设备制造业	448	-34.95
电气机械和器材制造业	1109827	20.82
计算机、通信和其他电子设备制造业	238345	13.05
仪器仪表制造业	19684	-24.68
其他制造业	19793	-8.32
废弃资源综合利用业	1849	21.97
电力、热力生产和供应业	196477	2.77
燃气生产和供应业	1236	6.42
水的生产和供应业	5803	-5.54
五、按地区分		
信州区	213425	10.40
其中:直属	75936	9.50
广丰区	1480073	10.90
上饶县	1249781	10.30
其中:直属	148177	9.30
玉山县	763328	11.40
铅山县	367753	11.10
横峰县	403496	-6.70
弋阳县	334649	9.20
余干县	400110	11.50
鄱阳县	604680	10.50
万年县	660426	10.90
婺源县	128950	-1.30
德兴市	298757	11.00
其中:上饶经济技术开发区	1380693	10.60
综合园	1239094	10.80
茶亭园	101112	9.40
朝阳园	40486	9.60

9－4 规模以上国有控股

（2015

指 标 名 称	企业单位数（个）	亏损企业	工业总产值（当年价格）
总　　计	52	8	2528728
一、按登记注册类型分组：			
内资企业	49	7	2391201
国有企业	11	5	40584
地方企业	11	5	40584
有限责任公司	36	1	2031631
国有独资公司	13		1207944
其他有限责任公司	23	1	823687
股份有限公司	2	1	318986
港、澳、台商投资企业	1		48402
合资经营企业（港或澳、台资）	1		48402
外商投资企业	2	1	89125
中外合资经营企业	1		33795
其他外商投资企业	1	1	55330
二、按经济组织类型分组			
独资企业	11	5	40584
国有企业	11	5	40584
合作、合伙企业	1	1	55330
其他外商投资企业	1	1	55330
股份有限公司	2	1	318986
股份有限公司（内资）	2	1	318986
有限责任公司	38	1	2113829
国有独资公司	13		1207944
合资经营企业（港或澳、台资）	1		48402
中外合资经营企业	1		33795
其他有限责任公司	23	1	823687
三、在总计中：亏损企业	8	8	292720
在总计中：国有控股企业	52	8	2528728
在总计中：农村工业	1		2400
在总计中：轻工业	9	2	517817
重工业	43	6	2010911
在总计中：大型企业	4	2	456695
中型企业	19	2	1695394
小型企业	28	4	373271
微型企业	1		3368

工业企业主要经济指标(一)

年)　　　　　　　　　　　　　　　　　　　　　　　　　　　　　单位:万元

工业销售产值(当年价格)	出口交货值	资产总计	流动资产合计	产成品	固定资产合计	固定资产原价	累计折旧
2499160	19283	2829472	934617	48647	1127645	1804790	708361
2373917	19283	2594252	862657	38665	1006605	1654278	678890
39121		92204	28835	1847	37459	47521	11907
39121		92204	28835	1847	37459	47521	11907
2016688	19283	2045177	542132	30219	837976	1378489	569775
1207145	19181	1357848	369643	21040	560136	902476	351357
809543	102	687328	172489	9179	277840	476013	218418
318108		456872	291690	6599	131170	228267	97207
48402		71413	28232	8	43181	51287	8106
48402		71413	28232	8	43181	51287	8106
76840		163807	43728	9974	77860	99225	21366
33795		20498	12758	227	7739	9684	1945
43045		143309	30970	9747	70121	89542	19421
39121		92204	28835	1847	37459	47521	11907
39121		92204	28835	1847	37459	47521	11907
43045		143309	30970	9747	70121	89542	19421
43045		143309	30970	9747	70121	89542	19421
318108		456872	291690	6599	131170	228267	97207
318108		456872	291690	6599	131170	228267	97207
2098886	19283	2137087	583122	30455	888896	1439460	579826
1207145	19181	1357848	369643	21040	560136	902476	351357
48402		71413	28232	8	43181	51287	8106
33795		20498	12758	227	7739	9684	1945
809543	102	687328	172489	9179	277840	476013	218418
280097		327932	100208	16169	162025	224141	64764
2499160	19283	2829472	934617	48647	1127645	1804790	708361
2200		1661	890	131	771	1572	801
512207	19181	432632	192958	10770	178470	251079	77302
1986953	102	2396839	741658	37877	949175	1553711	631060
439672	19181	784149	442507	25044	252056	408929	156983
1697522		1632002	334266	18787	684896	1115422	449391
358598	102	410082	156548	4816	190568	280298	101971
3368		3239	1296		125	141	16

9-4 续表1

指标名称	企业单位数（个）	亏损企业	工业总产值（当年价格）
四、按行业分			
煤炭开采和洗选业	3	1	6832
有色金属矿采选业	2	1	145332
非金属矿采选业	4		272871
食品制造业	1		7004
造纸和纸制品业	1		33795
印刷和记录媒介复制业	1		48402
文教、工美、体育和娱乐用品制造业	1		331761
化学原料和化学制品制造业	2		35211
橡胶和塑料制品业	1		7209
非金属矿物制品业	7		206139
有色金属冶炼和压延加工业	3	1	558194
金属制品业	2		37678
通用设备制造业	2		95751
汽车制造业	1		2325
电气机械和器材制造业	1		23655
废弃资源综合利用业	1		4965
电力、热力生产和供应业	15	2	699754
燃气生产和供应业	1	1	
水的生产和供应业	3	2	11850
五、按地区分			
信州区	5	1	128717
其中:直属	3	1	32966
广丰区	7		1000682
上饶县	2		82909
其中:直属	2		82909
玉山县	5	1	109435
铅山县	4	2	36700
横峰县	2	1	15942
弋阳县	4		135738
余干县	5		314045
鄱阳县	1		36517
万年县	5		161817
婺源县	1		26627
德兴市	11	3	479599
其中:上饶市经济技术开发区	3		176310
综合园	2		95751
茶亭园	1		80559

单位:万元

工业销售产值(当年价格)	出口交货值	资产总计	流动资产合计	产成品	固定资产合计	固定资产原价	累计折旧
6752		11193	3402	1768	6636	8958	3511
132132		273819	42775	14669	93156	119424	34429
272871		582680	159317	4	36918	43730	10404
6975		1952	988	691	964	1314	350
33795		20498	12758	227	7739	9684	1945
48402		71413	28232	8	43181	51287	8106
331761		77113	11709	808	47559	62106	18584
33970		70212	25722	341	44190	59190	15001
7209		1646	1415	4	101	129	28
204464		456027	291232	3403	135623	266676	131465
558079		285015	82539	5530	91936	121530	29704
43570		27593	18799	7536	8386	14908	6606
79883	19283	221833	140881	9424	64529	105218	51330
2310		2511	1891	690	616	1326	711
21406		17899	14590	2990	3309	6153	3286
5008		5116	1047	242	3931	5698	1768
699754		620992	80221		507142	888305	383054
		6954	288		3521	3697	177
10818		75007	16812	312	28209	35459	7906
112141	19283	271718	151607	10114	99767	154345	65574
32258		49886	10725	690	35238	49127	14245
1000682		903914	205392	1761	204252	276652	80042
82909		41277	3439	1	33098	62815	30021
82909		41277	3439	1	33098	62815	30021
108497		120138	57428	1284	55225	126123	71222
36150		27994	3539	205	23925	44071	20838
16412		21573	3211	1564	3995	4526	1721
135738		53815	29354	11	22191	39802	18144
314257		374169	49173	1179	314028	498936	185321
36517		31290	3661		24020	48511	24492
161025		411732	267397	2621	121750	220504	98754
26627		24470	5642		15339	31831	16492
468205		547383	154775	29909	210056	296675	95741
160442	19283	257409	143350	9424	97133	167323	81135
79883	19283	221833	140881	9424	64529	105218	51330
80559		35577	2469		32604	62105	29805

9－4 规模以上国有控股

(2015

指 标 名 称	负债合计	流动负债合 计	非流动负债合计
总 计	1260925	765570	285104
一、按登记注册类型分组:			
内资企业	1155851	708125	265277
国有企业	50431	30513	19918
地方企业	50431	30513	19918
有限责任公司	917134	510855	223830
国有独资公司	590309	269147	147211
其他有限责任公司	326825	241709	76619
股份有限公司	188286	166757	21530
港、澳、台商投资企业	24715		
合资经营企业(港或澳、台资)	24715		
外商投资企业	80359	57446	19827
中外合资经营企业	3086		
其他外商投资企业	77273	57446	19827
二、按经济组织类型分组			
独资企业	50431	30513	19918
国有企业	50431	30513	19918
合作、合伙企业	77273	57446	19827
其他外商投资企业	77273	57446	19827
股份有限公司	188286	166757	21530
股份有限公司(内资)	188286	166757	21530
有限责任公司	944935	510855	223830
国有独资公司	590309	269147	147211
合资经营企业(港或澳、台资)	24715		
中外合资经营企业	3086		
其他有限责任公司	326825	241709	76619
三、在总计中:亏损企业	218525	161641	56884
在总计中:国有控股企业	1260925	765570	285104
在总计中:农村工业	181	151	31
在总计中:轻工业	188928	106127	55000
重工业	1071996	659443	230104
在总计中:大型企业	364903	282903	82000
中型企业	657966	307661	146025
小型企业	237936	174887	57079
微型企业	120	120	

工业企业主要经济指标(二)

年)　　　　单位:万元

所有者权益合计	主营业务收入	主营业务成本	利润总额	从业人员平均人数(人)
1568546	2557660	2175194	249382	23159
1438401	2432418	2067053	249051	21263
41773	42662	38636	-119	1893
41773	42662	38636	-119	1893
1128043	2073548	1750100	232283	17119
767540	1234735	1041275	152728	9634
360504	838812	708825	79555	7485
268585	316209	278316	16887	2251
46697	48402	36025	8336	450
46697	48402	36025	8336	450
83448	76840	72117	-8006	1446
17412	33795	28213	2800	271
66036	43045	43904	-10806	1175
41773	42662	38636	-119	1893
41773	42662	38636	-119	1893
66036	43045	43904	-10806	1175
66036	43045	43904	-10806	1175
268585	316209	278316	16887	2251
268585	316209	278316	16887	2251
1192152	2155745	1814338	243420	17840
767540	1234735	1041275	152728	9634
46697	48402	36025	8336	450
17412	33795	28213	2800	271
360504	838812	708825	79555	7485
109406	281249	273956	-13643	3981
1568546	2557660	2175194	249382	23159
1480	2201	1749	400	121
243704	547291	479590	51115	6051
1324843	2010369	1695605	198267	17108
419246	472332	431304	6416	7730
974036	1712706	1403834	227296	11645
172146	369254	337485	15596	3765
3119	3368	2572	74	19

9-4 续表2

指标名称	负债合计	流动负债合计	非流动负债合计
四、按行业分			
煤炭开采和洗选业	5426	4318	1108
有色金属矿采选业	118600	79483	39117
非金属矿采选业	209397	29231	6215
食品制造业	996	996	
造纸和纸制品业	3086		
印刷和记录媒介复制业	24715		
文教、工美、体育和娱乐用品制造业	15096	7039	8057
化学原料和化学制品制造业	20101	19933	168
橡胶和塑料制品业	490	409	81
非金属矿物制品业	139797	136750	162
有色金属冶炼和压延加工业	109790	76715	27462
金属制品业	8824	8824	
通用设备制造业	127203	62409	64793
汽车制造业	990	990	
电气机械和器材制造业	9276	9090	186
废弃资源综合利用业	1149	1149	
电力、热力生产和供应业	416098	287690	128408
燃气生产和供应业	4876	1828	3048
水的生产和供应业	45016	38716	6300
五、按地区分			
信州区	146703	78560	68144
其中:直属	19501	16151	3350
广丰区	261592	40690	13538
上饶县	29535	18738	10797
其中:直属	29535	18738	10797
玉山县	51610	44797	6813
铅山县	23014	17760	5255
横峰县	17319	13016	4303
弋阳县	25922	15529	10393
余干县	219852	132078	87774
鄱阳县	30857	26746	4111
万年县	145843	139383	3575
婺源县	15806	13609	2197
德兴市	292871	224665	68205
其中:上饶市经济技术开发区	151120	81102	70018
综合园	127203	62409	64793
茶亭园	23917	18692	5225

单位:万元

所有者权益合计	主营业务收入	主营业务成本	利润总额	从业人员平均人数(人)
5767	6744	6078	-33	963
155219	132956	99316	-5989	1918
373283	272871	216452	40072	851
956	7004	6873	15	80
17412	33795	28213	2800	271
46697	48402	36025	8336	450
62017	331761	287697	39602	398
50111	32988	30023	1750	263
1156	7209	6434	244	175
316231	204442	158336	22116	2356
175225	576180	500349	63123	1804
18769	38077	33099	1397	1085
94630	127423	121517	1215	4566
1522	2325	2105	86	96
8623	21380	18502	725	793
3967	4281	3342	364	49
204894	695953	608229	73885	6508
2078	3052	3026	-208	36
29991	10818	9581	-118	497
125015	155794	149153	1242	5136
30385	28371	27636	28	570
642322	1020682	842282	148147	3441
11742	82909	81697	214	611
11742	82909	81697	214	611
68528	108497	95315	4120	1724
4980	36142	35030	342	934
4254	16412	16588	-942	974
27893	135738	126640	7097	692
154317	314370	227055	72930	1281
433	36617	36285	101	187
265889	161038	128809	18692	1857
8664	26627	26336	352	463
254512	462834	410004	-2912	5859
106290	207982	201893	1263	5117
94630	127423	121517	1215	4566
11660	80559	80377	49	551

9-5 规模以上集体控股

(2015

指标名称	企业单位数（个）	亏损企业	工业总产值（当年价格）
总　　计	8	3	147505
一、按登记注册类型分组：			
内资企业	7	2	129795
集体企业	1		5571
有限责任公司	5	2	113940
其他有限责任公司	5	2	113940
股份有限公司	1		10285
港、澳、台商投资企业	1	1	17710
合作经营企业(港或澳、台资)	1	1	17710
二、按经济组织类型分组			
独资企业	1		5571
集体企业	1		5571
合作、合伙企业	1	1	17710
合作经营企业(港或澳、台资)	1	1	17710
股份有限公司	1		10285
股份有限公司(内资)	1		10285
有限责任公司	5	2	113940
其他有限责任公司	5	2	113940
三、在总计中：亏损企业	3	3	61715
在总计中：轻工业	1		20143
重工业	7	3	127362
在总计中：中型企业	3	2	86109
小型企业	5	1	61396
四、按行业分			
有色金属矿采选业	1	1	5657
非金属矿采选业	1		10285
化学原料和化学制品制造业	1	1	17710
医药制造业	1		20143
黑色金属冶炼和压延加工业	1		5571
有色金属冶炼和压延加工业	1	1	38347
通用设备制造业	2		49792
五、按地区分			
广丰区	2		30428
弋阳县	3	2	51692
鄱阳县	1		42105
万年县	1	1	17710
德兴市	1		5571

工业企业主要经济指标(一)

年）

单位:万元

工业销售产值(当年价格)	出口交货值	资产总计	流动资产合计	产成品	固定资产合计	固定资产原价	累计折旧
148411	7344	133099	71139	7456	50288	68440	18975
130699		96823	57180	5662	32597	46292	14517
5520		539	433				
114894		53889	25022	4846	26174	36047	10695
114894		53889	25022	4846	26174	36047	10695
10285		42396	31725	816	6424	10245	3822
17712	7344	36276	13959	1794	17690	22148	4458
17712	7344	36276	13959	1794	17690	22148	4458
5520		539	433				
5520		539	433				
17712	7344	36276	13959	1794	17690	22148	4458
17712	7344	36276	13959	1794	17690	22148	4458
10285		42396	31725	816	6424	10245	3822
10285		42396	31725	816	6424	10245	3822
114894		53889	25022	4846	26174	36047	10695
114894		53889	25022	4846	26174	36047	10695
62637	7344	63612	25456	4840	31306	40221	9718
20316		12406	8853	1467	3085	7213	4148
128094	7344	120693	62286	5989	47203	61227	14827
86890		37762	13688	3373	21849	26707	5660
61521	7344	95337	57451	4083	28438	41734	13315
4960		8508	1922	898	6352	10055	4506
10285		42396	31725	816	6424	10245	3822
17712	7344	36276	13959	1794	17690	22148	4458
20316		12406	8853	1467	3085	7213	4148
5520		539	433				
39966		18828	9575	2149	7263	8017	754
49652		14146	4672	333	9474	10761	1288
30601		54802	40578	2283	9508	17458	7969
52613		31058	13978	3052	14855	20199	6147
41965		10425	2191	327	8234	8634	400
17712	7344	36276	13959	1794	17690	22148	4458
5520		539	433				

9－5 规模以上集体控股

（2015

指标名称	负债合计	流动负债合计	非流动负债合计
总计	80636	66436	13757
一、按登记注册类型分组：			
内资企业	44918	30719	13757
集体企业	443		
有限责任公司	23601	20444	3157
其他有限责任公司	23601	20444	3157
股份有限公司	20875	10275	10600
港、澳、台商投资企业	35717	35717	
合作经营企业（港或澳、台资）	35717	35717	
二、按经济组织类型分组			
独资企业	443		
集体企业	443		
合作、合伙企业	35717	35717	
合作经营企业（港或澳、台资）	35717	35717	
股份有限公司	20875	10275	10600
股份有限公司（内资）	20875	10275	10600
有限责任公司	23601	20444	3157
其他有限责任公司	23601	20444	3157
三、在总计中：亏损企业	51080	48511	2569
在总计中：轻工业	3234	3234	
重工业	77402	63202	13757
在总计中：中型企业	18819	16250	2569
小型企业	61817	50186	11188
四、按行业分			
有色金属矿采选业	3029	2422	607
非金属矿采选业	20875	10275	10600
化学原料和化学制品制造业	35717	35717	
医药制造业	3234	3234	
黑色金属冶炼和压延加工业	443		
有色金属冶炼和压延加工业	12334	10372	1962
通用设备制造业	5004	4416	588
五、按地区分			
广丰区	24109	13509	10600
弋阳县	16911	13754	3157
鄱阳县	3456	3456	
万年县	35717	35717	
德兴市	443		

工业企业主要经济指标(二)

年) 单位:万元

所有者权益合计	主营业务收入	主营业务成本	利润总额	从业人员年平均人数(人)
52463	143540	118540	6724	2078
51905	125753	102843	7711	1912
96	5726	3893	337	50
30288	109878	96710	5002	1784
30288	109878	96710	5002	1784
21521	10149	2240	2372	78
558	17787	15698	-987	166
558	17787	15698	-987	166
96	5726	3893	337	50
96	5726	3893	337	50
558	17787	15698	-987	166
558	17787	15698	-987	166
21521	10149	2240	2372	78
21521	10149	2240	2372	78
30288	109878	96710	5002	1784
30288	109878	96710	5002	1784
12532	57540	53040	-2810	1114
9172	20335	16986	2338	195
43291	123204	101555	4386	1883
18943	81855	72977	2591	1334
33520	61684	45563	4134	744
5479	5017	3309	-368	524
21521	10149	2240	2372	78
558	17787	15698	-987	166
9172	20335	16986	2338	195
96	5726	3893	337	50
6494	34736	34034	-1455	424
9143	49789	42382	4486	641
30693	30484	19225	4711	273
14147	47441	44090	-1750	1203
6970	42102	35635	4414	386
558	17787	15698	-987	166
96	5726	3893	337	50

（2015

指标名称	企业单位数（个）	亏损企业	工业总产值（当年价格）
总　　计	843	75	20702595
一、按登记注册类型分组：			
内资企业	839	75	20676879
股份合作企业	3		32720
有限责任公司	248	36	5263968
其他有限责任公司	248	36	5263968
股份有限公司	25	5	1274890
私营企业	557	34	13979569
私营独资企业	25		294578
私营合伙企业	4	1	22644
私营有限责任公司	501	30	13153377
私营股份有限公司	27	3	508970
其他企业	6		125731
港、澳、台商投资企业	1		15325
合资经营企业(港或澳、台资)	1		15325
外商投资企业	3		10392
中外合资经营企业	3		10392
二、按经济组织类型分组			
独资企业	25		294578
私营独资企业	25		294578
合作、合伙企业	13	1	181096
股份合作企业	3		32720
私营合伙企业	4	1	22644
其他企业(内资)	6		125731
股份有限公司	52	8	1783859
股份有限公司(内资)	25	5	1274890
私营股份有限公司	27	3	508970
有限责任公司	753	66	18443062
私营有限责任公司	501	30	13153377
合资经营企业(港或澳、台资)	1		15325
中外合资经营企业	3		10392
其他有限责任公司	248	36	5263968
三、在总计中：亏损企业	75	75	751964
在总计中：农村工业	5	2	20357
在总计中：轻工业	340	20	5777043
重工业	503	55	14925553
在总计中：大型企业	3		1227096
中型企业	133	6	9418467
小型企业	690	67	10005952
微型企业	17	2	51081
四、按行业分			
煤炭开采和洗选业	12		53603
黑色金属矿采选业	2		98859
有色金属矿采选业	21	3	194507
非金属矿采选业	26	1	252187
农副食品加工业	42	4	1196596

工业企业主要经济指标(一)

年）　　　　　　　　　　　　　　　　　　　　　　　　单位:万元

工业销售产值（当年价格）	出口交货值	资产总计	流动资产合计	产成品	固定资产合计	固定资产原价	累计折旧
20511186	717676	9155851	4417379	505713	3084218	3831795	955531
20485651	717676	9112733	4407139	504436	3053290	3789507	940439
32720		9358	4936	259	2982	3110	431
5190323	125615	2947877	1514522	175039	1018082	1233246	275135
5190323	125615	2947877	1514522	175039	1018082	1233246	275135
1278711	65033	328201	178906	18750	122749	195334	76756
13864475	527029	5783950	2697047	309060	1880948	2328607	587037
290531	339	136681	58104	6218	54203	76759	27039
22643		17502	8353	212	6076	5692	2450
13050456	476729	5372725	2513981	290891	1726995	2140855	533148
500844	49961	257042	116610	11740	93674	105301	24400
119422		43348	11728	1327	28530	29210	1080
15325		8507	1702	86	6805	7502	4204
15325		8507	1702	86	6805	7502	4204
10210		34612	8538	1191	24124	34787	10888
10210		34612	8538	1191	24124	34787	10888
290531	339	136681	58104	6218	54203	76759	27039
290531	339	136681	58104	6218	54203	76759	27039
174786		70208	25017	1798	37587	38012	3961
32720		9358	4936	259	2982	3110	431
22643		17502	8353	212	6076	5692	2450
119422		43348	11728	1327	28530	29210	1080
1779555	114994	585243	295516	30490	216423	300635	101156
1278711	65033	328201	178906	18750	122749	195334	76756
500844	49961	257042	116610	11740	93674	105301	24400
18266314	602343	8363719	4038742	467207	2776005	3416389	823375
13050456	476729	5372725	2513981	290891	1726995	2140855	533148
15325		8507	1702	86	6805	7502	4204
10210		34612	8538	1191	24124	34787	10888
5190323	125615	2947877	1514522	175039	1018082	1233246	275135
727637	32740	569337	300069	36002	163553	213964	61908
20067		18603	12273	95	4472	6187	1715
5707542	515986	2622003	1157603	167495	1106884	1212059	226749
14803644	201690	6533848	3259776	338218	1977334	2619736	728782
1239675		441232	141659	10479	293341	402738	109397
9365955	473141	3489574	1647407	210098	1346721	1725509	420787
9854733	244535	5137519	2608101	284860	1391505	1642478	415499
50822		87526	20212	276	52651	61070	9848
52750		34367	14523	2265	9660	20002	12323
99111		46861	32535	73	9721	14219	4498
193358		236025	102570	7600	38768	61275	28893
249593		125462	64339	5694	45388	56274	12081
1193372	76027	485704	241889	57332	166923	163094	26709

9－6 续表1

指 标 名 称	企业单位数（个）	亏损企业	工业总产值（当年价格）
食品制造业	10	1	287341
酒、饮料和精制茶制造业	12		107511
纺织业	47	1	819843
纺织服装、服饰业	57	4	654602
皮革、毛皮、羽毛及其制品和制鞋业	21		159519
木材加工和木、竹、藤、棕、草制品业	19		231321
家具制造业	15		121870
造纸和纸制品业	16	1	165541
印刷和记录媒介复制业	8		110738
文教、工美、体育和娱乐用品制造业	26	3	323852
石油加工、炼焦和核燃料加工业	1	1	3483
化学原料和化学制品制造业	97	13	1086490
医药制造业	22	3	296191
化学纤维制造业	3		101142
橡胶和塑料制品业	17	5	155078
非金属矿物制品业	79	11	839223
黑色金属冶炼和压延加工业	12	1	718564
有色金属冶炼和压延加工业	86	7	8194208
金属制品业	28		564907
通用设备制造业	49	5	620281
专用设备制造业	15	1	277290
汽车制造业	20	2	351137
铁路、船舶、航空航天和其他运输设备制造业	1		2264
电气机械和器材制造业	40	4	2333726
计算机、通信和其他电子设备制造业	11	1	154204
仪器仪表制造业	9	2	55430
其他制造业	7		68326
废弃资源综合利用业	6	1	69037
电力、热力生产和供应业	5		29755
燃气生产和供应业	1		3971
五、按地区分			
信州区	44	9	695295
其中：直属	18	7	187563
广丰区	150	3	4252336
上饶县	76	22	1862404
其中：直属	30	10	223215
玉山县	125	5	2614473
铅山县	50	3	1779940
横峰县	39	4	1762894
弋阳县	69	6	1234107
余干县	42	7	1220543
鄱阳县	83	9	2300884
万年县	71	2	1952673
婺源县	24		349975
德兴市	70	5	677072
其中：上饶市经济技术开发区	85	21	2406623
综合园	72	14	2146922
茶亭园	5	3	129692
朝阳园	8	4	130009

单位:万元

工业销售产值(当年价格)	出口交货值	资产总计	流动资产合计	产成品	固定资产合计	固定资产原价	累计折旧
286949	37268	105012	49676	5050	40976	58234	17258
101306	10604	119894	58426	11763	45708	47168	6414
812220	138780	302107	147977	17370	90731	110051	28020
651744	126877	260352	101699	9712	117268	120749	12703
158096	8152	75294	33944	2156	26806	28180	4869
225833		98406	35949	5332	38808	48248	10112
122329		63182	38078	3873	19369	21836	2820
163199		135515	50720	7648	73540	37522	6207
110384		66631	18223	2846	20433	23346	3073
310029	27729	158257	80303	17540	63773	72387	13677
3483		2257	1770				
1069602	1455	553863	271364	24698	203418	260575	68298
281561	2731	157253	92334	12889	50337	66151	19047
100637		52496	39180	1596	10294	13511	3420
152986	45749	105277	50235	4826	49141	56520	10241
824871		716571	302678	22469	270515	410875	149131
695867		155435	51547	5214	94907	116898	22409
8158495	339	2618317	1405098	185363	628166	829595	242356
548276	183835	270914	159298	10518	90398	104388	17041
618374	2932	332646	136236	13205	174743	188289	20972
275850		120670	56448	7115	37248	52700	16710
338629	310	452204	213296	13678	61616	78125	17998
2264		3187	673		2464	2934	470
2338757	38080	1009930	497104	44166	424716	556875	136338
154266	4287	83817	25340	1683	38273	43043	9280
53879		27884	14709	1043	12721	13612	3684
68404	12523	16488	7274	818	7853	8234	836
61419		16164	6539	168	1744	1697	247
29602		123976	13516	12	98623	118813	20192
3691		23435	1891		19171	26375	7204
655971	53520	691019	517256	56573	110213	153593	47624
189921	53210	127341	76280	4878	36259	48822	12841
4239710	16848	1628273	557233	67649	657033	768775	190967
1864457	57615	1197794	598906	59923	322466	462851	183290
219419	3897	341985	177274	12034	107746	103804	33213
2611642	73130	925580	520008	76259	316558	368667	91715
1769736	1455	850908	526516	73623	118517	141276	37331
1759532	339	588482	271662	60869	202202	299408	107384
1232771	111406	654944	425325	4799	170705	240586	69881
1179766	5847	476087	157485	12371	145270	199075	57445
2276826	90591	994696	268307	20770	718762	771974	53513
1898751	209174	538249	254804	21605	172285	211883	46148
342387	66828	172995	94550	16290	42771	57110	16521
679636	30924	436827	225326	34982	107438	156597	53713
2370514	96725	1583883	958993	111026	307978	489066	191198
2111089	54028	1419486	862608	99584	288674	463819	184860
127146	3897	87536	42494	7101	8201	11436	3353
132280	38800	76861	53892	4341	11103	13811	2986

9－6 规模以上私人控股

（2015

指标名称	负债合计	流动负债合计	非流动负债合计
总　　计	4863817	3531437	445729
一、按登记注册类型分组：			
内资企业	4842065	3526678	433574
股份合作企业	3996	3636	54
有限责任公司	1728477	1464533	105874
其他有限责任公司	1728477	1464533	105874
股份有限公司	195049	131195	57983
私营企业	2895666	1912765	268564
私营独资企业	63509	53251	282
私营合伙企业	7951	7540	245
私营有限责任公司	2736847	1786483	259386
私营股份有限公司	87359	65491	8651
其他企业	18876	14548	1100
港、澳、台商投资企业	4302		
合资经营企业（港或澳、台资）	4302		
外商投资企业	17451	4759	12155
中外合资经营企业	17451	4759	12155
二、按经济组织类型分组			
独资企业	63509	53251	282
私营独资企业	63509	53251	282
合作、合伙企业	30824	25725	1399
股份合作企业	3996	3636	54
私营合伙企业	7951	7540	245
其他企业（内资）	18876	14548	1100
股份有限公司	282408	196686	66633
股份有限公司（内资）	195049	131195	57983
私营股份有限公司	87359	65491	8651
有限责任公司	4487076	3255775	377415
私营有限责任公司	2736847	1786483	259386
合资经营企业（港或澳、台资）	4302		
中外合资经营企业	17451	4759	12155
其他有限责任公司	1728477	1464533	105874
三、在总计中：亏损企业	347565	297779	17893
在总计中：农村工业	10694	7892	2802
在总计中：轻工业	1165381	804223	120582
重工业	3698436	2727214	325147
在总计中：大型企业	195959	91476	53450
中型企业	1907364	1476756	104306
小型企业	2710394	1946710	259019
微型企业	50101	16496	28955
四、按行业分			
煤炭开采和洗选业	11960	10993	
黑色金属矿采选业	16283	2077	14206
有色金属矿采选业	133298	100990	2287
非金属矿采选业	41581	30818	8608
农副食品加工业	225345	147244	20942

工业企业主要经济指标(二)

年)　　　　　　　　　　　　　　　　　　　　　　　　　　　　　　　单位:万元

所有者权益合计	主营业务收入	主营业务成本	利润总额	从业人员年平均人数(人)
4272252	20977930	18454417	1707353	148254
4250886	20952092	18432967	1705825	147465
5362	34700	29261	3826	538
1209040	5361008	4778882	386058	43834
1209040	5361008	4778882	386058	43834
133152	1267797	1096721	130371	9520
2878862	14163211	12421311	1180002	92047
73171	297202	255015	23765	4513
9551	23062	20685	1009	417
2626456	13327512	11722694	1099993	82857
169683	515435	422917	55235	4260
24471	125376	106793	5567	1526
4205	15325	13526	600	360
4205	15325	13526	600	360
17161	10513	7924	928	429
17161	10513	7924	928	429
73171	297202	255015	23765	4513
73171	297202	255015	23765	4513
39384	183139	156739	10402	2481
5362	34700	29261	3826	538
9551	23062	20685	1009	417
24471	125376	106793	5567	1526
302835	1783231	1519638	185606	13780
133152	1267797	1096721	130371	9520
169683	515435	422917	55235	4260
3856861	18714358	16523025	1487579	127480
2626456	13327512	11722694	1099993	82857
4205	15325	13526	600	360
17161	10513	7924	928	429
1209040	5361008	4778882	386058	43834
202715	748002	747711	－25492	10268
7909	20976	17694	381	517
1445541	5768636	4907618	495859	63391
2826711	15209294	13546798	1211494	84863
245273	1240066	1062650	136731	7738
1582210	9445125	8238915	902858	60863
2416762	10240459	9106402	664396	78937
28006	52280	46449	3369	716
22406	55979	47346	2814	1541
30578	99111	80862	9686	413
102726	189463	171997	6495	2806
83881	251093	214797	12964	2688
250001	1193386	1022779	113382	6344

9-6 续表2

指标名称	负债合计	流动负债合计	非流动负债合计
食品制造业	51297	37453	9973
酒、饮料和精制茶制造业	55862	47076	8782
纺织业	153642	107730	8498
纺织服装、服饰业	128624	111625	5971
皮革、毛皮、羽毛及其制品和制鞋业	36668	19469	11499
木材加工和木、竹、藤、棕、草制品业	50247	39940	732
家具制造业	28317	19257	6997
造纸和纸制品业	80929	45442	5644
印刷和记录媒介复制业	15725	11213	2595
文教、工美、体育和娱乐用品制造业	56091	27927	3134
石油加工、炼焦和核燃料加工业	1264		
化学原料和化学制品制造业	272711	219499	23372
医药制造业	92589	78252	10132
化学纤维制造业	14196	5659	8537
橡胶和塑料制品业	42668	36705	3745
非金属矿物制品业	315452	288694	17367
黑色金属冶炼和压延加工业	37688	25924	3114
有色金属冶炼和压延加工业	1731254	1156010	103994
金属制品业	126385	98346	13612
通用设备制造业	159532	130000	4245
专用设备制造业	76685	54412	1840
汽车制造业	213536	191632	20272
铁路、船舶、航空航天和其他运输设备制造业	226	226	
电气机械和器材制造业	537516	387398	78736
计算机、通信和其他电子设备制造业	35020	27019	2645
仪器仪表制造业	18947	16043	2904
其他制造业	9854	8668	649
废弃资源综合利用业	8176	5669	2094
电力、热力生产和供应业	77456	35235	38605
燃气生产和供应业	6795	6795	
五、按地区分			
信州区	539874	497971	18351
其中:直属	79803	66428	30
广丰区	644444	190393	18369
上饶县	727213	541797	109479
其中:直属	237957	146091	35849
玉山县	520926	432313	18930
铅山县	482654	247299	4001
横峰县	406808	360331	36211
弋阳县	183636	80573	101260
余干县	326019	241987	83747
鄱阳县	451488	448836	273
万年县	240795	186686	42907
婺源县	93038	81913	2694
德兴市	246923	221337	9507
其中:上饶市经济技术开发区	1064217	917292	103092
综合园	949328	827249	91952
茶亭园	61208	48476	11140
朝阳园	53681	41566	

单位:万元

所有者权益合计	主营业务收入	主营业务成本	利润总额	从业人员年平均人数(人)
53715	289823	238758	25301	2474
64033	101802	81854	4622	1432
148353	823659	705620	74386	10987
131727	664021	560336	59673	12025
38625	158158	132034	13719	3735
48160	225052	204519	8716	2882
34865	108628	90906	8151	1381
53977	154654	134982	10823	1946
50906	113007	97183	10640	1245
102166	330564	280000	26877	5006
994	3544	3529	-3	32
281152	1089702	947835	81111	11307
64664	289170	251487	13260	3127
38300	100637	88177	10758	464
62609	160148	130186	15736	2951
401118	840445	702952	83179	9853
109049	714299	609741	93278	2570
887062	8210585	7498468	608061	18352
144528	564740	457712	68061	5907
173115	637707	546247	54704	8341
43985	307120	255590	28469	2405
238668	519470	475175	30489	3690
2961	2264	2059	3	56
472414	2394451	2090892	204023	14288
48797	154742	130108	12650	3764
8937	54672	52829	45	2210
6635	68266	62089	4743	780
7987	69416	59793	4733	360
46520	30690	21769	4287	738
16640	7465	3808	1519	154
140930	753367	707684	18187	8803
37324	193692	193394	1450	3373
983828	4270539	3691221	420958	23079
470579	2081828	1866730	165182	15066
104027	217634	204800	6171	2272
404653	2644363	2322851	219091	15459
368254	1769324	1575843	154017	6830
181672	1754802	1582847	145409	9170
462354	1230585	1085911	96794	8998
150068	1222693	1106442	87438	6275
542601	2281398	1940706	205773	28852
297453	1944376	1638243	163062	13769
79956	338836	318590	7325	4187
189903	685819	617350	24117	7766
509563	2670849	2433418	176568	20516
470159	2423870	2176220	175748	18224
26328	122583	125264	1208	464
13076	124395	131934	-389	1828

9－7 规模以上港澳台商控股

（2015

指标名称	企业单位数（个）	亏损企业	工业总产值（当年价格）
总　计	21	6	4053619
一、按登记注册类型分组：			
内资企业	2	1	4968
有限责任公司	2	1	4968
其他有限责任公司	2	1	4968
港、澳、台商投资企业	19	5	4048650
港澳台商独资经营企业	17	4	3685401
港澳台商投资股份有限公司	2	1	363250
二、按经济组织类型分组			
独资企业	17	4	3685401
港澳台商独资经营企业	17	4	3685401
股份有限公司	2	1	363250
港澳台商投资股份有限公司	2	1	363250
有限责任公司	2	1	4968
其他有限责任公司	2	1	4968
三、在总计中：亏损企业	6	6	88245
在总计中：轻工业	11	2	570837
重工业	10	4	3482781
在总计中：大型企业	4		3501442
中型企业	3	2	136117
小型企业	13	3	348591
微型企业	1	1	67469
四、按行业分			
食品制造业	1		197164
纺织服装、服饰业	3	1	114303
皮革、毛皮、羽毛及其制品和制鞋业	3	1	16015
木材加工和木、竹、藤、棕、草制品业	2		113259
造纸和纸制品业	1		6131
化学原料和化学制品制造业	2		6695
医药制造业	1		130950
黑色金属冶炼和压延加工业	1	1	11471
有色金属冶炼和压延加工业	1	1	2075
通用设备制造业	1		49179
电气机械和器材制造业	3	2	3041309
计算机、通信和其他电子设备制造业	1		351779
其他制造业	1		13289
五、按地区分			
信州区	3	1	25775
广丰区	6	1	622788
上饶县	4	2	3045352
其中：直属	1	1	67469
玉山县	2		19923
铅山县	1	1	2075
弋阳县	1		26553
余干县	2	1	133267
鄱阳县	2		177886
其中：上饶市经济技术开发区	7	3	3071127
综合园	6	2	3003658
茶亭园	1	1	67469

工业企业主要经济指标(一)

年)　　　　　　　　　　　　　　　　　　　　　　　　　　　单位:万元

工业销售产值(当年价格)	出口交货值	资产总计	流动资产合计	产成品	固定资产合计	固定资产原价	累计折旧
3960743	1500869	2115958	1138883	187941	880592	1124915	388956
4968		6082	3606	52	2066	2584	518
4968		6082	3606	52	2066	2584	518
4968		6082	3606	52	2066	2584	518
3955775	1500869	2109876	1135277	187889	878527	1122331	388438
3602955	1149090	2001505	1058535	182344	848652	1084927	380839
352819	351779	108372	76742	5545	29875	37404	7599
3602955	1149090	2001505	1058535	182344	848652	1084927	380839
3602955	1149090	2001505	1058535	182344	848652	1084927	380839
352819	351779	108372	76742	5545	29875	37404	7599
352819	351779	108372	76742	5545	29875	37404	7599
4968		6082	3606	52	2066	2584	518
4968		6082	3606	52	2066	2584	518
77776	3028	118378	40986	2533	12087	13482	2455
572127	326624	176541	42234	1478	98257	119918	21660
3388616	1174245	1939418	1096649	186463	782335	1004997	367296
3419034	1271649	1863532	1054515	183455	809017	1031865	365494
136117	2850	48656	2906	211	11515	17091	5576
338123	226371	121558	52317	3216	60060	75958	17886
67469		82213	29144	1060			
197164	197164	27915	5762	208	22153	28442	6288
110996	29402	27706	9663	351	10473	11998	1525
16015	2476	8176	3083	49	3170	3857	687
117855	97582	88649	26430	423	59670	69296	10033
6131		12564	4311	129	8253	10624	2371
6695		8273	5973	1087	2044	3961	1917
130950		37015	1453	211	9005	13363	4358
1040		14015	4609	1406	7652	8574	992
2038		6609	3122		681	926	245
49179		7499	5999	158	1500	1500	522
2957612	822466	1780654	993937	179673	733649	942659	352646
351779	351779	94356	72133	4138	22223	28830	6607
13289		2529	2408	108	120	885	765
25775	2850	39491	14644	52	15031	19691	5067
612358	548943	159480	94067	6044	62146	78359	16804
2961655	822466	1785966	996949	180708	735693	946620	354563
67469		82213	29144	1060			
19923	2476	4452	3592	151	860	1769	909
2038		6609	3122		681	926	245
26553	26553	5189	4163	4	723	973	251
133267		40137	2099	211	11070	15947	4876
179175	97582	74635	20246	770	54389	60629	6240
2987430	825316	1825457	1011593	180760	750724	966312	359630
2919961	825316	1743244	982449	179701	750724	966312	359630
67469		82213	29144	1060			

9－7 规模以上港澳台商控股

（2015

指 标 名 称	负债合计	流动负债合　计	非流动负债合计
总　　计	1194102	945501	164408
一、按登记注册类型分组：			
内资企业	1977	34	
有限责任公司	1977	34	
其他有限责任公司	1977	34	
港、澳、台商投资企业	1192125	945467	164408
港澳台商独资经营企业	1162471	933769	164408
港澳台商投资股份有限公司	29654	11698	
二、按经济组织类型分组			
独资企业	1162471	933769	164408
港澳台商独资经营企业	1162471	933769	164408
股份有限公司	29654	11698	
港澳台商投资股份有限公司	29654	11698	
有限责任公司	1977	34	
其他有限责任公司	1977	34	
三、在总计中：亏损企业	78351	25812	7
在总计中：轻工业	85735	64757	10155
重工业	1108368	880745	154253
在总计中：大型企业	1055703	883593	154153
中型企业	25500	17269	8232
小型企业	60367	44640	2023
微型企业	52532		
四、按行业分			
食品制造业	6411		
纺织服装、服饰业	14177	12253	1923
皮革、毛皮、羽毛及其制品和制鞋业	758	758	
木材加工和木、竹、藤、棕、草制品业	55489	55489	
造纸和纸制品业	4412		
化学原料和化学制品制造业	4810	1928	
医药制造业	19079	10847	8232
黑色金属冶炼和压延加工业	11698	11698	
有色金属冶炼和压延加工业	6024	6017	7
通用设备制造业	3845	3752	93
电气机械和器材制造业	1047366	840681	154153
计算机、通信和其他电子设备制造业	17956		
其他制造业	2079	2079	
五、按地区分			
信州区	25000	23057	
广丰区	44694	15822	93
上饶县	1050233	842609	154153
其中：直属	52532		
玉山县	2430	2430	
铅山县	6024	6017	7
弋阳县	2020	97	1923
余干县	19113	10881	8232
鄱阳县	44589	44589	
其中：上饶市经济技术开发区	1075233	865666	154153
综合园	1022701	865666	154153
茶亭园	52532		

工业企业主要经济指标(二)

年)　　　　单位:万元

所有者权益合计	主营业务收入	主营业务成本	利润总额	从业人员年平均人数(人)
892176	4511869	3820243	451137	28923
4105	4966	4350	198	605
4105	4966	4350	198	605
4105	4966	4350	198	605
888071	4506902	3815893	450939	28318
809353	4144722	3504626	417820	23658
78718	362181	311267	33119	4660
809353	4144722	3504626	417820	23658
809353	4144722	3504626	417820	23658
78718	362181	311267	33119	4660
78718	362181	311267	33119	4660
4105	4966	4350	198	605
4105	4966	4350	198	605
10346	77092	60780	-3869	1434
90806	575611	489860	58128	7755
801370	3936258	3330383	393010	21168
807829	3970570	3362560	405091	25730
23155	136117	121214	13265	1374
61191	347759	284226	34591	1819
	57423	52242	-1810	
21504	197164	161668	24698	248
13529	114293	100765	7318	2094
7418	16012	13537	1220	763
33160	118045	99165	10657	4254
8152	6131	4233	939	132
3463	6973	6129	447	132
17936	130950	116590	13919	306
2318	10402		-798	200
586	2038	1988	-599	81
3654	49179	42035	5451	102
703607	3495615	2950936	353348	15998
76400	351779	311267	33917	4460
449	13289	11932	621	153
14491	25773	23099	881	784
114786	621719	525093	65059	5319
706053	3499938	2954666	353551	16067
	57423	52242	-1810	
2022	19920	17627	1035	197
586	2038	1988	-599	81
3169	26553	24703	1330	270
21024	133267	118541	13873	848
30046	182662	154526	16008	5357
720544	3525711	2977765	354432	16851
720544	3468288	2925523	356242	16851
	57423	52242	-1810	

9－8 规模以上外商控股

（2015

指 标 名 称	企业单位数（个）	工业总产值（当年价格）	工业销售产值（当年价格）	出口交货值	资产总计	流动资产合计	产成品
总　　计	5	68055	67689	7379	49633	24050	3431
一、按登记注册类型分组：							
港、澳、台商投资企业	1	10693	10693	7379	22047	8073	1515
其他港澳台商投资企业	1	10693	10693	7379	22047	8073	1515
外商投资企业	4	57362	56996		27585	15977	1916
外资企业	4	57362	56996		27585	15977	1916
二、按经济组织类型分组							
独资企业	4	57362	56996		27585	15977	1916
外资企业	4	57362	56996		27585	15977	1916
合作、合伙企业	1	10693	10693	7379	22047	8073	1515
其他港澳台商投资企业	1	10693	10693	7379	22047	8073	1515
三、在总计中：轻工业	5	68055	67689	7379	49633	24050	3431
在总计中：中型企业	1	10693	10693	7379	22047	8073	1515
小型企业	4	57362	56996		27585	15977	1916
四、按行业分							
纺织业	3	54876	54876		13145	4722	1426
皮革、毛皮、羽毛及其制品和制鞋业	1	10693	10693	7379	22047	8073	1515
医药制造业	1	2486	2120		14440	11255	490
五、按地区分							
上饶县	2	13179	12813	7379	36488	19328	2005
其中：直属	2	13179	12813	7379	36488	19328	2005
万年县	3	54876	54876		13145	4722	1426

工业企业主要经济指标(一)

年)　　　　　　　　　　　　　　　　　　　　　　单位:万元

固定资产合计	固定资产原价	累计折旧	负债合计	流动负债合计	所有者权益合计	主营业务收入	主营业务成本	利润总额	从业人员年平均人数(人)
14452	18396	4767	31010	31010	18622	68484	59423	6261	1573
11502	13829	2327	16904	16904	5143	10693	9358	140	1051
11502	13829	2327	16904	16904	5143	10693	9358	140	1051
2951	4567	2440	14106	14106	13479	57791	50065	6121	522
2951	4567	2440	14106	14106	13479	57791	50065	6121	522
2951	4567	2440	14106	14106	13479	57791	50065	6121	522
2951	4567	2440	14106	14106	13479	57791	50065	6121	522
11502	13829	2327	16904	16904	5143	10693	9358	140	1051
11502	13829	2327	16904	16904	5143	10693	9358	140	1051
14452	18396	4767	31010	31010	18622	68484	59423	6261	1573
11502	13829	2327	16904	16904	5143	10693	9358	140	1051
2951	4567	2440	14106	14106	13479	57791	50065	6121	522
2003	2003	823	2779	2779	10366	55149	48355	6076	397
11502	13829	2327	16904	16904	5143	10693	9358	140	1051
948	2564	1616	11327	11327	3113	2642	1710	45	125
12449	16393	3944	28231	28231	8257	13335	11068	186	1176
12449	16393	3944	28231	28231	8257	13335	11068	186	1176
2003	2003	823	2779	2779	10366	55149	48355	6076	397

9－9　规模以上其他控股

（2015

指 标 名 称	企业单位数（个）	亏损企业	工业总产值（当年价格）
总　　计	42	9	1054476
一、按登记注册类型分组：			
内资企业	39	9	952981
有限责任公司	36	9	915712
其他有限责任公司	36	9	915712
股份有限公司	2		26003
其他企业	1		11265
港、澳、台商投资企业	1		58461
合资经营企业(港或澳、台资)	1		58461
外商投资企业	2		43034
中外合资经营企业	2		43034
二、按经济组织类型分组			
合作、合伙企业	1		11265
其他企业(内资)	1		11265
股份有限公司	2		26003
股份有限公司(内资)	2		26003
有限责任公司	39	9	1017207
合资经营企业(港或澳、台资)	1		58461
中外合资经营企业	2		43034
其他有限责任公司	36	9	915712
三、在总计中：亏损企业	9	9	46926
在总计中：轻工业	20	2	320572
重工业	22	7	733904
在总计中：大型企业	1		97061
中型企业	7	2	412905
小型企业	33	7	533603
微型企业	1		10907
四、按行业分			
非金属矿采选业	3		10560
农副食品加工业	1		27433
酒、饮料和精制茶制造业	1	1	3549
纺织业	2		30346
纺织服装、服饰业	4		50172
皮革、毛皮、羽毛及其制品和制鞋业	1		97061
木材加工和木、竹、藤、棕、草制品业	2	1	17259
家具制造业	2		14406
造纸和纸制品业	1		5995
化学原料和化学制品制造业	4	2	72292
医药制造业	5	1	64279
橡胶和塑料制品业	3		22744
非金属矿物制品业	2		6481
有色金属冶炼和压延加工业	7	2	586888
专用设备制造业	1		13689
仪器仪表制造业	2	2	20316
其他制造业	1		11008
五、按地区分			
信州区	5	2	40302
其中：直属	4	1	34308
广丰区	1		5417
上饶县	5	2	377994
其中：直属	3	1	262791
玉山县	7		222677
铅山县	3	3	14567
弋阳县	1		29485
余干县	4		25061
万年县	7		125097
婺源县	3	1	114299
德兴市	6	1	99576
其中：上饶市经济技术开发区	6	2	408348
综合园	3	2	121197
茶亭园	1		260644
朝阳园	2		26508

工业企业主要经济指标(一)

年)　　　　单位:万元

工业销售产值(当年价格)	出口交货值	资产总计	流动资产合计	产成品	固定资产合计	固定资产原价
1051373	52453	555747	392678	35570	129484	175054
949090	37303	527078	367949	33635	125856	168578
909997	37303	508273	356086	33030	120271	160951
909997	37303	508273	356086	33030	120271	160951
25852		6597	3043	605	3554	4074
13242		12208	8820		2031	3554
58461		17316	15473	399	1840	3663
58461		17316	15473	399	1840	3663
43821	15151	11353	9256	1536	1789	2813
43821	15151	11353	9256	1536	1789	2813
13242		12208	8820		2031	3554
13242		12208	8820		2031	3554
25852		6597	3043	605	3554	4074
25852		6597	3043	605	3554	4074
1012279	52453	536942	380815	34965	123899	167427
58461		17316	15473	399	1840	3663
43821	15151	11353	9256	1536	1789	2813
909997	37303	508273	356086	33030	120271	160951
47276	7670	90266	72951	14164	14182	23513
320916	44835	142200	65668	10845	65092	73564
730457	7618	413546	327011	24725	64392	101490
97061	29633	22237	5633	947	12234	14230
413761	5799	197306	142199	11285	46431	71094
529720	17022	329120	237785	23339	70796	89700
10831		7084	7062		23	31
10505		6258	3957	413	1247	1486
28671		6323	4831	197	1184	2189
3549	52	2421	1911		470	545
29676	15151	13456	8888	2942	3937	4572
50156		7934	4037	814	2634	2971
97061	29633	22237	5633	947	12234	14230
20920		16305	12064	1276	2122	3655
14402		5293	4967		264	310
5995		14506	3803	985	10703	11586
71157	1819	31418	20947	1783	8000	11482
64324		54568	19637	4481	31933	34852
22668		16739	9693		6510	7254
6481		4731	3044	699	1235	1264
582453		314143	259970	17728	38568	59337
12519		15977	12440		3246	6359
20002	5799	17036	12556	2827	3487	10683
10834		6400	4300	480	1711	2279
41461	15151	18757	16158	2957	843	886
33782	15151	14660	12914	1681	752	785
5417		1977	598			
378236	5799	250017	211477	14251	32917	50025
262640		184390	154667	11681	26183	32524
221044		93724	74023	5717	8910	21496
13547	1819	18261	7492	1794	9681	11601
29276		25735	7615	889	16361	19122
25061		32507	9112	1316	22859	25161
125942		45671	25481	5778	17888	19555
113129	29684	40635	19985	947	15949	21133
98259		28463	20740	1923	4076	6076
409900	20950	214796	176256	8534	32390	49284
123275	5799	69725	60054	3847	6825	17603
260644		132957	104715	3348	24938	31027
25982	15151	12114	11487	1340	627	654

9－9 规模以上其他控股

（2014

指标名称	累计折旧	负债合计	流动负债合计
总　　计	49979	403551	346554
一、按登记注册类型分组：			
内资企业	47131	393147	336151
有限责任公司	44483	380725	325751
其他有限责任公司	44483	380725	325751
股份有限公司	520	4511	2490
其他企业	2128	7910	7910
港、澳、台商投资企业	1824	2270	2270
合资经营企业（港或澳、台资）	1824	2270	2270
外商投资企业	1024	8134	8134
中外合资经营企业	1024	8134	8134
二、按经济组织类型分组			
合作、合伙企业	2128	7910	7910
其他企业（内资）	2128	7910	7910
股份有限公司	520	4511	2490
股份有限公司（内资）	520	4511	2490
有限责任公司	47331	391129	336155
合资经营企业（港或澳、台资）	1824	2270	2270
中外合资经营企业	1024	8134	8134
其他有限责任公司	44483	380725	325751
三、在总计中：亏损企业	9736	81365	81361
在总计中：轻工业	10252	88405	59681
重工业	39726	315145	286874
在总计中：大型企业	1996	16200	3113
中型企业	27041	142426	130749
小型企业	20934	238125	205892
微型企业	8	6800	6800
四、按行业分			
非金属矿采选业	239	3417	3085
农副食品加工业	1005	4513	4513
酒、饮料和精制茶制造业	75	2129	2129
纺织业	635	8770	8770
纺织服装、服饰业	344	5896	3807
皮革、毛皮、羽毛及其制品和制鞋业	1996	16200	3113
木材加工和木、竹、藤、棕、草制品业	2138	14344	14344
家具制造业	46	1045	58
造纸和纸制品业	883	7440	7440
化学原料和化学制品制造业	3483	14561	14208
医药制造业	4692	29964	19463
橡胶和塑料制品业	1782	12101	11134
非金属矿物制品业	59	2845	1698
有色金属冶炼和压延加工业	21722	257683	231862
专用设备制造业	3116	9334	9334
仪器仪表制造业	7196	8010	8010
其他制造业	568	5300	3588
五、按地区分			
信州区	42	18109	18109
其中：直属	33	11676	11676
广丰区		349	
上饶县	17108	201743	196840
其中：直属	6340	156826	153832
玉山县	13134	55761	34439
铅山县	2326	18922	18918
弋阳县	2761	13486	7467
余干县	3338	18281	15652
万年县	3447	28898	21427
婺源县	5187	27663	14577
德兴市	2635	20339	19126
其中：上饶市经济技术开发区	16894	170773	165870
综合园	10778	51350	49442
茶亭园	6090	109001	106007
朝阳园	27	10421	10421

工业企业主要经济指标(二)

年)　　　　单位:万元

非流动负债合计	所有者权益合计	主营业务收入	主营业务成本	利润总额	从业人员年平均人数(人)
25666	152195	1389630	1270074	64008	10708
25666	133930	1287471	1175740	58232	10184
25666	127547	1250214	1142269	55434	9105
25666	127547	1250214	1142269	55434	9105
	2086	26003	22747	2687	387
	4298	11253	10724	111	692
	15046	58461	52283	4820	167
	15046	58461	52283	4820	167
	3219	43699	42051	956	357
	3219	43699	42051	956	357
	4298	11253	10724	111	692
	4298	11253	10724	111	692
	2086	26003	22747	2687	387
	2086	26003	22747	2687	387
25666	145812	1352374	1236602	61210	9629
	15046	58461	52283	4820	167
	3219	43699	42051	956	357
25666	127547	1250214	1142269	55434	9105
	8900	241304	237428	-3275	2572
17213	53795	316209	251358	26696	5003
8453	98401	1073422	1018716	37313	5705
5000	6037	97061	65031	14174	2477
7225	54880	537417	495347	27477	4247
13441	90994	744321	697904	22330	3966
	285	10831	11792	27	18
253	2841	10489	8281	1117	153
	1810	28548	27385	758	65
	291	3176	2726	-13	60
	4686	30003	28680	670	492
	2038	50864	46057	3549	670
5000	6037	97061	65031	14174	2477
	1962	18932	19322	-1588	847
	4248	14402	12512	1441	274
	7066	5995	5038	301	100
	16857	71136	61888	5372	422
10501	24604	58911	38357	4601	675
967	4638	21521	21448	233	135
920	1886	6481	5563	462	216
6314	56461	927901	887715	32832	2020
	6643	12519	10837	738	186
	9026	20692	18864	-719	1836
1712	1100	11000	10369	82	80
	648	41465	42133	-1440	830
	2984	33786	33535	259	675
	1628	5417	3410	1106	92
4903	48274	720503	693355	19216	2638
2994	27564	578648	554539	14430	838
1663	37963	223977	200302	20443	1098
-661	13525	12219	-778	2620	255
6019	12249	24135	8025	2484	251
2629	14227	23914	21227	515	341
4532	16774	126204	117273	5459	1269
5000	12971	112756	78593	14899	2723
920	8124	97733	93535	2105	1211
4903	44023	558012	533847	17534	2812
1909	18374	149534	147414	3087	1955
2994	23955	382497	359976	14222	547
	1694	25982	26457	226	310

9－10　大中型工业企业

（2015

指标名称	企业单位数（个）	亏损企业	工业总产值（当年价格）
总　　计	178	16	17041977
一、按登记注册类型分组：			
内资企业	168	14	13276986
国有企业	1	1	1532
地方企业	1	1	1532
有限责任公司	72	9	4891696
国有独资公司	9		1138926
其他有限责任公司	63	9	3752770
股份有限公司	10	2	1398556
私营企业	82	2	6917874
私营独资企业	3		145277
私营有限责任公司	75	2	6643455
私营股份有限公司	4		129142
其他企业	3		67328
港、澳、台商投资企业	9	1	3709662
合资经营企业(港或澳、台资)	2		63727
港澳台商独资经营企业	5	1	3283463
港澳台商投资股份有限公司	1		351779
其他港澳台商投资企业	1		10693
外商投资企业	1	1	55330
其他外商投资企业	1	1	55330
二、按经济组织类型分组			
独资企业	9	2	3430271
国有企业	1	1	1532
私营独资企业	3		145277
港澳台商独资经营企业	5	1	3283463
合作、合伙企业	5	1	133350
其他企业(内资)	3		67328
其他港澳台商投资企业	1		10693
其他外商投资企业	1	1	55330
股份有限公司	15	2	1879477
股份有限公司(内资)	10	2	1398556
私营股份有限公司	4		129142
港澳台商投资股份有限公司	1		351779
有限责任公司	149	11	11598879
国有独资公司	9		1138926
私营有限责任公司	75	2	6643455
合资经营企业(港或澳、台资)	2		63727
其他有限责任公司	63	9	3752770
三、在总计中：亏损企业	16	16	441261
在总计中：国有控股企业	23	4	2152089
在总计中：轻工业	72	5	3582851
重工业	106	11	13459126
在总计中：大型企业	12	2	5282293
中型企业	166	14	11759684

主要经济指标(一)

年)　　　　单位:万元

工业销售产值(当年价格)	出口交货值	资产总计	流动资产合计	产成品	固定资产合计	固定资产原价
16906380	1809631	8538496	3792853	465193	3489563	4827415
13236080	527753	6384155	2667101	270172	2539489	3618882
2002		6791	1640	1564	3995	4526
2002		6791	1640	1564	3995	4526
4876752	135954	3151223	1129582	99575	1252240	1831694
1138521	19181	1263047	340672	19095	494979	806178
3738230	116772	1888176	788910	80480	757261	1025516
1405350	54879	706364	424696	20028	239261	403459
6888746	336921	2490965	1099046	148396	1028674	1361938
141906		59522	17273	813	29985	33769
6618339	332145	2359656	1041085	143269	975326	1294441
128501	4777	71787	40689	4314	23363	33729
63231		28813	12137	610	15319	17264
3627254	1281878	2011032	1094782	185274	879954	1118991
63727		79919	29934	94	49986	58789
3201055	922720	1814709	984642	179527	796244	1017543
351779	351779	94356	72133	4138	22223	28830
10693	7379	22047	8073	1515	11502	13829
43045		143309	30970	9747	70121	89542
43045		143309	30970	9747	70121	89542
3344963	922720	1881021	1003555	181903	830224	1055838
2002		6791	1640	1564	3995	4526
141906		59522	17273	813	29985	33769
3201055	922720	1814709	984642	179527	796244	1017543
116969	7379	194169	51180	11871	96941	120635
63231		28813	12137	610	15319	17264
10693	7379	22047	8073	1515	11502	13829
43045		143309	30970	9747	70121	89542
1885630	411434	872508	537518	28480	284847	466018
1405350	54879	706364	424696	20028	239261	403459
128501	4777	71787	40689	4314	23363	33729
351779	351779	94356	72133	4138	22223	28830
11558818	468098	5590799	2200600	242938	2277552	3184924
1138521	19181	1263047	340672	19095	494979	806178
6618339	332145	2359656	1041085	143269	975326	1294441
63727		79919	29934	94	49986	58789
3738230	116772	1888176	788910	80480	757261	1025516
429465	22681	411035	148048	29478	184988	277467
2137194	19181	2416151	776773	43831	936952	1524351
3567245	445322	1616671	574438	73826	867800	1064950
13339135	1364310	6921826	3218414	391367	2621763	3762465
5195443	1320462	3111150	1644314	219925	1366649	1857762
11710937	489169	5427347	2148539	245268	2122914	2969652

9－10 续表1

指标名称	企业单位数（个）	亏损企业	工业总产值（当年价格）
四、按行业分			
煤炭开采和洗选业	1	1	1532
有色金属矿采选业	4	2	179011
非金属矿采选业	2		281830
农副食品加工业	7		622850
食品制造业	3	1	120386
酒、饮料和精制茶制造业	1		33823
纺织业	12		404171
纺织服装、服饰业	14	3	428111
皮革、毛皮、羽毛及其制品和制鞋业	8	1	170036
木材加工和木、竹、藤、棕、草制品业	4		157860
家具制造业	1		14340
造纸和纸制品业	2		34270
印刷和记录媒介复制业	2		82993
文教、工美、体育和娱乐用品制造业	6		457538
化学原料和化学制品制造业	4	1	70449
医药制造业	2		151361
橡胶和塑料制品业	4		104356
非金属矿物制品业	12	1	518661
黑色金属冶炼和压延加工业	3		658985
有色金属冶炼和压延加工业	26	2	5560556
金属制品业	7		322732
通用设备制造业	12		523035
专用设备制造业	1		90704
汽车制造业	5	1	206332
电气机械和器材制造业	13		4728974
计算机、通信和其他电子设备制造业	7		465090
仪器仪表制造业	4	2	42099
电力、热力生产和供应业	11	1	609893
五、按地区分			
信州区	11	2	331365
其中：直属	4	1	41839
广丰区	25	1	3290298
上饶县	11	2	4389324
其中：直属	3		351896
玉山县	15		1659594
铅山县	4	1	1111205
横峰县	13	1	1341796
弋阳县	6	2	335133
余干县	8	1	638817
鄱阳县	48	3	1973205
万年县	21		1107737
婺源县	5		258312
德兴市	11	3	605193
其中：上饶市经济技术开发区	20	3	4707748
综合园	15	3	4326954
茶亭园	2		341203
朝阳园	3		39592

单位:万元

工业销售产值(当年价格)	出口交货值	资产总计	流动资产合计	产成品	固定资产合计	固定资产原价
2002		6791	1640	1564	3995	4526
165114		285778	44761	15566	100446	130543
281830		548435	142395		24150	25922
621530		142615	61422	9415	69738	82250
120224	14033	50382	24118	4195	20774	32971
29765		35434	11489	2502	15273	11018
401820	117452	146434	59637	8475	61757	81876
424196	60782	161630	46791	5894	104253	112889
169883	42764	80788	26254	2849	37892	43211
164501	97582	106435	37331	3022	60317	71991
14340		6830	2290	726	2610	2982
34158		16718	6024	2412	10154	11574
82838		80524	30487	306	50038	58549
457553	18232	154047	43811	15609	83150	104090
70332		19481	6006	278	8313	8585
151361		52778	7258	3256	17991	21474
103454	45749	68073	32904	4016	31010	37487
514167		734410	394751	8661	278904	487241
658813		116393	21187	928	90406	107627
5544764		1975691	1035402	140961	547281	757034
313685	176176	156526	101683	8923	51407	63476
517108	19181	323203	168301	11409	141546	192174
90704		19725	3946	10	1412	3947
200698		190115	131072	6793	42386	54324
4654665	855816	2301958	1176497	198623	1089829	1424253
465353	356066	151436	85881	5376	45655	55908
41784	5799	27567	17155	3429	9419	16301
609740		578301	72360		489458	823193
308637	60831	425761	308008	38574	78813	129179
41047	38800	24110	15452	2570	5076	5335
3290307	351779	1750858	491345	31369	628986	824029
4314315	878499	2173082	1245753	200375	894973	1229962
351896	7379	190581	115257	4863	69043	106961
1654452	1000	538039	309280	20363	203807	318724
1110411		390519	232478	35175	74209	94129
1338207		389639	208913	59765	123744	217187
334883	88171	287306	146237	7597	111427	160866
638817		496971	65817	2797	340641	546836
1957236	188173	783687	198890	13626	583923	629078
1094647	150519	659256	362728	16310	218729	332535
258312	76628	89840	29882	4621	36949	60723
606157	14033	553539	193521	34620	193363	284169
4610011	931951	2574927	1544813	237179	962285	1345306
4230008	893151	2384152	1423052	231517	899667	1246844
341203		168533	107184	3348	57541	93133
38800	38800	22242	14577	2314	5076	5329

9－10 大中型工业企业

（2015

指标名称	累计折旧	负债合计	流动负债合计
总计	1544653	4401742	3226672
一、按登记注册类型分组：			
内资企业	1140042	3197380	2251495
国有企业	1721	5073	4017
地方企业	1721	5073	4017
有限责任公司	606240	1500030	1076992
国有独资公司	319683	552382	235046
其他有限责任公司	286557	947647	841946
股份有限公司	166493	344767	267433
私营企业	363038	1332196	887739
私营独资企业	6285	23402	18414
私营有限责任公司	346388	1293774	855968
私营股份有限公司	10366	15020	13356
其他企业	2551	15315	15315
港、澳、台商投资企业	385189	1127090	917731
合资经营企业(港或澳、台资)	12310	29017	
港澳台商独资经营企业	363945	1063212	900827
港澳台商投资股份有限公司	6607	17956	
其他港澳台商投资企业	2327	16904	16904
外商投资企业	19421	77273	57446
其他外商投资企业	19421	77273	57446
二、按经济组织类型分组			
独资企业	371951	1091687	923258
国有企业	1721	5073	4017
私营独资企业	6285	23402	18414
港澳台商独资经营企业	363945	1063212	900827
合作、合伙企业	24299	109492	89664
其他企业(内资)	2551	15315	15315
其他港澳台商投资企业	2327	16904	16904
其他外商投资企业	19421	77273	57446
股份有限公司	183465	377742	280789
股份有限公司(内资)	166493	344767	267433
私营股份有限公司	10366	15020	13356
港澳台商投资股份有限公司	6607	17956	
有限责任公司	964938	2822821	1932960
国有独资公司	319683	552382	235046
私营有限责任公司	346388	1293774	855968
合资经营企业(港或澳、台资)	12310	29017	
其他有限责任公司	286557	947647	841946
三、在总计中：亏损企业	95305	274743	219700
在总计中：国有控股企业	606374	1022869	590564
在总计中：轻工业	221833	699465	484247
重工业	1322820	3702278	2742425
在总计中：大型企业	633870	1632765	1261084
中型企业	910783	2768978	1965587

主要经济指标(二)

年）

单位：万元

非流动负债合计	所有者权益合计	主营业务收入	主营业务成本	利润总额	从业人员平均人数（人）
562960	4136753	17703942	15263190	1736038	124189
380748	3186775	13482107	11678555	1319365	94591
1056	1718	2001	2417	-969	721
1056	1718	2001	2417	-969	721
219450	1651193	5096064	4367624	525491	42329
143385	710665	1167442	978012	150489	9073
76065	940528	3928622	3389612	375002	33256
75312	361597	1409835	1220191	136621	10227
84930	1158769	6907097	6028067	655120	39983
	36120	145487	126700	12144	1898
84556	1065882	6632952	5792459	630645	36549
374	56768	128658	108907	12331	1536
	13498	67111	60256	3103	1331
162385	883942	4178790	3540731	427479	28423
	50902	63727	49551	8937	810
162385	751497	3752591	3170556	384486	22102
	76400	351779	311267	33917	4460
	5143	10693	9358	140	1051
19827	66036	43045	43904	-10806	1175
19827	66036	43045	43904	-10806	1175
163441	789334	3900079	3299673	395660	24721
1056	1718	2001	2417	-969	721
	36120	145487	126700	12144	1898
162385	751497	3752591	3170556	384486	22102
19827	84678	120849	113518	-7563	3557
	13498	67111	60256	3103	1331
	5143	10693	9358	140	1051
19827	66036	43045	43904	-10806	1175
75686	494765	1890271	1640365	182868	16223
75312	361597	1409835	1220191	136621	10227
374	56768	128658	108907	12331	1536
	76400	351779	311267	33917	4460
304006	2767977	11792743	10209634	1165072	79688
143385	710665	1167442	978012	150489	9073
84556	1065882	6632952	5792459	630645	36549
	50902	63727	49551	8937	810
76065	940528	3928622	3389612	375002	33256
51172	136292	420376	400964	-18188	9920
228026	1393282	2185038	1835137	233712	19375
99822	917206	3606377	3061749	335208	46392
463138	3219548	14097565	12201441	1400830	77797
294604	1478385	5780029	4921545	562411	43675
268357	2658368	11923913	10341645	1173627	80514

9－10 续表2

指标名称	累计折旧	负债合计	流动负债合计
四、按行业分			
煤炭开采和洗选业	1721	5073	4017
有色金属矿采选业	39062	122097	82373
非金属矿采选业	5364	177463	3512
农副食品加工业	13010	69523	68772
食品制造业	12197	26603	22731
酒、饮料和精制茶制造业	440	21116	21116
纺织业	20973	71105	65661
纺织服装、服饰业	9905	78747	76169
皮革、毛皮、羽毛及其制品和制鞋业	5785	54541	30354
木材加工和木、竹、藤、棕、草制品业	12756	66226	66226
家具制造业	372	1290	
造纸和纸制品业	1420	7835	6209
印刷和记录媒介复制业	8511	27751	3035
文教、工美、体育和娱乐用品制造业	28742	42816	10431
化学原料和化学制品制造业	1289	10769	6470
医药制造业	5256	29429	18378
橡胶和塑料制品业	8492	23515	21128
非金属矿物制品业	208559	234356	226809
黑色金属冶炼和压延加工业	17221	19535	10770
有色金属冶炼和压延加工业	225399	1302583	951934
金属制品业	14338	57620	44528
通用设备制造业	50627	158071	117427
专用设备制造业	2535	17525	17525
汽车制造业	12938	107501	100565
电气机械和器材制造业	478617	1235309	962852
计算机、通信和其他电子设备制造业	14355	43879	17923
仪器仪表制造业	9675	15603	13286
电力、热力生产和供应业	335095	373863	256472
五、按地区分			
信州区	51903	298363	257720
其中：直属	537	14303	14303
广丰区	212833	596472	64007
上饶县	480154	1332216	1115285
其中：直属	38222	149822	141603
玉山县	128758	305460	290498
铅山县	24896	220287	138132
横峰县	99629	289621	274357
弋阳县	50242	57098	33206
余干县	206379	291854	169901
鄱阳县	45156	392298	392298
万年县	118902	237328	197615
婺源县	25268	58578	43294
德兴市	100533	322167	250357
其中：上饶市经济技术开发区	529724	1612800	1355226
综合园	493297	1466453	1217098
茶亭园	35895	132918	124700
朝阳园	532	13428	13428

单位:万元

非流动负债合计	所有者权益合计	主营业务收入	主营业务成本	利润总额	从业人员平均人数(人)
1056	1718	2001	2417	-969	721
39724	163681	165994	128613	-4452	2752
	370972	281830	224050	42977	1019
751	73091	613066	545963	45729	2678
	23779	120385	100827	7406	1451
	14318	29765	18346	1807	550
5266	75329	404104	346902	35038	6497
556	82884	427912	359795	41073	8750
16100	26247	171377	126703	19821	6128
	40209	159666	140306	10490	5721
	5540	14340	11837	914	368
1627	8883	32279	27603	2717	610
	52774	82991	65398	11677	862
10207	111231	458534	390990	55306	2368
	8712	70515	65862	2182	1329
11052	23348	151361	135171	14194	546
374	44558	103837	80460	14110	1668
7298	500054	510256	413150	66374	6386
2949	96858	658984	559364	92007	1643
61561	673108	5727119	5132689	498195	12693
13092	98906	324318	266874	36784	3909
40643	165133	556801	485411	45642	9099
	2200	107979	88347	16028	783
6937	82614	206571	180223	18971	2043
221415	1066649	5203878	4400982	542438	27229
2645	107556	465715	404095	45128	7406
2317	11964	42475	40076	-574	3064
117391	204439	609892	520737	75028	5916
40643	127398	372016	350510	10590	9430
	9807	42400	40228	2439	1792
16187	1154386	3330568	2838678	399918	16601
216931	840866	5004964	4286761	491405	27443
8219	40759	473749	449710	14410	2149
10297	232579	1642815	1476039	127201	7609
5202	170232	1110786	990572	109209	1933
15263	100018	1333207	1185107	127129	6332
23892	230208	327690	273828	42998	2481
121904	205117	640115	520980	105388	3540
	391389	1981595	1674309	193339	26573
37505	421927	1107212	916023	115327	9703
7197	31262	255560	216742	17713	4633
67939	231372	597415	533641	-4177	7911
257574	962128	5364037	4625987	501968	35522
249355	917699	4860832	4147333	485145	32932
8219	35615	463056	440352	14270	1098
	8814	40149	38302	2553	1492

9－11　大中型工业

（2015

指 标 名 称	所在地	企业规模	注册类型
凤凰光学集团有限公司	信州区	大型	国有独资公司
江西省创鑫光电有限公司	信州区	中型	其他有限责任公司
江西博能上饶客车有限公司	信州区	中型	其他有限责任公司
江西宏福服装有限公司	信州区	中型	港澳台商独资
江西高佳光电科技有限公司	信州区	中型	其他有限责任公司
上饶海潮纺织有限公司	信州区	中型	其他有限责任公司
江西晶科光伏材料有限公司	信州区	中型	其他有限责任公司
上饶市亚星光电仪器有限公司	信州区	中型	其他有限责任公司
上饶市隆润麻纺织品有限公司	信州区	中型	私营有限责任公司
上饶市德瑞达户外旅游用品有限公司	信州区	中型	其他有限责任公司
江西利丰鞋业有限公司	信州区	中型	私营有限责任公司
江西中投新能源有限公司	广丰区	大型	私营有限责任公司
江西精元电脑有限公司	广丰区	大型	港澳台商投资股份有限公司
国网江西广丰县供电有限责任公司	广丰区	中型	其他有限责任公司
广丰县华强矿产实业有限公司	广丰区	中型	国有独资公司
广丰县中艺服饰有限公司	广丰区	中型	私营有限责任公司
广丰县月兔红木工贸有限公司	广丰区	中型	国有独资公司
江西月兔丰华彩印有限公司	广丰区	中型	与港澳台商合资经营
江西省广丰丰溪水电有限责任公司	广丰区	中型	其他有限责任公司
广丰县金鹏电子有限公司	广丰区	中型	私营独资
江西省斯尔摩红木家俱有限公司	广丰区	中型	私营有限责任公司
江西同欣机械制造有限公司	广丰区	中型	股份有限公司
江西华鸿电子有限公司	广丰区	中型	私营有限责任公司
广丰月兔橱柜有限公司	广丰区	中型	私营有限股份公司
江西金宏铜业有限公司	广丰区	中型	私营有限责任公司
广丰县海韵电子玩具有限公司	广丰区	中型	其他有限责任公司
江西九洲铜业有限公司	广丰区	中型	其他有限责任公司
江西中兴文体用品有限公司	广丰区	中型	与港澳台商合资经营
广丰县闽丰光学眼镜有限公司	广丰区	中型	其他有限责任公司
广丰县九华实业有限公司	广丰区	中型	私营有限责任公司
广丰县瑞丰型材有限公司	广丰区	中型	其他有限责任公司
江西正田铜业有限公司	广丰区	中型	私营有限责任公司
江西烽银金属有限公司	广丰区	中型	私营有限责任公司
江西银达塑业有限公司	广丰区	中型	其他有限责任公司
广丰县霞峰花炮制造有限公司	广丰区	中型	私营有限责任公司
上饶市天熠实业发展有限公司	广丰区	中型	私营有限责任公司
晶科能源有限公司	上饶县	大型	港澳台商独资
江西展宇新能源股份有限公司	上饶县	大型	股份有限公司
国网江西上饶县供电有限责任公司	上饶县	中型	国有独资公司
江西欧美意鞋业有限公司	上饶县	中型	其他港澳台投资
江西耐普矿机新材料股份有限公司	上饶县	中型	私营有限股份公司
江西一舟电子有限公司	上饶县	中型	私营有限责任公司

年）

控股情况	隶属关系	主要产品	轻重工业
国有控股	省属	数码相机制造	轻工业
其他控股	其他	镜头制造	重工业
私人控股	县属	客车制造	重工业
港澳台控股	其他	儿童休闲服装加工	轻工业
私人控股	县属	光学仪器制造	重工业
私人控股	县属	纺织品、针织品、印染、服饰用品生产、加工	轻工业
私人控股	县属	制造业 铝压延加	重工业
私人控股	县属	光学玻璃镜片制造	重工业
私人控股	其他	苎麻布	轻工业
私人控股	其他	箱包	轻工业
私人控股	其他	鞋子制造	轻工业
私人控股	其他	锂调子电池制造	轻工业
港澳台控股	其他	计算机外围设备制造	重工业
国有控股	中央	电力供应	重工业
国有控股	其他	滑石采选	重工业
私人控股	其他	服装制造	轻工业
国有控股	其他	雕塑工艺品制造	轻工业
国有控股	县属	印刷品	轻工业
国有控股	省属	发电	重工业
私人控股	其他	电子配件	重工业
私人控股	其他	木雕工艺品	轻工业
私人控股	街道	凸轮轴	重工业
私人控股	其他	计算机零部件制造	重工业
私人控股	其他	木质家具制造	轻工业
私人控股	其他	铜压延加工	重工业
私人控股	县属	电子玩具	轻工业
国有控股	市属	铜压延加工	重工业
私人控股	市属	足球	轻工业
私人控股	县属	眼镜制造	轻工业
私人控股	其他	铜锭生产	重工业
私人控股	县属	材料制造	重工业
私人控股	其他	铜棒加工	重工业
私人控股	其他	钢压延加工	重工业
私人控股	其他	塑料制造	重工业
私人控股	其他	鞭炮产品制造	轻工业
私人控股	其他	矿产品制造	重工业
港澳台控股	其他	太阳能组件制造	重工业
私人控股	其他	硅、太阳能组件制造	重工业
国有控股	省属	电力供应	重工业
外商控股	其他	皮鞋制造	轻工业
私人控股	其他	橡胶耐磨制品制造	重工业
私人控股	其他	电子连接线制造	重工业

9－11　续表1

指标名称	所在地	企业规模	注册类型
江西锦裕机械制造有限公司	上饶县	中型	其他有限责任公司
江西艾芬达暖通科技股份有限公司	上饶县	中型	股份有限公司
江西天峰建材有限公司	上饶县	中型	其他有限责任公司
江西凤凰富士胶片光学有限公司	上饶县	中型	其他有限责任公司
江西新金叶实业有限公司	上饶县	中型	其他有限责任公司
国网江西玉山县供电有限责任公司	玉山县	中型	国有独资公司
上饶市岩瑞铜业有限公司	玉山县	中型	私营有限责任公司
江西众光照明科技有限公司	玉山县	中型	私营有限责任公司
上饶市德隆纺织有限公司	玉山县	中型	私营有限责任公司
江西天马钢管有限公司	玉山县	中型	其他有限责任公司
江西嘉鸣科技电子有限公司	玉山县	中型	私营有限责任公司
玉山县飞跃包装实业有限公司	玉山县	中型	其他有限责任公司
江西西龙食品有限公司	玉山县	中型	私营有限责任公司
江西晶仪轴承有限公司	玉山县	中型	其他有限责任公司
玉山县富旺铜业有限公司	玉山县	中型	私营有限责任公司
玉山县博跃实业有限公司	玉山县	中型	其他有限责任公司
江西岩鹰水泥有限公司	玉山县	中型	私营有限股份公司
江西玉山南方水泥有限公司	玉山县	中型	其他有限责任公司
江西玉山万年青水泥有限公司	玉山县	中型	其他有限责任公司
江西三清水泥有限公司	玉山县	中型	私营有限责任公司
国网江西铅山县供电有限责任公司	铅山县	中型	其他有限责任公司
江西省屹立铜业有限公司	铅山县	中型	其他有限责任公司
江西省和源实业有限公司	铅山县	中型	私营有限责任公司
江西金汇铜业有限公司	铅山县	中型	私营有限责任公司
江西宏旺服装有限公司	横峰县	中型	私营有限责任公司
江西中旺铜业有限公司	横峰县	中型	私营有限责任公司
江西龙祥铝业有限公司	横峰县	中型	私营有限责任公司
上饶和丰铜业有限公司	横峰县	中型	私营有限责任公司
江西横峰葛佬葛产业开发有限公司	横峰县	中型	私营有限责任公司
横峰县永盛铝业有限公司	横峰县	中型	私营有限责任公司
江西钻宝仪表有限公司	横峰县	中型	私营有限责任公司
横峰县富饶资源综合再利用有限公司	横峰县	中型	私营有限责任公司
横峰县永兴铜业有限公司	横峰县	中型	私营有限责任公司
横峰县盛泰纺织有限公司	横峰县	中型	其他有限责任公司
江西亚迈实业有限公司	横峰县	中型	私营有限责任公司
横峰县南方有色金属有限公司	横峰县	中型	私营有限责任公司
江西省横峰铺前煤矿	横峰县	中型	国有
江西鸥迪铜业有限公司	弋阳县	中型	其他有限责任公司
江西兴唐实业有限公司	弋阳县	中型	其他有限责任公司
弋阳县旭日铜矿业有限责任公司	弋阳县	中型	其他有限责任公司
江西省顺达纸业有限责任公司	弋阳县	中型	私营有限责任公司
江西弋阳富达铜材有限公司	弋阳县	中型	私营有限责任公司
弋阳海螺水泥有限责任公司	弋阳县	中型	私营有限责任公司

控股情况	隶属关系	主要产品	轻重工业
私人控股	县属	制造业缝纫机械制造	重工业
私人控股	其他	卫浴烘干架、散热器、阀门	轻工业
私人控股	县属	水泥制造	重工业
其他控股	其他	光学仪器及配件、光电子器件及其电子器件	重工业
其他控股	其他	粗铜	重工业
国有控股	县属	供电	重工业
私人控股	其他	电解铜生产	重工业
私人控股	其他	照明灯具制造	轻工业
私人控股	其他	纺织品加工	轻工业
私人控股	其他	轴承钢管	重工业
私人控股	其他	电子产品	重工业
私人控股	其他	包装物	轻工业
私人控股	其他	烤鳗	轻工业
私人控股	镇属	轴承	重工业
私人控股	其他	有色金属制造	重工业
其他控股	其他	有色金属制造	重工业
私人控股	其他	水泥	重工业
私人控股	其他	水泥熟料	重工业
国有控股	其他	水泥	重工业
私人控股	其他	水泥熟料	重工业
国有控股	中央	供电	重工业
私人控股	其他	铜块	重工业
私人控股	其他	粗铜加工	重工业
私人控股	其他	电解铜	重工业
私人控股	其他	纺织业服装制造	轻工业
私人控股	其他	粗铜	重工业
私人控股	其他	铝材	重工业
私人控股	其他	铜材	重工业
私人控股	其他	葛系列产品	轻工业
私人控股	其他	有色金属压延加工	重工业
私人控股	其他	有色金属压延加工	重工业
私人控股	其他	铜矿采选	重工业
私人控股	其他	铜材	重工业
私人控股	其他	棉纺纱加工	轻工业
私人控股	其他	箱包	轻工业
私人控股	其他	铜材	重工业
国有控股	县属	煤煤和无煤烟的采选	重工业
集体控股	县属	铜材	重工业
私人控股	其他	汽车、农机配件	重工业
集体控股	县属	铜金属	重工业
私人控股	其他	涂布白板纸、铜板纸、文化用纸及纸板制作	轻工业
私人控股	其他	铜制水龙头	重工业
私人控股	其他	水泥	重工业

9-11 续表2

指标名称	所在地	企业规模	注册类型
余干县供电有限责任公司	余干县	中型	其他有限责任公司
江西铭日企业集团有限公司	余干县	中型	私营有限责任公司
江西省黄金玻纤有限公司	余干县	中型	其他有限责任公司
上饶市鼎泰丰实业有限公司	余干县	中型	其他有限责任公司
国电黄金埠发电有限公司	余干县	中型	国有独资公司
余干县盛和铜业有限公司	余干县	中型	私营有限责任公司
江西东方善生物科技有限公司	余干县	中型	港澳台商独资
余干县笏立鞋业有限公司	余干县	中型	其他有限责任公司
江西省裕泰鞋业有限公司	鄱阳县	大型	港澳台商独资
亮志(江西)服装有限公司	鄱阳县	大型	港澳台商独资
江西省金苑服饰织造有限公司	鄱阳县	大型	私营有限责任公司
鄱阳县恒茂针织有限公司	鄱阳县	中型	股份有限公司
江西奔达搪业有限公司	鄱阳县	中型	其他有限责任公司
鄱阳县华凯电子科技有限公司	鄱阳县	中型	私营有限责任公司
江西省渔翔科技饲料有限公司	鄱阳县	中型	其他有限责任公司
江西鄱阳荣林达纺织有限责任公司	鄱阳县	中型	其他有限责任公司
鄱阳县清亮米业有限公司	鄱阳县	中型	私营有限股份公司
鄱阳县广禾粮油贸易有限公司	鄱阳县	中型	私营有限责任公司
鄱阳县加西亚电子电器有限公司	鄱阳县	中型	股份有限公司
江西东方豹紧固件有限公司	鄱阳县	中型	私营独资
江西乾坤机床有限公司	鄱阳县	中型	私营有限责任公司
江西正盛特钢制造有限公司	鄱阳县	中型	其他有限责任公司
鄱阳县鄱湖教育彩印有限公司	鄱阳县	中型	股份有限公司
宝鸿化纤(江西)有限公司	鄱阳县	中型	私营有限责任公司
江西鑫镁金属粉末有限公司	鄱阳县	中型	其他内资
江西鄱星特种精密铸造有限公司	鄱阳县	中型	私营有限责任公司
江西富力超硬科技有限公司	鄱阳县	中型	其他有限责任公司
江西波特尔汽车配件制造有限公司	鄱阳县	中型	私营有限责任公司
上饶市世昌服饰有限公司	鄱阳县	中型	私营有限责任公司
江西波星机械泵阀制造有限公司	鄱阳县	中型	私营独资
江西文博粮业有限公司	鄱阳县	中型	其他有限责任公司
上饶市草根家纺有限公司	鄱阳县	中型	其他有限责任公司
江西布鲁姆斯制衣有限公司	鄱阳县	中型	其他有限责任公司
江西家春秋高新材料科技有限公司	鄱阳县	中型	其他有限责任公司
江西都邦实业有限公司	鄱阳县	中型	其他有限责任公司
江西昊泽光学膜科技有限公司	鄱阳县	中型	其他有限责任公司
江西申华工贸有限公司	鄱阳县	中型	其他有限责任公司
鄱阳县凯迪绿色能源开发有限公司	鄱阳县	中型	其他有限责任公司
江西盛态粮食实业有限公司	鄱阳县	中型	其他有限责任公司
江西斯沃德教育文化发展有限公司	鄱阳县	中型	私营有限责任公司
江西鑫亿包装有限公司	鄱阳县	中型	其他内资
江西百达新材料科技有限公司	鄱阳县	中型	私营有限责任公司
江西傲农饲料科技有限公司	鄱阳县	中型	其他有限责任公司

控股情况	隶属关系	主要产品	轻重工业
国有控股	省属	电力供应	重工业
私人控股	其他	白厂丝	轻工业
私人控股	县属	玻璃纤维网格布	重工业
私人控股	县属	陶瓷釉面砖生产	重工业
国有控股	中央	火力发电	重工业
私人控股	其他	铜带	重工业
港澳台控股	其他	保健品	轻工业
港澳台控股	县属	皮鞋制造	轻工业
港澳台控股	其他	运动鞋制造	轻工业
港澳台控股	其他	机织服装制造	轻工业
私人控股	其他	服装	轻工业
私人控股	县属	针织手套	轻工业
私人控股	县属	搪瓷日用品	轻工业
私人控股	其他	电子元件	重工业
私人控股	其他	水产饲料制造	轻工业
私人控股	其他	棉纺纱加工	轻工业
私人控股	其他	粮食加工	轻工业
私人控股	其他	食品加工	轻工业
私人控股	县属	电线	重工业
私人控股	其他	紧固件制造	重工业
私人控股	其他	紧固件制造	重工业
集体控股	县属	紧固件	重工业
私人控股	县属	彩印包装	轻工业
私人控股	其他	皮鞋制造	轻工业
私人控股	镇属	铜压延加工	重工业
私人控股	其他	锻件及粉末冶金制品制造	重工业
私人控股	县属	其他非金属矿物制品制造	重工业
私人控股	其他	汽车零部件及配件制造	重工业
私人控股	其他	机织服装制造	轻工业
私人控股	其他	阀门和旋塞制造	重工业
私人控股	其他	谷物磨制	轻工业
私人控股	县属	床上用品制造	轻工业
私人控股	其他	机织服装制造	轻工业
私人控股	其他	其他专用化学产品制造	重工业
私人控股	县属	铜压延加工	重工业
私人控股	其他	塑料薄膜制造	重工业
私人控股	县属	建筑、家具用金属配件制造	重工业
私人控股	其他	电力、热力、燃气及水生产和供应业	重工业
私人控股	县属	谷物磨制	轻工业
私人控股	其他	机织服装制造	轻工业
私人控股	县属	纸和纸板容器制造	轻工业
私人控股	其他	炼钢	重工业
私人控股	县属	饲料加工	轻工业

9-11 续表3

指标名称	所在地	企业规模	注册类型
江西蒙恩乐光电科技有限公司	鄱阳县	中型	私营有限责任公司
江西亿雄标准件有限公司	鄱阳县	中型	其他有限责任公司
鄱阳县超群砂轮制造有限公司	鄱阳县	中型	其他有限责任公司
江西经纬益力紧固件有限公司	鄱阳县	中型	私营有限责任公司
江西彤康实业有限公司	鄱阳县	中型	其他有限责任公司
江西稻草金服饰有限公司	鄱阳县	中型	私营有限责任公司
江西丰华纺织有限公司	鄱阳县	中型	私营有限责任公司
江西凯辉服饰有限公司	鄱阳县	中型	私营有限责任公司
江西联合标准件制造有限公司	鄱阳县	中型	其他有限责任公司
江西嘉亿五金制造有限公司	鄱阳县	中型	股份有限公司
江西光安标准件有限公司	鄱阳县	中型	私营有限责任公司
江西省世华实业有限公司	鄱阳县	中型	私营有限责任公司
江西云鸽橡塑有限公司	鄱阳县	中型	私营有限责任公司
江西万年青水泥股份有限公司	万年县	大型	股份有限公司
江西联创(万年)电子有限公司	万年县	中型	私营有限责任公司
万年县育星实业有限公司	万年县	中型	股份有限公司
万年县亚利饰品制造有限公司	万年县	中型	私营有限责任公司
万年县永昌科技有限公司	万年县	中型	私营有限责任公司
江西万年祥家纺服饰有限公司	万年县	中型	私营有限责任公司
万年县康达旅游用品有限公司	万年县	中型	私营有限责任公司
江西君业生物制药有限公司	万年县	中型	其他有限责任公司
万年县吉丰皮具有限公司	万年县	中型	私营有限责任公司
江西佳维诚电子科技有限公司	万年县	中型	私营有限责任公司
江西开锦科技有限公司	万年县	中型	私营有限责任公司
江西海能电源有限公司	万年县	中型	私营有限责任公司
万年县供电有限责任公司	万年县	中型	其他有限责任公司
江西大地走红伞业有限公司	万年县	中型	其他有限责任公司
江西索普信实业有限公司	万年县	中型	私营有限责任公司
江西省欧曼服饰有限公司	万年县	中型	私营有限责任公司
万年县云龙电源有限公司	万年县	中型	私营有限责任公司
万年皇阳贡米实业有限公司	万年县	中型	其他有限责任公司
万年县康伟铸造有限公司	万年县	中型	私营有限责任公司
江西省真牛食品有限公司	万年县	中型	私营有限责任公司
江西伊尔枫服饰有限公司	万年县	中型	私营有限责任公司
国网江西婺源县供电有限责任公司	婺源县	中型	国有独资公司
婺源县创盛电子科技有限公司	婺源县	中型	私营有限责任公司
江西半球家用品实业有限公司	婺源县	中型	其他有限责任公司
江西省百源木业有限公司	婺源县	中型	私营有限责任公司
江西正博实业有限公司	婺源县	大型	其他有限责任公司
江西金德铅业股份有限公司	德兴市	大型	股份有限公司
江西铜业集团银山矿业有限责任公司	德兴市	大型	其他外商投资
国网江西德兴市供电有限责任公司	德兴市	中型	其他有限责任公司
江西天海集团有限公司	德兴市	中型	其他有限责任公司
德兴市兔宝宝装饰材料有限公司	德兴市	中型	私营有限责任公司
中国黄金集团江西金山矿业有限公司	德兴市	中型	其他有限责任公司
江西三和金业有限公司	德兴市	中型	其他有限责任公司
江西省德畅集团	德兴市	中型	其他内资
江西省德兴市百勤异 VC 钠有限公司	德兴市	中型	私营有限责任公司
江西铜业集团(德兴)实业有限公司	德兴市	中型	国有独资公司
江西铜业集团(德兴)铸造有限公司	德兴市	中型	国有独资公司

控股情况	隶属关系	主要产品	轻重工业
私人控股	其他	照明灯具制造	轻工业
私人控股	其他	紧固件制造	重工业
私人控股	其他	其他非金属矿物制品制造	重工业
私人控股	其他	紧固件制造	重工业
私人控股	县属	皮鞋制造	轻工业
私人控股	其他	机织服装制造	轻工业
私人控股	其他	毛毯制造	轻工业
私人控股	其他	机织服装制造	轻工业
私人控股	县属	紧固件制造	重工业
私人控股	县属	紧固件制造	重工业
私人控股	其他	紧固件制造	重工业
私人控股	其他	汽车零部件及配件制造	重工业
私人控股	其他	橡胶制品	重工业
国有控股	省属	水泥	重工业
私人控股	其他	电容式触摸屏制造	重工业
其他控股	县属	成衣加工	轻工业
私人控股	其他	雕塑工艺品制造	轻工业
私人控股	其他	有接头电导体制造	重工业
私人控股	其他	寝室饰用品	轻工业
私人控股	其他	箱包制造	轻工业
其他控股	县属	医药中间体产品、原料药制造	轻工业
私人控股	其他	皮具、箱包制造	轻工业
私人控股	其他	电子电容器	重工业
私人控股	其他	专用设备制造	轻工业
私人控股	其他	铁镍蓄电池	轻工业
国有控股	中央	电力供应	重工业
私人控股	其他	户外休闲用品、工艺伞制造、塑料制品等	轻工业
私人控股	其他	彩灯、照明灯制造	轻工业
私人控股	其他	棉、化纤针织钩编物	轻工业
私人控股	其他	铅蓄电池	轻工业
私人控股	其他	大米	轻工业
私人控股	其他	钢铁结构体部件及加工钢材	重工业
私人控股	其他	糖果	轻工业
私人控股	其他	针织服饰	轻工业
国有控股	省属	电力供应	重工业
私人控股	其他	碳化硅粉	重工业
私人控股	县属	休闲用品、箱包、旅游产品	轻工业
私人控股	其他	细木板	重工业
其他控股	其他	鞋帽	轻工业
国有控股	省属	电铅	重工业
国有控股	其他	铜精矿含铜	重工业
国有控股	省属	电力、燃气及水的生产和供应业	重工业
私人控股	其他	钢球	重工业
私人控股	其他	人造板	重工业
国有控股	县属	含量金	重工业
私人控股	其他	成品金	重工业
其他控股	其他	竹胶板	重工业
私人控股	其他	异 vc 钠	轻工业
国有控股	县属	配电开关控制设备制造	重工业
国有控股	县属	金属结构制造	重工业

9－12 主营业务收入过亿元

（2015

企业名称	所在地	企业规模	注册类型
晶科能源有限公司	上饶县	大型	港澳台商独资
江西展宇新能源股份有限公司	上饶县	大型	股份有限公司
广丰县瑞丰型材有限公司	广丰区	中型	其他有限责任公司
江西金汇铜业有限公司	铅山县	中型	私营有限责任公司
上饶市岩瑞铜业有限公司	玉山县	中型	私营有限责任公司
上饶和丰铜业有限公司	横峰县	中型	私营有限责任公司
玉山县富旺铜业有限公司	玉山县	中型	私营有限责任公司
江西金宏铜业有限公司	广丰区	中型	私营有限责任公司
江西康鑫铜业有限公司	广丰区	小型	私营有限责任公司
江西新金叶实业有限公司	上饶县	中型	其他有限责任公司
江西精元电脑有限公司	广丰区	大型	港澳台商投资股份有限公司
广丰县月兔红木工贸有限公司	广丰区	中型	国有独资公司
江西省屹立铜业有限公司	铅山县	中型	其他有限责任公司
江西九洲铜业有限公司	广丰区	中型	其他有限责任公司
江西中投新能源有限公司	广丰区	大型	私营有限责任公司
广丰县华强矿产实业有限公司	广丰区	中型	国有独资公司
国电黄金埠发电有限公司	余干县	中型	国有独资公司
广丰县九华实业有限公司	广丰区	中型	私营有限责任公司
江西省金瑞铜业有限公司	铅山县	小型	私营有限责任公司
横峰县南方有色金属有限公司	横峰县	中型	私营有限责任公司
横峰县永兴铜业有限公司	横峰县	中型	私营有限责任公司
江西博能实业集团有限公司	上饶县	小型	私营有限责任公司
江西东海食品有限公司	广丰区	小型	港澳台商独资
上饶市金钱湾铜业有限公司	上饶县	小型	其他有限责任公司
江西金德铅业股份有限公司	德兴市	大型	股份有限公司
余干县鑫源铜业有限公司	余干县	小型	私营有限责任公司
上饶市先锋铸造有限公司	广丰区	小型	私营有限责任公司
余干精业金属制造有限公司	余干县	小型	其他有限责任公司
江西省和源实业有限公司	铅山县	中型	私营有限责任公司
江西中旺铜业有限公司	横峰县	中型	私营有限责任公司
江西西龙食品有限公司	玉山县	中型	私营有限责任公司
余干县浦发金属制造有限公司	余干县	小型	私营有限责任公司
江西晶科光伏材料有限公司	信州区	中型	其他有限责任公司
江西博能上饶线材有限公司	信州区	小型	其他有限责任公司
余干县盛和铜业有限公司	余干县	中型	私营有限责任公司
江西都邦实业有限公司	鄱阳县	中型	其他有限责任公司
万年皇阳贡米实业有限公司	万年县	中型	其他有限责任公司
江西东方善生物科技有限公司	余干县	中型	港澳台商独资
江西海能电源有限公司	万年县	中型	私营有限责任公司
上饶市华丰铜业有限公司	上饶县	小型	其他有限责任公司
江西万年青水泥股份有限公司	万年县	大型	股份有限公司
万年县云龙电源有限公司	万年县	中型	私营有限责任公司
余干县金泰有色金属有限公司	余干县	小型	其他有限责任公司
上饶市博恩实业有限公司	上饶县	小型	其他有限责任公司
江西万年香米业有限公司	万年县	小型	私营有限责任公司
凤凰光学集团有限公司	信州区	大型	国有独资公司
江西烽银金属有限公司	广丰区	中型	私营有限责任公司
江西锦裕机械制造有限公司	上饶县	中型	其他有限责任公司
江西正田铜业有限公司	广丰区	中型	私营有限责任公司
江西兴唐实业有限公司	弋阳县	中型	其他有限责任公司
江西永固金属电力制品有限公司	弋阳县	小型	私营有限责任公司

年）

控股情况	隶属关系	主要产品	轻重工业
港澳台控股	其他	太阳能组件制造	重工业
私人控股	其他	硅、太阳能组件制造	重工业
私人控股	县属	材料制造	重工业
私人控股	其他	电解铜	重工业
私人控股	其他	电解铜生产	重工业
私人控股	其他	铜材	重工业
私人控股	其他	有色金属制造	重工业
私人控股	其他	铜压延加工	重工业
私人控股	其他	铜压延加工	重工业
其他控股	其他	粗铜	重工业
港澳台控股	其他	计算机外围设备制造	重工业
国有控股	其他	雕塑工艺品制造	轻工业
私人控股	其他	铜块	重工业
国有控股	市属	铜压延加工	重工业
私人控股	其他	锂调子电池制造	轻工业
国有控股	其他	滑石采选	重工业
国有控股	中央	火力发电	重工业
私人控股	其他	铜锭生产	重工业
私人控股	其他	铜冶炼	重工业
私人控股	其他	铜材	重工业
私人控股	其他	铜材	重工业
私人控股	其他	批发零售贸易	重工业
港澳台控股	其他	速冻食品	轻工业
其他控股	其他	铜矿采选	重工业
国有控股	省属	电铅	重工业
私人控股	其他	铜锭	重工业
私人控股	其他	铜加工	重工业
私人控股	其他	再生铝	重工业
私人控股	其他	粗铜加工	重工业
私人控股	其他	粗铜	重工业
私人控股	其他	烤鳗	轻工业
私人控股	其他	铜冶炼	重工业
私人控股	县属	制造业铝压延加	重工业
私人控股	县属	铜线材、管材制造	重工业
私人控股	其他	铜带	重工业
私人控股	县属	铜压延加工	重工业
私人控股	其他	大米	轻工业
港澳台控股	其他	保健品	轻工业
私人控股	其他	铁镍蓄电池	轻工业
其他控股	其他	粗铜	重工业
国有控股	省属	水泥	重工业
私人控股	其他	铅蓄电池	轻工业
私人控股	县属	铜加工	重工业
私人控股	县属	硅材料加工销售	重工业
私人控股	其他	粮食收购加工	轻工业
国有控股	省属	数码相机制造	轻工业
私人控股	其他	钢压延加工	重工业
私人控股	县属	制造业缝纫机械制造	重工业
私人控股	其他	铜棒加工	重工业
私人控股	其他	汽车、农机配件	重工业
私人控股	其他	铜管	重工业

9－12　续表1

企业名称	所在地	企业规模	注册类型
江西春源绿色食品有限公司	玉山县	小型	私营有限股份公司
江西三和金业有限公司	德兴市	中型	其他有限责任公司
江西伟克铜材制造有限公司	弋阳县	小型	其他有限责任公司
江西省君鑫贵金属科技材料有限公司	万年县	小型	私营有限责任公司
江西省裕泰鞋业有限公司	鄱阳县	大型	港澳台商独资
江西盛态粮食实业有限公司	鄱阳县	中型	其他有限责任公司
江西正博实业有限公司	婺源县	大型	其他有限责任公司
弋阳县姚家铁矿有限公司	弋阳县	小型	私营有限责任公司
江西省金苑服饰织造有限公司	鄱阳县	大型	私营有限责任公司
江西开锦科技有限公司	万年县	中型	私营有限责任公司
玉山县景泰制衣有限公司	玉山县	小型	私营有限责任公司
上饶市得利金属材料有限公司	上饶县	小型	其他有限责任公司
弋阳县江南涤化有限公司	弋阳县	小型	私营有限责任公司
中国黄金集团江西金山矿业有限公司	德兴市	中型	其他有限责任公司
江西弋阳富达铜材有限公司	弋阳县	中型	私营有限责任公司
弋阳县华宇实业有限公司	弋阳县	小型	私营有限责任公司
亮志(江西)服装有限公司	鄱阳县	大型	港澳台商独资
弋阳海螺水泥有限责任公司	弋阳县	中型	私营有限责任公司
江西巍华化学有限公司	弋阳县	小型	私营有限责任公司
国网江西上饶县供电有限责任公司	上饶县	中型	国有独资公司
江西骏马食品有限公司	玉山县	小型	私营有限责任公司
江西银泰乐科技有限公司	广丰区	小型	私营有限责任公司
玉山县博跃实业有限公司	玉山县	中型	其他有限责任公司
江西三清水泥有限公司	玉山县	中型	私营有限责任公司
江西红海新型脚手架有限公司	广丰区	小型	其他有限责任公司
弋阳县华弘志成金属加工有限公司	弋阳县	小型	其他有限责任公司
上饶市康盛实业有限公司	铅山县	小型	私营有限责任公司
玉山县飞龙金属有限公司	玉山县	小型	其他有限责任公司
德兴市益丰再生有色金属有限责任公司	德兴市	小型	其他有限责任公司
上饶市鑫汇铜业有限公司	铅山县	小型	私营有限责任公司
江西上铜电力科技有限公司	广丰区	小型	私营有限责任公司
江西瀚飞生物科技有限公司	万年县	小型	私营有限责任公司
江西云鸽橡塑有限公司	鄱阳县	中型	私营有限责任公司
江西玉山南方水泥有限公司	玉山县	中型	其他有限责任公司
江西耀腾资源利用有限公司	广丰区	小型	其他有限责任公司
上饶市华鑫实业有限公司	上饶县	小型	其他有限责任公司
江西波星机械泵阀制造有限公司	鄱阳县	中型	私营独资
江西伊尔枫服饰有限公司	万年县	中型	私营有限责任公司
江西彩旗实业有限公司	上饶县	小型	其他有限责任公司
江西文博粮业有限公司	鄱阳县	中型	其他有限责任公司
江西华欣机械制造有限公司	广丰区	小型	私营有限责任公司
国网江西广丰县供电有限责任公司	广丰区	中型	其他有限责任公司
鄱阳县清亮米业有限公司	鄱阳县	中型	私营有限股份公司
江西中氟化工有限公司	玉山县	小型	与港澳台商合资经营
江西索普信实业有限公司	万年县	中型	私营有限责任公司
江西德源欣茂铜业有限公司	上饶县	微型	港澳台商独资
德兴市平峰磷业有限公司	德兴市	小型	其他有限责任公司
江西光安标准件有限公司	鄱阳县	中型	私营有限责任公司
江西东方豹紧固件有限公司	鄱阳县	中型	私营独资
上饶市安信成长实业有限公司	万年县	小型	私营有限责任公司
江西蒙恩乐光电科技有限公司	鄱阳县	中型	私营有限责任公司

控股情况	隶属关系	主要产品	轻重工业
私人控股	其他	精制油	轻工业
私人控股	其他	成品金	重工业
国有控股	省属	铜材	重工业
私人控股	其他	贵金属压延加工	重工业
港澳台控股	其他	运动鞋制造	轻工业
私人控股	县属	谷物磨制	轻工业
其他控股	其他	鞋帽	轻工业
私人控股	其他	铁矿采选	重工业
私人控股	其他	服装	轻工业
私人控股	其他	专用设备制造	轻工业
私人控股	其他	针织品	轻工业
私人控股	县属	钯、铑贵金属加工	重工业
私人控股	其他	DTY 低弹丝	轻工业
国有控股	县属	含量金	重工业
私人控股	其他	铜制水龙头	重工业
私人控股	其他	铜材 铜压延加工	重工业
港澳台控股	其他	机织服装制造	轻工业
私人控股	其他	水泥	重工业
私人控股	其他	三氟甲苯系列	重工业
国有控股	省属	电力供应	重工业
私人控股	其他	烤鳗、其他水产品加工	轻工业
私人控股	其他	其他贵金属冶炼	重工业
其他控股	其他	有色金属制造	重工业
私人控股	其他	水泥熟料	重工业
私人控股	其他	建筑模板生产	重工业
私人控股	县属	铜材 铜压延加工	重工业
私人控股	其他	铝锭	重工业
其他控股	县属	有色金属制造	重工业
其他控股	其他	铅加工	重工业
私人控股	其他	制造业 铜冶炼	重工业
私人控股	其他	铜排、铜棒、铜杆	重工业
私人控股	其他	蛋白及植脂等食品辅料生产	轻工业
私人控股	其他	橡胶制品	重工业
私人控股	其他	水泥熟料	重工业
私人控股	其他	粗铜	重工业
私人控股	县属	粗铜制造、加工	重工业
私人控股	其他	阀门和旋塞制造	重工业
私人控股	其他	针织服饰	轻工业
私人控股	县属	制造铜杆铜丝加工销售	重工业
私人控股	其他	谷物磨制	轻工业
私人控股	其他	铸铁、铸钢	重工业
国有控股	中央	电力供应	重工业
私人控股	其他	粮食加工	轻工业
其他控股	其他	氢氟酸	重工业
私人控股	其他	彩灯、照明灯制造	轻工业
港澳台控股	其他	漆包线、线圈盘制造销售	重工业
私人控股	其他	磷酸	重工业
私人控股	其他	紧固件制造	重工业
私人控股	其他	紧固件制造	重工业
私人控股	其他	贵金属压延加工	重工业
私人控股	其他	照明灯具制造	轻工业

9－12　续表 2

企业名称	所在地	企业规模	注册类型
江西半球家用品实业有限公司	婺源县	中型	其他有限责任公司
江西顺康药业集团有限公司	玉山县	小型	私营独资
鄱阳县鑫依米业有限公司	鄱阳县	小型	私营有限股份公司
江西省斯尔摩红木家俱有限公司	广丰区	中型	私营有限责任公司
江西联合标准件制造有限公司	鄱阳县	中型	其他有限责任公司
江西远普新能源科技有限公司	余干县	小型	私营有限责任公司
江西汉氏铂业有限公司	万年县	小型	私营有限责任公司
万年县康伟铸造有限公司	万年县	中型	私营有限责任公司
上饶县远翔实业有限公司	上饶县	小型	其他有限责任公司
德兴市盛大金属有限公司	德兴市	小型	其他有限责任公司
江西奔达搪业有限公司	鄱阳县	中型	其他有限责任公司
横峰县永盛铝业有限公司	横峰县	中型	私营有限责任公司
上饶市永达电器有限公司	德兴市	小型	其他有限责任公司
国网江西玉山县供电有限责任公司	玉山县	中型	国有独资公司
江西龙祥铝业有限公司	横峰县	中型	私营有限责任公司
江西寸金实业有限公司	广丰区	小型	港澳台商独资
江西众光照明科技有限公司	玉山县	中型	私营有限责任公司
江西月兔丰华彩印有限公司	广丰区	中型	与港澳台商合资经营
江西鑫瑞有色金属有限公司	铅山县	小型	私营有限责任公司
江西福丰化工有限公司	广丰区	小型	私营有限责任公司
江西宏飞电源科技有限公司	余干县	小型	私营有限责任公司
江西玉山万年青水泥有限公司	玉山县	中型	其他有限责任公司
江西铭日企业集团有限公司	余干县	中型	私营有限责任公司
江西跃达新型建材有限公司	玉山县	小型	私营有限责任公司
江西省欧曼服饰有限公司	万年县	中型	私营有限责任公司
万年县万年红食品有限公司	万年县	小型	私营有限责任公司
江西佳维诚电子科技有限公司	万年县	中型	私营有限责任公司
江西省世华实业有限公司	鄱阳县	中型	私营有限责任公司
江西丰华纺织有限公司	鄱阳县	中型	私营有限责任公司
江西省真牛食品有限公司	万年县	中型	私营有限责任公司
上饶市永利建材有限公司	上饶县	小型	其他有限责任公司
江西省东沿药业有限公司	铅山县	小型	私营有限责任公司
江西铜业集团银山矿业有限责任公司	德兴市	大型	其他外商投资
江西久顺科技有限公司	广丰区	小型	私营有限责任公司
江西省汉氏贵金属有限公司	万年县	小型	私营有限责任公司
江西正盛特钢制造有限公司	鄱阳县	中型	其他有限责任公司
江西飞翔实业有限公司	玉山县	小型	股份有限公司
弋阳县祥瑞有色金属加工有限公司	弋阳县	小型	私营有限责任公司
江西艾芬达暖通科技股份有限公司	上饶县	中型	股份有限公司
上饶市博泽铜业有限公司	信州区	小型	其他有限责任公司
横峰县振宇实业有限公司	横峰县	小型	私营有限责任公司
江西稻草金服饰有限公司	鄱阳县	中型	私营有限责任公司
江西裕丰纸业有限公司	广丰区	小型	私营有限责任公司
上饶市佳雄实业有限公司	上饶县	小型	其他有限责任公司
江西玖龙铜业有限公司	婺源县	小型	私营有限责任公司
江西岩鹰水泥有限公司	玉山县	中型	私营有限股份公司
江西诚大拉链有限公司	横峰县	小型	私营有限责任公司
江西省百源木业有限公司	婺源县	中型	私营有限责任公司
江西省德兴市百勤异 VC 钠有限公司	德兴市	中型	私营有限责任公司
江西嘉亿五金制造有限公司	鄱阳县	中型	股份有限公司
横峰县繁荣铜业有限公司	横峰县	小型	私营有限责任公司

控股情况	隶属关系	主要产品	轻重工业
私人控股	县属	休闲用品、箱包、旅游产品	轻工业
私人控股	其他	中成药	轻工业
私人控股	其他	粮食加工	轻工业
私人控股	其他	木雕工艺品	轻工业
私人控股	县属	紧固件制造	重工业
私人控股	其他	电池、极板生产、销售	轻工业
私人控股	其他	贵金属加工	重工业
私人控股	其他	钢铁结构体部件及加工钢材	重工业
私人控股	其他	白银	重工业
私人控股	其他	金属加工	重工业
私人控股	县属	搪瓷日用品	轻工业
私人控股	其他	有色金属压延加工	重工业
私人控股	镇属	生产蓄电池	轻工业
国有控股	县属	供电	重工业
私人控股	其他	铝材	重工业
港澳台控股	其他	电子五金	重工业
私人控股	其他	照明灯具制造	轻工业
国有控股	县属	印刷品	轻工业
私人控股	其他	其他未列明的金属制品制造	重工业
私人控股	其他	硫磺	重工业
私人控股	其他	蓄电池、极板、五金电器生产销售	轻工业
国有控股	其他	水泥	重工业
私人控股	其他	白厂丝	轻工业
私人控股	其他	建材	重工业
私人控股	其他	棉、化纤针织钩编物	轻工业
私人控股	其他	食品添加剂	轻工业
私人控股	其他	电子电容器	重工业
私人控股	其他	汽车零部件及配件制造	重工业
私人控股	其他	毛毯制造	轻工业
私人控股	其他	糖果	轻工业
私人控股	其他	商品混凝土加工销售	重工业
私人控股	其他	无水氟化氢	重工业
国有控股	其他	铜精矿含铜	重工业
私人控股	其他	单晶硅开发、制造、加工及销售单晶硅片拉棒	重工业
私人控股	其他	贵金属制品加工	重工业
集体控股	县属	紧固件	重工业
私人控股	其他	铝材	重工业
私人控股	其他	铜材	重工业
私人控股	其他	卫浴烘干架、散热器、阀门	轻工业
私人控股	县属	铜加工	重工业
私人控股	其他	铜材	重工业
私人控股	其他	机织服装制造	轻工业
私人控股	其他	纸制品制造	轻工业
私人控股	县属	缝制机械制造	重工业
私人控股	其他	铜加工	重工业
私人控股	其他	水泥	重工业
私人控股	其他	其他日用杂品制造	轻工业
私人控股	其他	细木板	重工业
私人控股	其他	异 vc 钠	轻工业
私人控股	县属	紧固件制造	重工业
私人控股	其他	铜材	重工业

9-12 续表3

企业名称	所在地	企业规模	注册类型
江西鄱阳国泰化工有限责任公司	鄱阳县	小型	私营有限责任公司
江西乾坤机床有限公司	鄱阳县	中型	私营有限责任公司
江西天马钢管有限公司	玉山县	中型	其他有限责任公司
上饶市海纳金属材料有限公司	信州区	小型	其他有限责任公司
江西金钢能源科技有限公司	铅山县	小型	私营有限责任公司
国网江西德兴市供电有限责任公司	德兴市	中型	其他有限责任公司
婺源县创盛电子科技有限公司	婺源县	中型	私营有限责任公司
江西傲农饲料科技有限公司	鄱阳县	中型	其他有限责任公司
余干县供电有限责任公司	余干县	中型	其他有限责任公司
鄱阳县供电有限责任公司	鄱阳县	小型	其他有限责任公司
江西华邦药业有限公司	万年县	小型	私营有限责任公司
鄱阳县飞尚林产有限责任公司	鄱阳县	小型	私营有限责任公司
江西百达新材料科技有限公司	鄱阳县	中型	私营有限责任公司
江西省渔翔科技饲料有限公司	鄱阳县	中型	其他有限责任公司
鄱阳县广禾粮油贸易有限公司	鄱阳县	中型	私营有限责任公司
江西省逸源机电有限公司	玉山县	小型	私营有限责任公司
江西鄱星特种精密铸造有限公司	鄱阳县	中型	私营有限责任公司
江西人民线缆科技集团有限公司	横峰县	小型	其他有限责任公司
横峰县伟宏铝业有限公司	横峰县	小型	私营有限责任公司
万年县金戈服装有限公司	万年县	小型	私营有限股份公司
江西省兴泰机电集团有限公司	横峰县	小型	私营有限责任公司
横峰县源华电器有限公司	横峰县	小型	私营有限责任公司
江西鸥迪铜业有限公司	弋阳县	中型	其他有限责任公司
鄱阳县鄱湖教育彩印有限公司	鄱阳县	中型	股份有限公司
广丰国铝实业有限公司	广丰区	小型	私营有限责任公司
鄱阳县加西亚电子电器有限公司	鄱阳县	中型	股份有限公司
江西锐力体育用品有限公司	广丰区	小型	私营有限责任公司
婺源县力智实业有限公司	婺源县	小型	私营有限责任公司
江西恒祥医药科技有限公司	万年县	小型	私营有限责任公司
江西广厦包装印刷有限公司	广丰区	小型	中外合资经营
江西铜业集团(德兴)铸造有限公司	德兴市	中型	国有独资公司
江西青尔红服饰有限公司	广丰区	小型	私营有限责任公司
江西世纪长河新电源有限公司	横峰县	小型	私营有限责任公司
江西鄱阳荣林达纺织有限责任公司	鄱阳县	中型	其他有限责任公司
上饶市草根家纺有限公司	鄱阳县	中型	其他有限责任公司
江西万年祥家纺服饰有限公司	万年县	中型	私营有限责任公司
江西博能上饶客车有限公司	信州区	中型	其他有限责任公司
江西鑫镁金属粉末有限公司	鄱阳县	中型	其他内资
江西凯辉服饰有限公司	鄱阳县	中型	私营有限责任公司
广丰县吉盛纺织有限公司	广丰区	小型	私营有限责任公司
广丰县盛源纺织有限公司	广丰区	小型	股份有限公司
玉山县鑫海萤石矿业有限公司	玉山县	小型	私营有限责任公司
江西铜业(德兴)化工有限公司	德兴市	小型	国有独资公司
弋阳宏业有色金属有限公司	弋阳县	小型	私营有限责任公司
江西松达医药化工有限公司	万年县	小型	私营有限责任公司
江西钻宝仪表有限公司	横峰县	中型	私营有限责任公司
鄱阳县华凯电子科技有限公司	鄱阳县	中型	私营有限责任公司
江西横峰葛佬葛产业开发有限公司	横峰县	中型	私营有限责任公司
江西经纬益力紧固件有限公司	鄱阳县	中型	私营有限责任公司
江西众利超硬材料工具有限公司	鄱阳县	小型	私营有限责任公司
江西禾丰电子机械有限公司	余干县	小型	其他有限责任公司

控股情况	隶属关系	主要产品	轻重工业
私人控股	其他	炸药及火工产品制造	重工业
私人控股	其他	紧固件制造	重工业
私人控股	其他	轴承钢管	重工业
私人控股	县属	铜棒、铝锭、锌锭加工销售	重工业
私人控股	其他	锂离子电池制造	轻工业
国有控股	省属	电力、燃气及水的生产和供应业	重工业
私人控股	其他	碳化硅粉	重工业
私人控股	县属	饲料加工	轻工业
国有控股	省属	电力供应	重工业
国有控股	中央	电力、热力、燃气及水生产和供应业	重工业
私人控股	其他	医药中间体	轻工业
私人控股	其他	林业加工	重工业
私人控股	其他	炼钢	重工业
私人控股	其他	水产饲料制造	轻工业
私人控股	其他	食品加工	轻工业
私人控股	其他	节能热水器	轻工业
私人控股	其他	锻件及粉末冶金制品制造	重工业
私人控股	县属	电线电缆制造	重工业
私人控股	其他	铝压延加工	重工业
私人控股	其他	服装制造	轻工业
私人控股	其他	铜材	重工业
私人控股	其他	铜丝加工	重工业
集体控股	县属	铜材	重工业
私人控股	县属	彩印包装	轻工业
私人控股	其他	铝型材生产及销售	重工业
私人控股	县属	电线	重工业
私人控股	其他	运动鞋材	轻工业
私人控股	其他	木门地板家俱加工	重工业
私人控股	其他	制造业 化学药品制剂制造	轻工业
国有控股	县属	纸板	轻工业
国有控股	县属	金属结构制造	重工业
私人控股	其他	服装生产	轻工业
私人控股	其他	锂离子电池制造	轻工业
私人控股	其他	棉纺纱加工	轻工业
私人控股	县属	床上用品制造	轻工业
私人控股	其他	寝室饰用品	轻工业
私人控股	县属	客车制造	重工业
私人控股	镇属	铜压延加工	重工业
私人控股	其他	机织服装制造	轻工业
私人控股	其他	棉纱加工	轻工业
私人控股	县属	夏布加工	轻工业
私人控股	其他	萤石	重工业
国有控股	县属	硫酸	重工业
私人控股	其他	铜材	重工业
私人控股	其他	盐酸环丙沙星	轻工业
私人控股	其他	有色金属压延加工	重工业
私人控股	其他	电子元件	重工业
私人控股	其他	葛系列产品	轻工业
私人控股	其他	紧固件制造	重工业
私人控股	其他	切削工具制造	重工业
私人控股	县属	电脑绣花机	重工业

9-12 续表4

企业名称	所在地	企业规模	注册类型
宝鸿化纤(江西)有限公司	鄱阳县	中型	私营有限责任公司
横峰县盛泰纺织有限公司	横峰县	中型	其他有限责任公司
江西瑜饶实业有限公司	上饶县	小型	其他有限责任公司
江西富力超硬科技有限公司	鄱阳县	中型	其他有限责任公司
江西双胞胎牧业有限公司	万年县	小型	中外合资经营
国网江西铅山县供电有限责任公司	铅山县	中型	其他有限责任公司
横峰县富饶资源综合再利用有限公司	横峰县	中型	私营有限责任公司
万年县鑫泰铜业有限公司	万年县	小型	其他有限责任公司
余干县干越砂石经营有限公司	余干县	小型	私营有限股份公司
广丰县莱仕衬衫有限公司	广丰区	小型	私营有限责任公司
弋阳县金盛矿业有限公司	弋阳县	小型	私营有限责任公司
江西省玉山东港中药饮片有限公司	玉山县	小型	私营有限责任公司
上饶市隆润麻纺织品有限公司	信州区	中型	私营有限责任公司
江西科鼎金属有限公司	广丰区	小型	私营有限责任公司
江西申山能源科技有限公司	鄱阳县	小型	其他有限责任公司
广丰县海韵电子玩具有限公司	广丰区	中型	其他有限责任公司
上饶市利百加锁业有限公司	鄱阳县	小型	其他有限责任公司
国网江西婺源县供电有限责任公司	婺源县	中型	国有独资公司
江西彤康实业有限公司	鄱阳县	中型	其他有限责任公司
江西浩元实业有限公司	弋阳县	小型	港澳台商独资
德兴市中科精细化学有限公司	德兴市	小型	私营有限责任公司
昌盛能源科技有限公司	玉山县	小型	私营有限责任公司
江西兴发铜材发展有限公司	横峰县	小型	私营有限责任公司
鄱阳县恒茂针织有限公司	鄱阳县	中型	股份有限公司
万年县祈福矿业有限公司	万年县	小型	私营有限责任公司
弋阳县供电有限责任公司	弋阳县	小型	国有独资公司
广丰县金鹏电子有限公司	广丰区	中型	私营独资
江西天正带钢有限公司	信州区	小型	其他有限责任公司
江西省万年兴纺织服装有限公司	万年县	小型	外资企业
鄱阳县长明渔具有限公司	鄱阳县	小型	其他有限责任公司
江西省玉山县怀玉莹石选矿有限公司	玉山县	小型	其他有限责任公司
江西鑫亿包装有限公司	鄱阳县	中型	其他内资
江西天施康弋阳制药有限公司	弋阳县	小型	其他有限责任公司
万年县育星实业有限公司	万年县	中型	股份有限公司
江西三清山绿色食品有限责任公司	玉山县	小型	私营有限责任公司
万年县供电有限责任公司	万年县	中型	其他有限责任公司
上饶市宏丰铜业有限公司	信州区	小型	私营有限责任公司
广丰县常欣铸造材料有限公司	广丰区	小型	私营有限责任公司
广丰县永利建材有限公司	广丰区	小型	其他有限责任公司
江西柏林实业有限公司	弋阳县	小型	私营有限责任公司
江西黄金埠万年青水泥有限责任公司	余干县	小型	其他有限责任公司
鄱阳县勇业工艺品有限公司	鄱阳县	小型	其他内资
上饶市如意包装有限公司	广丰区	小型	私营有限责任公司
玉山县科轮轴承有限责任公司	玉山县	小型	其他有限责任公司
上饶市信州区供电有限责任公司	信州区	小型	其他有限责任公司
江西鲁班木艺产业有限公司	鄱阳县	小型	股份有限公司
江西申华工贸有限公司	鄱阳县	中型	其他有限责任公司
江西省玉山县江南台球厂	玉山县	小型	股份合作
江西省万年县康欣机械有限公司	万年县	小型	私营有限责任公司
德兴市源森红花茶油有限公司	德兴市	小型	其他有限责任公司
江西美视达电子设备有限公司	玉山县	小型	私营有限责任公司

控股情况	隶属关系	主要产品	轻重工业
私人控股	其他	皮鞋制造	轻工业
私人控股	其他	棉纺纱加工	轻工业
私人控股	市属	铜杆加工	重工业
私人控股	县属	其他非金属矿物制品制造	重工业
其他控股	县属	饲料	轻工业
国有控股	中央	供电	重工业
私人控股	其他	铜矿采选	重工业
私人控股	县属	铜业加工	重工业
私人控股	其他	土砂石开采、加工	重工业
私人控股	其他	服装、衬衫制造	轻工业
私人控股	其他	铜材	重工业
私人控股	其他	中药、饮片	轻工业
私人控股	其他	苎麻布	轻工业
私人控股	其他	银、锡、铜、铝生产	重工业
私人控股	县属	太阳能电池	重工业
私人控股	县属	电子玩具	轻工业
私人控股	其他	建筑家具用金属配件制造	重工业
国有控股	省属	电力供应	重工业
私人控股	县属	皮鞋制造	轻工业
港澳台控股	其他	纺织服装制造	轻工业
私人控股	其他	甲基系列产品	重工业
私人控股	其他	单晶硅	重工业
私人控股	其他	铜排	重工业
私人控股	县属	针织手套	轻工业
私人控股	其他	银精矿	重工业
国有控股	中央	电力生产(供应)	重工业
私人控股	其他	电子配件	重工业
私人控股	县属	带钢加工销售	重工业
外商控股	其他	棉、化纤针织钩编物	轻工业
私人控股	县属	其他金属工具制造	重工业
私人控股	其他	莹石粉	重工业
私人控股	县属	纸和纸板容器制造	轻工业
其他控股	其他	中成药制药	轻工业
其他控股	县属	成衣加工	轻工业
私人控股	其他	山茶油生产	轻工业
国有控股	中央	电力供应	重工业
私人控股	其他	铜压延加工	重工业
私人控股	其他	覆磨砂加工	重工业
私人控股	县属	商品混凝土生产	重工业
私人控股	其他	蔬菜罐头	轻工业
国有控股	其他	水泥生产	重工业
私人控股	县属	其他工艺美术品制造	轻工业
私人控股	其他	包装装潢印刷	轻工业
私人控股	其他	轴承	重工业
国有控股	省属	电力购销	重工业
私人控股	县属	木质家具制造	轻工业
私人控股	县属	建筑、家具用金属配件制造	重工业
私人控股	其他	青石板台球桌面制造	轻工业
私人控股	其他	机械制造	重工业
私人控股	其他	植物油	轻工业
私人控股	其他	电子产品	重工业

9－12 续表 5

企业名称	所在地	企业规模	注册类型
江西铜业集团(德兴)实业有限公司	德兴市	中型	国有独资公司
江西银达塑业有限公司	广丰区	中型	其他有限责任公司
江西宏旺服装有限公司	横峰县	中型	私营有限责任公司
万年县豪森家居有限公司	万年县	小型	私营有限责任公司
江西省玉山县膨润土实业有限公司	玉山县	小型	股份有限公司
江西君业生物制药有限公司	万年县	中型	其他有限责任公司
广丰县京新药业有限公司	广丰区	小型	其他有限责任公司
江西盈然地板有限公司	信州区	小型	港澳台商独资
广丰县凯达汽车部件有限公司	广丰区	小型	私营有限责任公司
万年县祥云纤维纺织有限公司	万年县	小型	外资企业
江西东日灯具有限公司	鄱阳县	小型	其他内资
上饶市天熠实业发展有限公司	广丰区	中型	私营有限责任公司
万年县鑫发合金金属有限公司	万年县	小型	私营有限责任公司
上饶市梅乐光伏科技有限公司	广丰区	小型	私营有限责任公司
江西亮达饰品有限公司	广丰区	小型	私营有限责任公司
江西省广丰县龙马钢结构有限责任公司	广丰区	小型	私营有限责任公司
江西省龙马实业有限公司	上饶县	小型	其他有限责任公司
江西博众汽车零部件制造有限公司	广丰区	小型	私营有限责任公司
江西凤凰富士胶片光学有限公司	上饶县	中型	其他有限责任公司
玉山县振业轴承有限公司	玉山县	小型	私营有限责任公司
万年县竹楠木环保科技有限公司	万年县	小型	其他有限责任公司
江西华科电器有限公司	广丰区	小型	私营有限股份公司
上饶市天佳新型材料有限公司	上饶县	小型	私营有限股份公司
江西万年华农恒青农牧有限公司	万年县	小型	私营有限责任公司
万年县亚利饰品制造有限公司	万年县	中型	私营有限责任公司
德兴市蛤蟆石金矿	德兴市	小型	私营有限股份公司
江西德发纺织有限公司	德兴市	小型	私营有限责任公司
广丰县荣昌彩印包装有限公司	广丰区	小型	私营有限责任公司
江西晟源化工有限公司	玉山县	小型	私营有限责任公司
江西特欣实业有限公司	广丰区	小型	私营有限责任公司
江西莹光化工有限公司	万年县	小型	与港澳台商合作经营
上饶市金润实业有限公司	万年县	小型	私营有限责任公司
江西双龙环保化工矿产工业集团有限公司	广丰区	小型	私营有限责任公司
江西一舟电子有限公司	上饶县	中型	私营有限责任公司
鄱阳县金田米业有限公司	鄱阳县	小型	其他有限责任公司
江西晶仪轴承有限公司	玉山县	中型	其他有限责任公司
广丰县芦林纸业有限公司	广丰区	小型	私营有限责任公司
江西省斯尔摩实业有限公司	广丰区	小型	其他有限责任公司
广丰县天成纺织有限公司	广丰区	小型	私营有限责任公司
上饶市瑞翔汽摩配件有限公司	鄱阳县	小型	其他有限责任公司
万年县永昌科技有限公司	万年县	中型	私营有限责任公司
江西聚美高分子材料制造有限公司	玉山县	小型	私营有限责任公司
广丰县东豪实业有限公司	广丰区	小型	私营有限责任公司
江西华兴保鲜剂有限公司	鄱阳县	小型	私营有限责任公司
江西林发现代农业科技有限公司	余干县	小型	私营有限责任公司
广丰县华龙实业有限公司	广丰区	小型	其他有限责任公司
万年县吉丰皮具有限公司	万年县	中型	私营有限责任公司
广丰县华兴夏布有限公司	广丰区	小型	私营有限责任公司
铅山县翔宇实业有限公司	铅山县	小型	私营有限责任公司
江西嘉鸣科技电子有限公司	玉山县	中型	私营有限责任公司
上饶市鑫盛胶黏剂有限公司	广丰区	小型	私营有限责任公司

控股情况	隶属关系	主要产品	轻重工业
国有控股	县属	配电开关控制设备制造	重工业
私人控股	其他	塑料制造	重工业
私人控股	其他	纺织业服装制造	轻工业
私人控股	其他	木竹加工	轻工业
私人控股	其他	活性白土	重工业
其他控股	县属	医药中间体产品、原料药制造	轻工业
集体控股	县属	蒽诺沙星类	轻工业
港澳台控股	其他	强化木地板生产销售	重工业
私人控股	其他	车辆零部件制造	重工业
外商控股	其他	棉、化纤针织钩编物	轻工业
私人控股	县属	照明灯具制造	轻工业
私人控股	其他	矿产品制造	重工业
私人控股	其他	钙铝合金制造	重工业
私人控股	其他	单晶硅生产	重工业
私人控股	其他	玻璃珠胚首饰制造	轻工业
私人控股	其他	金属结构制造	重工业
私人控股	县属	铜杆加工	重工业
私人控股	其他	汽车零部件生产	重工业
其他控股	其他	光学仪器及配件、光电子器件及其电子器件	重工业
私人控股	其他	轴承	重工业
私人控股	其他	竹制工业、建筑用品	轻工业
私人控股	其他	其他专用设备制造	重工业
私人控股	其他	减水剂制造	重工业
私人控股	其他	配合饲料加工	轻工业
私人控股	其他	雕塑工艺品制造	轻工业
私人控股	其他	金精矿	重工业
私人控股	其他	棉纱	轻工业
私人控股	其他	包装印刷加工	轻工业
私人控股	其他	化工	重工业
私人控股	其他	覆膜生产	重工业
集体控股	县属	无水氢氟酸、中间体	重工业
私人控股	其他	贵金属压延加工	重工业
私人控股	其他	其他煤炭采选	重工业
私人控股	其他	电子连接线制造	重工业
私人控股	其他	谷物磨制	轻工业
私人控股	镇属	轴承	重工业
私人控股	其他	纸制	轻工业
私人控股	其他	木质家俱制造	轻工业
私人控股	其他	棉纱加工	轻工业
私人控股	其他	汽车零部件及配件制造	重工业
私人控股	其他	有接头电导体制造	重工业
私人控股	其他	压克力板材生产	重工业
私人控股	其他	箱包生产	轻工业
私人控股	其他	食品及饲料添加剂制造	轻工业
私人控股	其他	农副食品加工	轻工业
私人控股	其他	制造业 加工纸制造	轻工业
私人控股	其他	皮具、箱包制造	轻工业
私人控股	其他	麻织造加工	轻工业
私人控股	其他	铅锌矿开采	重工业
私人控股	其他	电子产品	重工业
私人控股	其他	胶黏剂生产	重工业

9－12 续表6

企业名称	所在地	企业规模	注册类型
鄱阳县凯迪绿色能源开发有限公司	鄱阳县	中型	其他有限责任公司
江西天骄纺织有限公司	广丰区	小型	私营有限责任公司
江西耐普矿机新材料股份有限公司	上饶县	中型	私营有限股份公司
江西大业实业有限公司	横峰县	小型	私营有限责任公司
江西沃兰科技有限公司	鄱阳县	小型	其他有限责任公司
江西和合家庭用品有限公司	弋阳县	小型	私营有限责任公司
江西中兴文体用品有限公司	广丰区	中型	与港澳台商合资经营
上饶市金迪铜业有限公司	横峰县	小型	私营独资
广丰县枧底镇铜山铜矿	广丰区	小型	私营合伙
上饶市宏鑫实业有限公司	信州区	小型	中外合资经营
万年县苏派服饰织造有限公司	万年县	小型	其他有限责任公司
江西恩泉油脂有限公司	上饶县	小型	私营有限责任公司
江西环球生物化学有限公司	弋阳县	小型	私营有限责任公司
江西昌硕户外休闲用品有限公司	万年县	小型	其他有限责任公司
江西隆欣机械制造有限公司	广丰区	小型	私营有限股份公司
广丰县卓达耐磨材料有限公司	广丰区	小型	私营有限责任公司
江西天海集团有限公司	德兴市	中型	其他有限责任公司
上饶市德鑫实业有限公司	广丰区	小型	私营有限责任公司
江西华昌木业有限公司	广丰区	小型	私营有限股份公司
江西上菱电梯有限公司	玉山县	小型	私营有限责任公司
江西乐峰铜业有限公司	横峰县	小型	私营有限责任公司
婺源县聚芳永茶业有限公司	婺源县	小型	私营有限责任公司
广丰县华飞模塑厂	广丰区	小型	其他内资
横峰县供电有限责任公司	横峰县	小型	国有
上饶中材机械有限公司	信州区	小型	其他有限责任公司
广丰月兔橱柜有限公司	广丰区	中型	私营有限股份公司
上饶市源辉科技有限公司	上饶县	小型	私营有限责任公司
上饶市和原麻纺织品有限公司	信州区	小型	其他有限责任公司
江西南煌耐火耐磨材料有限公司	万年县	小型	私营有限责任公司
万年县金森服饰有限公司	万年县	小型	私营有限责任公司
广丰县永乐实业有限公司	广丰区	小型	私营有限责任公司
江西联创(万年)电子有限公司	万年县	中型	私营有限责任公司
广丰县景福制衣有限公司	广丰区	小型	私营有限责任公司
江西斯沃德教育文化发展有限公司	鄱阳县	中型	私营有限责任公司
江西中鸿纺织有限公司	广丰区	小型	私营有限责任公司
江西茂华纺纱有限公司	广丰区	小型	私营有限责任公司
江西宏博防雨制品有限公司	玉山县	小型	港澳台商独资
万年县芳源箱包服饰有限公司	万年县	小型	私营有限责任公司
广丰县闽丰光学眼镜有限公司	广丰区	中型	其他有限责任公司
广丰月兔卫生用品有限公司	广丰区	小型	股份有限公司
万年县千手箱包有限公司	万年县	小型	私营有限责任公司
婺源县欧莱堡工贸有限公司	婺源县	小型	私营有限责任公司
余干县太莱饰品有限公司	余干县	小型	其他有限责任公司
江西超盛再生能源有限公司	广丰区	小型	私营有限责任公司
江西洁华环保设备有限公司	婺源县	小型	其他有限责任公司
广丰县丰溪花炮制造有限公司	广丰区	小型	私营有限责任公司
江西大地走红伞业有限公司	万年县	中型	其他有限责任公司
万年县雅艺实业有限公司	万年县	小型	其他有限责任公司
婺源县益和茶业有限公司	婺源县	小型	其他有限责任公司
上饶市江心锅炉有限公司	信州区	小型	私营有限责任公司
婺源县婺之绿农业科技有限公司	婺源县	小型	其他有限责任公司

控股情况	隶属关系	主要产品	轻重工业
私人控股	其他	电力、热力、燃气及水生产和供应业	重工业
私人控股	其他	纺纱生产	轻工业
私人控股	其他	橡胶耐磨制品制造	重工业
私人控股	其他	有色金属合金制造	重工业
私人控股	县属	有机化学原料制造	重工业
私人控股	其他	竹筷	轻工业
私人控股	市属	足球	轻工业
私人控股	其他	铜压延加工	重工业
私人控股	其他	铜选矿采掘	重工业
其他控股	镇属	苎麻布	轻工业
其他控股	其他	服装加工	轻工业
私人控股	其他	精制茶油	轻工业
私人控股	其他	五硫化二磷	重工业
其他控股	县属	棉印染精加工	轻工业
私人控股	其他	机械制造	重工业
私人控股	其他	镍铁	重工业
私人控股	其他	钢球	重工业
私人控股	其他	铜冶炼	重工业
私人控股	其他	锯材加工	重工业
私人控股	其他	电梯、自动扶梯及升降机制造	重工业
私人控股	其他	铜压延加工	重工业
私人控股	其他	茶叶	轻工业
私人控股	其他	模具制造	重工业
国有控股	市属	电力供应	重工业
国有控股	中央	建筑材料制造	重工业
私人控股	其他	木质家具制造	轻工业
私人控股	其他	硅料制造销售	重工业
私人控股	其他	苎麻布加工	轻工业
私人控股	其他	镁质砖	重工业
私人控股	其他	服装制造、加工	轻工业
私人控股	其他	夏布生产	轻工业
私人控股	其他	电容式触摸屏制造	重工业
私人控股	其他	服装制造	轻工业
私人控股	其他	机织服装制造	轻工业
私人控股	其他	纺纱生产	轻工业
私人控股	其他	纺织品生产	轻工业
港澳台控股	其他	防雨制品	轻工业
私人控股	其他	箱包制造	轻工业
私人控股	县属	眼镜制造	轻工业
私人控股	县属	卫生巾	轻工业
私人控股	其他	箱包制造	轻工业
私人控股	其他	服装加工	轻工业
私人控股	县属	水钻成品及饰品生产	轻工业
私人控股	其他	废机油加工	重工业
其他控股	县属	袋式除尘器	重工业
私人控股	其他	炸药及火工产品制造	轻工业
私人控股	其他	户外休闲用品、工艺伞制造、塑料制品等	轻工业
其他控股	其他	木制家具、木制工艺品	轻工业
私人控股	县属	精制茶加工	轻工业
私人控股	其他	制造业 锅炉及辅助设备制造	重工业
私人控股	县属	蔬菜加工	轻工业

9－12 续表 7

企业名称	所在地	企业规模	注册类型
江西省江天农业科技有限公司	铅山县	小型	私营有限责任公司
万年鹏程服装产业园有限公司	万年县	小型	其他内资
江西波诗明科技实业有限公司	万年县	小型	私营有限责任公司
江西金丰光电有限公司	广丰区	小型	私营有限责任公司
江西海宏铜业有限公司	万年县	小型	私营有限责任公司
广丰县中艺服饰有限公司	广丰区	中型	私营有限责任公司
江西省贤好实业有限公司	鄱阳县	小型	其他有限责任公司
上饶华晟有色金属有限公司	上饶县	小型	其他有限责任公司
上饶市鼎泰丰实业有限公司	余干县	中型	其他有限责任公司
江西黄氏钴业有限公司	广丰区	小型	私营有限责任公司
江西千彩水晶有限公司	余干县	小型	私营有限责任公司
万年鹏程服饰有限公司	万年县	小型	私营有限责任公司
上饶市广通工程材料有限责任公司	信州区	小型	其他有限责任公司
江西波特尔汽车配件制造有限公司	鄱阳县	中型	私营有限责任公司
广丰县湖山夏布纺织有限公司	广丰区	小型	私营有限责任公司
玉山县滚动轴承厂	玉山县	小型	私营独资
万年县大源公路建筑材料有限公司	万年县	小型	私营有限责任公司
江西省德畅集团	德兴市	中型	其他内资
玉山县国林五金电器有限公司	玉山县	小型	其他有限责任公司
余干天利新型建材有限公司	余干县	小型	私营有限责任公司
江西省琳红实业有限公司	万年县	小型	私营有限责任公司
江西省赛利得水晶有限公司	余干县	小型	其他有限责任公司
江西省万年群兴电子有限公司	万年县	小型	其他有限责任公司
江西博扬有机硅有限公司	玉山县	小型	其他有限责任公司
江西兴宇汽车零部件有限公司	万年县	小型	私营有限责任公司
江西埃菲姆科技有限公司	万年县	小型	私营有限责任公司
德兴市兔宝宝装饰材料有限公司	德兴市	中型	私营有限责任公司
上饶市天炬塑料有限公司	信州区	微型	其他有限责任公司
广丰县升华镍业有限公司	广丰区	小型	私营有限责任公司
江西傲新生物科技有限公司	鄱阳县	小型	其他有限责任公司
江西欧美意鞋业有限公司	上饶县	中型	其他港澳台投资
江西同欣机械制造有限公司	广丰区	中型	股份有限公司
上饶市祥云服装有限公司	信州区	小型	股份有限公司
玉山县飞跃包装实业有限公司	玉山县	中型	其他有限责任公司
广丰县新世纪金属有限公司	广丰区	小型	私营有限责任公司
江西中昱新材料科技有限公司	信州区	小型	其他有限责任公司
万年县协丰纺织服饰有限公司	万年县	小型	外资企业
江西台鑫钢铁有限公司	广丰区	小型	港澳台商投资股份有限公司
德兴市佳鹏科技有限公司	德兴市	小型	其他有限责任公司
江西隆宇印刷科技有限公司	鄱阳县	小型	其他有限责任公司
玉山县威尔印花材料有限公司	玉山县	小型	私营有限责任公司
江西鸡山水泥有限公司	玉山县	小型	私营有限责任公司
江西天峰建材有限公司	上饶县	中型	其他有限责任公司
江西维东山设备有限公司	德兴市	小型	私营有限责任公司
德兴市德邦化工有限公司	德兴市	小型	其他有限责任公司
广丰县方正非矿开发有限公司	广丰区	小型	股份有限公司
江西宝惠纺织有限公司	广丰区	小型	私营有限责任公司
广丰县旺庆实业有限公司	广丰区	小型	私营有限责任公司
上饶市德隆纺织有限公司	玉山县	中型	私营有限责任公司
弋阳县易兴实业有限公司	弋阳县	小型	私营有限责任公司

控股情况	隶属关系	主要产品	轻重工业
私人控股	其他	谷物磨制	轻工业
私人控股	县属	服装	轻工业
私人控股	其他	金属表面硅烷处理剂、防腐漆生产	轻工业
私人控股	其他	光学镜片	重工业
私人控股	其他	有色金属加工	重工业
私人控股	其他	服装制造	轻工业
私人控股	其他	其他工艺美术品制造	轻工业
私人控股	县属	电积铜加工	重工业
私人控股	县属	陶瓷釉面砖生产	重工业
私人控股	其他	玻璃饰品生产	重工业
私人控股	其他	玻璃制品水晶制造	轻工业
私人控股	其他	纺织服装	轻工业
私人控股	县属	排水管、排污管制造	重工业
私人控股	其他	汽车零部件及配件制造	重工业
私人控股	其他	棉布＼涤棉布生产	轻工业
私人控股	其他	轴承	重工业
私人控股	其他	矿业加工	重工业
其他控股	其他	竹胶板	重工业
私人控股	其他	制造业	重工业
私人控股	其他	商品混凝土 加气砖生产	重工业
私人控股	其他	服装	轻工业
私人控股	县属	水晶水钻工艺品制造	轻工业
其他控股	其他	腐蚀箔生产	轻工业
私人控股	其他	生产硅	重工业
私人控股	其他	汽车零部件的生产	重工业
私人控股	其他	精细化工产品、医药原料药制造	轻工业
私人控股	其他	人造板	重工业
其他控股	其他	制造业其他塑料制品制造	轻工业
私人控股	其他	镍铁加工	重工业
私人控股	其他	兽用药品制造	轻工业
外商控股	其他	皮鞋制造	轻工业
私人控股	街道	凸轮轴	重工业
私人控股	县属	服装加工	轻工业
私人控股	其他	包装物	轻工业
私人控股	其他	铜压延加工	重工业
私人控股	县属	硅材料、石英制品制造	重工业
外商控股	其他	棉、化纤针织钩编物	轻工业
港澳台控股	其他	螺纹钢	重工业
私人控股	其他	塑胶手套	轻工业
私人控股	其他	装订及印刷相关服务	轻工业
私人控股	其他	染料制造	轻工业
私人控股	其他	水泥	重工业
私人控股	县属	水泥制造	重工业
私人控股	其他	水力旋流器	重工业
私人控股	其他	3.4 二氯苯胺	重工业
集体控股	县属	黑滑石	重工业
私人控股	其他	棉布生产	轻工业
私人控股	其他	单晶硅生产	重工业
私人控股	其他	纺织品加工	轻工业
私人控股	其他	铜材	重工业

9－13 规模以上工业企业

(2015

产品名称	计量单位	上饶市	信州区	其中：信州区直属	广丰区	上饶县	其中：上饶县直属	玉山县
原煤	吨	1163633				78600		
1、无烟煤	吨	1108928				78600		
2、烟煤	吨	54705						
一般烟煤	吨	54705						
铜金属含量	吨	8723						
铅金属含量	吨	10463						
锌金属含量	吨	9743						
稀有稀土金属矿	吨	382						382
石灰石	万吨	419						
萤石	吨	107712				59250	59250	48462
大米	吨	728761	4723	4723				
饲料	吨	185596						
其中：配合饲料	吨	55220						
混合饲料	吨	129910						
精制食用植物油	吨	12764				1331	1331	6946
糖果	吨	17932						
罐头	吨	28793						
食品添加剂	吨	18046						
饮料酒	千升	13469	13469	13469				
啤酒	千升	13469	13469	13469				
软饮料	吨	7189						
包装饮用水	吨	1200						
精制茶	吨	23095						
纱	吨	26458			19530			
棉纱	吨	26458			19530			
布	万米	551	345	345	206			
其中：棉布	万米	452	345	345	107			
棉混纺布	万米	99			99			
毛机织物(呢绒)	万米	3515						
苎麻布(含苎麻≥55%)	万米	2619	2397	2397	222			
蚕丝	吨	542						
服装	万件	7700	195	195	109			
梭织服装	万件	5267			109			
其中：羽绒服装	万件	40						
针织服装	万件	2433	195	195				
鞋	万双	4059	105	105		245	245	383
其中：纺织面鞋	万双	3327						
皮革鞋靴	万双	350	105	105		245	245	
胶鞋	万双	330						330
人造板	立方米	244105	39746					
其中：胶合板	立方米	67477						
复合木地板	万平方米	495	495					
家具	件	63374						38529
其中：木质家具	件	38529						38529
机制纸及纸板(外购原纸加工除外)	吨	111560			72005			
涂布类印刷用纸	吨	39555						
纸制品	吨	21385						1606
多色印刷品	对开色令	84665			23161			61504
硫酸(折 100%)	吨	525780						
碳化钙(电石,折 300 升/千克)	吨	60443						
化学农药原药(折有效成分 100%)	吨	15669						
涂料	吨	17259						8759
初级形态塑料	吨	15637	15637	15637				
化学试剂	吨	670			670			
单晶硅	万千克	155				147		8
多晶硅	万千克	438				438		

主要产品产量

年）

铅山县	横峰县	弋阳县	余干县	鄱阳县	万年县	婺源县	德兴市	其中：上饶经济开发区	综合园	茶亭园	朝阳园
944080	140953										
944080	86248										
	54705										
	54705										
		1605					7118				
8496							1967				
6745							2998				
					411		8				
23162		2076	49897	337149	311754			4723			4723
		885		31501	153210						
					55220						
		419		31501	97990						
							4487	1331		1331	
					17932						
		28793									
							18046				
								13469	13469		
								13469	13469		
			1200				5989				
			1200								
						23095					
							6928				
							6928				
			3515								
								1739			1739
			542								
	330	337	226	3787	1931	787		106	106		
		337	226	3787	87	723					
						40					
	330				1845	64		106	106		
						3327		105			105
						3327					
								105			105
				803		136882	66674	39746	39746		
				803			66674				
								495	495		
						24845					
		39555									
		39555									
			19779								
							525780				
							60443				
		15669									
					8500						
								15637			15637
								147	147		
								438	438		

9－13 续表1

产品名称	计量单位	上饶市	信州区	其中：信州区直属	广丰区	上饶县	其中：上饶县直属	玉山县
化学药品原药	吨	5791				176	176	605
中成药	吨	1865						
兽用药品	吨	1580			1580			
化学纤维	吨	63634						
合成纤维	吨	63634						
涤纶纤维	吨	63634						
塑料制品	吨	3445				3445		
硅酸盐水泥熟料	万吨	1164				35		298
其中:窑外分解窑水泥熟料	万吨	1164				35		298
水泥	万吨	1602			20	51		587
其中:强度等级42.5水泥(含R型)	万吨	787						255
强度等级52.5水泥(含R型)	万吨	21						
石灰	吨	54227						
商品混凝土	万立方米	118	13	13		40	40	28
水泥混凝土电杆	根	98078	43108	43108				
瓷质砖	平方米	317400						
天然花岗石建筑板材	平方米	817						
玻璃纤维纱	吨	5991						
纤维增强塑料制品	吨	546						
耐火材料制品	吨	58314						
铸铁件	吨	39350						
铸钢件	吨	4020						
钢材	吨	387927			387927			
钢筋	吨	387927			387927			
铁合金	吨	949			949			
十种有色金属	吨	164630				27371	27371	
精炼铜(电解铜)	吨	81340				27100	27100	
铅	吨	83019						
镍	吨	271				271	271	
黄金	千克	6470				2190	2190	
白银(银锭)	千克	377967				243849	243849	
铜材	吨	428475	10263	10263	292589			
铝材	吨	61022						
钢结构	吨	7095						
输送机械(输送机和提升机)	吨	13082	13082					
液压元件	吨	56101				56101		
滚动轴承	万套	11356						11356
医疗仪器设备及器械	台	54500						
环境污染防治专用设备	台(套)	62						
大气污染防治设备	台(套)	62						
改装汽车	辆	1041	1041					
通信及电子网络用电缆	对千米	244417				244417		
电力电缆	千米	63548	63548	63548				
铅酸蓄电池	万千伏安时	155						
太阳能电池(光伏电池)	万千瓦	313				313		
家用冷柜(家用冷冻箱)	台	37637						
光电子器件	万只	146999						
电子元件	万只	287445			2043			
光学仪器	台(个)	53686	53686	53686				
眼镜成镜	万副	2187			1330			
发电量	万千瓦时	775167			10635	20399	18041	9769
1.火力发电量	万千瓦时	706401						
2.水力发电量	万千瓦时	28676			10635	18041	18041	
3.其他	万千瓦时	40090				2358		9769
自来水生产量	万立方米	8201	5047	5047				

铅山县	横峰县	弋阳县	余干县	鄱阳县	万年县	婺源县	德兴市	其中：上饶经济开发区	综合园	茶亭园	朝阳园
			58		3977		976				
		505				536	825				
		58458	5176								
		58458	5176								
		58458	5176								
								3445	3445		
		393			438			35	35		
		393			438			35	35		
		326	121		473		24	51	51		
		159			367		6				
		3			18						
13							23				
		54970									
						317400					
							817				
			5991								
							546				
					58314						
							39350				
		4020									
54240							83019	27371		27371	
54240								27100		27100	
							83019				
								271		271	
							4280	1960		1960	
					134118			234996		234996	
	24903	100721						10263			10263
	38663	22359									
							7095				
								13082	13082		
								56101	56101		
					54500						
						62					
						62					
								1041	1041		
								244417	244417		
			122		34						
								313	313		
				37637							
					146999						
					285402						
								53686	53686		
						857					
		13979	699415	6986	13984						
			699415	6986							
		13979			13984			2358	2358		
							3154				

9-14 工业园区工业

（2015

指标名称	计量单位	上饶市	上饶经济技术开发区	江西广丰经济开发区	江西玉山经济开发区
园区实际开发面积	平方公里	95.42	14.80	10.50	8.80
完成基础设施投入	万元	437012	63512	73500	50420
招商实际到位资金	万元	4868101	1201249	633618	389890
投产工业企业数	个	1042	207	139	139
工业销售产值	万元	26866729	6463750	5389135	3004293
其中:出口交货值	万元	2618624	932188	570710	268841
工业固定资产投资额	万元	6246437	1150123	1060000	673600
资产总计	万元	14262164	4229477	2953285	1101453
主营业务收入	万元	27496468	7109225	5326943	3015615
利润总额	万元	2424166	550157	617141	248992
工业增加值	万元	6476007	1481278	1468058	687829
从业人员	人	219696	58450	28768	20173
每平方公里招商实际到位资金	万元/平方公里	51018	81165	60345	44306
每平方公里主营业务收入	万元/平方公里	288163	480353	507328	342684
每平方公里从业人员	人/平方公里	2302	3949	2740	2292

主要经济指标

年）

江西铅山工业园区	江西横峰经济开发区	江西弋阳工业园区	江西余干工业园区	江西鄱阳工业园区	江西万年工业园区	江西婺源工业园区	江西德兴大茅山经济开发区
7.20	5.10	5.50	9.30	10.50	9.00	5.72	9.00
36500	32565	9200	28000	4880	13860	20875	103700
128305	184830	393450	340788	400132	583862	207225	404752
48	52	72	53	77	91	62	102
1516204	1778917	1208883	1555821	2337538	1971639	409391	1231159
3378	26522	137959		189128	359983	103360	26555
190553	303132	393450	410543	824098	596050	224385	420503
774401	593019	707719	786135	1013233	963135	175032	965274
1512984	1769540	1202143	1557890	2338342	2032398	406456	1224932
143914	145357	105911	171840	215799	180410	23690	20955
330824	387155	298665	381652	571951	478836	104363	285396
6324	12060	10438	7000	32644	19271	7868	16700
17820	36241	71536	36644	38108	64874	36228	44972
210137	346969	218571	167515	222699	225822	71059	136104
878	2365	1898	753	3109	2141	1376	1856

9－15 上饶经济技术开发区主要经济指标

指标名称	单位	2014年	2015年
工业企业主营业务收入	亿元	599.53	710.92
工业增加值	亿元	135.91	148.13
工业企业税金总额	亿元	23.28	24.81
工业企业期末从业人员	人	55219	58450
投产工业企业数	户	194	207
固定资产投资	亿元	106.00	128.32
社会消费品零售总额	亿元	14.60	16.27

主要统计指标解释

工业　指从事自然资源的开采，对采掘品和农产品进行加工和再加工的物质生产部门。具体包括：(1)对自然资源的开采，如采矿、晒盐等(但不包括禽兽捕猎和水产捕捞)；(2)对农副产品的加工、再加工，如粮油加工、食品加工、缫丝、纺织、制革等；(3)对采掘品的加工、再加工，如炼铁、炼钢、化工生产、石油加工、机器制造、木材加工等，以及电力、自来水、煤气的生产和供应等。

工业统计调查单位为独立核算法人工业企业。

独立核算法人工业企业指从事工业生产经营活动的单位。独立核算法人工业企业应同时具备以下条件：①依法成立，有自己的名称、组织机构和场所，能够承担民事责任；②独立拥有和使用资产，承担负债，有权与其他单位签订合同；③独立核算盈亏，并能够编制资产负债表。

工业统计调查范围为全市境内的全部工业企业。1997 年以前，工业的统计范围按隶属关系划分，分为乡及乡以上独立核算工业企业和非独立核算生产单位。村办工业、城镇合作工业、农村合作工业、城镇个体工业、农村个体工业六大部分(1984 年以前村办工业不在工业统计范围内)。1998 年及以后年份，工业统计调查范围由按隶属关系划分，改变为按企业规模划分，分为全部国有及年主营业务收入在 500 万元以上非国有工业企业和年主营业务收入在 500 万元以下非国有工业企业两部分。2011 年及以后年份的统计范围为年主营业务收入 2000 万元及以上工业法人企业。

本年鉴中涉及的企业登记注册类型：

国有及国有控股企业　指国有企业加上国有控股企业。国有企业(即原全民所有制工业或国营工业)指企业全部资产归国家所有，并按《中华人民共和国企业法人登记管理条例》规定登记注册的非公司制的经济组织。包括国有企业、国有独资公司和国有联营企业。1957 年以前的公私合营和私营工业，后均改造为国营工业，1992 年改为国有工业，这部分工业的资料不单独分列时，均包括在国有企业内。国有控股企业是对混合所有制经济的企业进行的“国有控股”分类。它是指这些企业的全部资产中国有资产(股份)相对其他所有者中的任何一个所有者占资(股)最多的企业。该分组反映了国有经济控股情况。

集体企业　指企业资产归集体所有，并按《中华人民共和国企业法人登记管理条例》规定登记注册的经济组织。是社会主义公有制经济的组成部分。包括城乡所有使用集体投资举办的企业，以及部分个人通过集资自愿放弃所有权并依法经工商行政管理机关认定为集体所有制的企业。

股份合作企业　指以合作制为基础，由企业职工共同出资入股，吸收一定比例的社会资产投资组建，实行自主经营，自负盈亏，共同劳动，民主管理，按劳分配与按股分红相结合的一种集体经济组织。

联营企业　指两个及两个以上相同或不同所有制性质的企业法人或事业单位法人，按自愿、平等、互利的原则，共同投资组成的经济组织。联营企业包括：

国有联营企业指国有企业与国有企业间的联营；

集体联营企业指集体企业与集体企业间的联营；

国有与集体联营企业指国有企业与集体企业间的联营。

有限责任公司　指根据《中华人民共和国公司登记管理条例》规定登记注册，由两个以上，五十个以下的股东共同出资，每个股东以其所认缴的出资额对公司承担有限责任，公司以其全部资产对其债务承担责任的经济组织。

有限责任公司包括国有独资公司以及其他有限责任公司。

股份有限公司 指根据《中华人民共和国企业法人登记管理条例》规定登记注册，其全部注册资本由等额股份构成并通过发行股票筹集资本，股东以其认购的股份对公司承担有限责任，公司以其全部资产对其债务承担责任的经济组织。

私营企业 指由自然人投资设立或由自然人控股，以雇佣劳动为基础的营利性经济组织。包括按照《公司法》、《合伙企业法》、《私营企业暂行条例》规定登记注册的私营有限责任公司、私营股份有限公司、私营合伙企业和私营独资企业。

港、澳、台商投资企业 指企业注册登记类型中的港、澳、台资合资、合作、独资经营企业和股份有限公司之和。

外商投资企业 指企业注册登记类型中的中外合资、合作经营企业、外资企业和外商投资股份有限公司之和。

“三资”企业系指港、澳、台商投资企业和外资企业的简称。

轻工业 指主要提供生活消费品和制作手工工具的工业。按其所使用的原料不同，可分为两大类：(1)以农产品为原料的轻工业，是指直接或间接以农产品为基本原料的轻工业。主要包括食品制造、饮料制造、烟草加工、纺织、缝纫、皮革和毛皮制作、造纸以及印刷等工业；(2)以非农产品为原料的轻工业，是指以工业品为原料的轻工业。主要包括文教体育用品、化学药品制造、合成纤维制造、日用化学制品、日用玻璃制品、日用金属制品、手工工具制造、医疗器械制造、文化和办公用机械制造等工业。

重工业 指为国民经济各部门提供物质技术基础的主要生产资料的工业。按其生产性质和产品用途，可以分为下列三类：(1)采掘(伐)工业，是指对自然资源的开采，包括石油开采、煤炭开采、金属矿开采、非金属矿开采等工业；(2)原材料工业，指向国民经济各部门提供基本材料、动力和燃料的工业。包括金属冶炼及加工、炼焦及焦炭、化学、化工原料、水泥、人造板以及电力、石油和煤炭加工等工业；(3)加工工业，是指对工业原材料进行再加工制造的工业。包括装备国民经济各部门的机械设备制造工业、金属结构、水泥制品等工业，以及为农业提供的生产资料如化肥、农药等工业。

工业总产值

(1)定义：

工业总产值是以货币形式表现的，工业企业在一定时期内生产的工业最终产品或提供工业性劳务活动的总价值量。它反映一定时间内工业生产的总规模和总水平。

(2)计算原则：

工业生产的原则，即凡是企业在报告期生产的经检验合格的产品，不管是否在报告期销售，均包括在内。

最终产品的原则，即凡是计入工业总产值的产品，必须是本企业生产的经检验合格的，不需要再进行任何加工的最终产品。如果企业有中间产品(半成品)对外销售，则对外销售的中间产品应视为企业的最终产品。

工厂法原则，即工业总产值是以工业企业作为基本计算(核算)单位，即按企业的最终产品计算工业总产值。按这种方法计算的工业总产值，不允许同一产品价值在企业内部重复计算，不能把企业内部各个车间(分厂)生产的成果相加，但允许企业间的重复计算。

(3)内容及计算方法：

1995年全国工业普查对工业总产值(原规定)的内容及计算原则和方法做了某些修订，修订后的工业总产值(新规定)包括三项内容：即本期生产成品价值、对外加工费收入、在制品半成品期末期初差额价值三部分。

本期生产成品价值：指企业本期生产，并在报告期内不再进行加工，经检验、包装入库的全部工业成品(半成品)价值合计，包括企业生产的自制设备及提供给本企业在建工程、其他非工业部门和福利部门等单位使用的成品价值。本期生产成品价值为按自备原材料生产的产品的数量乘以本期不含增值税(销项税额)的产品实际销售平均单价计算；会计核算中按成本价格转帐的自制设备和自产自用的成品，按成本价格计算生产成品价值。生产成品价值中不包括用定货者来料加工的成品(半成品)价值。

对外加工费收入:指企业在报告期内完成的对外承接的工业品加工(包括用定货者来料加工产品)的加工费收入和对外工业修理作业所取得的加工费收入。对外加工费收入按不含增值税(销项税额)的价格计算,可根据会计"产品销售收入"科目的有关资料取得。

对于本企业对内非工业部门提供的加工修理、设备安装的劳务收入,如果企业会计核算基础较好,能取得这部分资料,而且这部分价值所占比重较大,应包括在对外加工费收入中。

自制半成品在制品期末期初差额价值:指企业报告期在制品期末减期初的差额价值,本指标一般可以从会计核算资料中取得。如果会计产品成本核算中不计算半成品、在制品的成本,则总产值中也不包括这部分价值,反之则包括。

(4)工业总产值统计范围变化和计算方法修订情况:

1984年以前工业总产值不包括村办工业,村办工业总产值划归农业。1984年以后工业总产值包括村办工业。

1995年工业普查对工业总产值计算方法做了修订,即从1995年始按新修订(新规定)方法计算工业总产值。新规定与原规定的区别如下:

全价与加工费的计算原则不同:新规定为凡自备原材料,不论其生产繁简程度如何,一律按全价计算工业总产值;凡来料加工,允许按加工费计算工业总产值。原规定则视生产加工的繁简程度不同,规定哪些行业按全价,哪些行业按加工费计算工业总产值。

自制半成品、在产品期末期初差额价值的计算原则不同:新规定要求,凡会计产品成本核算时计算了成本的差额价值,总产值中就应包括,否则可不包括;原规定则按生产周期六个月的界限区分,凡生产周期六个月以上的企业,总产值计算中应包括这部分差额价值,否则可不包括。

计算价格不同:新规定按不含增值税(销项税额)的价格计算;原规定则按含增值税(销项税额)的价格计算。

工业增加值 指工业企业在报告期内以货币表现的工业生产活动的最终成果。

工业增加值有两种计算方法:一是生产法,即工业总产出减去工业中间投入加上应交增值税;二是收入法,即从收入的角度出发,根据生产要素在生产过程中应得到的收入份额计算,具体构成项目有固定资产折旧、劳动者报酬、生产税净额、营业盈余,这种方法也称要素分配法。本年鉴中的工业增加值是以生产法计算的。

生产法工业增加值的计算方法为:

工业增加值 = 工业总产出 - 工业中间投入 + 应交增值税

(1)工业总产出:指工业企业在一定时期内工业生产活动的总成果。工业总产出包括:成品生产价值,对外加工费收入,自制半成品、在产品期末期初差额价值。1995年后用新规定计算的工业总产值代替。

(2)工业中间投入:指工业企业在工业生产活动中消耗的外购物质产品和对外支付的服务费用。服务费用包括支付给物质生产部门(工业、农业、批发零售贸易业、建筑业、运输邮电业)的服务费用和支付给非物质生产部门(如保险、金融、文化教育、科学研究、医疗卫生、行政管理等)的服务费用。工业中间投入的确定须遵循以下原则:必须从外部购入的,并已计入工业总产出的产品和服务价值;必须是本期投入生产,并一次性消耗掉(包括本期摊销的低值易耗品等)的产品和服务价值。

工业中间投入包括直接材料费用、制造费用中的工业中间投入、管理费用中的工业中间投入、销售费用中的工业中间投入和利息支出五部分。

资产总计 指企业拥有或控制的能以货币计量的经济资源,包括各种财产、债权和其他权利。资产按流动性分为流动资产、长期投资、固定资产、无形资产、递延资产和其他资产。该指标根据企业会计"资产负债表"中"资产总计"项目的期末数增列。

流动资产 指企业可以在一年内或者超过一年的一个生产周期内变现或者耗用的资产,包括现金及各种存款、短期投资,应收及预付款项、存货等。

负债合计 指企业所承担的能以货币计量,将以资产或劳务偿付的债务,偿还形式包括货币、资产或提供劳务。负债一般按偿还期长短分为流动负债和长期负债。根据会计"资产负债表"中"负债合计"的年末数填列。

所有者权益 指企业投资人对企业净资产的所有权。企业净资产等于企业全部资产减去全部负债后的余额,包括企业投资人对企业的最初投入的实际到位的资产及资本公积金、盈余公积金和未分配利润。所有者权益合计数小于零,表示企业资不抵债。

主营业务收入 指企业销售产品和提供劳务等主要经营业务取得的收入。

主营业务成本 指企业销售产品和提供劳务等主要经营业务过程中的实际成本。

主营业务税金及附加 指企业销售产品和提供劳务等主要经营业务应负担的城市维护建设税、消费税、资源税和教育费附加。

利润总额 指企业生产经营活动的最终成果,是企业在一定时期内实现的盈亏相抵后的利润总额(亏损以"-"号表示),它等于营业利润加上补贴收入加上投资收益加上营业外净收入再加上以前年度损益调整。

本年应交增值税 指企业在报告期内应交纳的增值税额。它等于本年销项税额加上出口退税加上进项税额转出数减去本年进项税额。小规模纳税企业直接按全年计税销售额乘以征收率计算取得。

从业人员平均人数 是指报告期内每天拥有的从业人员人数。其计算公式为:

$$季平均人数=\frac{季内各月平均人数之和}{3}$$

$$月平均人数=\frac{报告月内每天实有人数之和}{报告月日历日数}$$

$$年平均人数=\frac{年内各月平均人数之和}{12}$$

工业增加值率 指在一定时期内工业增加值占同期工业总产值的比重,反映降低中间消耗的经济效益。计算公式为:

工业增加值率(%)=工业增加值(现价)/工业总产值(现价)×100%

工业统计上大中小微型企业划分标准 1.大型、中型和小型企业须同时满足下表所列指标的下限,否则下划一档;微型企业只须满足所列指标中的一项即可。2.附表中各行业的范围以《国民经济行业分类》(GB/T4754-2011)为准。3.企业划分指标以现行统计制度为准。(1)从业人员,是指期末从业人员数,没有期末从业人员数的,采用全年平均人员数代替。(2)营业收入,采用主营业务收入。(3)资产总额,采用资产总计代替。

指标名称	单计位量	大型企业	中型企业	小型企业	微型企业
从业人员(X)	人	X≥1000	300≤X<1000	20≤X<300	X<20
营业收入(Y)	万元	Y≥40000	2000≤Y<40000	300≤Y<2000	Y<300

十、建筑业

简要说明

●本篇资料反映我市建筑业概况。

●本篇资料来自依据国家统计局制定的建筑业统计报表制度规定而收集的有关年报资料。

建筑业报表统计范围为：辖区内具有建筑业资质等级的所有独立核算建筑业企业。

内容提要

●2015年，建筑业总产值4855857万元，比2014年增长13.1%。

本篇资料整理、校对

顾朝晖

10－1　总承包和专业承包

（2015

指标名称	企业个数		合同情况(万元)			
	建筑业企业个数（个）	有工作量的建筑业企业个数（个）	签订的合同额	上年结转合同额	本年新签合同额	直接从建设单位承揽工程完成的产值
总计	199	197	7573909	2088728	5485180	4467565
其中:国有及国有控股企业	8	8	242523	44862	197662	164753
一、按登记注册类型分组						
内资企业	199	197	7573909	2088728	5485180	4467565
国有企业	1	1	172099	34789	137309	96770
集体企业	13	13	121182	25896	95286	91363
有限责任公司	73	73	1731974	530647	1201327	1177100
其他有限责任公司	73	73	1731974	530647	1201327	1177100
股份有限公司	21	21	612837	64710	548127	447815
私营企业	90	89	4935817	1432686	3503132	2654517
私营独资企业	1	1	1023	963	60	1358
私营有限责任公司	78	77	4504098	1395929	3108169	2512610
私营股份有限公司	11	11	430697	35794	394903	140548
其他建筑业	13	13	238103	90824	147279	171611
工程准备	6	6	19440	4049	15392	18691
工程准备	6	6	19440	4049	15392	18691
其他未列明的建筑活动	7	7	218663	86776	131887	152920
其他未列明的建筑活动	7	7	218663	86776	131887	152920
二、按隶属关系分组						
省(自治区、直辖市)	4	4	50962	2237	48726	54991
地区(州、盟、省辖市)	4	4	370970	36919	334052	300046
县(区、市、旗)	42	41	1311953	477046	834907	786641
街道	2	2	7630	2522	5108	2602
镇	4	4	36716	9447	27269	29820
其他	143	142	5795677	1560557	4235120	3293465
三、按企业资质等级分组						
企业资质等级(施工总承包)	189	187	7488540	2081021	5407520	4388684
一级	9	9	1828276	537202	1291075	1181136
二级	90	90	4540394	1299304	3241090	2421283
三级及以下	90	88	1119871	244515	875356	786265
企业资质等级(专业总承包)	10	10	85368	7708	77661	78881
二级	3	3	5816		5816	5774
三级及以下	7	7	79553	7708	71845	73107
四、按地区分组						
信州区	29	29	1244998	294327	950671	1010504
广丰区	80	80	4818448	1446444	3372004	2205916
上饶县	11	10	116683	25137	91546	107603
玉山县	12	12	108482	33108	75374	76777
铅山县	4	4	180137	66790	113347	145229
横峰县	4	4	35932	5346	30585	17717
弋阳县	9	8	72728	17622	55106	76355
余干县	9	9	137040	7642	129398	125354
鄱阳县	17	17	508251	125952	382299	420977
万年县	8	8	120733	21415	99318	114279
婺源县	8	8	46096	11985	34111	37988
德兴市	8	8	184382	32960	151422	128867
五、按营业状态分组						
营业	197	195	7548955	2088357	5460598	4443530
当年关闭	2	2	24954	371	24582	24035
六、按控股情况分组						
国有控股	8	8	242523	44862	197662	164753
集体控股	15	15	131189	29716	101473	99300
私人控股	171	169	6996167	1923486	5072681	4054498
其他	5	5	1408098	381820	1026278	827055

建筑业企业生产情况(一)

年)

承包工程完成情况(万元)			建筑业总产值(万元)						竣工产值(万元)
自行完成施工产值	分包出去工程的产值	从建设单位以外承揽工程完成的产值	建筑业总产值	其中:装饰装修产值	其中:在外省完成的产值	建筑工程产值	安装工程产值	其他产值	
4139920	327645	715938	4855857	221345	2175532	3969307	296553	589997	3679052
115087	49665		115087	6082	40662	65758	6720	42609	146663
4139920	327645	715938	4855857	221345	2175532	3969307	296553	589997	3679052
47104	49665		47104		40662	47104			90327
87351	4012	9617	96968	241	1129	92333	2868	1768	89902
1119909	57191	171147	1291056	78464	362528	1077684	96136	117237	1024185
1119909	57191	171147	1291056	78464	362528	1077684	96136	117237	1024185
434185	13630	20039	454224	9085	92788	356819	26227	71177	228550
2451371	203146	515135	2966506	133556	1678426	2395368	171323	399816	2246089
1358		647	2006			1526	56	424	863
2312116	200494	315604	2627721	132095	1516418	2147042	126932	353747	1938346
137896	2652	198883	336779	1461	162008	246800	44335	45645	306880
170542	1069	2573	173115	9688	77790	158858	9138	5120	113194
18691		605	19296	6585	2587	17570	422	1304	18065
18691		605	19296	6585	2587	17570	422	1304	18065
151851	1069	1968	153819	3103	75203	141288	8716	3816	95129
151851	1069	1968	153819	3103	75203	141288	8716	3816	95129
54991			54991	6082		8382	4000	42609	49991
250381	49665		250381		44443	250381			102683
728410	58231	143270	871680	17845	277592	758755	66805	46120	680901
2596	6	3726	6322			6168	52	103	4362
29820			29820			29820			23475
3073722	219743	568942	3642664	197419	1853498	2915802	225696	501165	2817641
4067338	321346	708638	4775976	205936	2154647	3906774	279898	589304	3602741
1080110	101025	228710	1308820	26174	658781	1136876	63564	108381	907013
2243254	178030	374913	2618167	107029	1254512	2018283	185057	414827	1937105
743974	42291	105015	848989	72733	241354	751615	31277	66096	758623
72582	6299	7299	79881	15409	20885	62533	16655	693	76312
5774			5774	1166		5774			5774
66808	6299	7299	74107	14244	20885	56759	16655	693	70538
954788	55716	6088	960876	14016	429167	951910	5883	3082	521548
107191	412	560	107751		30118	101167	2724	3860	110013
1948044	257872	679186	2627230	154907	1461902	1990165	213424	423641	2147722
76271	506	1700	77971	5742		74937	900	2134	72132
143229	2000		143229		59236	96501	23053	23674	86445
17717		12010	29727			22524	1442	5761	26112
65355	11000	8025	73380	21301		59985	5385	8010	61727
125354			125354	3287		119364	2703	3287	114132
420977			420977	15573	123667	326655	22910	71412	289911
114279			114279	4882	51044	104051	8614	1613	97861
37848	140		37848	438	1800	33845	3091	913	40637
128867		8369	137237	1200	18600	88204	6424	42609	110814
4115885	327645	715938	4831822	221345	2175532	3946740	295086	589997	3655017
24035			24035			22567	1467		24035
115087	49665		115087	6082	40662	65758	6720	42609	146663
95288	4012	9617	104905	241	1129	100270	2868	1768	104519
3780531	273968	706320	4486851	215023	2074507	3700440	265913	520499	3337696
767736	59319	135117	902853	41759	405471	738368	54374	110111	684331

10－1　总承包和专业承包

（2015

指标名称	房屋建筑施工面积(平方米)		
	房屋建筑施工面积	其中：本年新开工面积	其中：实行投标承包面积
总计	34712332	17011468	13796028
其中：国有及国有控股企业	67541	67541	
一、按登记注册类型分组			
内资企业	34712332	17011468	13796028
国有企业	15	15	
集体企业	826126	684014	642361
有限责任公司	17356258	5687148	5155154
其他有限责任公司	17356258	5687148	5155154
股份有限公司	1401397	1029951	859400
私营企业	15128536	9610340	7139113
私营独资企业	15200	5200	
私营有限责任公司	13479414	8490600	6692051
私营股份有限公司	1633922	1114540	447062
其他建筑业	447824	392507	59737
工程准备	13500	11500	13500
工程准备	13500	11500	13500
其他未列明的建筑活动	434324	381007	46237
其他未列明的建筑活动	434324	381007	46237
二、按隶属关系分组			
省(自治区、直辖市)	27500	27500	
地区(州、盟、省辖市)	119464	56464	54449
县(区、市、旗)	13815902	3313406	2962739
街道	60385	24186	11570
镇	383857	304164	194756
其他	20305224	13285748	10572514
三、按企业资质等级分组			
企业资质等级(施工总承包)	34494621	16847545	13641184
一级	15220928	3335464	1932526
二级	13765974	9391018	7947908
三级及以下	5507719	4121063	3760750
企业资质等级(专业总承包)	217711	163923	154844
二级	7338	7338	1402
三级及以下	210373	156585	153442
四、按地区分组			
信州区	3939196	1689302	1209978
广丰区	22194754	9569583	6355437
上饶县	854064	599295	617545
玉山县	778048	485351	634318
铅山县	536661	358965	459779
横峰县	210025	132000	170915
弋阳县	295100	163100	285100
余干县	893351	838094	893351
鄱阳县	2580097	2029953	1905476
万年县	1275800	578342	644496
婺源县	590410	319801	189078
德兴市	564826	247682	430555
五、按营业状态分组			
营业	34452925	16764928	13556797
当年关闭	259407	246540	239231
六、按控股情况分组			
国有控股	67541	67541	
集体控股	926226	696904	642361
私人控股	33007898	15912779	12519395
其他	710667	334244	634272

建筑业企业生产情况(二)

年)

从业人员情况(人)							
直接从事生产经营活动的平均人数	其中：工程技术人员	其中：一级建造师	合　计	住宅房屋	商业及服务用房屋	商厦房屋(批发和零售用房)	宾馆用房屋(住宿用房)
179542	17811	1714	20691725	11696854	1301081	231227	100449
3619	490	57	55526	40026			
179542	17811	1714	20691725	11696854	1301081	231227	100449
2021	367	36					
7251	762	1	740601	386157	67698	10790	16991
57497	5462	278	6815763	3207645	358549	185794	58512
57497	5462	278	6815763	3207645	358549	185794	58512
11605	966	54	995022	731995	81762	1500	7294
101168	10254	1345	12140339	7371057	793072	33143	17652
125	56		15200	15200			
86638	9225	1285	10491867	5769887	756372	33143	17652
14405	973	60	1633272	1585970	36700		
7168	544	36	268978	66062	198760		
1293	72		12520		12520		
1293	72		12520		12520		
5875	472	36	256458	66062	186240		
5875	472	36	256458	66062	186240		
1135	123	21	15500				
4991	367	36	54449	54449			
29185	2666	170	3740424	1684449	289171	72730	66275
849	28	1	37470	37470			
1614	13		291541	165239			
141768	14614	1486	16552341	9755247	1011910	158497	34174
176846	17519	1714	20484014	11562037	1261726	202689	95373
31766	3382	164	4737507	3052835	71556	71556	
98940	8856	1392	11180343	6152442	1042632	112078	65523
46140	5281	158	4566164	2356760	147538	19055	29850
2696	292		207711	134817	39355	28538	5076
212	86		7338	2850			
2484	206		200373	131967	39355	28538	5076
24476	3577	212	2257923	1721106	30709		
89126	6972	540	11467643	6058490	785151	135350	79799
7486	1057	24	735234	671161	1475		
3850	770	25	498340	451473	27393		13910
3353	700	45	430247	391524	28039	15590	6240
1482	185		191915	167915			
2833	357		143500	123200	2500	1500	500
5496	1433	677	811133	306742	139166		
21635	2029	99	2178903	751652	270781	71556	
13016	196	15	1047773	527522			
2101	136	26	507259	256227	10967	2331	
4688	399	51	421855	269842	4900	4900	
178002	17750	1714	20448691	11612272	1301081	231227	100449
1540	61		243034	84582			
3619	490	57	55526	40026			
8426	767	1	838091	483647	67698	10790	16991
163929	15697	1621	19348969	10764236	1203938	220437	69548
3568	857	35	449139	408945	29445		13910

10－1 总承包和专业承包

（2015

指标名称	房屋建筑竣工				
	餐饮用房屋(餐饮用房)	商务会展用房屋	其他商业及服务用房屋(居民服务业用房)	办公用房屋	科研、教育、医疗用房屋
总计	62393	30960	876052	1551124	1900054
其中:国有及国有控股企业				1000	
一、按登记注册类型分组					
内资企业	62393	30960	876052	1551124	1900054
国有企业					
集体企业			39917	34436	73758
有限责任公司	26560	28716	58967	792384	734708
其他有限责任公司	26560	28716	58967	792384	734708
股份有限公司	500		72468	16771	46157
私营企业	35333	2244	704700	707533	1045431
私营独资企业					
私营有限责任公司	35333	2244	668000	707533	1045431
私营股份有限公司			36700		
其他建筑业			198760	4156	
工程准备			12520		
工程准备			12520		
其他未列明的建筑活动			186240	4156	
其他未列明的建筑活动			186240	4156	
二、按隶属关系分组					
省(自治区、直辖市)				1000	
地区(州、盟、省辖市)					
县(区、市、旗)	15662		134504	402461	335210
街道					
镇				48329	15775
其他	46731	30960	741548	1099334	1549069
三、按企业资质等级分组					
企业资质等级(施工总承包)	59149	29428	875087	1549889	1897686
一级				425584	781786
二级	37939	28865	798227	905868	410119
三级及以下	21210	563	76860	218437	705781
企业资质等级(专业总承包)	3244	1532	965	1235	2368
二级					
三级及以下	3244	1532	965	1235	2368
四、按地区分组					
信州区			30709	617	496559
广丰区	55684	30960	483358	937409	832652
上饶县			1475	21004	22773
玉山县			13483		
铅山县	6209				
横峰县					
弋阳县	500			2000	6500
余干县			139166	86072	36785
鄱阳县			199225	242830	485744
万年县				202063	15775
婺源县			8636		3266
德兴市				59129	
五、按营业状态分组					
营业	62393	30960	876052	1542330	1825755
当年关闭				8794	74299
六、按控股情况分组					
国有控股				1000	
集体控股			39917	34436	73758
私人控股	60341	30960	822652	1515688	1826296
其他	2052		13483		

建筑业企业生产情况（三）

年）

面积（平方米）									
科学研究用房屋	教育用房屋	医疗用房屋（卫生医疗用房）	文化、体育、娱乐用房屋	厂房及建筑物	厂房	仓库	其他未列明的房屋建筑物*	合　计	住宅房屋
167987	1472065	260002	413117	2956163	1464401	600925	272407	2487317	1519749
				10000			4500	6725	3625
167987	1472065	260002	413117	2956163	1464401	600925	272407	2487317	1519749
13000	57517	3241	4231	108801	106547	21646	43874	73073	40307
99069	495655	139984	26302	1584331	677068	68654	43190	706091	359883
99069	495655	139984	26302	1584331	677068	68654	43190	706091	359883
300	29957	15900	500	80271	67271		37566	126617	97282
55618	888936	100877	382084	1182760	613515	510625	147777	1581536	1022277
								863	863
55618	888936	100877	382084	1180314	611069	509000	141246	1322576	770440
				2446	2446	1625	6531	258096	250974
								29531	7304
								1520	
								1520	
								28011	7304
								28011	7304
				10000			4500	3100	
								6534	6534
62022	206947	66241	16795	855911	405571	53071	103356	399273	209586
								4306	4306
	15775			62198	10578			28724	15435
105965	1249343	193761	396322	2028054	1048252	547854	164551	2045380	1283888
166751	1471586	259349	407694	2938974	1447212	598993	267015	2450635	1496387
93027	635759	53000		395223			10523	568692	454320
33835	330592	45692	377030	1494416	702095	580300	217536	1335392	741645
39889	505235	160657	30664	1049335	745117	18693	38956	546550	300422
1236	479	653	5423	17189	17189	1932	5392	36682	23362
			4488					1166	769
1236	479	653	935	17189	17189	1932	5392	35516	22593
	480759	15800	7012	1920	1920			353892	290026
120260	541154	171238	359617	1786333	828538	584672	123319	1391778	773066
	20264	2509		16071	16071		2750	99481	90605
			4488	14921	14921		65	63086	56963
			8076	2608	2608			66814	63291
							24000	26266	25206
300	6100	100	500	7800	4800		1000	18500	15720
	36785		27424	114568	114568	1625	98751	80161	29433
47427	367962	70355	6000	408904	377881	1640	11352	211447	79719
	15775			282755	36852	12988	6670	96104	47749
	3266			236799	66242			37386	20847
				83484			4500	42403	27125
167987	1404961	252807	413117	2883273	1391511	599285	271578	2464685	1511466
	67104	7195		72890	72890	1640	829	22632	8283
				10000			4500	6725	3625
13000	57517	3241	4231	108801	106547	21646	43874	87522	54756
154987	1414548	256761	400810	2834754	1355246	579279	223968	2322526	1395739
			8076	2608	2608		65	70544	65629

10－1 总承包和专业承包

(2015

指标名称	竣工房屋					
	商业及服务用房屋	商厦房屋(批发和零售用房)	宾馆用房屋(住宿用房)	餐饮用房屋(餐饮用房)	商务会展用房屋	其他商业及服务用房屋(居民服务业用房)
总计	184874	33811	19477	13706	3147	114733
其中:国有及国有控股企业						
一、按登记注册类型分组						
内资企业	184874	33811	19477	13706	3147	114733
国有企业						
集体企业	8136	677	2591			4868
有限责任公司	68937	27022	13080	9041	2760	17034
其他有限责任公司	68937	27022	13080	9041	2760	17034
股份有限公司	10038	145	789	50		9054
私营企业	97763	5967	3018	4614	387	83777
私营独资企业						
私营有限责任公司	92221	5967	3018	4614	387	78235
私营股份有限公司	5542					5542
其他建筑业	21604					21604
工程准备	1520					1520
工程准备	1520					1520
其他未列明的建筑活动	20084					20084
其他未列明的建筑活动	20084					20084
二、按隶属关系分组						
省(自治区、直辖市)						
地区(州、盟、省辖市)						
县(区、市、旗)	52249	13094	14873	7773		16509
街道						
镇						
其他	132625	20718	4604	5933	3147	98224
三、按企业资质等级分组						
企业资质等级(施工总承包)	177830	28735	18554	13115	2868	114558
一级	9320	9320				
二级	143062	17436	15284	10894	2818	96630
三级及以下	25449	1980	3269	2221	50	17928
企业资质等级(专业总承包)	7045	5076	924	590	279	176
二级						
三级及以下	7045	5076	924	590	279	176
四、按地区分组						
信州区	12160					12160
广丰区	116115	22269	17368	13091	3147	60241
上饶县	202					202
玉山县	3570		1530			2040
铅山县	2399	1310	524	565		
横峰县						
弋阳县	250	145	55	50		
余干县	16526					16526
鄱阳县	32337	9320				23018
万年县						
婺源县	775	228				547
德兴市	540	540				
五、按营业状态分组						
营业	184874	33811	19477	13706	3147	114733
当年关闭						
六、按控股情况分组						
国有控股						
集体控股	8136	677	2591			4868
私人控股	172952	33134	15356	13490	3147	107825
其他	3786		1530	216		2040

建筑业企业生产情况(四)

年)

价值(万元)

办公用房屋	科研、教育、医疗用房屋	科学研究用房屋	教育用房屋	医疗用房屋(卫生医疗用房)	文化、体育、娱乐用房屋	厂房及建筑物	厂房	仓库	其他未列明的房屋建筑物＊
161297	182958	15791	141535	25632	45399	286836	128500	82274	23931
200						2000			900
161297	182958	15791	141535	25632	45399	286836	128500	82274	23931
3383	7845	2000	5603	242	636	9555	9112	935	2277
67409	55399	6767	34473	14159	3768	133336	46224	13336	4024
67409	55399	6767	34473	14159	3768	133336	46224	13336	4024
1933	5165	30	3229	1906	50	10851	8501		1298
88572	114549	6994	98230	9326	40945	133095	64664	68003	16332
88572	114549	6994	98230	9326	40945	132801	64370	67815	15235
						294	294	189	1098
623									
623									
623									
200						2000			900
26975	23415	4125	11911	7380	1882	69792	25632	10867	4506
4124	1341		1341			7823	3442		
129997	158201	11666	128283	18252	43516	207221	99426	71407	18524
161072	182527	15566	141448	25513	44832	284631	126295	80498	22858
22453	63061	6110	54831	2120		18107			1431
116595	54483	5347	39916	9221	41567	140652	55988	78398	18992
22025	64983	4108	46702	14173	3265	125873	70307	2100	2435
225	431	225	87	119	567	2205	2205	1776	1072
					397				
225	431	225	87	119	170	2205	2205	1776	1072
63	50527		48631	1896	687	430	430		
103078	82186	11474	53906	16805	39662	184658	73215	81351	11662
3235	3176		2813	363		1986	1986		278
					397	2151	2151		5
					850	274	274		
									1060
200	1350	30	1310	10	50	830	480		100
8825	3565		3565		3053	10565	10565	189	8006
23836	40471	4286	29626	6558	700	32681	29478	173	1530
16603	1341		1341			29460	4806	562	390
	343		343			15422	5116		
5457						8381			900
160330	175866	15791	135235	24841	45399	280818	122481	82101	23832
967	7092		6301	792		6019	6019	173	98
200						2000			900
3383	7845	2000	5603	242	636	9555	9112	935	2277
157714	175113	13791	135932	25390	43913	275007	119113	81339	20749
					850	274	274		5

10－2 各种分组总专包

（2015

指标名称	一、年初存货	流动资产合计	应收工程款
总计	330789	1446058	439976
其中：国有及国有控股企业	7448	132227	49276
一、按登记注册类型分组			
内资企业	330789	1446058	439976
国有企业		85559	29020
集体企业	47973	38083	10831
有限责任公司	114166	384086	104286
其他有限责任公司	114166	384086	104286
股份有限公司	15687	168686	34035
私营企业	152963	769644	261804
私营有限责任公司	137231	685583	235888
私营股份有限公司	15732	84061	25916
二、按国民经济行业分组			
房屋建筑业	182392	1047884	324986
土木工程建筑业	136654	332750	101493
铁路、道路、隧道和桥梁工程建筑	118840	259590	80094
公路工程建筑	11125	26279	12858
市政道路工程建筑	107012	229688	66171
其他道路、隧道和桥梁工程建筑	703	3623	1065
水利和内河港口工程建筑	5244	34531	11441
水源及供水设施工程建筑	1058	11923	6629
河湖治理及防洪设施工程建筑	4186	19406	3855
港口及航运设施工程建筑		3202	957
工矿工程建筑	919	9098	4031
架线和管道工程建筑	456	4315	2014
架线及设备工程建筑	456	4315	2014
其他土木工程建筑	11196	25215	3913
建筑安装业	1036	19841	945
电气安装		15936	0
管道和设备安装	34	85	15
其他建筑安装业	1002	3820	930
建筑装饰和其他建筑业	10708	45583	12552
建筑装饰业	1230	5144	1470
工程准备活动		2095	1890
建筑物拆除活动		2095	1890
其他未列明建筑业	9478	38345	9193

全部企业财务汇总表(一)

年)　　　　　　　　　　　　　　　　　　　　　　　　　　计量单位:万元

二、年末资产负债							
其中:存货	固定资产合　　计	固定资产减值准备	固定资产原　　价	累计折旧	其中:本年折旧	在建工程	资产合计
266848	548989	2187	604605	185516	34083	79335	2207660
3731	23257	500	23539	12716	1124	12331	206590
266848	548989	2187	604605	185516	34083	79335	2207660
1042	2648		9550	6902	142		136339
14183	7731	538	9948	3788	1043	1571	48928
93413	247954	700	221507	50720	10539	56804	675384
93413	247954	700	221507	50720	10539	56804	675384
11189	54076	11	78663	27113	2264		265421
147021	236580	937	284936	96993	20096	20960	1081589
126813	191647	57	228106	83707	18545	20740	943724
20208	44933	880	56831	13286	1551	220	137864
170597	297490	574	343875	119195	21154	40476	1488168
76301	218568	1613	228307	55615	11344	36607	612209
55314	181195	1613	197399	42326	7655	16956	493910
13287	24143	1340	18268	8233	1226	13080	50997
40811	155091	273	177214	34047	6404	3876	437329
1216	1961		1918	47	26		5585
7766	31187		23858	11517	3302	18845	70226
2090	4097		5180	1083	183		16759
5676	27089		18677	10433	3119	18845	48768
							4699
517	720		1585	865	133		11363
956	2319		2118	273	67	474	6635
956	2319		2118	273	67	474	6635
11748	3147		3348	635	187	331	30075
9765	10829		11418	5161	482	1765	34863
8855	8882		6497	2186		1765	29012
49	14		82	67	1		99
860	1932		4840	2908	481		5752
10185	22102		21005	5544	1103	488	72421
1025	2832		2829	417	174	400	11354
7	282		658	376	58		2385
7	282		658	376	58		2385
9153	18988		17518	4751	871	88	58681

10－2 续表1

指标名称	一、年初存货	流动资产合计	应收工程款
三、按隶属关系分组			
省(自治区、直辖市)	1705	31673	18861
地区(州、盟、省辖市)	6869	189953	40842
县(区、市、旗)	75593	167413	49706
街道	284	300	175
镇	647	8786	982
其他	245691	1047934	329411
四、按企业资质等级分组			
施工总承包	329346	1435226	437100
一级	44881	365971	169916
二级	242500	862511	215395
三级以下	41965	206744	51790
专业承包	1443	10832	2875
二级	19	1663	424
三级以下	1425	9169	2452
五、按地区分			
信州区	56599	472615	141179
广丰区	181531	563692	185497
上饶县	13650	56878	9644
玉山县	8310	40369	8446
铅山县	12039	46341	12505
横峰县	572	4933	1046
弋阳县	3516	19825	10116
余干县	273	6899	892
鄱阳县	24250	100891	30571
万年县	13270	34205	5895
婺源县	3470	33946	1641
德兴市	13310	65464	32545
六、按营业状态分			
营业	329766	1441876	439006
当年关闭	1023	4182	970
七、按控股情况分			
国有控股	7448	132227	49276
集体控股	52314	46169	11391
私人控股	263894	1230348	365022
其他	54085	238620	71696

二、年末资产负债

其中:存货	固定资产合　计	固定资产减值准备	固定资产原　价	累计折旧	其中:本年折旧	在建工程	资产合计
582	5092		9777	4685	820		39085
3617	39042	500	43583	16542	262	12000	304123
53886	86416		84734	34626	5845	33594	274131
66	1316	11	1314	118	18		2927
3907	6633	738	3525	604	55		18756
204789	410491	937	461671	128941	27082	33741	1568638
264782	543611	2186	598786	184181	33814	78461	2188627
48100	60017		88103	33367	6990	4318	485984
166818	352424	1597	381880	124172	20511	63023	1324403
49863	131170	590	128803	26641	6313	11120	378240
2066	5378	1	5819	1335	269	874	19033
286	71		75	4	1		1735
1780	5307	1	5744	1331	268	874	17297
68615	89604	500	121541	51148	9951	15851	661143
102969	288034	309	323252	87788	15180	26928	921918
14409	15950		16797	5185	831	4338	83083
21164	25525		18979	4978	1581	11263	69422
10683	10979		8581	1924	318	4318	65509
2006	5468		6276	1207	109	400	11801
1769	15628		7418	968	170	161	38723
287	8093		12717	4624	580		14992
24947	41268		47345	10421	1833	3868	148270
5000	30305	538	11974	4022	1529	11680	66207
5271	4134		4988	892	103	38	41593
9728	14001	840	24738	12359	1898	491	84999
265545	544474	2187	600389	184975	34039	78783	2198963
1302	4515		4215	540	43	552	8697
3731	23257	500	23539	12716	1124	12331	206590
18389	7885	538	11162	4848	1190	1571	58055
236242	502861	1149	556673	165288	31382	61115	1887184
44299	89087	338	99042	30746	5630	11955	361836

10－2　各种分组总专包

（2015

指标名称	流动负债合计	应付账款	非流动负债合计	负债合计
总计	629498	231772	49116	733687
其中：国有及国有控股企业	106486	53370	9627	120090
一、按登记注册类型分组				
内资企业	629498	231772	49116	733687
国有企业	82296	35112		84523
集体企业	11525	6508	281	15076
有限责任公司	139711	37151	12215	186568
其他有限责任公司	139711	37151	12215	186568
股份有限公司	119877	24820	11637	134756
私营企业	276090	128182	24984	312764
私营有限责任公司	252941	114397	19016	282938
私营股份有限公司	23149	13785	5968	29826
二、按国民经济行业分组				
房屋建筑业	485411	169818	44149	549748
土木工程建筑业	126012	57734	4967	164463
铁路、道路、隧道和桥梁工程建筑	96081	44758	4289	131775
公路工程建筑	19545	14797	4167	25651
市政道路工程建筑	75115	28540	118	104699
其他道路、隧道和桥梁工程建筑	1421	1421	4	1425
水利和内河港口工程建筑	8011	4801	430	10520
水源及供水设施工程建筑	4187	2802	322	4608
河湖治理及防洪设施工程建筑	3825	1999	109	3933
港口及航运设施工程建筑				1979
工矿工程建筑	6723	4226		6723
架线和管道工程建筑	2185	1476	248	2433
架线及设备工程建筑	2185	1476	248	2433
其他土木工程建筑	13012	2473		13012
建筑安装业	6052	230		6052
电气安装	5238			5238
管道和设备安装				
其他建筑安装业	814	230		814
建筑装饰和其他建筑业	12023	3990		13423
建筑装饰业	987	319		1506
工程准备活动	482	430		482
建筑物拆除活动	482	430		482
其他未列明建筑业	10554	3241		11436

全部企业财务汇总表(二)

年)　　　　　　　　　　　　　　　　　　　　　　　　　　　　　计量单位:万元

二、年末资产负债

所有者权益合计	其中:实收资本	其中:国家资本	其中:集体资本	其中:法人资本	其中:个人资本
1473973	739695	65768	5830	146273	521824
86500	65134	57613		7500	21
1473973	739695	65768	5830	146273	521824
51816	51000	51000			
33851	10516	2000	5825	447	2244
488816	223694	12763		64357	146573
488816	223694	12763		64357	146573
130665	87238	5	5	9671	77557
768825	367248			71798	295450
660786	301404			70396	231007
108039	65845			1402	64443
938420	468715	55222	4458	80411	328624
447746	252120	9546	1372	65202	176000
362135	208828	3000	165	50194	155469
25345	3910	3000	65	35	810
332630	202910		100	50159	152651
4159	2008				2008
59706	29868	6000	1207	8434	14226
12151	11483	6000	607	327	4550
44835	18384		600	8108	9677
2720					
4640	2500			2500	
4202	4202			4074	128
4202	4202			4074	128
17062	6722	546			6176
28811	2106				2106
23774					
99	99				99
4938	2007				2007
58997	16754	1000		660	15094
9848	4186			660	3526
1903	1000	1000			
1903	1000	1000			
47246	11568				11568

10－2 续表 2

指标名称	流动负债合计	应付账款	非流动负债合计	负债合计
三、按隶属关系分组				
省(自治区、直辖市)	21260	17907		21260
地区(州、盟、省辖市)	167568	40501	11408	183471
县(区、市、旗)	36338	15622	11609	55968
街道	37		21	67
镇	2463	359	79	7865
其他	401832	157384	25999	465055
四、按企业资质等级分组				
施工总承包	626158	229599	48868	729798
一级	155533	76888	8200	166479
二级	417860	128484	35722	491446
三级以下	52765	24227	4946	71874
专业承包	3340	2173	248	3889
二级	188	92		188
三级以下	3152	2081	248	3700
五、按地区分				
信州区	268798	73176	18908	297825
广丰区	189180	89537	7988	228837
上饶县	22371	3880	1480	25931
玉山县	17810	7657		20307
铅山县	28338	2968	1700	30038
横峰县	2536	1887		2536
弋阳县	3657	709	23	5200
余干县	3579	343	1707	5286
鄱阳县	31758	17486	4	33037
万年县	22217	7512	3218	27569
婺源县	4825	489	9847	16650
德兴市	34430	26128	4242	40471
六、按营业状态分				
营业	629218	231571	49116	733406
当年关闭	280	201		280
七、按控股情况分				
国有控股	106486	53370	9627	120090
集体控股	14373	8066	281	22595
私人控股	504233	168486	39208	586595
其他	103839	37602	8155	120560

二、年末资产负债

所有者权益合计	其中：实收资本	其中：国家资本	其中：集体资本	其中：法人资本	其中：个人资本
17825	8500	1000		7500	
120652	93388	54000			39388
218163	103642	4763	5386	27816	65678
2860	99				99
10891	2611		439	2172	
1103583	531455	6005	5	108786	416659
1458829	728731	65768	5830	136539	520594
319506	172544	51000		48738	72806
832957	389925	8067	1228	54193	326437
306366	166262	6701	4602	33609	121351
15144	10964			9734	1230
1547	1100				1100
13597	9864			9734	130
363319	176358	54000		25690	96668
693081	365228	2000		72327	290902
57153	33038			920	32118
49115	23378		1900	4465	17013
35471	17390				17390
9266	6818		2032	300	4486
33523	11953	5	105	585	11258
9706	9706			7310	2396
115233	40586			11703	28883
38638	12459		1039	9424	1996
24943	20257	2067	754	7050	10386
44527	22524	7696		6500	8328
1465557	737169	65768	5830	146273	519298
8417	2526				2526
86500	65134	57613		7500	21
35460	11134	2000	5825	447	2862
1300590	636547	6155	5	134627	495760
241276	119517	9380	1067	23454	85616

10-2 各种分组总专包

（2015

指标名称	营业收入	主营业务收入	营业成本	主营业务成本
总计	4750259	4589084	4178229	3946323
其中:国有及国有控股企业	107718	107556	92045	91836
一、按登记注册类型分组				
内资企业	4750259	4589084	4178229	3946323
国有企业	42796	42787	34799	34799
集体企业	77473	77466	67364	54663
有限责任公司	1438281	1391050	1230318	1196700
其他有限责任公司	1438281	1391050	1230318	1196700
股份有限公司	308916	250186	277332	213439
私营企业	2882793	2827597	2568417	2446723
私营有限责任公司	2564685	2514297	2285761	2168546
私营股份有限公司	318108	313300	282656	278177
二、按国民经济行业分组				
房屋建筑业	3226163	3158684	2847673	2789644
土木工程建筑业	1322773	1253382	1154870	1002658
铁路、道路、隧道和桥梁工程建筑	1077551	1008200	950977	798793
公路工程建筑	54744	50850	45469	42018
市政道路工程建筑	1012931	947474	897673	748940
其他道路、隧道和桥梁工程建筑	9876	9876	7835	7835
水利和内河港口工程建筑	167550	167532	141781	141765
水源及供水设施工程建筑	30205	30195	26147	26139
河湖治理及防洪设施工程建筑	128747	128739	108325	108318
港口及航运设施工程建筑	8598	8598	7308	7308
工矿工程建筑	13838	13838	12338	12338
架线和管道工程建筑	34769	34756	27000	26988
架线及设备工程建筑	34769	34756	27000	26988
其他土木工程建筑	29066	29056	22775	22775
建筑安装业	18958	18958	13499	13499
电气安装	4000	4000	2500	2500
管道和设备安装	2508	2508	2284	2284
其他建筑安装业	12450	12450	8715	8715
建筑装饰和其他建筑业	182365	158061	162187	140522
建筑装饰业	14458	14458	11760	11760
工程准备活动	1154	1154	839	839
建筑物拆除活动	1154	1154	839	839
其他未列明建筑业	166753	142449	149588	127923

全部企业财务汇总表(三)

年)　　　　　　　　　　　　　　　　　　　　　　　　　　　　计量单位:万元

三、损益及分配

营业税金及附加		其他业务利润	销售费用	管理费用		财务费用	
	主营业务税金及附加				其中:税金		利息收入
180096	174083	5379	26189	123848	8880	19437	1185
3564	3264	9	20	8150	278	1842	46
180096	174083	5379	26189	123848	8880	19437	1185
1270	1270	9		4551	214	1932	7
3573	3429	8	983	2221	224	167	7
54590	52947	41	13570	61363	3727	4824	686
54590	52947	41	13570	61363	3727	4824	686
10418	8017	47	2697	6460	535	2028	9
110244	108420	5274	8939	49253	4181	10485	475
96740	95009	5156	8549	44717	3884	9811	475
13504	13411	117	390	4535	297	674	
119397	117282	1303	17814	77655	4614	14861	432
52521	49304	4076	5828	40080	3427	4071	750
39625	36554	4045	4099	27764	2097	1821	702
2104	1711	102	20	669	34	328	
37067	34388	3943	4032	26225	2045	1436	692
455	455		47	870	18	58	10
8948	8803	18	433	9152	555	1713	6
1522	1521	10	26	911	276	134	5
6890	6746	8	408	7566	270	1546	1
536	536			675	9	33	
112	112			1025	4		31
2386	2385	13	880	1351	721	203	
2386	2385	13	880	1351	721	203	
1450	1450		415	788	49	416	11
636	636		1	3172	689	8	
45	45		1	10	5	14	
176	176			42	4		
415	415			3120	680		
7542	6862		2547	2941	151	497	9
580	580		507	527	10	55	1
38	38			141	1		1
38	38			141	1		1
6925	6244		2039	2273	141	442	8

10－2　续表3

指标名称	营业收入	主营业务收入	营业成本	主营业务成本
三、按隶属关系分组				
省(自治区、直辖市)	55603	55603	49462	49462
地区(州、盟、省辖市)	86097	86034	69732	69522
县(区、市、旗)	809607	805184	725440	700406
街道	6710	6707	5604	5601
镇	62528	62528	52475	52475
其他	3729713	3573028	3275516	3068857
四、按企业资质等级分组				
施工总承包	4671974	4510815	4114630	3882735
一级	1344411	1306117	1224928	1199510
二级	2571138	2459292	2260862	2072803
三级以下	756425	745405	628841	610422
专业承包	78285	78270	63600	63588
二级	3494	3494	3000	3000
三级以下	74791	74776	60599	60588
五、按地区分				
信州区	840622	750423	749388	670915
广丰区	2699214	2650950	2413170	2272464
上饶县	117646	116746	101698	100799
玉山县	110325	92712	80303	72315
铅山县	72575	72570	64610	64610
横峰县	20994	20994	17754	17754
弋阳县	48447	48434	39884	39876
余干县	125488	125354	102037	101915
鄱阳县	411064	411064	347145	347145
万年县	121347	121347	106272	105820
婺源县	34252	34109	25922	25913
德兴市	148286	144382	130049	126798
六、按营业状态分				
营业	4732151	4570976	4164070	3932163
当年关闭	18108	18108	14160	14160
七、按控股情况分				
国有控股	107718	107556	92045	91836
集体控股	85410	85403	73670	60969
私人控股	4458947	4297942	3927096	3708100
其他	786491	758866	691747	653429

三、损益及分配

营业税金及附加	主营业务税金及附加	其他业务利润	销售费用	管理费用	其中:税金	财务费用	利息收入
1412	1412			2946	44		38
2931	2631	53	158	6686	299	3782	10
30900	30556	49	4489	17466	728	2757	12
326	326	3	4	392	115	3	1
2116	2116		296	4025	1204	154	14
142411	137043	5274	21242	92334	6489	12830	1109
175645	169634	5366	25071	121610	8118	19178	597
48412	47581	3864	3321	30266	972	4653	359
98149	93443	1486	10965	58440	5347	12753	151
29084	28609	16	10785	32904	1798	1772	87
4451	4449	13	1118	2239	762	259	588
146	146		49	111	4	10	11
4305	4304	13	1069	2127	758	249	577
30408	27002	1159	1690	21381	1667	7740	364
97976	95905	3984	12402	49623	3826	6741	702
5146	5146		333	2362	449	1062	1
4080	3800		738	7013	52	995	5
3692	3692		188	684	36	16	
1379	1379		444	405	9	17	2
3104	3097		300	1794	387	162	20
6619	6606	134	160	4205	1129	1020	18
16573	16573		5400	23398	743	904	28
4225	4082		1371	5158	408	295	34
1887	1887		3151	2340	77	120	4
5006	4914	102	13	5485	97	365	7
179349	173337	5379	25646	122795	8864	19434	1185
746	746		543	1053	16	3	
3564	3264	9	20	8150	278	1842	46
3947	3804	8	1456	2693	229	234	7
167884	162315	5362	23917	110516	8153	16944	1131
29841	28835	836	4500	20292	1483	3205	188

10－2　各种分组总专包

（2015

指标名称				
	其中：利息支出	资产减值损失	公允价值变动收益	投资收益
总计	14118	1172	112	1703
其中：国有及国有控股企业	1926	37	10	10
一、按登记注册类型分组				
内资企业	14118	1172	112	1703
国有企业	1925			
集体企业	381			
有限责任公司	2024	1021	100	761
其他有限责任公司	2024	1021	100	761
股份有限公司	1963	53	13	20
私营企业	7827	98		922
私营有限责任公司	7620	98		927
私营股份有限公司	207			
二、按国民经济行业分组				
房屋建筑业	12033	133	13	311
土木工程建筑业	1586	1039	100	121
铁路、道路、隧道和桥梁工程建筑	1031	1050	100	121
公路工程建筑	321	30	10	10
市政道路工程建筑	710	1020	90	111
其他道路、隧道和桥梁工程建筑	1			
水利和内河港口工程建筑	88			
水源及供水设施工程建筑	21			
河湖治理及防洪设施工程建筑	67			
港口及航运设施工程建筑				
工矿工程建筑	1			
架线和管道工程建筑	45			
架线及设备工程建筑	45			
其他土木工程建筑	421			
建筑安装业	9			
电气安装	9			
管道和设备安装				
其他建筑安装业				
建筑装饰和其他建筑业	491			1270
建筑装饰业	52			
工程准备活动				
建筑物拆除活动				
其他未列明建筑业	439			1270

全部企业财务汇总表(四)

年)　　　　　　　　　　　　　　　　　　　　　　　　计量单位:万元

三、损益及分配							
营业利润	营业外收入	补贴收入	营业外支出	利润总额	应交所得税	应付职工薪酬(本年贷方累计发生额)	建筑业企业在境外完成的营业收入
228732	4616	849	7825	226106	52573	808540	12365
2080	1172	502	198	3054	1075	8073	
228732	4616	849	7825	226106	52573	808540	12365
244	567		61	750	188	81	
5123	71		322	4871	804	20035	
73545	2864	502	4106	72879	17668	211417	
73545	2864	502	4106	72879	17668	211417	
9963	6		51	9918	2470	32623	
139857	1108	347	3285	137688	31443	544384	12365
123498	978	347	2840	121643	25955	259591	12365
16359	130		445	16045	5488	284792	
152675	3203	347	5501	150384	35344	601664	
66494	1374	502	2322	66122	15690	179035	12365
54313	723		1337	54275	13447	148234	12365
6145	200		113	6231	2768	3272	
47556	524		1224	47431	10600	142967	12365
613				613	79	1995	
5541	127		522	5146	1300	20631	
1474	3		315	1162	263	3709	
4021	125		208	3938	1026	14168	
46				46	11	2754	
456	2		14	444	156	1120	
2962	20		387	2595	339	4570	
2962	20		387	2595	339	4570	
3222	502	502	62	3663	448	4480	
1642				1642	63	2967	
1430				1430	10	250	
6				6	1	887	
206				206	52	1830	
7920	39		2	7958	1476	24874	
1030	10		1	1039	264	2206	
136			1	135	35	158	
136			1	135	35	158	
6755	29			6784	1176	22510	

10－2 续表4

指标名称	其中：利息支出	资产减值损失	公允价值变动收益	投资收益
三、按隶属关系分组				
省(自治区、直辖市)	1	7		
地区(州、盟、省辖市)	3688	30	10	10
县(区、市、旗)	1278			
街道	2			
镇	19			
其他	9131	1135	102	1693
四、按企业资质等级分组				
施工总承包	14072	1172	112	1703
一级	4910	63		
二级	8316	1085	100	212
三级以下	846	24	13	1490
专业承包	46			
二级	1			
三级以下	45			
五、按地区分				
信州区	7877	93	10	63
广丰区	3411	1037	90	1620
上饶县	860			
玉山县	828			
铅山县	14			
横峰县	15			
弋阳县	58	35	13	20
余干县	182			
鄱阳县	807			
万年县	16			
婺源县	49			
德兴市	2	18		
六、按营业状态分				
营业	14118	1172	112	1703
当年关闭				
七、按控股情况分				
国有控股	1926	37	10	10
集体控股	442			
私人控股	11748	1135	102	1693
其他	2357	171	16	336

三、损益及分配							建筑业企业在境外完成的营业收入
营业利润	营业外收入	补贴收入	营业外支出	利润总额	应交所得税	应付职工薪酬（本年贷方累计发生额）	
1865	2		51	1815	723	7209	
2799	667		89	3377	1030	3532	
30554	726	502	1304	29976	8382	103870	
383				383	151	3567	
3588				3588	477	3999	
189543	3221	347	6381	186967	41810	686363	12365
222675	4585	849	7438	219830	51750	800315	
36225	1579		1237	36567	12025	111871	
131294	1953	241	5166	128088	27233	558930	
55156	1054	608	1035	55175	12493	129514	
6056	31		387	6276	823	8225	12365
178				178	13	520	
5879	31		387	6099	810	7706	12365
33411	1105		329	34186	8604	37340	
121928	1103	347	2799	120814	27463	312413	12365
7046	102		31	7117	1061	267645	
17196	1128		1222	17101	2013	12439	
3385			9	3375	1614	10428	
996				996	277	5518	
3201				3201	817	6728	
11581	33		2348	9265	1854	11183	
17645	580		932	17293	4155	90316	
4162	1		14	4149	830	31057	
832	32		12	852	160	6903	
7350	533	502	128	7755	3728	16570	
227128	4616	849	7825	224502	52172	805530	12365
1604				1604	401	3010	
2080	1172	502	198	3054	1075	8073	
5367	71		322	5115	865	21255	
216921	3373	347	7294	213583	48315	765637	12365
38011	728	132	1300	37528	8580	135525	2010

主 要 统 计 指 标 解 释

建筑业总产值 是以货币表现的建筑安装企业在一定时期内生产的建筑业产品的总和。建筑业总产值包括三部分内容：

(1)**建筑工程产值**:指列入建筑工程预算内的各种工程价值,主要包括:各种用途的房屋、构筑物的建筑工程和暖气、卫生、通风、照明、煤气等设备安装价值;设备基础、支柱、操作台、梯子、烟囱、凉水塔的砌筑工程;各种锅炉炉体砌筑和金属结构安装工程;施工现场布置、场地平整、施工临时用水、电、道路的铺筑与架设;矿井的开凿、井巷掘进延伸、露天矿的剥离、石油、天然气钻井工程;铁路、公路、港口、桥梁的建筑工程;水利工程;防空、地下建筑等特殊工程。和对建筑物内部或外部进行装饰、装修的价值。

(2)**设备安装工程产值**:指设备安装工程价值,主要包括生产、动力、起重、运输、传动、医疗、实验、电讯、光纤、电话、计算机和电子设备等各种需要安装设备的装配与安装,与设备相联接的工作台、梯子、栏杆等装设工程;附属于被安装设备的管线敷设工程;被安装设备的绝缘、防腐保温、油漆等工作;为测定安装工作质量,对单个设备、系统设备进行单机试车和系统联动无负荷试运转工作,但产值中不包括被安装设备的价值。

(3)**其他产值**:建筑业总产值中除建筑工程、安装工程以外的产值。包括房屋、构筑物修理产值、非标准设备制造产值、总包企业向分包企业收取的管理费以及不能明确划分的施工活动所完成的产值。

①**房屋、构筑物修理产值**:指房屋和构筑物修理所完成的产值,但不包括被修理房屋、构筑物本身产值和生产设备的修理产值。

②**非标准设备制造产值**:指加工制造没有定型的非标准生产设备的加工费和原材料价值。

十一、交通、运输、邮电通讯业

简要说明

●本篇资料反映我市交通运输和邮电通信事业发展的基本情况。

●本篇有关公路、客货运输方面资料由市交通局、市公路局提供;有关邮电通讯资料来源于市邮政管理局、市邮政局、中国移动上饶分公司、中国电信上饶分公司、中国联通上饶分公司提供;有关机动车保有量资料由市交警支队提供。

内容提要

●2015 年,全社会货物周转量 2963576 万吨公里,旅客周转量 333340 万人公里,邮电业务收入 34.3 亿元,机动车保有量 527893 辆。

本篇资料整理、校对

徐　静、邬徐财

11-1 公路线路年底到达数

（2015年末）　　单位:公里

指标	总计	国道	省道	县道	乡道	专用公路	村道
公路里程	19623.16	189.05	1300.46	2877.52	3284.9	98.04	11873.23
公路分局养护	2560.51	189.05	1251.91	955.05	142.5	22.01	
交通局养护	17062.65		48.55	1922.48	3142.4	76.03	11873.23
按技术等级分	19623.16	189.05	1300.46	2877.52	3284.87	98.04	11873.23
一级	255.17	42.70	195.71	11.37		5.40	
二级	1424.77	146.35	967.36	256.20	20.69	14.99	19.19
三级	1940.18		105.31	1494.55	156.11	23.31	160.90
四级	11701.44		29.79	1031.66	2544.26	35.99	8059.74
等外路	4301.60		2.29	83.76	563.82	18.36	3633.39
按路面等级分	19623.16	189.05	1300.46	2877.52	3284.87	98.04	11873.23
高级	14385.81	189.05	1267.99	2371.63	2511.53	58.67	7986.94
次高级	664.86		30.18	367.72	80.17	1.57	185.23
未铺装路面	4572.50		2.29	138.17	693.17	37.81	3701.06
按通车情况分	19623.16	189.05	1300.46	2877.52	3284.87	98.04	11873.23
晴雨通车里程	15142.30	189.05	1298.17	2793.15	2629.53	60.23	8172.17
#绿化里程	8955.08	175.56	1005.03	2158.99	1956.41	21.29	3637.81
晴通雨阻里程	4480.86		2.29	84.37	655.34	37.81	3701.06

注:本资料未含境内归属省高速公路管理局管理的高速公路。

11－2 各县(市、区)公路养护通车里程

(2015年末)　　单位:公里

县(市、区)	合计	公路分局养护	交通局养护
全市	19623.16	2560.51	17062.65
信州区	475.99	85.35	390.64
广丰区	1760.14	157.46	1602.68
上饶县	2063.26	235.82	1827.44
玉山县	1579.67	233.34	1346.33
铅山县	1175.51	225.80	949.71
横峰县	711.20	98.72	612.48
弋阳县	1144.00	219.05	924.96
余干县	2245.70	200.34	2045.36
鄱阳县	3981.92	268.55	3713.37
万年县	1241.85	138.41	1103.44
婺源县	2077.17	305.93	1771.24
德兴市	1166.74	391.74	775.01

注:本资料未含境内归属省高速公路管理局管理的高速公路。

11－3 全社会客货运输量

（2015 年）

指　　标	旅客运输量（万人）	旅客周转量（万人公里）	货物运输量（万吨）	货物周转量（万吨公里）
合　　计	8252.4	333340	21148.3	2963576
公　　路	8207	332932	20354	2781111
水　　运	45.4	408	794.3	182465
交通部门	8207	332932	20526.8	2850589
公　　路	8207	332932	20354	2781111
水　　运			172.8	69478
非交通部门	45.4	408	621.5	112987
水　　运	45.4	408	621.5	112987

11-4 邮电事业

（2015年）

项目	本年实际	项目	本年实际
邮电业务收入(亿元)	34.3	移动短信业务量(万条)	44905
#邮政业务收入(亿元)	5.2	固定电话年末用户(万户)	85.2
电信业务收入(亿元)	29.1	#住宅电话(万户)	79.0
邮路总长度(公里)	13542.0	公用电话(万户)	6.2
农村投递路线总长度(公里)	5793.0	数字数据(DDN)用户(户)	14.0
邮政汽车(辆)	339.0	计算机互连网用户(万户)	92.5
函件(万件)	188.6	其中:xDSL用户(万户)	18.0
包裹(万件)	7.5	互联网出口带宽(G)	840
快递业务量(万件)	1866.2	国家一级光缆干线(条)	8
订销报纸累计数(万份)	6219.6	国家二级光缆干线(条)	9
订销杂志累计数(万份)	237.4	市级城域网主干光缆(km)	193013.0
集邮业务(万枚)	617.4	增值电信业务服务收入(万元)	21448.0
移动电话年末用户(万户)	505.3	因特网接入服务(万元)	43075.0
其中:4G用户(万户)	141.0		

备注:2015年起,邮政业务有关数据(集邮业务除外)由市邮政管理局提供。

11-5 全市民用车辆拥有量

（2015年末） 单位：辆

指标名称	总　计	营　运	非营运	校　车	总计中 其中：进　口	其中：个　人	其中：新注册	报　废
合计	527893	70155	456825	913	8979	468774	78400	89535
汽车	358578	49118	308547	913	8942	306644	64193	4289
1、载客汽车	281388	7148	273327	913	8899	255877	54939	838
其中：大型	2659	2022	367	270	8	46	283	213
中型	2619	1199	777	643	18	380	269	152
小型	273125	3927	269198		8817	252827	53970	467
微型	2985		2985		56	2624	417	6
其中：轿车	187804	3915	183889		4209	173879	34561	401
2、载货汽车	61881	30996	30885		28	41388	6646	1767
其中：重型	13722	13265	457		17	882	962	1200
中型	5734	5614	120			3118	175	264
轻型	42234	12092	30142		11	37224	5509	302
微型	191	25	166			164		1
其中：普通载货	30488	5193	25295		9	27294	4231	419
3、其他汽车	15309	10974	4335		15	9379	2608	1684
其中：三轮汽车	1397	951	446			1362	222	355
低速汽车	12371	9653	2718			7527	2260	1240
摩托车	162582	14324	148258		37	162085	14067	85244
1、普通	161926	14324	147602		37	161432	13986	84798
2、轻便	656		656			653	81	446
挂车	6728	6713	15			43	140	2
其它类型车	5		5			2		

主 要 统 计 指 标 解 释

公路里程　也称“公路通车里程”，是指实际达到《公路工程[WTB2]技术标准 JTJ01－88》规定的等级公路，并经主管部门的正式验收支付使用的公路里程数。它包括大中城市的郊区公路以及通过小城镇街道的公路里程，也包括桥梁、渡口的长度，但不包括城市的街道以及厂矿、林区和农业生产用道的里程。两条或多条公路共同经由同一路段，只计算一次，不重复计算里程长度。公路里程是反映公路建设发展规模的重要指标，也是计算运输网密度等指标的基础资料。

货(客)运量　指运输业实际运送的货物(旅客)量。货运按吨计算，客运按人计算。货物不论运输距离长短，货物类别，均按实际重量统计；旅客不论行程远近或票价多少，均按一人一次作为客运量统计。半票价、小孩票，也按一人统计。货(客)运量是反映运输业为国民经济和人民生活服务的数量指标，也是制定和检查运输生产计划、研究运输展规模和速度的重要指标。

货物(旅客)周转量　指运输业运送的货物(旅客)数量与其相应运输距离的乘积之总和，通常以吨公里和人公里为计算单位。计算货物周转量通常按发出站与到达站之间的最短距离，也就是计费距离计算。它是反映运输业生产总成果的重要指标，也是编制和检查运输生产计划、计算运输效率、劳动生产率以及核算运输单位成本的主要基础资料。

邮电业务总量　指以货币表现的邮电部门为用户传递信息和提供其他邮电服务的总数量。它用各种邮电分类业务量，如函件件数、电报份数、长话张数、市内电话和农村电话的年均户数、订销报刊累计份数等，分别乘以相应的不变单价加总后再加上出租电路和设备的收入、代用户维护电话交换机和线路等设备的收入、其他业务收入求得。邮电业务总量综合反映了一定时期邮电工作的总成果，是研究邮电业务量构成和发展趋势的重要指标。

十二、国内贸易、个私经济

本篇资料整理、校对

徐　静、邓晓芸

简要说明

●本篇资料主要反映全市国内贸易基本情况、零售市场的发展和批发和零售业商品流转情况、住宿和餐饮业经营情况以及主要财务状况、全市个私经济情况。

●本篇资料国内贸易部分是上饶市统计局根据国家统计局制定的《批发和零售业、住宿和餐饮业统计报表制度》进行搜集和加工整理而得；个私经济资料来自市场监督管理局。

●本篇资料限额以上批发业统计范围为年主营业务收入达2000万元及以上的批发业法人单位和个体经营户；限额以上零售业统计范围为年主营业务收入达500万元及以上的零售业企业和个体经营户；限额以上住宿业、餐饮业统计范围为年主营业务收入达200万元及上的住宿业、餐饮业法人单位和个体经营户。

内容提要

●2015年，全市社会消费品零售总额640.4亿元，比上年增长13.2%；其中，限额以上消费品零售额192.5亿元，可比增长16.0%。

12－1　各县(市、区)社会消费品零售总额

单位:万元、%

项　　目	2014年	2015年	增长
全市合计	5656658	6404178	13.2
按销售单位所在地分			
城镇	4089698	4616924	12.9
其中:城区	2512882	2879763	14.6
乡村	1566960	1787254	14.1
按行业分			
批发业	1385496	1469709	6.1
零售业	3656775	4253067	16.3
住宿业	99640	109803	10.2
餐饮业	514747	571598	11.0
按县(市、区)分			
信州区	1075289	1175343	9.3
广丰区	498039	568026	14.1
上饶县	386792	439368	13.6
玉山县	464674	529631	14.0
铅山县	383611	439168	14.5
横峰县	200454	224651	12.1
弋阳县	335481	379022	13.0
余干县	439206	500080	13.9
鄱阳县	558306	633085	13.4
万年县	386307	436933	13.1
婺源县	385002	434042	12.7
德兴市	381958	433474	13.5
经开区	119604	162699	36.0
三管委	41936	48655	16.0

12－2　各县(市、区)限额以上消费品零售额

(2015 年)　　　　单位:万元、个

县　　市	限额以上消费品零售额	法　人	个体和产业活动单位	单位数	法　人	个体和产业活动单位
全　　市	1924779	1634857	289922	533	372	161
信州区	530224	495820	34404	73	46	27
广丰区	109774	85208	24566	68	49	19
上饶县	186755	184695	2060	37	33	4
玉山县	228773	155295	73479	68	39	29
铅山县	99299	17702	81596	24	11	13
横峰县	25877	11210	14667	21	9	12
弋阳县	46032	37203	8829	17	12	5
余干县	99298	99298		27	27	
鄱阳县	121667	107127	14540	42	28	14
万年县	105642	95941	9701	37	25	12
婺源县	94333	83416	10917	39	27	12
德兴市	79698	68379	11319	37	30	7
经开区	162699	162699		19	19	
三管委	34708	30864	3844	24	17	7

12－3 限额以上批发和零售业商品销售、库存情况

（2015 年） 单位：万元

指标名称	批发业（法人、个体户和附营产业）		零售业（法人、个体户和附营产业）	
	销售额	零售额	销售额	零售额
总计	1564317	408273	1432893	1387480
其中：通过互联网实现的商品销售	610796		59553	51779
1.粮油、食品类	153712	28907	176072	173907
其中：粮油类	70837	21070	39647	39293
肉禽蛋类	49397	4412	19639	19443
水产品类	9695		6818	6471
蔬菜类			13718	13718
干鲜果品类	5353	139	18196	18145
2.饮料类	10874	3693	32333	32298
3.烟酒类	656990	6524	58384	55245
4.服装、鞋帽、针纺织品类	91	18	104488	104306
（1）服装类	91	18	66644	66462
（2）鞋帽类			19970	19970
（3）针纺织品类			17874	17874
5.化妆品类			16635	16635
6.金银珠宝类			52026	52026
7.日用品类			34901	34858
其中：儿童玩具类			6194	6194
8.五金、电料类			13694	13693
9.体育、娱乐用品类			11401	11401
其中：照相器材类			90	90
10.书报杂志类			721	721
11.电子出版物及音像制品类			1276	1276
12.家用电器和音像器材类			129719	126856
13.中西药品类	177873	41933	24603	20856
其中：西药类	133053	30951	12362	10260
中草药及中成药类	27737	10982	6193	4548
14.文化办公用品类			6831	6828
其中：计算机及其配套产品			54	54
15.家具类			109003	107432
16.通讯器材类			9994	9994
17.煤炭及制品类	65956	3608	8800	
18.石油及制品类	301498	278060	20451	20089
19.化工材料及制品类	10379		2373	
其中：化肥类	8369		2373	
20.金属材料类	8615			
21.建筑及装潢材料类	645	3466	59135	59135
22.机电产品及设备类			9366	9102
其中：农机类			1611	
23.汽车类	68645	33662	499396	485364
24.种子饲料类	2647			
25.其他类	100597	8404	51292	45459

12－4 私营企业基本情况

（2015 年）

项　目	户数(户)		注册资本(万元)		投资者人数(人)		雇工人数(人)	
	合计	其中：城镇	合计	其中：城镇	合计	其中：城镇	合计	其中：城镇
合　计	44827	29316	17477566	12537055	85276	56154	238356	134311
农、林、牧、渔业	3676	1370	1480168	711117	7351	2858	22535	6738
农、林、牧、渔服务业	172	98	64149	36661	369	194	1402	484
采矿业	359	75	165610	66110	726	188	4463	982
开采辅助活动	64	20	18202	6830	120	56	611	156
制造业	8391	4213	4306671	2672964	17439	8718	78307	33539
金属制品、机械和设备修理业	48	31	15255	14332	94	63	280	96
电力、热力、燃气及水生产和供应业	496	137	192940	82205	1392	404	3289	1027
建筑业	3082	2532	2431085	2040680	6177	5154	13347	10063
批发和零售业	13287	9452	3097885	2278972	23143	16790	51510	35566
交通运输、仓储和邮政业	2140	1109	374265	248459	3878	2029	9545	5156
住宿和餐饮业	663	522	338108	247688	1275	1031	5411	4243
信息传输、软件和信息技术服务业	1735	1340	245339	214338	2724	2246	4910	3856
金融业	200	178	457939	449339	506	474	849	711
房地产业	1681	1333	1557508	1252482	3492	2850	8989	7097
租赁和商务服务业	5993	4812	1949597	1682610	11570	9303	18293	14588
科学研究和技术服务业	791	613	249810	182626	1489	1159	3770	1896
水利、环境和公共设施管理业	271	151	221542	102501	554	310	1735	811
居民服务、修理和其他服务业	1266	942	167868	102802	2192	1609	6831	4889
教育	118	79	22432	17248	228	175	719	572
卫生和社会工作	56	40	71881	63486	114	89	764	474
文化、体育和娱乐业	619	416	139043	113582	1018	761	3086	2103
其他	3	2	7875	7845	8	6	3	

12－5 个体工商业基本情况

（2015年）

项目	户数（户）	#城镇	从业人员（人）	#城镇	资金数额（万元）	#城镇
合计	214153	113168	368243	194465	2226233	1191601
农、林、牧、渔业	8478	1749	17399	3099	208363	26924
农、林、牧、渔服务业	360	60	787	134	11773	1160
采矿业	394	44	962	110	14731	1805
开采辅助活动	30	6	76	15	711	145
制造业	10725	3914	29092	9996	157311	48647
金属制品、机械和设备修理业	48	18	118	50	1028	204
电力、热力、燃气及水生产和供应业	158	19	333	27	12599	662
建筑业	442	201	741	328	8186	4793
批发和零售业	153148	80781	241512	127553	1341652	785595
交通运输、仓储和邮政业	2422	1323	4093	2399	22446	11839
住宿和餐饮业	16169	11132	33692	24160	199429	147500
信息传输、软件和信息技术服务业	1830	595	2744	923	12491	5273
房地产业	91	84	156	148	925	771
租赁和商务服务业	1705	893	3391	1681	38784	10483
科学研究和技术服务业	353	182	624	365	2610	1713
水利、环境和公共设施管理业	21	5	40	10	980	31
居民服务、修理和其他服务业	17186	11503	30500	21502	165132	112181
教育	93	67	235	193	1548	1303
卫生和社会工作	334	203	757	410	7461	6123
文化、体育和娱乐业	601	471	1967	1559	31570	25949
其他	379	183	580	352	2674	1250

12-6 限额以上批发和零售业法人基本情况

（2015 年）

指标名称	法人企业数（个）	从业人员期末人数（人）		法人所属产业活动单位数（个）		
			其中：女性		批发和零售业	其他
总计	331	18958	10940	550	234	316
一、批发业	51	4254	1739	223	174	49
农、林、牧产品批发	4	485	174	30	27	3
谷物、豆及薯类批发	2	437	156	28	27	1
种子批发	1	12	5	1		1
棉、麻批发	1	36	13	1		1
食品、饮料及烟草制品批发	10	1278	319	34	24	10
米、面制品及食用油批发	1	28	6	5	5	
肉、禽、蛋、奶及水产品批发	3	118	18	3		3
盐及调味品批发	1	83	25	3	3	
酒、饮料及茶叶批发	2	19	7	2		2
烟草制品批发	1	915	178	19	16	3
其他食品批发	2	115	85	2		2
纺织、服装及家庭用品批发	2	12	4	2		2
纺织品、针织品及原料批发	1	11	3	1		1
灯具、装饰物品批发	1	1	1	1		1
医药及医疗器材批发	11	850	344	11		11
西药批发	9	806	334	9		9
中药批发	1	23	10	1		1
医疗用品及器材批发	1	21		1		1
矿产品、建材及化工产品批发	18	1421	793	140	123	17
煤炭及制品批发	5	143	16	5		5
石油及制品批发	1	951	660	123	123	
金属及金属矿批发	4	44	10	4		4
化肥批发	5	154	39	5		5
其他化工产品批发	3	129	68	3		3
机械设备、五金产品及电子产品批发	2	119	64	2		2
汽车零配件批发	2	119	64	2		2
其他批发业	4	89	41	4		4
再生物资回收与批发	2	29	16	2		2
其他未列明批发业	2	60	25	2		2
内资企业	50	4253	1738	222	174	48
国有企业	4	1435	359	50	46	4
集体企业	2	54	17	2		2
有限责任公司	24	899	288	28	5	23
国有独资公司	2	67	17	6	5	1
其他有限责任公司	22	832	271	22		22
股份有限公司	4	1193	750	126	123	3
私营企业	16	672	324	16		16
私营有限责任公司	16	672	324	16		16
港、澳、台商投资企业	1	1	1	1		1
港澳台商独资企业	1	1	1	1		1
国有控股	7	2453	1036	179	174	5
集体控股	2	54	17	2		2
私人控股	34	1379	571	34		34
港澳台商控股	1	1	1	1		1
其他	7	367	114	7		7
独立门店	31	1608	645	37	8	29
连锁总店	2	1866	838	142	139	3
其他	18	780	256	44	27	17
大型	3	2082	920	143	139	4
中型	19	1536	590	49	32	17
小型	24	502	158	26	3	23

12－6　续表1

指标名称	法人企业数（个）	从业人员期末人数（人）	其中:女性	法人所属产业活动单位数(个)	批发和零售业	其他
微型	5	134	71	5		5
二、零售业	280	14704	9201	327	60	267
综合零售	42	6630	5418	54	15	39
百货零售	20	2017	1522	21	2	19
超级市场零售	19	4544	3872	30	13	17
其他综合零售	3	69	24	3		3
食品、饮料及烟草制品专门零售	27	770	420	27		27
粮油零售	1	21	9	1		1
果品、蔬菜零售	6	175	124	6		6
肉、禽、蛋、奶及水产品零售	4	88	38	4		4
营养和保健品零售	1	16	11	1		1
酒、饮料及茶叶零售	12	323	164	12		12
其他食品零售	3	147	74	3		3
纺织、服装及日用品专门零售	7	406	304	7		7
服装零售	4	321	234	4		4
化妆品及卫生用品零售	2	80	70	2		2
其他日用品零售	1	5		1		1
文化、体育用品及器材专门零售	10	311	112	10		10
珠宝首饰零售	3	87	44	3		3
工艺美术品及收藏品零售	7	224	68	7		7
医药及医疗器材专门零售	7	468	287	20	16	4
药品零售	7	468	287	20	16	4
汽车、摩托车、燃料及零配件专门零售	97	2970	1228	109	14	95
汽车零售	93	2843	1153	94	2	92
摩托车及零配件零售	1	14	11	1		1
机动车燃料零售	3	113	64	14	12	2
家用电器及电子产品专门零售	39	1150	578	49	15	34
日用家电设备零售	32	1034	562	42	15	27
计算机、软件及辅助设备零售	5	83	10	5		5
其他电子产品零售	2	33	6	2		2
五金、家具及室内装饰材料专门零售	19	1318	576	19		19
五金零售	5	275	186	5		5
家具零售	7	620	348	7		7
其他室内装饰材料零售	7	423	42	7		7
货摊、无店铺及其他零售业	32	681	278	32		32
互联网零售	21	464	222	21		21
旧货零售	1	30		1		1
其他未列明零售业	10	187	56	10		10
内资企业	279	14679	9176	326	60	266
国有企业	2	273	213	2		2
集体企业	1	17	2	1		1
股份合作企业	2	121	89	2		2
有限责任公司	102	5371	2827	112	14	98
国有独资公司	1	84	27	1		1
其他有限责任公司	101	5287	2800	111	14	97
股份有限公司	18	2589	2164	38	23	15
私营企业	153	6298	3875	170	23	147
私营独资企业	2	19	12	2		2
私营有限责任公司	138	5179	3081	149	14	135
私营股份有限公司	13	1100	782	19	9	10
其他企业	1	10	6	1		1
港、澳、台商投资企业	1	25	25	1		1
港澳台商投资股份有限公司	1	25	25	1		1

12－6 续表 2

指标名称	法人企业数(个)	从业人员期末人数(人)	其中:女性	法人所属产业活动单位数(个)	批发和零售业	其他
国有控股	4	434	285	15	12	3
集体控股	3	64	21	3		3
私人控股	256	13191	8341	292	48	244
港澳台商控股	2	71	50	2		2
其他	15	944	504	15		15
独立门店	245	12080	7766	274	39	235
连锁总店	2	188	171	8	7	1
连锁门店	4	333	140	5	2	3
其他	29	2103	1124	40	12	28
大型	2	1906	1733	9	8	1
中型	71	8667	5608	104	40	64
小型	176	3848	1774	183	12	171
微型	31	283	86	31		31
有店铺零售	255	14159	8941	302	60	242
食杂店	5	149	87	5		5
便利店	2	44	27	2		2
超市	20	1536	1176	20		20
大型超市	14	4126	3383	26	15	11
仓储会员店	2	25	16	2		2
百货店	14	1374	1063	14		14
专业店	97	2491	1289	132	45	87
专卖店	79	2942	1217	79		79
家居建材商店	11	875	341	11		11
购物中心	2	293	211	2		2
厂家直销中心	9	304	131	9		9
无店铺零售	25	545	260	25		25
网上商店	24	522	254	24		24
三、批发业按地区分组	51	4254	1739	223	174	49
信州区	5	2199	962	147	142	5
广丰区	5	169	74	5		5
上饶县	11	489	187	11		11
铅山县	6	123	21	6		6
横峰县	3	45	18	3		3
弋阳县	6	382	154	6		6
余干县	5	504	184	31	27	4
鄱阳县	2	164	75	2		2
万年县	2	40	11	6	5	1
婺源县	1	30	20	1		1
德兴市	5	109	33	5		5
四、零售业按地区分组	280	14704	9201	327	60	267
信州区	37	2429	1505	55	21	34
广丰区	47	1102	427	48	2	46
上饶县	45	2403	1076	45		45
玉山县	35	1292	933	35		35
铅山县	4	146	20	4		4
横峰县	5	103	28	5		5
弋阳县	6	78	26	6		6
余干县	18	2825	2449	40	29	11
鄱阳县	25	1622	1047	25		25
万年县	23	903	531	29	8	21
婺源县	13	686	323	13		13
德兴市	22	1115	836	22		22

12－7 限额以上批发和零售

（2015

指标名称	法人企业数（个）	执行《2006年企业会计准则》企业数（个）	一、年初存货	流动资产合计	应收帐款	存货
总计	331	272	272273.4	810569.3	133206.4	192220.4
一、批发业	51	40	159691.6	435550.4	81015.4	73091.2
农、林、牧产品批发	4	2	13096.3	10789.3	963.9	6887.3
谷物、豆及薯类批发	2	2	13074.4	8479.4	129.8	6861.9
种子批发	1		18.8	2013.3	752.6	19
棉、麻批发	1		3.1	296.6	81.5	6.4
食品、饮料及烟草制品批发	10	9	113756.6	203073	653.1	26431.3
米、面制品及食用油批发	1	1	10639.8	11695.8	204.1	4129
肉、禽、蛋、奶及水产品批发	3	2	2188.9	4106.4	69	3025.1
盐及调味品批发	1	1	552.9	1324.8		644.2
酒、饮料及茶叶批发	2	2	1167.8	2540.5	120	1969
烟草制品批发	1	1	13681	181061		16344
其他食品批发	2	2	85526.2	2344.5	260	320
纺织、服装及家庭用品批发	2	2	33.6	17815	17585.9	59.8
纺织品、针织品及原料批发	1	1	33.6	152.6	11.2	59.8
灯具、装饰物品批发	1	1		17662.4	17574.7	
医药及医疗器材批发	11	9	8474.7	104636.4	49043.4	10552.1
西药批发	9	7	8259.3	96602.8	47093.3	10461.6
中药批发	1	1	215.4	2262.9	1358.7	90.5
医疗用品及器材批发	1	1		5770.7	591.4	
矿产品、建材及化工产品批发	18	15	8256.7	40910.9	9984	10711.8
煤炭及制品批发	5	4	5417.3	24775.2	3725	6188.1
石油及制品批发	1	1	687.6	935.2	247.6	687.6
金属及金属矿批发	4	4	491.7	2458.9	1496.2	364.8
化肥批发	5	3	1644.7	9396.8	4485.3	3338.2
其他化工产品批发	3	3	15.4	3344.8	29.9	133.1
机械设备、五金产品及电子产品批发	2	2	15213.5	51247.3	1239.9	17589.2
汽车零配件批发	2	2	15213.5	51247.3	1239.9	17589.2
其他批发业	4	1	860.2	7078.5	1545.2	859.7
再生物资回收与批发	2	1	122.4	4435.5	876.5	116.8
其他未列明批发业	2		737.8	2643	668.7	742.9
内资企业	50	39	159691.6	417888	63440.7	73091.2
国有企业	4	4	27308.3	190865.2	129.8	23850.1
集体企业	2	1	853.1	1758.7	1031.5	47.1
有限责任公司	24	18	36747.3	137443.1	19843.5	36582.4
国有独资公司	2	2	10718.5	11794.3	204.4	4185.2
其他有限责任公司	22	16	26028.8	125648.8	19639.1	32397.2
股份有限公司	4	4	5200	32497	15849.7	6940.1
私营企业	16	12	89582.9	55324	26586.2	5671.5
私营有限责任公司	16	12	89582.9	55324	26586.2	5671.5
港、澳、台商投资企业	1	1		17662.4	17574.7	
港、澳、台商独资经营企业	1	1		17662.4	17574.7	
国有控股	7	7	38714.4	203594.7	581.8	28722.9
集体控股	2	1	853.1	1758.7	1031.5	47.1
私人控股	34	27	112748.8	171565.6	55584.6	35778.1
港澳台商控股	1	1		17662.4	17574.7	
其他	7	4	7375.3	40969	6242.8	8543.1
独立门店	31	26	135041.7	205467.3	53092.7	44177.4
连锁总店	2	2	14368.6	181996.2	247.6	17031.6
其他	18	12	10281.3	48086.9	27675.1	11882.2
大型	3	3	18697.4	213145.4	15718.5	23212.3
中型	19	15	135752.3	164830	33460.1	42716.3
小型	24	17	4208.7	34287.3	14232.2	5072.5
微型	5	5	1033.2	23287.7	17604.6	2090.1

法人企业财务状况综合表(一)

年)　　　　　　　　　　　　　　　　　　　　　　　　　　　　单位:万元

二、期末资产负债

固定资产合计	固定资产原价	累计折旧	本年折旧	在建工程	资产总计	流动负债合计	应付帐款	非流动负债合计	负债合计
205225.7	280585.7	76936	13393.1	35207.7	1176578.7	610956.4	126264	62721.2	674411.7
78241.7	118640.8	40421.1	3436	20470.3	577088.3	265063.3	74936.1	28916.7	294093.7
10333.8	15929.1	5595.3	773.2	3452.7	26092.1	10613.5	2658.7	11907.4	22520.9
10163.6	15675.8	5512.2	754.6	3452.7	23286.8	9528.3	1876.5	11828.3	21356.6
168.6	205.2	36.6	18.3		2190.9	1022.1	749.6		1022.1
1.6	48.1	46.5	0.3		614.4	63.1	32.6	79.1	142.2
34130.6	49346.2	15215.6	1604.5	453	241818.1	48824.2	15441.8	923.9	49748.1
7352.5	7718.3	365.8	96.4		19048.3	10978.2			10978.2
8139.6	9773.9	1634.3	280.7		12251.1	9446.9	98.4	757.9	10204.8
150	470.5	320.5			1474.8	561.5	153.2		561.5
30	72	42			2570.5	1557.1	1240.2		1557.1
15436	27399	11963	1015.5	453	199174	22583	13950	166	22749
3022.5	3912.5	890	211.9		7299.4	3697.5			3697.5
29.2	31.7	2.5	2.5		17844.2	6940.4	20.1		6940.4
12.3	14	1.7	1.7		164.9	52.6	20.1		52.6
16.9	17.7	0.8	0.8		17679.3	6887.8			6887.8
3774.7	6060.8	2286.1	193.4	97	115268.8	100815	39522.2	1256.6	102071.6
3765.1	6051.2	2286.1	193.4	92.6	107186.4	93297.8	36873.1	1256.6	94554.4
9.6	9.6			4.4	2311.7	2171	1751.4		2171
					5770.7	5346.2	897.7		5346.2
22807.7	37636.1	14850.4	276.7	16467.6	108307.2	71733.4	16101.2	14350.2	86197.3
1545.7	2300.9	755.2	86.3	187.9	29800.3	25228.7	13670.8		25240
18824.3	32162.8	13338.5		15525.5	59421.8	39319.8	34.5	13075	52394.8
500.5	517.8	17.3	7	0.7	3442.1	1729.4	256.1	2.7	1732.1
1694.4	2073.8	401.4	117.3	753.5	12055.4	5088.7	2139.8	1272.5	6463.6
242.8	580.8	338	66.1		3587.6	366.8			366.8
6180.4	8408.6	2228.2	443		58725.1	20377.3			20377.3
6180.4	8408.6	2228.2	443		58725.1	20377.3			20377.3
985.3	1228.3	243	142.7		9032.8	5759.5	1192.1	478.6	6238.1
119.7	184.3	64.6	41		5524.2	3896.2	1105.4		3896.2
865.6	1044	178.4	101.7		3508.6	1863.3	86.7	478.6	2341.9
78224.8	118623.1	40420.3	3435.2	20470.3	559409	258175.5	74936.1	28916.7	287205.9
25749.6	43545.3	17795.7	1770.1	3905.7	223935.6	32672.8	15979.7	11994.3	44667.1
54.9	135.9	81	4.4		2339.8	611.4	67.4	706.2	1317.6
25310.6	31771.5	6482.9	1233.6	945.8	172889	105975.8	25935.4	1224.6	107314.1
7707.6	8148.3	440.7	99.1		19507	11340.3	25.6	54.4	11394.7
17603	23623.2	6042.2	1134.5	945.8	153382	94635.5	25909.8	1170.2	95919.4
19852.2	34148.7	14296.5	1.7	15525.5	95056.9	72188.9	16799.2	13075	85263.9
7257.5	9021.7	1764.2	425.4	93.3	65187.7	46726.6	16154.4	1916.6	48643.2
7257.5	9021.7	1764.2	425.4	93.3	65187.7	46726.6	16154.4	1916.6	48643.2
16.9	17.7	0.8	0.8		17679.3	6887.8			6887.8
16.9	17.7	0.8	0.8		17679.3	6887.8			6887.8
52281.5	83856.4	31574.9	1869.2	19431.2	302864.4	83332.9	16039.8	25123.7	108456.6
54.9	135.9	81	4.4		2339.8	611.4	67.4	706.2	1317.6
22498.3	29585.9	7109.6	1304	955.1	205176.6	133832	43764.6	1962.8	135908.5
16.9	17.7	0.8	0.8		17679.3	6887.8			6887.8
3390.1	5044.9	1654.8	257.6	84	49028.2	40399.2	15064.3	1124	41523.2
28944.2	37744	8821.8	1415.1	177.3	248438.7	170039.8	50650.2	1629.7	171783.2
34260.3	59561.8	25301.5	1015.5	15978.5	258595.8	61902.8	13984.5	13241	75143.8
15037.2	21335	6297.8	1005.4	4314.5	70053.8	33120.7	10301.4	14046	47166.7
35245.9	61461.7	26215.8	1015.5	15978.5	293776	94679.3	30727.6	13241	107920.3
37139.7	49754.1	12614.4	2099.7	3624.9	214627.2	136421	33143.3	13448.8	149869.8
5596.4	6826.5	1252.1	253.9	866.9	45137.7	25191.3	9826.5	2226.9	27531.9
259.7	598.5	338.8	66.9		23547.4	8771.7	1238.7		8771.7

指标名称	法人企业数（个）	执行《2006年企业会计准则》企业数（个）	一、年初存货	流动资产合计	应收帐款	存货
二、零售业	280	232	112581.8	375018.9	52191	119129.2
综合零售	42	32	32185.5	78652.1	17188.5	30964
百货零售	20	16	15119.2	44459.5	14501.6	12874.5
超级市场零售	19	14	16015.7	32642	1904.7	17519.2
其他综合零售	3	2	1050.6	1550.6	782.2	570.3
食品、饮料及烟草制品专门零售	27	20	2836.1	14479.6	3324.6	3549.4
粮油零售	1	1	50	300	250	50
果品、蔬菜零售	6	4	90.8	1160.7	34.1	561.7
肉、禽、蛋、奶及水产品零售	4	3	91	153.2	70.8	70.3
营养和保健品零售	1	1	2.3	368	310.2	
酒、饮料及茶叶零售	12	9	1725	10318.6	1517.3	2168.5
其他食品零售	3	2	877	2179.1	1142.2	698.9
纺织、服装及日用品专门零售	7	6	1384.4	3482.3	109.6	1412.5
服装零售	4	4	1140	2669.9	34.2	1113.7
化妆品及卫生用品零售	2	2	244.4	812.4	75.4	298.8
其他日用品零售	1					
文化、体育用品及器材专门零售	10	10	1809.7	6946.7	1204.1	3398
珠宝首饰零售	3	3	386.5	997.1	285.2	711.9
工艺美术品及收藏品零售	7	7	1423.2	5949.6	918.9	2686.1
医药及医疗器材专门零售	7	6	3313.6	12035.6	4317.4	3613.3
药品零售	7	6	3313.6	12035.6	4317.4	3613.3
汽车、摩托车、燃料及零配件专门零售	97	82	52898.9	157746.5	13253.3	54735.6
汽车零售	93	79	51537.1	155433.7	12716.4	53574.3
摩托车及零配件零售	1		886.2	1100.2	32.9	993.8
机动车燃料零售	3	3	475.6	1212.6	504	167.5
家用电器及电子产品专门零售	39	32	10023.5	37488.5	2875.6	10442.4
日用家电设备零售	32	26	9950.7	22299.1	2023.6	10085.8
计算机、软件及辅助设备零售	5	5		14077.6	460.5	23.4
其他电子产品零售	2	1	72.8	1111.8	391.5	333.2
五金、家具及室内装饰材料专门零售	19	18	5288	40233	2879.1	4970.6
五金零售	5	5	532	4585	688.7	487.7
家具零售	7	6	2723.4	16172.6	1519.1	3787.5
其他室内装饰材料零售	7	7	2032.6	19475.4	671.3	695.4
货摊、无店铺及其他零售业	32	26	2842.1	23954.6	7038.8	6043.4
互联网零售	21	18	2059.9	12138.6	5264.4	3474.5
旧货零售	1	1				
其他未列明零售业	10	7	782.2	11816	1774.4	2568.9
内资企业	279	231	111646.9	373964.4	52188	118164.5
国有企业	2	2	816.9	2294.6	1069.3	874
集体企业	1	1	920	901.6	753.5	148.1
股份合作企业	2	2	814.2	2242.4	7.9	614.9
有限责任公司	102	88	60283.7	197992.5	21407.6	61891.5
国有独资公司	1	1	2387.6	6734.1	213.1	4391.9
其他有限责任公司	101	87	57896.1	191258.4	21194.5	57499.6
股份有限公司	18	16	9791.3	19620.5	1932.9	12312.9
私营企业	153	121	38917	150552.5	26813.3	42166.3
私营独资企业	2	2	186.5	247.6	86.9	20.6
私营有限责任公司	138	111	29782.6	123256.9	17386.8	30376
私营股份有限公司	13	8	8947.9	27048	9339.6	11769.7
其他企业	1	1	103.8	360.3	203.5	156.8
港、澳、台商投资企业	1	1	934.9	1054.5	3	964.7
港、澳、台商投资股份有限公司	1	1	934.9	1054.5	3	964.7
国有控股	4	4	3597.9	9522.3	1736.6	5305.3
集体控股	3	3	1150.5	2480	981.6	1021.3
私人控股	256	211	97205.3	315351.6	43244.8	107458.1

单位:万元

二、期末资产负债

固定资产合计	固定资产原价	累计折旧	本年折旧	在建工程	资产总计	流动负债合计	应付帐款	非流动负债合计	负债合计
126984	161944.9	36514.9	9957.1	14737.4	599490.4	345893.1	51327.9	33804.5	380318
47421.5	56656.3	9277.8	3616.8	101	132125.5	72985	12660	17620.1	90605.1
30178.4	34696.7	4519.2	2961.5	100.1	76065.2	21619	7239.7	8948.5	30567.5
16478.3	20943.3	4507.1	537.5	0.9	53270.9	50402.3	5115	8337.4	58739.7
764.8	1016.3	251.5	117.8		2789.4	963.7	305.3	334.2	1297.9
6703.8	8828.7	2202.5	502.5	216.4	24854.6	13232.7	1478.1	2242	15474.7
100	110	10	10		400	150	150		150
435.2	470.7	35.5	35.4	35	1650.9	508	179		508
99	272.1	173.1	10.5		596	206.8	93.3	13	219.8
521	521	52.1	52.1		889	102	88.5	265	367
4432.1	6174.8	1748.7	315.3	172.9	17871.1	11318.3	759	666	11984.3
1116.5	1280.1	183.1	79.2	8.5	3447.6	947.6	208.3	1298	2245.6
921.3	1127.8	206.5	55	32.6	4781.3	2155.4	985.7		2155.4
68.7	71	2.3	2.2	32.6	3116.3	1803.9	964.7		1803.9
852.6	1056.8	204.2	52.8		1665	351.5	21		351.5
8019	9629.5	1610.5	1044.7	10369	26386.2	16617.5	386.1	89.5	16705
1010.2	1753.1	742.9	564.2		2270.8	1183.9	3		1183.9
7008.8	7876.4	867.6	480.5	10369	24115.4	15433.6	383.1	89.5	15521.1
2029.7	2833.8	804.1	106.6		16973.2	8894.6	5034	1047.5	9342.1
2029.7	2833.8	804.1	106.6		16973.2	8894.6	5034	1047.5	9342.1
35536.1	48419	14316.3	3219.4	2016.4	231972.9	159428.9	17653.8	5880.7	166532.5
31064.9	43468.3	12558.9	2789.9	2016.4	218417	158253.5	17320.9	5265	164741.4
629.8	989.6	359.8	48.1		1730	847.6	206.3	567.8	1415.4
3841.4	3961.1	1397.6	381.4		11825.9	327.8	126.6	47.9	375.7
12517.3	17004.1	4486.8	386.9	85	58145.6	33274.7	4216	2164.7	35438.9
12151.3	16608.5	4457.2	370.8	85	42490.2	20219.1	4025.5	2164.7	22383.3
162.9	175.5	12.6	7.6		14340.5	12822.8	7.8		12822.8
203.1	220.1	17	8.5		1314.9	232.8	182.7		232.8
6664.4	9491.7	2827.3	779.8	506	71040.5	24534.5	3921.2	3078.5	27613
30.6	67.8	37.2			4615.6	2271.3	1009.4		2271.3
4368.2	6213.8	1845.6	456.7	506	41233.9	13004	396.5	2958.5	15962.5
2265.6	3210.1	944.5	323.1		25191	9259.2	2515.3	120	9379.2
7170.9	7954	783.1	245.4	1411	33210.6	14769.8	4993	1681.5	16451.3
6206.6	6563.4	356.8	217.7	1379	20147.4	6923.4	2958.9	1493.3	8416.7
					30				
964.3	1390.6	426.3	27.7	32	13033.2	7846.4	2034.1	188.2	8034.6
126984	161944.9	36514.9	9957.1	14737.4	598435.9	344878.4	50363.2	33804.5	379303.3
2430.4	4077	1688.7	22.5		5770.2	8925.7	106.6		8925.7
149.5	194.6	45.1	16.5		1455	789.5	207.4		789.5
138.2	262.9	124.7	6.7		2767.8	421.3	295.6	90	511.3
38032.5	52420.9	14544.8	2770.8	1045.4	278588.9	184384.3	25845	1885.2	186269.5
323.2	570.4	247.2	67		7083.4	2861.5	2495.1		2861.5
37709.3	51850.5	14297.6	2703.8	1045.4	271505.5	181522.8	23349.9	1885.2	183408
23171.7	26771.9	4878.1	926.7	11222	61680	30975.8	2820.4	4710.6	35684.4
62891.9	75726.7	12912.4	6090.6	2470	247344.2	119278.6	20985	27118.7	147019.7
10	17.8	7.8	7.3		312.9	141.7	95	10.9	152.6
32404.4	41228.1	8901.3	2955	2470	188329.1	108801.5	16972.5	15438.1	124862
30477.5	34480.8	4003.3	3128.3		58702.2	10335.4	3917.5	11669.7	22005.1
169.8	2490.9	2321.1	123.3		829.8	103.2	103.2		103.2
					1054.5	1014.7	964.7		1014.7
					1054.5	1014.7	964.7		1014.7
6520.8	8414.6	3213.8	469.2		23813.5	11862.7	2601.7		11862.7
783.2	1158.8	375.6	29.2		3677.4	2294.1	276.5		2294.1
110905.8	140723.9	30052.1	8615	14227.8	507442.9	280500.6	38705.7	33804.5	314925.5

12－7 续表2

指标名称	法人企业数（个）	执行《2006年企业会计准则》企业数（个）	一、年初存货	流动资产合计	应收帐款	存货
港澳台商控股	2	2	2051.5	3946.6	109.4	2081.3
其他	15	12	8576.6	43718.4	6118.6	3263.2
独立门店	245	201	101357.7	312386.3	44253.9	105234
连锁总店	2	2	804.6	2017	242.8	1219.8
连锁门店	4	4	1601.5	3642.7	123	2034.2
其他	29	25	8818	56972.9	7571.3	10641.2
大型	2	1	5000.9	9711.6	1388	7373.9
中型	71	60	67153.9	202401.5	26413.1	64177.6
小型	176	144	38361.6	138047.2	22455.2	44925.5
微型	31	27	2065.4	24858.6	1934.7	2652.2
有店铺零售	255	211	109431.6	360862.2	45872.4	115136.2
食杂店	5	4	496.8	1116.3	251.4	779.6
便利店	2		267.5	618.8	63.3	461.8
超市	20	13	13852.7	34112.1	10814.3	10326.2
大型超市	14	12	12155.6	29366.9	2037.4	18029.5
仓储会员店	2	2	4.9	4558		642.9
百货店	14	13	7793.4	20141.3	4526.4	5020.4
专业店	97	81	21619.8	79698.2	13757.7	27019.4
专卖店	79	65	48477.1	153756.7	10865	48037.6
家居建材商店	11	10	2642.7	27640.6	1964.3	1694.5
购物中心	2	2	208.6	556.1	240.8	263.3
厂家直销中心	9	9	1912.5	9297.2	1351.8	2861
无店铺零售	25	21	3150.2	14156.7	6318.6	3993
网上商店	24	20	3099.2	13776.1	6297.6	3981.4
三、批发业按地区分组	51	40	159691.6	435550.4	81015.4	73091.2
信州区	5	4	19251.9	216215.7	16338.7	23858.1
广丰区	5	5	413.2	5217.5	3547.8	380.8
上饶县	11	11	19500.5	112808	32454.5	26093.9
铅山县	6	4	896.6	17110.9	4550	336
横峰县	3	2	372.6	4216.6	1579.7	224.1
弋阳县	6	5	6765.2	48984.3	18653.1	8202
余干县	5	1	8198.1	9194.5	435.6	6822
鄱阳县	2	2	92357.5	4157.7		2543.2
万年县	2	1	10658.6	13709.1	956.7	4148
婺源县	1	1	312	730	260	320
德兴市	5	4	965.4	3206.1	2239.3	163.1
四、零售业按地区分组	280	232	112581.8	375018.9	52191	119129.2
信州区	37	33	12425.6	64347.9	11681.9	16169.2
广丰区	47	44	2579.4	17633.4	3363.1	4131.3
上饶县	45	38	45279.6	140593.2	9178.1	39742.5
玉山县	35	33	7063.2	19745.8	6487.9	7188.2
铅山县	4	4	215.1	981.6	99.4	55.8
横峰县	5	4	32.1	117.1	26.6	2.4
弋阳县	6	5	1244.8	2032.3	906.3	541.3
余干县	18		11512.5	23030.8	987.2	19626.4
鄱阳县	25	21	11299.4	24155.8	2066.5	12414.5
万年县	23	21	8305.4	30906.2	12783.3	9209.1
婺源县	13	13	6432.7	28689.4	1125.9	2553.1
德兴市	22	16	6192	22785.4	3484.8	7495.4

单位:万元

二、期末资产负债									
固定资产合计	固定资产原价	累计折旧	本年折旧	在建工程	资产总计	流动负债合计	应付帐款	非流动负债合计	负债合计
1137.9	1342.6	204.7	197.9		5084.6	4745.3	1015		4745.3
7636.3	10305	2668.7	645.8	509.6	59472	46490.4	8729		46490.4
104848.2	134359.6	29787.5	8725	13368.3	496121.2	308263.2	39964.7	33480.7	342364.3
127.9	170.7	42.8	24.2		2144.9	1174.4	624		1174.4
6362.6	8356.3	1993.7	42.5		13940	955.6	444.4		955.6
15645.3	19058.3	4690.9	1165.4	1369.1	87284.3	35499.9	10294.8	323.8	35823.7
4176	5366.6	1190.6	281	100.1	13987.7	7681.3	1351.3	3253.1	10934.4
81692.9	101842	21469.1	6081.1	11002.8	342737.2	201964.6	29313.2	18399.2	219763.8
39440	52317.6	13111.6	3352.9	3557	215271.8	117999.9	18116.5	12000.8	131223.1
1675.1	2418.7	743.6	242.1	77.5	27493.7	18247.3	2546.9	151.4	18396.7
120243.4	154601.5	35892.6	9730.3	13229.9	576650.8	338023.8	48343.9	31168.2	369812.4
811.2	957.3	146.1	77.1	86.9	2009.8	786.9	300.2	200	986.9
1118.1	1294.1	182	60.8		1736.9	344.5	75.6	857.8	1202.3
35439.4	39377	3938.5	2923.1		71066.4	21102.3	8180.4	11595.1	32697.4
16969.6	22916.8	5989.3	557.9	0.9	53692.6	26514.6	2335.5	5340.3	31854.9
2	3.5	1.5	0.1		4560	1738.5			1738.5
3577.4	5274.8	1697.4	237	100.1	24678.8	29305.3	2992.7	365.5	29670.8
29124.8	38512	10665.1	2815.4	11459.9	138068.6	77110.4	15142	8953.6	86686.4
27144	38070.9	11082.4	2362.5	1504.6	216977.8	158454.2	15832.9	3377.4	161831.6
2666.3	3649.5	983.2	356.2		48415.6	16697.5	2790.2	120	16817.5
2.2	12.2	10	1.9		606.7	295	156.5		295
3388.4	4533.4	1197.1	338.3	77.5	14837.6	5674.6	537.9	358.5	6031.1
6740.6	7343.4	622.3	226.8	1507.5	22839.6	7869.3	2984	2636.3	10505.6
6464.6	6807.4	362.3	223.2	1507.5	22183	7752.3	2968	2591.3	10343.6
78241.7	118640.8	40421.1	3436	20470.3	577088.3	265063.3	74936.1	28916.7	294093.7
35667.6	62272.4	26604.8	1084	15978.5	297268	96465.2	30880.8	13241	109706.2
1871.8	1928.3	56.5	0.6	0.7	7566.9	3970.7	1122	0.1	3970.8
14015.5	18942.5	4927	867.1	753.5	132461.1	70724	11066.6	43.5	70767.5
1088.1	1461.9	373.8	64.7	108.3	21605.4	18096.9	5499.1	2.7	18099.6
391.1	369.1			4.4	4646.9	4033	1751.4		4146.7
942.6	1734.5	791.9	147.9	172.2	51161.1	43145.2	21020.2	398.5	43543.7
13075.9	19081.2	6005.3	934.2	3452.7	25723.1	8900.6	2389.5	13590.3	22490.9
3211.6	4268.8	1057.2	200.9		10454.6	6024.5	150	880	6904.5
7521.1	7923.5	402.4	114.7		21239.2	12000.3	749.6		12000.3
10	46	36	11		778.2	483			483
446.4	612.6	166.2	10.9		4183.8	1219.9	306.9	760.6	1980.5
126984	161944.9	36514.9	9957.1	14737.4	599490.4	345893.1	51327.9	33804.5	380318
22011.9	28548.4	7857.4	754.1	766.1	117085.4	84346.8	13789.9		84346.8
6290.1	8879.2	2641.2	930.7	463.5	27163.7	8870.8	3427	1048.9	9917.7
22812.8	31916.4	9259.1	2157.9	1088	195604.5	144881.7	14611.8	4150.1	150254.7
8343.6	11596.2	3252.6	452.4	1379	32977.8	11939.4	5046.4	1500	13439.4
21.4	38.1	16.7	9.2		1086.7	362.4	3.7	10.9	373.3
354.5	441.7	87.2	24.6		1372.1	394.3	86.3		394.3
448.5	756.9	308.4	23		2971.6	1415.9	308.5	47	1462.9
16287.3	19961.6	3680.3	851.4		39344.8	17737.4	2256.1	13807.8	30944.7
6805.9	9006.8	2200.9	561.5	0.9	36227.3	20879.5	1614.2	1390.4	22269.9
30429.4	34485	4075.1	3432.8	485.8	64037.5	11965.7	4113.7	9721.6	21687.3
8616.8	10064.1	1447.3	333	10369	52309.8	28811.7	2410.6	1871.2	30682.9
4561.8	6250.5	1688.7	426.5	185.1	29309.2	14287.5	3659.7	256.6	14544.1

12－7 限额以上批发和零售

（2015

指标名称	二、期末资产负债（续）					
	所有者权益合计	实收资本				
			国家资本	集体资本	法人资本	个人资本
总计	502167	190647.2	23485	7365.1	87392.4	72280.1
一、批发业	282994.6	44015.6	11481.5	1212.5	17365.1	13832
农、林、牧产品批发	3571.2	2440.9	1728.4	662.5	50	
谷物、豆及薯类批发	1930.2	1918.9	1728.4	190.5		
种子批发	1168.8	50			50	
棉、麻批发	472.2	472		472		
食品、饮料及烟草制品批发	192070	11822.4	8414.8		3358.7	48.9
米、面制品及食用油批发	8070.1	7950	7950			
肉、禽、蛋、奶及水产品批发	2046.3	1536.6	101		1386.7	48.9
盐及调味品批发	913.3	363.8	363.8			
酒、饮料及茶叶批发	1013.4	450			450	
烟草制品批发	176425	702			702	
其他食品批发	3601.9	820			820	
纺织、服装及家庭用品批发	10903.8	143.5				19
纺织品、针织品及原料批发	112.3	19				19
灯具、装饰物品批发	10791.5	124.5				
医药及医疗器材批发	13197.2	10210.1	200		6693.3	3316.8
西药批发	12632	9928.1	200		6411.3	3316.8
中药批发	140.7	212			212	
医疗用品及器材批发	424.5	70			70	
矿产品、建材及化工产品批发	22109.9	11048.8	1138.3	550	4905.9	4454.6
煤炭及制品批发	4560.3	4633.9	510		490	3633.9
石油及制品批发	7027	785.4	628.3		157.1	
金属及金属矿批发	1710	1682			1682	
化肥批发	5591.8	3147.5		550	2376.8	220.7
其他化工产品批发	3220.8	800			200	600
机械设备、五金产品及电子产品批发	38347.8	5500			2000	3500
汽车零配件批发	38347.8	5500			2000	3500
其他批发业	2794.7	2849.9			357.2	2492.7
再生物资回收与批发	1628	1518				1518
其他未列明批发业	1166.7	1331.9			357.2	974.7
内资企业	272203.1	43891.1	11481.5	1212.5	17365.1	13832
国有企业	179268.5	2984.7	2092.2	190.5	702	
集体企业	1022.2	1022		1022		
有限责任公司	65574.9	26926.3	8561		8018	10347.3
国有独资公司	8112.3	8051	8051			
其他有限责任公司	57462.6	18875.3	510		8018	10347.3
股份有限公司	9793	2054.4	828.3		1207.1	19
私营企业	16544.5	10903.7			7438	3465.7
私营有限责任公司	16544.5	10903.7			7438	3465.7
港、澳、台商投资企业	10791.5	124.5				
港、澳、台商独资经营企业	10791.5	124.5				
国有控股	194407.8	11821.1	10771.5	190.5	859.1	
集体控股	1022.2	1022		1022		
私人控股	69268.1	24106.6	710		12560	10836.6
港澳台商控股	10791.5	124.5				
其他	7505	6941.4			3946	2995.4
独立门店	76655.5	33629.9	9252.1	1025.8	11530	11822
连锁总店	183452	1487.4	628.3		859.1	
其他	22887.1	8898.3	1601.1	186.7	4976	2010
大型	185855.7	2487.4	828.3		1659.1	
中型	64757.4	27479	9779.4	190.5	7849.7	9659.4
小型	17605.8	12924.7	873.8	1022	7456.3	3572.6
微型	14775.7	1124.5			400	600

法人企业财务状况综合表(二)

年)　　　　　　　　　　　　　　　　　　　　　　　　　　　　单位:万元

		三、损益及分配							
港澳台资本	外商资本	营业收入	主营业务收入	营业成本	主营业务成本	营业税金及附加	主营业务税金及附加	其他业务利润	销售费用
124.6		2725135.7	2712848.6	2341933.4	2330063.6	78220.2	78090.1	19083.2	82014.3
124.5		1484650.9	1479543.5	1256734	1249758.9	64097.2	64066.4	7314.4	39387.2
		58414.2	58187.5	57432.3	57206.3	81.2	80.5	226.7	671.3
		51625.3	51398.6	51044.5	50818.5	79.3	78.6	226.7	596.3
		2647.1	2647.1	2418	2418	0.1	0.1		44.9
		4141.8	4141.8	3969.8	3969.8	1.8	1.8		30.1
		645170.6	644800.9	481894.7	481829.4	58831.5	58802.9	233.7	12024.7
		7417	7417	7250	7250				32.4
		61396.9	61392.2	59496.7	59492.4	183.8	183.4	4.7	585.9
		3958.1	3958.1	3719.1	3719.1	28.2			1548.8
		10291.4	10216.4	7760.9	7760.9	70.2	70.2		1363.3
		537470	537180	383334	383273	56359	56359	229	7476
		24637.2	24637.2	20334	20334	2190.3	2190.3		1018.3
124.5		24432.6	24432.6	21759.9	21759.9	161.3	161.3	6699.5	5394.4
		2000.1	2000.1	1492	1492	5.1	5.1		21
124.5		22432.5	22432.5	20267.9	20267.9	156.2	156.2	6699.5	5373.4
		161949.7	161946.2	145675.4	145672.2	497.1	496.8	10	5624.7
		151766.8	151763.3	138284.2	138281	462.4	462.1	10	5366.3
		4686.1	4686.1	4322.7	4322.7	7.2	7.2		258.4
		5496.8	5496.8	3068.5	3068.5	27.5	27.5		
		423268.2	418764.3	396752.6	390075.3	1166.4	1165.5	140.9	13033.1
		104604.1	104604.1	102503.5	100718.6	24.4	23.8		872
		270964.8	266464.4	250861.7	245972.5	350.6	350.6		11413.9
		26145.8	26145.8	24864.3	24864.3	3.7	3.7		36.8
		19226	19222.5	16511.8	16508.6	779.7	779.4	140.9	598
		2327.5	2327.5	2011.3	2011.3	8	8		112.4
		104748	104748	89544.1	89544.1	3087	3087		941.6
		104748	104748	89544.1	89544.1	3087	3087		941.6
		66667.6	66664	63675	63671.7	272.7	272.4	3.6	1697.4
		7455.6	7455.6	6129.5	6129.5	6.3	6.3		1038.4
		59212	59208.4	57545.5	57542.2	266.4	266.1	3.6	659
		1462218.4	1457111	1236466.1	1229491	63941	63910.2	614.9	34013.8
		593053.4	592536.7	438097.6	437810.6	56466.5	56437.6	455.7	9621.1
		9446.2	9446.2	8336.5	8336.5	691.3	691.3	39.4	133
		401678.4	401671.3	372883.7	371092.3	3594.7	3593.5	111.6	6670
		22741.7	22741.7	22335	22335				164.5
		378936.7	378929.6	350548.7	348757.3	3594.7	3593.5	111.6	6505.5
		329366.9	324866.5	304071.3	299182.1	478.7	478.7		13125.7
		128673.5	128590.3	113077	113069.5	2709.8	2709.1	8.2	4464
		128673.5	128590.3	113077	113069.5	2709.8	2709.1	8.2	4464
124.5		22432.5	22432.5	20267.9	20267.9	156.2	156.2	6699.5	5373.4
124.5		22432.5	22432.5	20267.9	20267.9	156.2	156.2	6699.5	5373.4
		886759.9	881742.8	711294.3	706118.1	56817.1	56788.2	455.7	21199.5
		9446.2	9446.2	8336.5	8336.5	691.3	691.3	39.4	133
		421890.6	421807.4	381203.1	379410.7	5997.4	5996.1	106.2	9559.2
124.5		22432.5	22432.5	20267.9	20267.9	156.2	156.2	6699.5	5373.4
		144121.7	144114.6	135632.2	135625.7	435.2	434.6	13.6	3122.1
		553162.8	553162.8	510292.2	508507.3	6370.8	6342	143.9	12121.8
		808434.8	803644.4	634195.7	629245.5	56709.6	56709.6	229	18889.9
124.5		123053.3	122736.3	112246.1	112006.1	1016.8	1014.8	6941.5	8375.5
		861753.8	856963.4	683887.3	678937.1	56786.1	56786.1	229	20490.7
		460685.6	460451.8	425104.1	424871.6	5788.6	5787.3	240.3	7900.1
		130243.1	130234.9	119728.5	117936.1	1334.6	1305.1	145.6	4237.3
124.5		31968.4	31893.4	28014.1	28014.1	187.9	187.9	6699.5	6759.1

12－7 续表3

指标名称	二、期末资产负债(续)					
	所有者权益合计	实收资本				
			国家资本	集体资本	法人资本	个人资本
二、零售业	219172.4	146631.6	12003.5	6152.6	70027.3	58448.1
综合零售	41520.4	26092.5	1000	3135.6	7870.7	14086.2
百货零售	45497.7	11126.6		2725.6	2921.6	5479.4
超级市场零售	－5468.8	14134.5	1000		4546.3	8588.2
其他综合零售	1491.5	831.4		410	402.8	18.6
食品、饮料及烟草制品专门零售	9379.9	7007.1	68.1		2496.3	4442.7
粮油零售	250	250			250	
果品、蔬菜零售	1142.9	1034.8			50	984.8
肉、禽、蛋、奶及水产品零售	376.2	353.1	68.1		130	155
营养和保健品零售	522	280				280
酒、饮料及茶叶零售	5886.8	3889.2			1330.3	2558.9
其他食品零售	1202	1200			736	464
纺织、服装及日用品专门零售	2625.9	1226.1	51		50	1125
服装零售	1312.4	701.1	51		50	600
化妆品及卫生用品零售	1313.5	525				525
其他日用品零售						
文化、体育用品及器材专门零售	9681.2	7771			1941.8	5829.2
珠宝首饰零售	1086.9	1003.3			883.3	120
工艺美术品及收藏品零售	8594.3	6767.7			1058.5	5709.2
医药及医疗器材专门零售	7631.1	6367.5			4708.2	1659.3
药品零售	7631.1	6367.5			4708.2	1659.3
汽车、摩托车、燃料及零配件专门零售	65440.4	69256	10884.4	1100	42863.6	14408
汽车零售	53675.6	57507		600	42626.8	14280.2
摩托车及零配件零售	314.6	314.6			236.8	77.8
机动车燃料零售	11450.2	11434.4	10884.4	500		50
家用电器及电子产品专门零售	22706.7	9406.4		1539	3064.6	4802.8
日用家电设备零售	20106.9	8004.4		1539	1884.6	4580.8
计算机、软件及辅助设备零售	1517.7	322			100	222
其他电子产品零售	1082.1	1080			1080	
五金、家具及室内装饰材料专门零售	43427.5	11315.9		24	3165	8126.9
五金零售	2344.3	2384.7			10	2374.7
家具零售	25271.4	7600			2900	4700
其他室内装饰材料零售	15811.8	1331.2		24	255	1052.2
货摊、无店铺及其他零售业	16759.3	8189.1		354	3867.1	3968
互联网零售	11730.7	6029			3698	2331
旧货零售	30	30		24	5	1
其他未列明零售业	4998.6	2130.1		330	164.1	1636
内资企业	219132.6	146631.5	12003.5	6152.6	70027.3	58448.1
国有企业	－3155.5	1068.1	1068.1			
集体企业	665.5	410		410		
股份合作企业	2256.5	1500		500		1000
有限责任公司	92319.4	72626.9	51	4594.6	42335.4	25645.9
国有独资公司	4221.9	4000			4000	
其他有限责任公司	88097.5	68626.9	51	4594.6	38335.4	25645.9
股份有限公司	25995.6	24889.3	10884.4		5214	8790.9
私营企业	100324.5	45737.2		648	22077.9	23011.3
私营独资企业	160.3	133.3			55	78.3
私营有限责任公司	63467.1	39699.2		648	18553.3	20497.9
私营股份有限公司	36697.1	5904.7			3469.6	2435.1
其他企业	726.6	400			400	
港、澳、台商投资企业	39.8	0.1				
港、澳、台商投资股份有限公司	39.8	0.1				
国有控股	11950.8	15952.5	11952.5		4000	
集体控股	1383.3	849.6		740	109.6	
私人控股	192517.4	116227.8	51	2187	57651.7	56338.1

单位：万元

		三、损益及分配							
港澳台资本	外商资本	营业收入	主营业务收入	营业成本	主营业务成本	营业税金及附加	主营业务税金及附加	其他业务利润	销售费用
0.1		1240484.8	1233305.1	1085199.4	1080304.7	14123	14023.7	11768.8	42627.1
		298734.8	297440.2	247683.3	247562	4985.6	4983.5	2775.6	13329
		136910.5	136910.5	113337.4	113337.4	1414	1414		5121.2
		135156.3	133863.8	112910.2	112790.8	3456.5	3454.6	2773.5	6881.4
		26668	26665.9	21435.7	21433.8	115.1	114.9	2.1	1326.4
		36183	36161.8	29979	29853.2	269.1	267.5	109.7	1722.7
		802	802	550	550	20	20		30
		5177.3	5175	4158.1	4156.4	40.8	40.8	71.6	303.6
		8745.9	8745.9	7946.5	7946.5	47	47		47.7
		1682	1682	1580.6	1580.6	2.5	2.5		5.2
		13906.3	13887.4	10743.5	10619.4	133.3	131.7	38.1	1084.3
		5869.5	5869.5	5000.3	5000.3	25.5	25.5		251.9
0.1		6224	6224	5105.1	5105.1	73.5	73.5		145.9
0.1		4738.2	4738.2	4115.3	4115.3	48.9	48.9		109.4
		1485.8	1485.8	989.8	989.8	24.6	24.6		36.5
		17272.3	17272.3	11540.6	11540.6	441.8	441.8		624.3
		4003.8	4003.8	3076	3076	69.1	69.1		61
		13268.5	13268.5	8464.6	8464.6	372.7	372.7		563.3
		27701.4	27699.2	24132	24130	228.1	227.9	2.2	1375.1
		27701.4	27699.2	24132	24130	228.1	227.9	2.2	1375.1
		552192.3	549567.9	508024.2	506194.5	5326.3	5320.1	1382.9	16042.7
		529220.9	526599.3	486843.3	485016.1	5156.2	5150.3	1380.1	14457.3
		3036.3	3033.5	2476.3	2473.8	151.9	151.6	2.8	58.7
		19935.1	19935.1	18704.6	18704.6	18.2	18.2		1526.7
		95827.7	94819.4	82590.1	81124.1	1166	1130.3	488.8	4954.9
		81578.6	80861.5	69786.1	68474.1	835.6	819.1	391.5	4864.7
		12719	12427.8	11637.3	11483.3	327.7	308.5	97.3	35.7
		1530.1	1530.1	1166.7	1166.7	2.7	2.7		54.5
		106582.6	106582.6	91249.5	90709.6	1067.2	1067.2	5442	2383.3
		5059.7	5059.7	4101.4	4071.8	150.5	150.5		205.7
		55491.9	55491.9	45646.1	45646.1	688.3	688.3	1917.3	1347.4
		46031	46031	41502	40991.7	228.4	228.4	3524.7	830.2
		99766.7	97537.7	84895.6	84085.6	565.4	511.9	1567.6	2049.2
		48706.8	46517.8	40951.7	40181.7	295.8	242.8		1068.3
		6965	6965	6023	6023	160	160		342
		44094.9	44054.9	37920.9	37880.9	109.6	109.1	1567.6	638.9
		1238443.4	1231263.7	1083523.6	1078628.9	14115	14015.7	11768.8	42534.7
		22864	22492.3	20690.5	20690.5	164	164	371.7	
		24978.6	24978.6	20171.8	20171.8	45	45		1251.3
		18684.6	18684.6	14466.5	14466.5	135.5	135.5		608.2
		547616.4	544758	495224	493477.3	3088	3078.6	3000.3	19761.5
		28246.7	26643	27200.9	25899.2	15.3	15.3		502
		519369.7	518115	468023.1	467578.1	3072.7	3063.3	3000.3	19259.5
		86145.8	85788.2	71736.2	71650.4	2358.3	2355.1	1865.3	3536.7
		531352.5	527760.5	454969.5	451907.3	8182.1	8095.4	6531.5	17333.4
		1441.6	1441.6	976.2	976.2	24.1	24.1		0.6
		455001.5	451425.7	395244.7	392297	6222.2	6137	6515.3	13510.9
		74909.4	74893.2	58748.6	58634.1	1935.8	1934.3	16.2	3821.9
		6801.5	6801.5	6265.1	6265.1	142.1	142.1		43.6
0.1		2041.4	2041.4	1675.8	1675.8	8	8		92.4
0.1		2041.4	2041.4	1675.8	1675.8	8	8		92.4
		67880.9	65905.5	63717.7	62416	194.9	194.9	371.7	1902.8
		35670.7	35670.7	28614.7	28614.7	97	97	1551.8	1349.5
		1028721	1023551.7	895519.4	891926.6	12117.7	12018.4	9577.9	35582.6

12－7 续表4

指标名称	二、期末资产负债(续)					
	所有者权益合计	实收资本				
			国家资本	集体资本	法人资本	个人资本
港澳台商控股	339.3	1000.1			1000	
其他	12981.6	12601.6		3225.6	7266	2110
独立门店	153756.9	117654	1068.1	5652.6	60894.5	50038.7
连锁总店	970.5	900			290	610
连锁门店	12984.4	845.8			285.8	560
其他	51460.6	27231.8	10935.4	500	8557	7239.4
大型	3053.3	2210.6			1502.3	708.3
中型	122973.4	84510.5	11935.4	4888.6	41785.9	25900.6
小型	84048.7	52749.4	68.1	1264	24753.5	26663.7
微型	9097	7161.1			1985.6	5175.5
有店铺零售	206838.4	140339.6	12003.5	6152.6	66299.3	55884.1
食杂店	1022.9	900			636	264
便利店	534.6	534.6			505.1	29.5
超市	38369	6910.8			2416.5	4494.3
大型超市	21837.7	14897.6	1000		4234.9	9662.7
仓储会员店	2821.5	1150				1150
百货店	－4992	5622.8		3135.6	1216.5	1270.7
专业店	51382.2	45490.3	10884.4	1563	13523	19519.9
专卖店	55146.2	56691.4	68.1	1430	42533.8	12659.4
家居建材商店	31598.1	3291.2		24	415	2852.2
购物中心	311.7	151	51			100
厂家直销中心	8806.5	4699.9			818.5	3881.4
无店铺零售	12334	6292			3728	2564
网上商店	11839.4	6259			3728	2531
三、批发业按地区分组	282994.6	44015.6	11481.5	1212.5	17365.1	13832
信州区	187561.8	3809.2	1192.1		1659.1	958
广丰区	3596.1	3219.7			3119.7	100
上饶县	61693.6	11724.5			6600	5000
铅山县	3505.8	2921.9			170	2751.9
横峰县	500.2	812			212	600
弋阳县	7617.4	7102	510		2428	4164
余干县	3232.2	3232.2	1500.1	186.7	1306.3	239.1
鄱阳县	3550.1	852.1	228.3	3.8	620	
万年县	9238.9	8000	7950		50	
婺源县	295.2	200			200	
德兴市	2203.3	2142	101	1022	1000	19
四、零售业按地区分组	219172.4	146631.6	12003.5	6152.6	70027.3	58448.1
信州区	32738.6	28674.9	11935.4	1587	6090	9062.4
广丰区	17246	11710			4985.7	6724.3
上饶县	45349.8	51152.6		3825.6	37017	10310
玉山县	19538.4	11184.2			5134.5	6049.7
铅山县	713.4	448.3			158.1	290.2
横峰县	977.8	895.4	68.1			827.3
弋阳县	1508.7	881		410	206	265
余干县	8400.1	8400.1			6190.5	2209.6
鄱阳县	13957.4	10480.4			5084.8	5395.6
万年县	42350.2	8124.2		330	3827.9	3966.3
婺源县	21626.9	6742			766.8	5975.2
德兴市	14765.1	7938.5			566	7372.5

单位:万元

		三、损益及分配							
港澳台资本	外商资本	营业收入	主营业务收入	营业成本	主营业务成本	营业税金及附加	主营业务税金及附加	其他业务利润	销售费用
0.1		12466.7	12466.7	11871.3	11871.3	13.7	13.7		521.3
		95745.5	95710.5	85476.3	85476.1	1699.7	1699.7	267.4	3270.9
0.1		1033976.2	1029658.6	901760.4	897823.1	13120.1	13093	7866.1	34420.2
		2728.7	2726.4	2088.7	2087	76.2	76.2	0.6	413
		9440.5	9063.9	7242.3	7240.2	80.8	80.8	374.4	1378.6
		194339.4	191856.2	174108	173154.4	845.9	773.7	3527.7	6415.3
		55419.4	55408.7	47546.2	47536.5	1226.2	1225.2	10.7	1576.6
		661609.4	657930	589150.7	587674.9	7026.5	7022.8	9065.6	23989
0.1		477648.4	474158.8	407278.1	403898.5	5397.5	5302.9	2692.5	16519.7
		45807.6	45807.6	41224.4	41194.8	472.8	472.8		541.8
0.1		1187511.3	1182520.6	1040424.3	1036299.6	13800.4	13754.1	11768.8	41255.8
		7590.9	7573.3	6108.8	6085.7	39.9	38.4	36.8	559.4
		1606.8	1603.4	1233.7	1230.6	80.3	80	3.4	24.5
		94014.4	93681.7	75338.7	75332.9	1159.4	1159.1	76	3728.5
		115980.6	115215.4	94811.1	94793.7	3381.5	3379.9	2778.8	4887.6
		19413.6	19413.6	16949	16949	43.5	43.5		45.9
		101282	100382.5	86977	86877	569.4	569.4	364.7	6317.8
		276330.8	275827.4	237365.8	236356.1	4437.2	4422.9	687.2	12474
0.1		480453.2	477984.3	443908.7	442341.8	3598.6	3570.3	4295.2	11164
		72124.8	72124.8	62621.1	62621.1	331.5	331.5	3526.7	1298.1
		2202.8	2202.8	1967.3	668.4	40.3	40.3		55.3
		16511.4	16511.4	13143.1	13043.3	118.8	118.8		700.7
		52973.5	50784.5	44775.1	44005.1	322.6	269.6		1371.3
		51861.5	49672.5	44092.1	43322.1	310.6	257.6		1284.3
124.5		1484650.9	1479543.5	1256734	1249758.9	64097.2	64066.4	7314.4	39387.2
		919736.8	914946.4	741115.6	736165.4	56821.3	56793.1	229	22600.2
		22509.9	22509.9	19828.7	19828.7	78.2	78.2		285.3
124.5		215462.6	215387.6	189995.9	189995.9	3385	3385	6706	10077.4
		34272.7	34272.7	29660.3	29660.3	47.2	47.2		1249.9
		10004.2	10004.2	9539.6	7754.7	7.9	7.3	98	440.8
		147868.8	147868.8	142649.4	142649.4	78.9	78.9		2425.7
		31473.9	31231.9	27635.1	27395.1	790.8	788.8	242	784.1
		58529.9	58529.9	54489.7	54489.7	2050.6	2050.6		1022.1
		10064.1	10064.1	9668	9668	0.1	0.1		77.3
		4658.7	4658.7	4135.7	4135.7	139.7	139.7		136.2
		30069.3	30069.3	28016	28016	697.5	697.5	39.4	288.2
0.1		1240484.8	1233305.1	1085199.4	1080304.7	14123	14023.7	11768.8	42627.1
0.1		176072.3	172203.6	158002	155933.9	1443.8	1424.6	1208.1	9444.2
		72358.6	71958.6	56596.1	56186.5	836.2	835	18.6	2156.6
		376429.1	375955.7	351738.2	350383.8	2388.6	2386	2607.4	10773.4
		139148.9	136959.9	115016.3	114236.3	2004.2	1951.2	637.4	4421.7
		4746.5	4746.5	3312.3	3312.3	25.7	25.7	15.8	48
		9540.5	9540.5	8868	8868	18.6	18.6	71	38.5
		30162.5	30162.5	24664	24664	65.5	65.5		1393.3
		93091.6	93023.8	74584.7	74522.4	4646	4640	67.8	3205.5
		86399.2	86281.3	76538.6	76482.9	1009.6	1003.6	2023.8	3399.7
		96900.4	96842.8	79157.5	79094.4	868.8	858.8	1590.6	2884.2
		75317.2	75317.2	66270.3	66270.3	489.5	488.2	3524.7	1759.4
		80318	80312.7	70451.4	70349.9	326.5	326.5	3.6	3102.6

12－7　限额以上批发和零售

(2015

指标名称	三、损益及分配(续)						
	管理费用	税　金	财务费用	利息收入	利息支出	资产减值损　失	公允价值变动收益
总计	76088.2	3330.6	11841	5462.6	6487.2	1498.1	78
一、批发业	34545.2	794	128.1	4996.8	976.1	1304.7	
农、林、牧产品批发	1740.5	9.8	378.8	3.7	380.1		
谷物、豆及薯类批发	1558.7	8.1	376.2	3.7	379.9		
种子批发	52.8		0.2		0.2		
棉、麻批发	129	1.7	2.4				
食品、饮料及烟草制品批发	19230.4	519.7	－4782	4984.6	91.1	1326.6	
米、面制品及食用油批发	46.9	8.5	35.6	3.6	39.2		
肉、禽、蛋、奶及水产品批发	819.8	70	70.4		48.7		
盐及调味品批发	140.1		3.6	－1.1	2.5	40.5	
酒、饮料及茶叶批发	175.1	31.2	41.3	0.1	0.7		
烟草制品批发	17759	407	－4979	4982		854	
其他食品批发	289.5	3	46.1			432.1	
纺织、服装及家庭用品批发	132.5	18	－0.2	0.8			
纺织品、针织品及原料批发	55.2	5.2	0.1	0.1			
灯具、装饰物品批发	77.3	12.8	－0.3	0.7			
医药及医疗器材批发	5985	88.6	1882.9	2	57.6		
西药批发	3635.6	88.6	1852.6	4.1	29.5		
中药批发	85.1		33		33		
医疗用品及器材批发	2264.3		－2.7	－2.1	－4.9		
矿产品、建材及化工产品批发	4107.1	95.7	2112	4	369.7	－21.9	
煤炭及制品批发	566.5	38.6	850	0.2	181.8	－21.9	
石油及制品批发	2445.1		884.2				
金属及金属矿批发	222.1	20.3	86	0.2	84		
化肥批发	688.3	36.6	294		98.7		
其他化工产品批发	185.1	0.2	－2.2	3.6	5.2		
机械设备、五金产品及电子产品批发	3008.2		356.4				
汽车零配件批发	3008.2		356.4				
其他批发业	341.5	62.2	180.2	1.7	77.6		
再生物资回收与批发	48.2	0.6	64.6				
其他未列明批发业	293.3	61.6	115.6	1.7	77.6		
内资企业	34467.9	781.2	128.4	4996.1	976.1	1304.7	
国有企业	19457.8	415.1	－4599.2	4984.6	382.4	894.5	
集体企业	272.1	4	57.5		55.1		
有限责任公司	7081.5	165.8	2157.9	13	353.4	－21.9	
国有独资公司	179.3	9.4	35.6	3.6	39.2		
其他有限责任公司	6902.2	156.4	2122.3	9.4	314.2	－21.9	
股份有限公司	3404.1	33.2	1424.3	0.1			
私营企业	4252.4	163.1	1087.9	－1.6	185.2	432.1	
私营有限责任公司	4252.4	163.1	1087.9	－1.6	185.2	432.1	
港、澳、台商投资企业	77.3	12.8	－0.3	0.7			
港、澳、台商独资经营企业	77.3	12.8	－0.3	0.7			
国有控股	22082.2	424.5	－3679.4	4988.2	421.6	894.5	
集体控股	272.1	4	57.5		55.1		
私人控股	9881.4	218.3	2459.9	6.1	254.6	410.2	
港澳台商控股	77.3	12.8	－0.3	0.7			
其他	2232.2	134.4	1290.4	1.8	244.8		
独立门店	10890.5	127.3	3176.5	4.5	403.5	450.7	
连锁总店	20204.1	407	－4094.8	4982		854	
其他	3450.6	259.7	1046.4	10.3	572.6		
大型	20947.9	407	－3595.3	4982		854	
中型	10954.4	173.4	2838.4	11	608.4	432.1	
小型	2365.4	197.4	886.7	－0.6	361.8	18.6	
微型	277.5	16.2	－1.7	4.4	5.9		

法人企业财务状况综合表(三)

年）

单位:万元

三、损益及分配(续)							四、人工成本		五、从事批发和零售业活动的从业人员平均人数(人)
投资收益	营业利润	营业外收入	政府补助	营业外支出	利润总额	应交所得税	应付职工薪酬(本年贷方累计发生额)	应交增值税	
376.6	146531.6	5409.9	1101.6	31106	133812.1	25504.4	68572	45408	17883
246.1	97444.7	3599.2	825.5	12066	99006	21429.5	26149	29967	4093
	-1889.9	2360.6	446.3	1723	258.4	4.5	915	15	356
	-2029.7	2360.6	446.3	1723	118.6	3.7	776		308
	131.1				131.1		45		12
	8.7				8.7	0.8	95	15	36
	78171.6	256.1	196.2	1936	77821.5	20032.6	14208	27458	1289
	52.1				52.1		256		28
	245	25	0.1	456	222.2	44.8	414	2	102
					470.9	148.2	614	254	71
	880.6	77.1	77.1		318.3	61.5	72	1416	19
	76667	154	119	1480	76673	19762	12569	25787	954
	326.9				85	16.1	284		115
	3684.2	540.9			4225.1	949.6	49	593	12
	426.7				426.7		45	86	11
	3257.5	540.9			3798.4	949.6	4	507	1
241.2	2549.6	219.2	129.6	940	2706.5	203.3	2925	1528	826
241.2	2410.4	89.6		940	2431	195.7	2837	1467	782
					6.7	2.2	3	61	23
	139.2	129.6	129.6		268.8	5.4	85		21
4.9	6614.7	191.3	53.4	6527	5735.2	129.7	7368	188	1417
	199	38.4	38.4	785	-152.2	60.7	2250	73	145
	5009.3	136.8		5387	4607.5		3905		951
3.5	936.4				936.2	17.3	155	29	44
	455.7	16.1	15	355	329.4	30.7	566	3	140
1.4	14.3				14.3	21	491	83	137
	7810.7				7810.7		413		119
	7810.7				7810.7		413		119
	503.8	31.1		940	448.6	109.8	270	184	74
	168	12.9		4	180.5	31.6	114	103	29
	335.8	18.2		936	268.1	78.2	156	81	45
246.1	94187.2	3058.3	825.5	12066	95207.6	20479.9	26144	29460	4092
	74637.3	2514.6	565.3	3203	77262.5	19913.9	13959	26041	1333
	-44.2	15	15	9	9.3	0.9	165	15	54
244.9	10071.6	97.8	38.5	2193	9504.8	322.4	5003	681	863
	27.3	22.3	0.1		49.5		383		56
244.9	10044.3	75.5	38.4	2193	9455.3	322.4	4621	681	807
	6862.8	214.3		5387	5898.9	2.1	4924	249	1193
1.2	2659.7	216.6	206.7	1274	2532.1	240.6	2094	2473	649
1.2	2659.7	216.6	206.7	1274	2532.1	240.6	2094	2473	649
	3257.5	540.9			3798.4	949.6	4	507	1
	3257.5	540.9			3798.4	949.6	4	507	1
	79673.9	2673.7	565.4	8590	81919.5	19913.9	18246	26041	2340
	-44.2	15	15	9	9.3	0.9	165	15	54
6.1	12880.5	350.3	245.1	2060	11708.8	363.9	6570	3059	1356
	3257.5	540.9			3798.4	949.6	4	507	1
240	1677	19.3		1407	1570	201.2	1163	345	342
241.2	12130.8	448.1	333	1002	11622.5	388	6026	1696	1590
	81676.3	290.8	119	6867	81280.5	19762	16474	25787	1905
4.9	3637.6	2860.3	373.5	4197	6103	1279.5	3649	2484	598
	82383.1	368.3	119	6867	82064.7	19762	17397	25787	2121
241.2	7916.2	2542.1	576	3290	9906.6	263.2	4429	1546	1360
3.5	3713	70.8	53.4	1909	2984.2	374.3	3807	791	470
1.4	3432.4	618	77.1		4050.5	1030	516	1842	142

12－7 续表5

指标名称	三、损益及分配(续)						
	管理费用	税　金	财务费用	利息收入	利息支出	资产减值损　失	公允价值变动收益
二、零售业	41543	2536.6	11712.9	465.8	5511.1	193.4	78
综合零售	13560.9	992	3624.2	162.3	1323.9	15.2	
百货零售	4015.5	201.7	2224.2	130.9	266.1		
超级市场零售	7631.3	776.8	1049.1	31.4	729	15.2	
其他综合零售	1914.1	13.5	350.9		328.8		
食品、饮料及烟草制品专门零售	2551.9	46.4	337.6	3.1	153.6		
粮油零售	16.5	5.6	18.2				
果品、蔬菜零售	367		17.7	0.3	13.4		
肉、禽、蛋、奶及水产品零售	182.2		22.6				
营养和保健品零售	3.6		2.1		2.1		
酒、饮料及茶叶零售	812.3	40.1	241.7	2.7	106.7		
其他食品零售	1170.3	0.7	35.3	0.1	31.4		
纺织、服装及日用品专门零售	172.5	6.4	28.2		0.1		
服装零售	93.6	5.2	18.1		0.1		
化妆品及卫生用品零售	78.9	1.2	10.1				
其他日用品零售							
文化、体育用品及器材专门零售	1186.4	96.5	507	6.5	14.9		
珠宝首饰零售	233	2.5	7.1		7.1		
工艺美术品及收藏品零售	953.4	94	499.9	6.5	7.8		
医药及医疗器材专门零售	1064.4	73.1	66.1	3.8	21.1		
药品零售	1064.4	73.1	66.1	3.8	21.1		
汽车、摩托车、燃料及零配件专门零售	13949.2	816.1	4997.1	231.3	2951.2	34.6	
汽车零售	13188.9	790.3	4939.3	231.3	2916	34.6	
摩托车及零配件零售	123.8	24.7	51.6		35.2		
机动车燃料零售	636.5	1.1	6.2				
家用电器及电子产品专门零售	2596.9	270.5	790.7	8.8	259	7	
日用家电设备零售	2326	266.9	744.1	8.8	259	7	
计算机、软件及辅助设备零售	139.5	3.6	46.4				
其他电子产品零售	131.4		0.2				
五金、家具及室内装饰材料专门零售	2497.4	103.8	1010.3	6.1	763.4	1	
五金零售	167.4	12.5	93.9	0.1	28	1	
家具零售	1328.3	77.3	867.3	2.8	703.6		
其他室内装饰材料零售	1001.7	14	49.1	3.2	31.8		
货摊、无店铺及其他零售业	3963.4	131.8	351.7	43.9	23.9	135.6	78
互联网零售	821.4	122	224.7	31.1	11.3	45.6	78
旧货零售	260	5	10			90	
其他未列明零售业	2882	4.8	117	12.8	12.6		
内资企业	41542.8	2536.5	11712.9	465.8	5511.1	193.4	78
国有企业	2895.4		－1.8	8.9	7	1.9	
集体企业	1824.6		321		321		
股份合作企业	489.2		2				
有限责任公司	16636.2	598.4	5239.5	236.5	2757.8	54.9	
国有独资公司	294.1		87.5			18.4	
其他有限责任公司	16342.1	598.4	5152	236.5	2757.8	36.5	
股份有限公司	4080.6	549.1	1133	10.8	427.9		
私营企业	15579.6	1389	5018.1	209.6	1997.4	136.6	78
私营独资企业	69.5	16.3	42.8				
私营有限责任公司	12119.4	885	3224.6	209.6	1742.9	136.6	78
私营股份有限公司	3390.7	487.7	1750.7		254.5		
其他企业	37.2		1.1				
港、澳、台商投资企业	0.2	0.1					
港、澳、台商投资股份有限公司	0.2	0.1					
国有控股	3685.4		89.9	8.9	7	20.3	
集体控股	3555	13.5	431.2		321		
私人控股	31064.2	2486.3	10563.1	423.4	4792.1	158.1	78

单位:万元

三、损益及分配(续)							四、人工成本		五、从事批发和零售业活动的从业人员平均人数(人)
投资收益	营业利润	营业外收入	政府补助	营业外支出	利润总额	应交所得税	应付职工薪酬(本年贷方累计发生额)	应交增值税	
130.5	49086.9	1810.7	276.1	19040	34806.1	4074.9	42423	15441	13790
	15767.1	292.9		7523	10656.6	1887.1	15156	1402	6370
	10798.2	112.1		415	6533.9	1005.4	5285	1140	1876
	3441	81.1		6942	2511.7	603.6	9610	244	4388
	1527.9	99.7		166	1611	278.1	261	18	106
15.4	2384.7	4	2	576	-44.1	110.4	3663	180	694
	167.3						88	3	21
	290.1	2	2		292.1	40.9	643	97	159
0.4	499.6				4.2	0.4	259	5	78
	88				88		820	8	16
15	907.3	2		249	603.9	69.1	1324	68	328
	432.4			327	-1032.3		530		92
	698.8			15	381.8	50	991	214	404
	352.9				37.4		701	62	322
	345.9			15	344.4	50	291	152	80
									2
	2960.1	250	250		1993.5	24.9	1044	404	275
	557.6				124.7		216	9	66
	2402.5	250	250		1868.8	24.9	828	396	209
	837.9	2		361	1088.9	38.7	1297	204	428
	837.9	2		361	1088.9	38.7	1297	204	428
-3	5935.5	540.5	13.6	5733	4237.5	1009.4	11356	4757	2842
-3	6715.8	534.5	13.6	5040	4072.5	976.2	10262	1869	2715
	176.8	0.7		331	144.4	28.8	35	1	9
	-957.1	5.3		362	20.6	4.4	1060	2887	118
	4126.2	600.1		1218	3451.4	439.3	3156	6474	1075
	3419.2	26.6		1187	2246.7	199.3	2630	5858	973
	532.4	573.5		31	1030.1	237.5	402	611	69
	174.6				174.6	2.5	125	5	33
5	8379.7	5	5		8016.7	362.2	2734	382	1187
5	344.8	5	5		143.7	0.1	287	1	268
	5614.5				5514.2	315.8	1367	253	545
	2420.4				2358.8	46.3	1079	128	374
113.1	7996.9	116.2	5.5	3614	5023.8	152.9	3026	1423	515
89.6	5466.9	0.5	0.5	3362	2490.8	76.8	2336	260	369
	80								3
23.5	2450	115.7	5	252	2533	76.1	690	1164	143
130.5	48821.9	1810.7	276.1	19040	34806.1	4074.9	42330	15378	13765
0.4	-886.3	35.5		132	-863.3		1386		271
	1364.9	98.4			1463.3	257.6	94		70
	2983.2	13.1		20	86.3	0.4	368	25	108
-3	8559.4	458.9	18.6	1721	6276.6	783.8	15280	9461	5051
	128.5	12.9		16	176.3	46.9	75		84
-3	8430.9	446	18.6	1705	6100.3	736.9	15205	9461	4967
	3355.5	295.5	250.5	4532	3553.2	435.7	6590	3282	2446
133.1	33132.8	909.3	7	12635	23977.6	2597.4	18589	2611	5809
	328.4				38.3	7.7	82		19
133.1	25689.7	838.4	5	8946	17646.8	1245.7	15410	2382	4710
	7114.7	70.9	2	3689	6292.5	1344	3097	228	1080
	312.4				312.4		24		10
	265						92	62	25
	265						92	62	25
0.4	-1730.4	48.6		510	-687	46.9	2393	2853	435
	1623.3	109.1		47	1484.8	257.6	314	201	112
133.1	47567.2	1578.9	267.5	18419	32552.7	3489.5	35932	12153	12270

12－7 续表 6

指标名称	三、损益及分配(续)						
	管理费用	税金	财务费用	利息收入	利息支出	资产减值损失	公允价值变动收益
港澳台商控股	213.7	0.1	15.3				
其他	3024.7	36.7	613.4	33.5	391	15	
独立门店	36856.6	2396.3	10513.6	444	4517.8	144.1	
连锁总店	49		5	0.3	2.7		
连锁门店	193.2	27	59.2	1.7		2.7	
其他	4444.2	113.3	1135.1	19.8	990.6	46.6	78
大型	2051.9	407.9	518.4	0.5	397.6		
中型	19055.2	920.3	6423.9	360.5	2646.8	55.6	
小型	19361	1143.8	4542.2	104.7	2460.8	136.8	78
微型	1074.9	64.6	228.4	0.1	5.9	1	
有店铺零售	39716.7	2413.6	11464.5	422.1	5489.5	147.8	
食杂店	604.8		69.9	2.6	71.2		
便利店	95.5	23.9	30.2		20.9		
超市	2994.6	67	1749	0.9	275.9		
大型超市	6941.3	743	1120	162.9	634.7	17.9	
仓储会员店	203.1	2.7	29.8				
百货店	3919.3	183.4	942.2	0.5	436.2		
专业店	8887.4	890.1	3104.5	23.4	1408.9	96.5	
专卖店	13769.3	456.9	3797.5	226.3	2120	33.4	
家居建材商店	1388.2	17	101.8	4.1	41.4		
购物中心	113.1	4.1	2.3		2.2		
厂家直销中心	800.1	25.5	517.3	1.4	478.1		
无店铺零售	1826.3	123	248.4	43.7	21.6	45.6	78
网上商店	1596.3	122	235.4	31.2	21.6	45.6	78
三、批发业按地区分组	34545.2	794	128.1	4996.8	976.1	1304.7	
信州区	21159.5	408.4	－3572.4	4982.6	17.5	894.5	
广丰区	412.3	50.4	99.9	0.1	59.2		
上饶县	5606.7	34	960.6	8.1	－16.9		
铅山县	2635.8	7.5	300.6	－2	35.1		
横峰县	334.6		42.9		33.3		
弋阳县	1028.5	48.1	1440.6	0.6	159.4	－21.9	
余干县	2380.4	224	662.7	3.7	541.9		
鄱阳县	274.5	3	57.6		40	432.1	
万年县	99.7	8.5	35.8	3.6	39.4		
婺源县	105		28.5				
德兴市	508.2	10.1	71.3	0.1	67.2		
四、零售业按地区分组	41543	2536.6	11712.9	465.8	5511.1	193.4	78
信州区	6588.5	213.1	1090.4	19.1	234.4	117.3	
广丰区	3181.7	383.2	850.4	0.6	91.9	2.2	
上饶县	9168.2	343.4	3738.2	243.4	2358.6	15	
玉山县	3339.4	122	1020.6	162.7	533.1	45.6	78
铅山县	643.4	16.3	106.2				
横峰县	377.1	0.9	3.2	1.2			
弋阳县	2201.1	7.5	334.9	12.5	321.2		
余干县	4532.8	1301.1	1391.5		869.1		
鄱阳县	3176.6	60.9	357.8	9.5	185.1	13.3	
万年县	4459.3	43.8	1543.9	4.7	123.2		
婺源县	1819.8	36	510.8	9.8	51.2		
德兴市	2055.1	8.4	765	2.3	743.3		

单位：万元

三、损益及分配(续)							四、人工成本		五、从事批发和零售业活动的从业人员平均人数(人)
投资收益	营业利润	营业外收入	政府补助	营业外支出	利润总额	应交所得税	应付职工薪酬(本年贷方累计发生额)	应交增值税	
	-168.6	3.7		53	-435.2		377	114	67
-3	1795.4	70.4	8.6	11	1890.8	280.9	3408	121	906
35.9	40616.5	1702.6	275.6	17933	28108.2	3707.2	35042	10768	11322
	96.8	0.4		8	96.4	20.9	340	66	181
	858.1	1.1		81	508.6	68.7	580	334	318
94.6	7515.5	106.6	0.5	1018	6092.9	278.1	6461	4272	1969
	2510.8	42.6		3793	2174.1	338.2	4210	50	1836
	16808.8	729.8	263.6	6512	12932.2	1981.6	22695	5881	8154
125.5	27520.5	467.7	12	8495	17440.5	1491.7	14785	8344	3501
5	2246.8	570.6	0.5	240	2259.3	263.4	733	1166	299
40.9	43488.9	1810.2	275.6	15673	33230.9	3988.9	39709	15147	13340
	208.1	1.4		442	202.1	15.2	483	31	94
	146	1.9		275	126.4	24	112	2	24
	9052.8	101.6		410	6147.8	1055.1	3584	926	1505
	5419.8	49.3		6877	3211	593.7	9284	494	4017
	2142.3				2142.3	1.5	130	785	25
	2556.3	141.8		146	2104.9	275.1	2853	93	1264
43.5	11774.4	362.2	257	5660	8786.6	837.7	8226	4721	2232
-2.6	4561.5	1152	18.6	1863	3629.7	824.6	11070	7559	2723
	6383.9				6330.7	361.1	1972	166	866
	24.5				24.5	0.8	603	7	294
	1219.3				524.9	0.1	1393	365	296
89.6	5598	0.5	0.5	3367	1575.2	86	2713	293	450
89.6	5511	0.5	0.5	3362	1488.7	86	2624	293	427
246.1	97444.7	3599.2	825.5	12066	99006	21429.5	26149	29967	4093
	82240.3	382.7	119	6891	82412.5	19910.2	18094	26110	2221
	1805.5				1191	44.7	633	724	169
241.4	12377.9	622.9	77.1	122	12986.7	1116.4	1787	2116	489
3.5	381.8	142.5	129.6	4	523.7	48.6	2151	103	123
	146.3				-382.6	2.2	216	61	45
1.2	268.6	43.8	38.4	945	296.1	81.3	1181	719	379
	-763.9	2220	296.3	4095	1046.6	209.1	1003	21	335
	203.3	150	150		100		330		164
	183.2				183.2		301		40
	113.6				85	16.1	99		30
	488.1	37.3	15.1	9	563.8	0.9	355	111	98
130.5	49086.9	1810.7	276.1	19040	34806.1	4074.9	42423	15441	13790
15	-170.9	670.4		714	994.5	353.5	6408	3968	2322
5	8728.3	0.5		3357	4393.1	216	4926	1435	1010
-3	-1180.4	503.4	13.6	1568	-608	404.7	8751	1186	2284
89.6	13468.7	8		290	7074.5	206.4	5005	678	1097
	610.9			5	308	75	159	185	166
0.4	234.8	1.5			81.3	12.3	275	33	103
	1507.1	98.4		235	1591.8	260.8	299	110	132
	6636.4	25.1		11925	5475	1093	6246	123	2577
	2109.7	25.3	0.5	433	452.5	-13.1	3170	5222	1434
	9032.9	176.7		380	6982.6	1232	2511	197	897
	4468.7	250	250		4478.6	147.9	1737	57	670
23.5	3640.7	51.4	12	133	3582.2	86.4	2937	2248	1098

12－8 限额以上批发零售法人

（2015

指标名称	法人企业数（个）	从业人员期末人数（人）	商品购进额	进口	商品销售额
总计	331	18958	2120672.6	11066.7	2868724.7
一、批发业	51	4254	1032534.7		1657751.6
农、林、牧产品批发	4	485	26696.8		58187.5
谷物、豆及薯类批发	2	437	19930.2		51398.6
种子批发	1	12	2666.1		2647.1
棉、麻批发	1	36	4100.5		4141.8
食品、饮料及烟草制品批发	10	1278	492161.2		749688
米、面制品及食用油批发	1	28	906.2		7417
肉、禽、蛋、奶及水产品批发	3	118	63700.9		66998.9
盐及调味品批发	1	83	4213.5		4079.8
酒、饮料及茶叶批发	2	19	13490		11429
烟草制品批发	1	915	385208.1		631228.6
其他食品批发	2	115	24642.5		28534.7
纺织、服装及家庭用品批发	2	12	25265.2		28246.1
纺织品、针织品及原料批发	1	11	1551.8		2000.1
灯具、装饰物品批发	1	1	23713.4		26246
医药及医疗器材批发	11	850	163386.5		178296.1
西药批发	9	806	157426.3		172304.2
中药批发	1	23	5410.6		5685.1
医疗用品及器材批发	1	21	549.6		306.8
矿产品、建材及化工产品批发	18	1421	154144.4		471921.9
煤炭及制品批发	5	143	112480		114885.4
石油及制品批发	1	951			311763.4
金属及金属矿批发	4	44	24744.3		26145.8
化肥批发	5	154	14445.9		16498.8
其他化工产品批发	3	129	2474.2		2628.5
机械设备、五金产品及电子产品批发	2	119	107067.7		104748
汽车零配件批发	2	119	107067.7		104748
其他批发业	4	89	63812.9		66664
再生物资回收与批发	2	29	6231.2		7455.6
其他未列明批发业	2	60	57581.7		59208.4
内资企业	50	4253	1008821.3		1631505.6
国有企业	4	1435	409351.8		686707
集体企业	2	54	8310		9446.2
有限责任公司	24	899	397852.8		419225
国有独资公司	2	67	12427.5		22747.2
其他有限责任公司	22	832	385425.3		396477.8
股份有限公司	4	1193	65122.9		378879.5
私营企业	16	672	128183.8		137247.9
私营有限责任公司	16	672	128183.8		137247.9
港、澳、台商投资企业	1	1	23713.4		26246
港澳台商独资企业	1	1	23713.4		26246
国有控股	7	2453	421779.3		1021217.6
集体控股	2	54	8310		9446.2
私人控股	34	1379	431833.3		443087.5
港澳台商控股	1	1	23713.4		26246
其他	7	367	146898.7		157754.3
独立门店	31	1608	528868.4		584511.8
连锁总店	2	1866	385208.1		942992
其他	18	780	118458.2		130247.8
大型	3	2082	445494.2		1005025
中型	19	1536	428564.2		485749.4
小型	24	502	122083.7		129756.7
微型	5	134	36392.6		37220.5

企业商品购进、销售和库存

年）

单位:万元

其中:通过公共网络实现的商品销售额	其中:通过公共网络实现的销售额	其中:使用银行卡支付的商品销售额	批发额	出口	零售额	其中:通过公共网络实现的商品销售额	其中:通过非自营平台实现的销售额	期末商品库存额	年末零售营业面积(平方米)
652785.5	2837.3	127851.1	1371067.4	250	1497657.3	34909.1	2139.2	242547.9	991566
602709		33403.6	1248149.1		409602.5			95628.5	229913
			43488.7		14698.8			13887.4	2666
			36717.3		14681.3			13861.9	2206
			2647.1					19.1	260
			4124.3		17.5			6.4	200
602709		7417	737338.4		12349.6			38253.9	22645
		7417	7417					4129	316
			62219.9		4779			3095.1	18819
			4079.8					684.9	80
			10146		1283			2159.8	678
602709			631228.6					12281.1	
			22247.1		6287.6			15904	2752
			28246.1					59.8	320
			2000.1					59.8	120
			26246						200
		21940.2	135343.5		42952.6			10655.7	10676
		21633.4	129415.6		42888.6			10150.9	7476
			5685.1					262	3000
		306.8	242.8		64			242.8	200
			173569.7		298352.2			13976.9	183810
			111027.1		3858.3			6188.1	4420
			27879.1		283884.3			3807.1	167227
			19099.1		7046.7			330.3	8345
			13419.3		3079.5			3608.3	2498
			2145.1		483.4			43.1	1320
			70010		34738			17827.8	6200
			70010		34738			17827.8	6200
		4046.4	60152.7		6511.3			967	3596
		4046.4	6415.1		1040.5			224.1	3080
			53737.6		5470.8			742.9	516
602709		33403.6	1221903.1		409602.5			95628.5	229713
602709			672025.7		14681.3			26827.9	2286
			9409.7		36.5			47.1	410
		11463.4	366252.5		52972.5			37284.1	40436
		7417	18335.4		4411.8			4185.2	1516
		4046.4	347917.1		48560.7			33098.9	38920
			64556.7		314322.8			9966.2	168225
		21940.2	109658.5		27589.4			21503.2	18356
		21940.2	109658.5		27589.4			21503.2	18356
			26246						200
			26246						200
602709		7417	718240.2		302977.4			34820.2	171029
			9409.7		36.5			47.1	410
		25986.6	342534.9		100552.6			52055.1	53640
			26246						200
			151718.3		6036			8706.1	4634
		29357.2	473668.2		110843.6			67367.7	53607
602709			659107.7		283884.3			16088.2	167227
		4046.4	115373.2		14874.6			12172.6	9079
602709			691985.2		313039.8			21984.7	167527
		29357.2	407761.9		77987.5			65549.9	34211
		4046.4	111664.9		18091.8			6093.8	26555
			36737.1		483.4			2000.1	1620

12－8 续表1

指标名称	法人企业数（个）	从业人员期末人数（人）	商品购进额	进口	商品销售额
二、零售业	280	14704	1088137.9	11066.7	1210973.1
综合零售	42	6630	260748.6	1420.5	292677.2
百货零售	20	2017	117779.9	50.5	127333.9
超级市场零售	19	4544	120364.8	1370	138677.4
其他综合零售	3	69	22603.9		26665.9
食品、饮料及烟草制品专门零售	27	770	32202.7	366.2	35347.3
粮油零售	1	21	852		802
果品、蔬菜零售	6	175	5071.7		5177.3
肉、禽、蛋、奶及水产品零售	4	88	6647.8		7706.9
营养和保健品零售	1	16	1960		1620
酒、饮料及茶叶零售	12	323	12725.1		14159.6
其他食品零售	3	147	4946.1	366.2	5881.5
纺织、服装及日用品专门零售	7	406	5970		6780.2
服装零售	4	321	4980.2		4773.4
化妆品及卫生用品零售	2	80	989.8		1485.8
其他日用品零售	1	5			521
文化、体育用品及器材专门零售	10	311	17002.6		17299.4
珠宝首饰零售	3	87	3625.1		4003.8
工艺美术品及收藏品零售	7	224	13377.5		13295.6
医药及医疗器材专门零售	7	468	20339.7		23666.2
药品零售	7	468	20339.7		23666.2
汽车、摩托车、燃料及零配件专门零售	97	2970	495356	8700	540620.9
汽车零售	93	2843	473224.2	8700	517458.5
摩托车及零配件零售	1	14	2510.3		3033.5
机动车燃料零售	3	113	19621.5		20128.9
家用电器及电子产品专门零售	39	1150	82516		95916
日用家电设备零售	32	1034	78811.8		82061.5
计算机、软件及辅助设备零售	5	83	2634.7		12527.8
其他电子产品零售	2	33	1069.5		1326.7
五金、家具及室内装饰材料专门零售	19	1318	108169.8		116871
五金零售	5	275	4891.9		4746.1
家具零售	7	620	51875.3		62520
其他室内装饰材料零售	7	423	51402.6		49604.9
货摊、无店铺及其他零售业	32	681	65832.5	580	81794.9
互联网零售	21	464	30895.3	580	45066.2
旧货零售	1	30	4000		3482.5
其他未列明零售业	10	187	30937.2		33246.2
内资企业	279	14679	1086431.9	11066.7	1208931.7
国有企业	2	273	24256.3		24780.4
集体企业	1	17	21009.8		24978.6
股份合作企业	2	121	8610.4		11649.7
有限责任公司	102	5371	482235.7	8866.2	516339.6
国有独资公司	1	84	5899.2		28246.7
其他有限责任公司	101	5287	476336.5	8866.2	488092.9
股份有限公司	18	2589	78915.8	1352.1	86315.4
私营企业	153	6298	465138.8	848.4	538066.5
私营独资企业	2	19	1307.4		1251.2
私营有限责任公司	138	5179	394066.9	848.4	462129.3
私营股份有限公司	13	1100	69764.5		74686
其他企业	1	10	6265.1		6801.5
港、澳、台商投资企业	1	25	1706		2041.4
港澳台商投资股份有限公司	1	25	1706		2041.4
国有控股	4	434	46339.1		69312.1
集体控股	3	64	28085.8		32969.4
私人控股	256	13191	908429.5	2566.7	995656.4

单位:万元

其中:通过公共网络实现的商品销售额	其中:通过公共网络实现的销售额	其中:使用银行卡支付的商品销售额	批发额		零售额			期末商品库存额	年末零售营业面积(平方米)
				出口		其中:通过公共网络实现的商品销售额	其中:通过非自营平台实现的销售额		
50076.5	2837.3	94447.5	122918.3	250	1088054.8	34909.1	2139.2	146919.4	761653
2103	6.9	12113.6	9048.2		283629			28480.8	302005
		112.6	3511.3		123822.6			8741.2	106028
2103	6.9	12001	3164.4		135513			18536.9	193739
			2372.5		24293.4			1202.7	2238
6394.1	1988.9	1921.7	10914.8		24432.5	2747.9	1890.9	5236.7	39364
360	360	290	180		622	360	262	50	300
1497.9	1497.9		606.5		4570.8	1497.9	1497.9	690.4	3428
47.4			697.5		7009.4			762.3	2410
		1620			1620			382	2500
			5130.3		9029.3			2062.1	9966
4488.8	131	11.7	4300.5		1581	890	131	1289.9	20760
			1616.2		5164			2017.7	12320
			113.4		4660			1474.2	11520
			1094.8		391			543.5	600
			408		113				200
1150.1	30.5		944.5		16354.9	215.6	20.5	4547.7	7350
1150.1	30.5		944.5		3059.3	215.6	20.5	581.5	580
					13295.6			3966.2	6770
		278.3	244		23422.2			2781.2	8327
		278.3	244		23422.2			2781.2	8327
664.3	610.3	54911.1	26426.8		514194.1	664.3		68120.7	194508
54		54300.8	26064.2		491394.3	54		66653	185860
					3033.5			993.8	1028
610.3	610.3	610.3	362.6		19766.3	610.3		473.9	7620
9626.7		6306.9	6225.8		89690.2	194.6	69.1	10111.1	58019
125.5		5974.9	4507.4		77554.1	194.6	69.1	9704.2	55419
9501.2		332	1468.4		11059.4			64.6	1650
			250		1076.7			342.3	950
		442.3	30250.7		86620.3			15143.8	97915
		56.3	1944.9		2801.2			939.3	23330
		386	25805.8		36714.2			4729.7	47835
			2500		47104.9			9474.8	26750
30138.3	200.7	18473.6	37247.3	250	44547.6	31086.7	158.7	10479.7	41845
30138.3	200.7	7775.7	7679.3	250	37386.9	31086.7	158.7	6168.1	33950
			2000		1482.5			3000	1000
		10697.9	27568		5678.2			1311.6	6895
50076.5	2837.3	94447.5	122804.9	250	1086126.8	34909.1	2139.2	146104.9	761333
		9980			24780.4			821	20850
			2372.5		22606.1			801.5	1200
			362.6		11287.1			538.1	3500
3808.3		63874.1	66693.6		449646	179.5		66224	335143
					28246.7			4391.9	6100
3808.3		63874.1	66693.6		421399.3	179.5		61832.1	329043
140.7	140.7	1154.7	1399.9		84915.5	140.7	140.7	13556.5	49687
46127.5	2696.6	15421.5	51976.3	250	486090.2	34588.9	1998.5	64007	349453
					1251.2			69.6	420
46127.5	2696.6	15421.5	49941.9	250	412187.4	34588.9	1998.5	56699.5	316352
			2034.4		72651.6			7237.9	32681
		4017.2			6801.5			156.8	1500
			113.4		1928			814.5	320
			113.4		1928			814.5	320
		9980			69312.1			5538.3	33950
			8544.5		24424.9			1047.5	2054
50022.5	2837.3	55691.9	112254.7	250	883401.7	34855.1	2139.2	132380.9	671133

12－8 续表2

指标名称	法人企业数（个）	从业人员期末人数（人）	商品购进额	进口	商品销售额
港澳台商控股	2	71	14655.8		13391.2
其他	15	944	90627.7	8500	99644
独立门店	245	12080	897655.9	10486.7	1008432.7
连锁总店	2	188	2502.1		3014.4
连锁门店	4	333	9264		10969.4
其他	29	2103	178715.9	580	188556.6
大型	2	1906	50987.4		55408.7
中型	71	8667	599252.9	10269.8	655756.1
小型	176	3848	402192.5	780	452058.6
微型	31	283	35705.1	16.9	47749.7
有店铺零售	255	14159	1053663.6	10486.7	1161648.2
食杂店	5	149	6819.8	366.2	7590.9
便利店	2	44	1290		1603.4
超市	20	1536	82665.9	17.9	88814.3
大型超市	14	4126	98110.9	1402.6	116252.3
仓储会员店	2	25	11390.2		11713.6
百货店	14	1374	93954.1		101336.6
专业店	97	2491	248060.7	200	272924.9
专卖店	79	2942	425434.6	8500	468099
家居建材商店	11	875	69155.5		75627.7
购物中心	2	293	2723.4		2238
厂家直销中心	9	304	14058.5		15447.5
无店铺零售	25	545	34474.3	580	49324.9
网上商店	24	522	33524.3	580	48212.9
三、批发业按地区分组	51	4254	1032534.7		1657751.6
信州区	5	2199	503137.8		1063129.7
广丰区	5	169	21712.3		22479.9
上饶县	11	489	224862.2		230131
铅山县	6	123	26766.4		29082.7
横峰县	3	45	7884.1		8253.8
弋阳县	6	382	160353.8		166217.6
余干县	5	504	26185.7		31231.9
鄱阳县	2	164	28716.5		62002.6
万年县	2	40	3572.3		10064.1
婺源县	1	30	4858		5083.5
德兴市	5	109	24485.6		30074.8
四、零售业按地区分组	280	14704	1088137.9	11066.7	1210973.1
信州区	37	2429	139068.5		179662.5
广丰区	47	1102	60311.4		69769.1
上饶县	45	2403	364599	8500	369464.5
玉山县	35	1292	99877.6	580	126861.5
铅山县	4	146	6399.3	16.9	6996
横峰县	5	103	8936.7		9540.5
弋阳县	6	78	24785.4		30162.5
余干县	18	2825	76025.1		93023.8
鄱阳县	25	1622	80537.5	1718.3	83010.9
万年县	23	903	84856.9	250.5	94247
婺源县	13	686	70628.5	1	75317.2
德兴市	22	1115	72112		72917.6

单位:万元

其中:通过公共网络实现的商品销售额	其中:通过公共网络实现的销售额	其中:使用银行卡支付的商品销售额	批发额	出口	零售额	其中:通过公共网络实现的商品销售额	其中:通过非自营平台实现的销售额	期末商品库存额	年末零售营业面积(平方米)
			113.4		13277.8			2414.5	7020
54		28775.6	2005.7		97638.3	54		5538.2	47496
47067.3	2636.6	83573.9	93342.7		915090	31989.9	1980.5	129487.9	620327
					3014.4			1219	2100
			1715.8		9253.6			294.8	27772
3009.2	200.7	10873.6	27859.8	250	160696.8	2919.2	158.7	15917.7	111454
			2439.3		52969.4			7044.6	26489
4238.8		42509	43066.7		612689.4	610		79422.6	452938
32688.4	2689.7	50079.3	72825.9	250	379232.7	32754	1998.5	57428.4	259347
13149.3	147.6	1859.2	4586.4		43163.3	1545.1	140.7	3023.8	22879
17424.8	1007.7	86491.8	115239		1046409.2	1309	351.6	140121.8	726303
3646.2		11.7	5535.5		2055.4			709.1	21560
					1603.4			461.8	674
2103	6.9	1038.1	3460		85354.3			7365.1	35908
		11075.5	3286.9		112965.4			15394	164979
			8800		2913.6			11	372
			4744.7		96591.9			7015.6	118508
2120.4	1000.8	24676.5	26800.9		246124	1185.9	282.5	33478.5	134040
9555.2		47684	52506.6		415592.4	123.1	69.1	61316.7	173027
		386	6820		68807.7			10525.8	44585
			482.7		1755.3			726.3	13000
		1620	2801.7		12645.8			3117.9	19650
32651.7	1829.6	7955.7	7679.3	250	41645.6	33600.1	1787.6	6797.6	35350
32651.7	1829.6	7955.7	7679.3	250	40533.6	33600.1	1787.6	6786	35350
602709		33403.6	1248149.1		409602.5			95628.5	229913
602709			745937.7		317192			22671.2	167807
			16553.4		5926.5			543.8	11040
			193592.3		36538.7			26454.1	29116
		4353.2	21206.7		7876			651.6	5300
			7585.8		668			492.8	5150
		21633.4	152948		13269.6			8164.6	1770
			27600.6		3631.3			6892	3272
			42375.3		19627.3			24964.7	1952
		7417	10064.1					4148.1	576
			4658.7		424.8			482.5	2000
			25626.5		4448.3			163.1	1930
50076.5	2837.3	94447.5	122918.3	250	1088054.8	34909.1	2139.2	146919.4	761653
9548.6		15727.4	16953.3		162709.2			24295.5	182952
6073		9220	11161.8		58607.3	7111.4		7606.6	71583
54		56695.6	55730.2		313734.3	54		51429.2	148830
23894.6	60	4029.2	2726.5	250	124135	23903.7	87.1	10444.5	72990
2103	6.9	800	702.1		6293.9			901.1	5950
					9540.5			242.5	2026
			2372.5		27790			1181.9	2290
			1642.9		91380.9			19626.4	64777
3769.5	140.7	1650.4	6490.8		76520.1	140.7	140.7	12249.9	110386
3898	2019.4	676	8100.1		86146.9	2963.5	1911.4	5524.4	21896
		125.5	921		74396.2			7590.3	44850
735.8	610.3	5523.4	16117.1		56800.5	735.8		5827.1	33123

12－9 限额以上住宿和餐饮法人企业基本情况

（2015 年）

指标名称	法人企业数（个）	从业人员期末人数（人）	其中：女性	法人所属产业活动单位数（个）
总计	94	7623	5028	2
一、住宿业	64	5639	3727	2
旅游饭店	44	4033	2781	2
一般旅馆	19	1410	874	
其他住宿业	1	196	72	
内资企业	64	5639	3727	2
国有企业	3	291	208	
股份合作企业	1	15	10	
有限责任公司	21	2155	1284	
其他有限责任公司	21	2155	1284	
股份有限公司	9	628	426	2
私营企业	29	2470	1751	
私营独资企业	2	62	41	
私营合伙企业	1	64	50	
私营有限责任公司	24	2180	1537	
私营股份有限公司	2	164	123	
其他企业	1	80	48	
国有控股	4	306	218	
私人控股	58	5217	3441	2
其他	2	116	68	
独立门店	60	5415	3584	2
其他	4	224	143	
中型	8	1555	1002	
小型	55	4067	2715	2
微型	1	17	10	
五星	2	568	409	
四星	24	2391	1528	2
三星	16	1280	852	
二星	1	45	31	
其他	21	1355	907	
二、餐饮业	30	1984	1301	
正餐服务	30	1984	1301	
内资企业	29	1912	1249	
有限责任公司	12	972	599	
其他有限责任公司	12	972	599	
股份有限公司	3	170	126	
私营企业	14	770	524	
私营独资企业	2	117	89	

12－9 续表1

指标名称	法人企业数（个）	从业人员期末人数（人）	其中:女性	法人所属产业活动单位数（个）
私营合伙企业	2	154	130	
私营有限责任公司	10	499	305	
港、澳、台商投资企业	1	72	52	
港澳台商独资企业	1	72	52	
国有控股	1	269	195	
集体控股	1	67	52	
私人控股	25	1334	863	
港澳台商控股	1	72	52	
其他	2	242	139	
独立门店	30	1984	1301	
中型	2	449	316	
小型	28	1535	985	
三、住宿业按地区分组	64	5639	3727	2
信州区	9	884	437	
广丰区	1	68	50	
上饶县	3	299	169	
玉山县	21	1535	975	
铅山县	1	91	61	
横峰县	2	41	10	
弋阳县	3	172	146	
余干县	4	508	404	
鄱阳县	2	443	279	
万年县	1	156	150	
婺源县	12	1024	751	2
德兴市	5	418	295	
四、餐饮业按地区分组	30	1984	1301	
信州区	7	429	235	
广丰区	4	282	183	
上饶县	2	311	214	
玉山县	3	105	63	
铅山县	3	150	115	
横峰县	1	49	30	
弋阳县	1	12	9	
余干县	3	222	187	
鄱阳县	1	60	30	
婺源县	1	15	13	
德兴市	4	349	222	

12－10 限额以上住宿和餐饮业

（2015

指标名称	法人企业数（个）	执行《2006年企业会计准则》企业数（个）	一、年初存货	流动资产合计	应收帐款	存货
总计	94	79	7935.4	162447.3	9252	14239.9
一、住宿业	64	54	6638.4	152986.8	8125.4	12831.3
旅游饭店	44	38	5276.3	100873.4	4696.1	11818.5
一般旅馆	19	16	1272.6	49566.6	3351.9	1012.8
其他住宿业	1		89.5	2546.8	77.4	
内资企业	64	54	6638.4	152986.8	8125.4	12831.3
国有企业	3	2	64.8	1154.6	394.3	41.5
股份合作企业	1	1	13.2	325.8	15.1	13.2
有限责任公司	21	19	2632.3	90158.4	4075.5	9875.3
其他有限责任公司	21	19	2632.3	90158.4	4075.5	9875.3
股份有限公司	9	8	865.1	7352.4	790.4	731.9
私营企业	29	23	3054	53957.6	2822.1	2159.4
私营独资企业	2	1	57.5	479.8	60.2	55.3
私营合伙企业	1	1	12.3	381.3	117.8	13.8
私营有限责任公司	24	19	2828.6	52761.3	2517.1	1935.2
私营股份有限公司	2	2	155.6	335.2	127	155.1
其他企业	1	1	9	38	28	10
国有控股	4	3	78	1480.4	409.4	54.7
私人控股	58	49	6266.8	149699.4	7170.4	12692.2
其他	2	2	293.6	1807	545.6	84.4
独立门店	60	51	6440.1	150183.5	7169.9	12593.3
其他	4	3	198.3	2803.3	955.5	238
中型	8	7	2155.7	63089.2	1439.9	9192.6
小型	55	47	4441.2	89530.7	6645	3597.2
微型	1		41.5	366.9	40.5	41.5
五星	2	2	93.8	27347.3	127.5	193.7
四星	24	19	3395.9	65246.2	2703.7	2499.7
三星	16	13	1114.9	20562.4	1481.9	1330.1
二星	1	1	16	112.9	19.7	13.8
其他	21	19	2017.8	39718	3792.6	8794
二、餐饮业	30	25	1297	9460.5	1126.6	1408.6
正餐服务	30	25	1297	9460.5	1126.6	1408.6
内资企业	29	24	1293.2	8234	1106.4	1405.3
有限责任公司	12	10	923.8	5215.4	856.1	993.2
其他有限责任公司	12	10	923.8	5215.4	856.1	993.2
股份有限公司	3	2	27.3	511.3	27.1	27.7
私营企业	14	12	342.1	2507.3	223.2	384.4
私营独资企业	2	2	27.8	895.1		42.7

法人企业财务状况综合表(一)

年　　单位:万元

二、期末资产负债

固定资产合计	固定资产原价	累计折旧		在建工程	资产总计	流动负债合计		非流动负债合计	负债合计
			本年折旧				应付帐款		
184767.6	238894	54608.7	11583.3	39696	480827.6	171011.8	18522.8	137020.4	298819.8
169706.5	216141.4	46642.4	10500.1	38771.7	451640.7	160970.6	15271.3	133807.5	285565.7
141980.8	182182.7	40409.4	7117.5	37357.3	357279.5	131263.4	12418.6	101749	233012.4
24185.7	28198.3	4012.6	1162.2	1414.4	81674.3	27160.3	2477.8	21918.5	49078.8
3540	5760.4	2220.4	2220.4		12686.9	2546.9	374.9	10140	3474.5
169706.5	216141.4	46642.4	10500.1	38771.7	451640.7	160970.6	15271.3	133807.5	285565.7
1885.9	2506.7	620.8	94.8		3331.6	1719.6	704.5	452.4	2172
2313.4	3001.5	688.1	85.7		2695.5	2583.1	42.9		2583.1
68299.4	87792.6	19493.2	5933	20503.3	250437.6	98884.2	7859.3	77618.5	167290.3
68299.4	87792.6	19493.2	5933	20503.3	250437.6	98884.2	7859.3	77618.5	167290.3
23926.5	33384.4	9457.9	1402.7	64.3	38738.5	19723	1056.4		19723
73253.3	89417.2	16371.4	2977.9	18204.1	156371.5	38019.7	5567.2	55736.6	93756.3
520.2	724	203.8	16.5		1135.2	1096.3	288	230	1326.3
1482.7	1874.7	392	6.1	258.8	2088	784.1	76.8	1.5	785.6
69870.6	85192.6	15529.5	2713.5	17836.5	150963.1	35994.3	5057.4	55290.5	91284.8
1379.8	1625.9	246.1	241.8	108.8	2185.2	145	145	214.6	359.6
28	39	11	6		66	41	41		41
4199.3	5508.2	1308.9	180.5		6027.1	4302.7	747.4	452.4	4755.1
155721.9	199899.2	44384.8	9850.4	36011	431963.5	153166.5	14373.2	133355.1	277309.2
9785.3	10734	948.7	469.2	2760.7	13650.1	3501.4	150.7		3501.4
167593.7	213458.1	46071.9	10418.7	37798.9	445073.3	158935.7	15105.3	133787.5	283510.8
2112.8	2683.3	570.5	81.4	972.8	6567.4	2034.9	166	20	2054.9
66838.8	83411.8	16573	4408.4	32601.8	227561.1	84003.1	7724.5	77444.9	152235.6
102775.2	132439.5	29871.8	6075.2	6169.9	223620.1	76116.6	7487.3	56362.6	132479.2
92.5	290.1	197.6	16.5		459.5	850.9	59.5		850.9
25949	29373.4	3424.4	542.2	15129	78562.9	23703.4	675.6	43515	67218.4
71362.6	91972.2	20817.1	6434.3	21034.1	189479.7	92535.8	10633.3	51448.9	134772.3
26873.4	40152.6	13279.2	1795.4	728.4	56553.8	21654.6	1269.8	15793.8	37448.4
427.7	433.9	6.2			675.7	245.4	228.5	230	475.4
45093.8	54209.3	9115.5	1728.2	1880.2	126368.6	22831.4	2464.1	22819.8	45651.2
15061.1	22752.6	7966.3	1083.2	924.3	29186.9	10041.2	3251.5	3212.9	13254.1
15061.1	22752.6	7966.3	1083.2	924.3	29186.9	10041.2	3251.5	3212.9	13254.1
15005.2	22460.3	7729.9	1067.3	924.3	27904.5	10033.5	3244.7	3212.9	13246.4
3861.1	6007.2	2146.1	423.7	86	11148.9	3525.9	2574.4	1032.9	4558.8
3861.1	6007.2	2146.1	423.7	86	11148.9	3525.9	2574.4	1032.9	4558.8
3375.4	4205.1	829.7	90.2		3931.9	165.8	28.9	1396.7	1562.5
7768.7	12248	4754.1	553.4	838.3	12823.7	6341.8	641.4	783.3	7125.1
1302.4	1567.8	265.4	41.3		2404.6	1025.4			1025.4

12－10 续表1

指标名称	法人企业数（个）	执行《2006年企业会计准则》企业数（个）	一、年初存货	流动资产合计	应收帐款	存货
私营合伙企业	2		39.9	245.9	31.5	42.2
私营有限责任公司	10	10	274.4	1366.3	191.7	299.5
港、澳、台商投资企业	1	1	3.8	1226.5	20.2	3.3
港澳台商独资企业	1	1	3.8	1226.5	20.2	3.3
国有控股	1	1	254.1	2368.3		254.9
集体控股	1	1	565.5	642.5		122
私人控股	25	21	471.4	3838.1	557.2	497.2
港澳台商控股	1	1	3.8	1226.5	20.2	3.3
其他	2	1	2.2	1385.1	549.2	531.2
独立门店	30	25	1297	9460.5	1126.6	1408.6
中型	2	2	435.5	2892	68.8	456.8
小型	28	23	861.5	6568.5	1057.8	951.8
三、住宿业按地区分组	64	54	6638.4	152986.8	8125.4	12831.3
信州区	9	8	752.8	25780.7	708	659.6
广丰区	1	1	21	2344.3	135.6	16.5
上饶县	3	3	286.4	20045.5	221.5	282.5
玉山县	21	20	4035.7	56836.4	3632.4	9978.8
铅山县	1	1	16.4	298.6	265.1	
横峰县	2		49.8	487.3	84.1	45.1
弋阳县	3	2	11.2	1495.4	213	99.3
余干县	4		93.1	735.4	109.7	94.8
鄱阳县	2	2	339.7	13135	28.7	456.2
万年县	1	1	85.6	753.7	252.4	65.8
婺源县	12	11	833	20699.9	597.8	1011.3
德兴市	5	5	113.7	10374.6	1877.1	121.4
四、餐饮业按地区分组	30	25	1297	9460.5	1126.6	1408.6
信州区	7	6	145.9	909.6	647.7	154.6
广丰区	4	4	185.2	1795.2	89	205.2
上饶县	2	2	254.1	2772.4		254.9
玉山县	3	3	31.2	137.8	29.1	5.3
铅山县	3	3	27.8	986.6	12.6	58.5
横峰县	1	1				
弋阳县	1	1	0.6	210	55	
余干县	3		67.2	421.5	58.6	69.9
鄱阳县	1	1	6	47.3		
婺源县	1	1	3	4.5	1.5	0.8
德兴市	4	3	576	2175.6	233.1	659.4

单位:万元

二、期末资产负债

固定资产合计	固定资产原价	累计折旧	本年折旧	在建工程	资产总计	流动负债合计	应付帐款	非流动负债合计	负债合计
469.6	638.7	169.1	30		715.5	171.4	33.4	288.3	459.7
5996.7	10041.5	4319.6	482.1	838.3	9703.6	5145	608	495	5640
55.9	292.3	236.4	15.9		1282.4	7.7	6.8		7.7
55.9	292.3	236.4	15.9		1282.4	7.7	6.8		7.7
269.6	400.8	131.2	131.2		2769.1	926.6	415.7		926.6
1525.4	2725.2	1199.8	163.5		3447.5	802.6	802.6	32.9	835.5
12483.7	18467.3	6258.4	680.1	924.3	19051.6	7237.9	1002.5	2180	9417.9
55.9	292.3	236.4	15.9		1282.4	7.7	6.8		7.7
726.5	867	140.5	92.5		2636.3	1066.4	1023.9	1000	2066.4
15061.1	22752.6	7966.3	1083.2	924.3	29186.9	10041.2	3251.5	3212.9	13254.1
4430.5	8132	3701.5	548.2	561.5	8015.1	4802.7	307.2		4802.7
10630.6	14620.6	4264.8	535	362.8	21171.8	5238.5	2944.3	3212.9	8451.4
169706.5	216141.4	46642.4	10500.1	38771.7	451640.7	160970.6	15271.3	133807.5	285565.7
13796.6	18837.2	5248.1	2982	464.1	48173.7	17713.6	1075.3	23993	32494.2
2032.2	2032.2				5436.1	4535	142.8		4535
7827.4	10512.6	2685.2	895.1	2442.8	33316	17705	2171.7	16962.5	34667.5
83494.5	102555.4	19060.9	3933.7	18872.3	220563.2	76455.5	7713.7	33761.2	110216.7
631.6	842	210.4	11.9		968	295.1			295.1
479	768.9	289.9	29		1843.1	906.2	71.8	100	1006.2
526.7	690.5	163.8	13.8	83.6	2022.1	1448.1	1327.1	300	1748.1
3127.9	4667.4	1539.5	218.5		3863.3	585.3	151.5	1085.3	1670.6
11212	15192.4	3980.4	558	111.4	35520.7	20840.5	786.8	16300	37140.5
6949.9	10786.8	3836.9	285.2		8622.9	898.4	34.2	7740	8638.4
30929.4	37830.6	6901.2	1020.4	16527.7	71444.4	11744.3	995.3	28797.3	40541.6
8699.3	11425.4	2726.1	552.5	269.8	19867.2	7843.6	801.1	4768.2	12611.8
15061.1	22752.6	7966.3	1083.2	924.3	29186.9	10041.2	3251.5	3212.9	13254.1
680	1098.5	418.5	68	362.8	2873.4	892.9	552.6	480	1372.9
4431.8	8358.5	3926.7	441.9	561.5	6869.4	3889.8	-101.7	15	3904.8
544.4	400.8	131.2	131.2		3779.1	936.6	415.7		936.6
1596.8	2113.8	517	16		1741.4	624.5	568.9		624.5
3359.3	4044.7	685.4	61.3		4393.8	1243.5	27.2		1243.5
					179.2				
99.8	102.4	2.6	0.8		309.8	109.8	95		109.8
1812.7	2241	428.3	86.9		2234.2	285.6	62.3	1455	1740.6
120	120				167.3	146.6	36.6		146.6
118.8	463.8	345	24		285.8	220.8			220.8
2297.5	3809.1	1511.6	253.1		6353.5	1691.1	1594.9	1262.9	2954

12－10 限额以上住宿和餐饮业

指标名称	二、期末资产负债(续)					
	所有者权益合计	实收资本	国家资本	集体资本	法人资本	个人资本
总计	182007.8	188712.2	1329.3	2612	74843.4	108165.6
一、住宿业	166075	172739	640.1		72230.8	99668.1
旅游饭店	124267.1	135351.9	640.1		53327.5	81384.3
一般旅馆	32595.5	27187.1			8703.3	18283.8
其他住宿业	9212.4	10200			10200	
内资企业	166075	172739	640.1		72230.8	99668.1
国有企业	1159.6	934.9	536.2		398.7	
股份合作企业	112.4	103.9	103.9			
有限责任公司	83147.3	91590.7			33245.2	58345.5
其他有限责任公司	83147.3	91590.7			33245.2	58345.5
股份有限公司	19015.5	14894.8			6951.3	7943.5
私营企业	62615.2	65189.7			31620.6	33369.1
私营独资企业	－191.1	120				120
私营合伙企业	1302.4	1137.8			409.6	728.2
私营有限责任公司	59678.3	62106.3			31111	30795.3
私营股份有限公司	1825.6	1825.6			100	1725.6
其他企业	25	25			15	10
国有控股	1272	1038.8	640.1		398.7	
私人控股	154654.3	160880.2			63332.1	97348.1
其他	10148.7	10820			8500	2320
独立门店	161562.5	169459	640.1		69050.8	99568.1
其他	4512.5	3280			3180	100
中型	75325.5	81015.4			29439.9	51575.5
小型	91140.9	91623.6	640.1		42790.9	47992.6
微型	－391.4	100				100
五星	11344.5	12439.9			11939.9	500
四星	54707.4	65898.1	640.1		29315.9	35942.1
三星	19105.4	15768.6			10552	5016.6
二星	200.3	20				20
其他	80717.4	78612.4			20423	58189.4
二、餐饮业	15932.8	15973.2	689.2	2612	2612.6	8497.5
正餐服务	15932.8	15973.2	689.2	2612	2612.6	8497.5
内资企业	14658.1	14411.3	689.2	2612	2612.6	8497.5
有限责任公司	6590.1	4748.5	689.2	2612	151.3	1296
其他有限责任公司	6590.1	4748.5	689.2	2612	151.3	1296
股份有限公司	2369.4	2287.8			176.2	2111.6
私营企业	5698.6	7375			2285.1	5089.9
私营独资企业	1379.2	1379.2			179.2	1200

法人企业财务状况综合表(二)

单位:万元

		三、损益及分配							
港澳台资本	外商资本	营业收入	主营业务收入	营业成本	主营业务成本	营业税金及附加	主营业务税金及附加	其他业务利润	销售费用
1561.9	200	139646.3	138936.2	70681.5	68023.1	8164.3	7971	820	22451.3
	200	109334.1	108641	55712.2	53072.2	6199.1	6007	650.1	17537.1
		89530.3	88896	45097.5	44495.3	5107.8	4979.4	646.9	12609
	200	16056	15997.2	9470	7432.2	849.2	785.5	3.2	3517.8
		3747.8	3747.8	1144.7	1144.7	242.1	242.1		1410.3
	200	109334.1	108641	55712.2	53072.2	6199.1	6007	650.1	17537.1
		6244.7	6090.5	3957.7	3806.4	418.1	416.9	31.9	748.2
		3238.9	3238.9	1087.1	1087.1	161	161		818.6
		45897.1	45894.8	23897.2	22914.2	2546.4	2546.4	101.4	9208.3
		45897.1	45894.8	23897.2	22914.2	2546.4	2546.4	101.4	9208.3
		16951.6	16951.6	8536.5	7886.4	876.5	876.5		1007.1
	200	36425.6	35889	17781.2	16925.6	2159.1	1968.2	516.8	5730.9
		358.9	358.9	136.9	136.9	23.5	23.5		201.7
		1235.7	1182.8	361.9	336.4	37.6	37.6	95.6	353.2
	200	30109.3	29625.6	14648.4	13818.3	1879.8	1812.2	421.2	4652.3
		4721.7	4721.7	2634	2634	218.2	94.9		523.7
		576.2	576.2	452.5	452.5	38	38		24
		9483.6	9329.4	5044.8	4893.5	579.1	577.9	31.9	1566.8
	200	97245	96706.1	49780.4	47291.7	5500.6	5309.7	618.2	15163.1
		2605.5	2605.5	887	887	119.4	119.4		807.2
	200	108023.8	107330.7	55088.7	52448.7	6133.3	5941.2	551	17271
		1310.3	1310.3	623.5	623.5	65.8	65.8	99.1	266.1
		26882.5	26882.5	14448.1	14448.1	1605.7	1605.7	28.3	4331.5
	200	82413	81719.9	41258.5	38618.5	4590.9	4398.8	621.8	13175.9
		38.6	38.6	5.6	5.6	2.5	2.5		29.7
		8856.3	8856.3	4604.6	4604.6	526.2	526.2		970.3
		43530	43007.3	22247.5	19718.1	2513.3	2507.1	168.5	7274.5
	200	28073.7	27907.4	15086.3	14980.2	1559.6	1497	166.8	3995.2
		320.3	320.3	131.3	131.3	21	21		172
		28553.8	28549.7	13642.5	13638	1579	1455.7	314.8	5125.1
1561.9		30312.2	30295.2	14969.3	14950.9	1965.2	1964	169.9	4914.2
1561.9		30312.2	30295.2	14969.3	14950.9	1965.2	1964	169.9	4914.2
		30043.9	30026.9	14936.2	14917.8	1951.6	1950.4	169.9	4914.2
		12806.8	12806.4	5224.2	5219.7	913.4	913.4	151.8	2774.1
		12806.8	12806.4	5224.2	5219.7	913.4	913.4	151.8	2774.1
		3467.4	3462.3	2312.5	2307.9	209.2	208.7	4	317.9
		13769.7	13758.2	7399.5	7390.2	829	828.3	14.1	1822.2
		5476.1	5476.1	3543.3	3543.3	309.9	309.9		516.4

12－10 续表2

指标名称	二、期末资产负债(续)					
	所有者权益合计	实收资本	国家资本	集体资本	法人资本	个人资本
私营合伙企业	255.8	255.8			155.9	99.9
私营有限责任公司	4063.6	5740			1950	3790
港、澳、台商投资企业	1274.7	1561.9				
港澳台商独资企业	1274.7	1561.9				
国有控股	1842.5	300	300			
集体控股	2612	2612		2612		
私人控股	9633.7	10984.1			2612.6	8371.5
港澳台商控股	1274.7	1561.9				
其他	569.9	515.2	389.2			126
独立门店	15932.8	15973.2	689.2	2612	2612.6	8497.5
中型	3212.4	3300	300			3000
小型	12720.4	12673.2	389.2	2612	2612.6	5497.5
三、住宿业按地区分组	166075	172739	640.1		72230.8	99668.1
信州区	15679.5	20585.9			12201.9	8184
广丰区	901.1	1000			700	300
上饶县	－1351.5	6120			1800	4320
玉山县	110346.5	99434	103.9		38347	60983.1
铅山县	672.9	672.9			672.9	
横峰县	836.9	1328.3				1328.3
弋阳县	274	701.4			401.4	300
余干县	2192.7	2192.7	536.2		1281.5	375
鄱阳县	－1619.8	1623				1623
万年县	－15.5	500			500	
婺源县	30902.8	31222.7			13864.5	17358.2
德兴市	7255.4	7358.1			2461.6	4896.5
四、餐饮业按地区分组	15932.8	15973.2	689.2	2612	2612.6	8497.5
信州区	1500.5	1437.2			731.2	706
广丰区	2964.6	4881.9			100	3220
上饶县	2842.5	1300	300		1000	
玉山县	1116.9	810				810
铅山县	3150.3	3250				3250
横峰县	179.2	179.2			179.2	
弋阳县	200	200			200	
余干县	493.6	493.6			332.1	161.5
鄱阳县	20.7	20.1			20.1	
婺源县	65	50			50	
德兴市	3399.5	3351.2	389.2	2612		350

单位:万元

港澳台资本	外商资本	三、损益及分配 营业收入	主营业务收入	营业成本	主营业务成本	营业税金及附加	主营业务税金及附加	其他业务利润	销售费用
		1806.4	1796.9	990.5	981.7	194.6	193.9	8	56.6
		6487.2	6485.2	2865.7	2865.2	324.5	324.5	6.1	1249.2
1561.9		268.3	268.3	33.1	33.1	13.6	13.6		
1561.9		268.3	268.3	33.1	33.1	13.6	13.6		
		4110.8	4110.8	1381.3	1381.3	265.5	265.5		1499.8
		1626.6	1626.6	652.3	652.3	91	91		256.8
		23048.4	23031.4	12386.5	12368.1	1560.6	1559.4	18.1	3116.5
1561.9		268.3	268.3	33.1	33.1	13.6	13.6		
		1258.1	1258.1	516.1	516.1	34.5	34.5	151.8	41.1
1561.9		30312.2	30295.2	14969.3	14950.9	1965.2	1964	169.9	4914.2
		6546.7	6546.7	2035	2035	404.2	404.2	6.1	2367.4
1561.9		23765.5	23748.5	12934.3	12915.9	1561	1559.8	163.8	2546.8
	200	109334.1	108641	55712.2	53072.2	6199.1	6007	650.1	17537.1
	200	9821.4	9762.6	2359.2	2359.2	560.8	499.6	3.2	4092.7
		757.1	757.1	203.5	203.5	41.6	41.6		427.8
		3460	3460	608.3	608.3	196.5	196.5		1931
		55734.9	55734.9	29500.3	28112.6	2985.4	2859.6		6121.9
		6936.7	6936.7	5125.7	5125.7	362.5	362.5		368.4
		584.3	584.3	386.2	386.2	11.6	11.6		71.9
		1395.9	1395.9	768.9	768.9	52.9	52.9		311.8
		6359.2	5781.9	3506.8	2934.6	632.6	627.5	94.3	418.9
		8299.5	8299.5	4184.3	4184.3	510.5	510.5	2.6	1434.7
		2242.5	2242.5	1731.9	1731.9	123.3	123.3	28.3	28.3
		9142.2	9089.2	4122.3	4096.8	472.2	472.2	517.7	1291.5
		4600.4	4596.4	3214.8	2560.2	249.2	249.2	4	1038.2
1561.9		30312.2	30295.2	14969.3	14950.9	1965.2	1964	169.9	4914.2
		4161	4158.6	2220.4	2215.4	219.4	219.4	151.8	693.8
1561.9		3216.7	3216.7	899.3	899.3	164.3	164.3	6.1	868.6
		4665.3	4665.3	1659.3	1659.3	296.5	296.5		1499.8
		2995.3	2995.3	1378.4	1378.4	348.3	348.3		406.7
		5747.1	5747.1	4045.9	4045.9	286.4	286.4		648.3
		1415.4	1415.4	884.9	884.9	51	51		
		260.3	260.3	154.6	154.6	2.5	2.5		
		3020	3005.4	1590.9	1577.5	340.1	338.9	12	82.9
		485	485	199	199	32.5	32.5		
		845.1	845.1	464.9	464.9	46	46		112.5
		3501	3501	1471.7	1471.7	178.2	178.2		601.6

指标名称	三、损益及分配(续)					
	管理费用	税金	财务费用	利息收入	利息支出	资产减值损失
总计	24116.5	1388.6	8469.5	384	5300.8	116.8
一、住宿业	18377.7	933.5	7478.7	381.3	4465.7	
旅游饭店	14529.7	835.8	6680.3	92.3	3696	
一般旅馆	3061.8	97.7	769.5	289	740.8	
其他住宿业	786.2		28.9		28.9	
内资企业	18377.7	933.5	7478.7	381.3	4465.7	
国有企业	789.2	85.2	62	1.9	25.5	
股份合作企业	412.7		28.7			
有限责任公司	6424.8	292.7	3139.6	297.4	2747.4	
其他有限责任公司	6424.8	292.7	3139.6	297.4	2747.4	
股份有限公司	4632.6	95.7	1804	2.6	349	
私营企业	6106.4	459.9	2435.4	79.4	1334.8	
私营独资企业	8		0.1			
私营合伙企业	10.7	1.2	7.3			
私营有限责任公司	5755.4	458.7	2361.6	79.4	1334.8	
私营股份有限公司	332.3		66.4			
其他企业	12		9		9	
国有控股	1201.9	85.2	90.7	1.9	25.5	
私人控股	16604.3	848.3	7324.1	379.4	4440.2	
其他	571.5		63.9			
独立门店	18117.7	933.4	7461.5	381.3	4459.9	
其他	260	0.1	17.2		5.8	
中型	4587.5	124.9	2210.7	7.9	2117.6	
小型	13784.7	808.6	5267.9	373.4	2348.1	
微型	5.5		0.1			
五星	1822.9		187		181.5	
四星	7161	626.8	4069	81.5	3197	
三星	3844	222.9	3090.6	2.8	1142.7	
二星	2.5					
其他	5547.3	83.8	132.1	297	－55.5	
二、餐饮业	5738.8	455.1	990.8	2.7	835.1	116.8
正餐服务	5738.8	455.1	990.8	2.7	835.1	116.8
内资企业	5478.7	455.1	990.8	2.7	835.1	116.8
有限责任公司	2695.2	98.1	106.4	0.1	76.2	116.8
其他有限责任公司	2695.2	98.1	106.4	0.1	76.2	116.8
股份有限公司	374.9	81.2	51.5	0.1	31.1	
私营企业	2408.6	275.8	832.9	2.5	727.8	
私营独资企业	315.1	14.2	62.5			

法人企业财务状况综合表(三)

单位:万元

公允价值变动收益	投资收益	营业利润	营业外收入	政府补助	营业外支出	利润总额	应交所得税	应付职工薪酬(本年贷方累计发生额)	应交增值税	五、从事住宿和餐饮业活动的从业人员平均人数(人)
三、损益及分配(续)								四、人工成本		
	287.2	5851.3	297.3	142.8	453	1486.8	597.2	22563.3	365.6	7289
	168.4	4166.8	285.4	142.8	360.9	1075.2	519.2	17637.9	336.8	5354
	173.2	4559.9	219.5	137.8	299.1	1968.9	406.7	11102.2	333.7	3740
	-4.8	-528.7	55.7	5	61.8	-1039.5	112.5	5687.1	3.1	1418
		135.6	10.2			145.8		848.6		196
	168.4	4166.8	285.4	142.8	360.9	1075.2	519.2	17637.9	336.8	5354
		299.7	3.5		34.9	268.3	36.5	579	3	280
		730.8				730.8		53.6		15
		680.8	99.5	1.5	109.8	-1285.8	195.1	8774		2078
		680.8	99.5	1.5	109.8	-1285.8	195.1	8774		2078
		732.7	9.5	5	3	589.9	113.5	1662.6	3.1	640
	168.4	1682.1	160.9	136.3	208.2	724.3	174.1	6540.7	330.7	2261
	-4.8	-11.3				-6.5		156.1		63
		465				282.9	14	323.3	323.3	50
	173.2	281.3	160.9	136.3	208.2	-499.2	160.1	5667.8	7.4	1988
		947.1				947.1		393.5		160
		40.7	12		5	47.7		28		80
		1030.5	3.5		34.9	999.1	36.5	632.6	3	295
	168.4	2979.8	281.9	142.8	326	-80.4	482.7	16478.2	333.8	4935
		156.5				156.5		527.1		124
	173.2	4089.1	284.9	142.8	360.4	1001.4	519.2	17247.1	336.8	5221
	-4.8	77.7	0.5		0.5	73.8		390.8		133
		-301	158	103.5	52.9	-682.3	222.4	5061.2		1449
	173.2	4472.6	127.4	39.3	308	1757.5	296.8	12554.2	336.8	3886
	-4.8	-4.8						22.5		19
		745.3	36		5	261.6	37.5	1405		458
	173.2	-71	35.6	40.8	195.2	-787.1	192.4	7300.6	333.8	2287
	-4.8	1056.9	126.5	102	105	-944	146.9	3658.3	3	1284
		-6.5				-6.5		133.6		44
		2442.1	87.3		55.7	2551.2	142.4	5140.4		1281
	118.8	1684.5	11.9		92.1	411.6	78	4925.4	28.8	1935
	118.8	1684.5	11.9		92.1	411.6	78	4925.4	28.8	1935
	118.8	1723	11.9		92.1	450.1	77.9	4794.4	28.8	1866
		927.4	3.6		12.9	451.6	13	2320.1	20	951
		927.4	3.6		12.9	451.6	13	2320.1	20	951
		205.4	1.6		23.8	104.5	19.3	474	2.1	156
	118.8	590.2	6.7		55.4	-106	45.6	2000.3	6.7	759
		728.9				459.8		241.2	3.8	117

12－10 续表3

指标名称	三、损益及分配(续)					
	管理费用	税金	财务费用	利息收入	利息支出	资产减值损失
私营合伙企业	348.8	99.6	44.4		30.1	
私营有限责任公司	1744.7	162	726	2.5	697.7	
港、澳、台商投资企业	260.1					
港澳台商独资企业	260.1					
国有控股	818.8		24.5			
集体控股	304.5		73.1		73.1	
私人控股	3466.5	452.3	890.8	2.7	760.8	
港澳台商控股	260.1					
其他	888.9	2.8	2.4		1.2	116.8
独立门店	5738.8	455.1	990.8	2.7	835.1	116.8
中型	1816	138.7	624.8		600.3	
小型	3922.8	316.4	366	2.7	234.8	116.8
三、住宿业按地区分组	18377.7	933.5	7478.7	381.3	4465.7	
信州区	3108.7	40.6	1553.6	0.9	933.4	
广丰区	63.2	12.1				
上饶县	912.4	1.4	1287.5		1226.7	
玉山县	8403.9	301.9	2769.3	298.8	902.5	
铅山县	52.7		1.9			
横峰县	33.3	4.5	0.7			
弋阳县	225.3		39.8		39.8	
余干县	1113.3	323.3	201.3	77.3	65.7	
鄱阳县	1737.4		32.3			
万年县	522.8	73.5	473.3	0.7	464.4	
婺源县	1566.3	140.6	436.9	1	309.8	
德兴市	638.4	35.6	682.1	2.6	523.4	
四、餐饮业按地区分组	5738.8	455.1	990.8	2.7	835.1	116.8
信州区	443	103.4	103.9	2.6	99.4	
广丰区	1279.3	156.7	601.3		600.3	
上饶县	1105		24.8			
玉山县	173.1		21.4		1.1	
铅山县	453.4		62.9			
横峰县	19.7	14.2				
弋阳县	96		6.2			
余干县	623.3	180.8	95.7		60.9	
鄱阳县	223.5					
婺源县	124.5					
德兴市	1198		74.6	0.1	73.4	116.8

单位：万元

三、损益及分配（续）								四、人工成本		五、从事住宿和餐饮业活动的从业人员平均人数（人）
公允价值变动收益	投资收益	营业利润	营业外收入	政府补助	营业外支出	利润总额	应交所得税	应付职工薪酬（本年贷方累计发生额）	应交增值税	
		179.5	1.6		35.2	145.9	29.2	341.6	2.9	127
	118.8	-318.2	5.1		20.2	-711.7	16.4	1417.5		515
		-38.5				-38.5	0.1	131		69
		-38.5				-38.5	0.1	131		69
		120.9	1.2		10.5	111.6		788.4		263
		248.9						206		67
	118.8	1695.2	10.6		81.6	680.4	77.9	3627.2	28.8	1296
		-38.5				-38.5	0.1	131		69
		-342	0.1			-341.9		172.8		240
	118.8	1684.5	11.9		92.1	411.6	78	4925.4	28.8	1935
		-694.6	6.3		10.5	-707.2		1376.4		443
	118.8	2379.1	5.6		81.6	1118.8	78	3549	28.8	1492
	168.4	4166.8	285.4	142.8	360.9	1075.2	519.2	17637.9	336.8	5354
		-1322.1	12.5		62.6	-1961.9	28.1	4705.2		886
		21				21	3.3	198.5		68
		-1475.7	35.8	1.5	13.6	-1453.5		1105.2		319
		5954.1	48.4		37.6	4985	359.4	5091.7		1558
		1025.5						352.6		91
	-4.8	-4.8				86.6		82.5		47
		2.9				-3.5	0.2	333.4		170
	173.2	410.2	8.4	34.3	221	364.8	67.3	940.9	10.4	368
		400.3	27.1		5.9	-71.4		1277.1		448
		-637.1	103.3	102	7.3	-512.8		487.7		161
		383	41		8.9	206.5	52.8	2362	323.3	824
		-590.5	8.9	5	4	-585.6	8.1	701.1	3.1	414
	118.8	1684.5	11.9		92.1	411.6	78	4925.4	28.8	1935
	118.8	550.3				126.6	25.4	1207.3		419
		-590	5.1			-747.3	0.1	814	20	279
		79.9	1.2		10.5	70.6		946.2		321
		647.2			20.2	647.1	1.4	239.6		102
		250.2	2.3		2.4	-97.1	2.6	327.7		150
		459.8				459.8		93	3.8	49
		1				1		26.8		12
		299.1	2.9		59	243	48.5	531.1	5	181
		30						150		60
		97.2				97.2		39.5		15
		-140.2	0.4			-389.3		550.2		347

12－11 限额以上住宿和餐饮业

（2015

指 标 名 称	法人企业数（个）	从业人员期末人数（人）	营业额	其中：使用银行卡支付的营业额	客房收入	其中：通过公共网络实现的客房收入
总计	94	7623	134797.5	24377.8	59284.2	6672.7
一、住宿业	64	5639	105068.5	20906.2	51183.2	5273.7
旅游饭店	44	4033	85320.1	18383.6	40226	3621.2
一般旅馆	19	1410	16000.6	2522.6	9388.6	1407.1
其他住宿业	1	196	3747.8		1568.6	245.4
内资企业	64	5639	105068.5	20906.2	51183.2	5273.7
国有企业	3	291	6244.7	674.6	2849.7	32
股份合作企业	1	15	3238.9	728	1399.4	94.7
有限责任公司	21	2155	41494.5	8326.7	19864.1	2342.9
其他有限责任公司	21	2155	41494.5	8326.7	19864.1	2342.9
股份有限公司	9	628	17050.9	5459.6	7419.5	871.1
私营企业	29	2470	36463.3	5717.3	19350.2	1933
私营独资企业	2	62	320.2	159.8	72.4	1
私营合伙企业	1	64	1190		457.8	
私营有限责任公司	24	2180	30231.4	4711.8	16833.2	1885.2
私营股份有限公司	2	164	4721.7	845.7	1986.8	46.8
其他企业	1	80	576.2		300.3	
国有控股	4	306	9483.6	1402.6	4249.1	126.7
私人控股	58	5217	92979.4	18999.8	45472.1	5058.9
其他	2	116	2605.5	503.8	1462	88.1
独立门店	60	5415	103796.8	20803.9	50378.9	5214.6
其他	4	224	1271.7	102.3	804.3	59.1
中型	8	1555	22685.5	5587.5	11284.5	2665.8
小型	55	4067	82383	15318.7	39898.7	2607.9
微型	1	17				
五星	2	568	4262		2651.7	
四星	24	2391	43702.1	10222.8	21065.7	3322.8
三星	16	1280	28193.6	2216.6	12188.8	1082.9
二星	1	45	320.2	159.8	72.4	1
其他	21	1355	28590.6	8307	15204.6	867
二、餐饮业	30	1984	29729	3471.6	8101	1399
正餐服务	30	1984	29729	3471.6	8101	1399
内资企业	29	1912	29219.9	3471.6	7896.4	1399
有限责任公司	12	972	12357.3	1811.9	4070.9	147
其他有限责任公司	12	972	12357.3	1811.9	4070.9	147
股份有限公司	3	170	2997		447.1	
私营企业	14	770	13865.6	1659.7	3378.4	1252
私营独资企业	2	117	5476.1		1245.4	

法人经营情况

年）　　　　　　　　　　　　　　　　　　　　　　　　　　　　单位:万元

其中:通过非自营收入平台实现的客户收入	餐费收入	其中:通过公共网络实现的餐费收入	其中:通过非自营平台实现的餐费收入	商品销售收入	其他收入	客房数(间)	床位数(个)	餐位数(位)	年末餐饮营业面积(平方米)
3202.8	65221.2	4325.9	769.1	7727.8	2564.3	11144	19129	43021	170092
3031.7	46084.1	1819.9	667.8	5793.1	2008.1	9583	16554	31269	124915
2333.9	37515.8	183.5	22.2	5640.4	1937.9	7258	12560	23885	87475
697.8	6432.2	1415.4	645.6	152.7	27.1	2129	3706	6784	33760
	2136.1	221			43.1	196	288	600	3680
3031.7	46084.1	1819.9	667.8	5793.1	2008.1	9583	16554	31269	124915
3.5	3001.2			241.3	152.5	315	511	1558	5200
41	1604.7			222.4	12.4	91	175	200	950
1700.1	17381.2	271.5	7.9	3112.7	1136.5	3816	6613	12127	55557
1700.1	17381.2	271.5	7.9	3112.7	1136.5	3816	6613	12127	55557
184.7	8407.1	45.1		1065.9	158.4	989	1824	3482	14670
1102.4	15414	1503.3	659.9	1150.8	548.3	4172	7081	13702	46938
	193.1			54.7		67	128	270	1500
	651.1			53.2	27.9	123	226	199	200
1055.6	12085.5	1503.3	659.9	792.3	520.4	3701	6194	12483	41613
46.8	2484.3			250.6		281	533	750	3625
	275.9					200	350	200	1600
44.5	4605.9			463.7	164.9	406	686	1758	6150
2899.1	40542.9	1819.9	667.8	5121.2	1843.2	8919	15414	28411	116794
88.1	935.3			208.2		258	454	1100	1971
3025.7	45679.2	1788.3	659.9	5730.6	2008.1	9231	15943	30669	121427
6	404.9	31.6	7.9	62.5		352	611	600	3488
1843.1	10602.8	1394.4	501.8	612.5	185.7	2473	4010	8982	38274
1188.6	35481.3	425.5	166	5180.6	1822.4	7110	12544	22287	85441
									1200
	1495.6			90.9	23.8	624	881	1450	7300
2085.6	20448.2	1501.7	514.1	1432.3	755.9	3968	6831	14007	56385
442.7	11968.2	230.6	145.8	2865.9	1170.7	1893	3359	8055	24130
	193.1			54.7		67	128	270	300
503.4	11979	87.6	7.9	1349.3	57.7	3031	5355	7487	36800
171.1	19137.1	2506	101.3	1934.7	556.2	1561	2575	11752	45177
171.1	19137.1	2506	101.3	1934.7	556.2	1561	2575	11752	45177
171.1	18832.6	2506	101.3	1934.7	556.2	1482	2425	11352	42177
32	7906.1	1094		374.3	6	711	1138	4074	16704
32	7906.1	1094		374.3	6	711	1138	4074	16704
	1891.9			625.3	32.7	100	140	1495	6410
139.1	9034.6	1412	101.3	935.1	517.5	671	1147	5783	19063
	2890			848.5	492.2	102	150	650	1280

12－11 续表 1

指标名称	法人企业数（个）	从业人员期末人数（人）	营业额	其中：使用银行卡支付的营业额	客房收入	其中：通过公共网络实现的客房收入
私营合伙企业	2	154	1806.4			
私营有限责任公司	10	499	6583.1	1659.7	2133	1252
港、澳、台商投资企业	1	72	509.1		204.6	
港澳台商独资企业	1	72	509.1		204.6	
国有控股	1	269	3851.8	1155	1567.9	115
集体控股	1	67	1626.6		656.7	
私人控股	25	1334	22486.9	2316.6	5297.8	1284
港澳台商控股	1	72	509.1		204.6	
其他	2	242	1254.6		374	
独立门店	30	1984	29729	3471.6	8101	1399
中型	2	449	6272	2768.5	2959	1367
小型	28	1535	23457	703.1	5142	32
三、住宿业按地区分组	64	5639	105068.5	20906.2	51183.2	5273.7
信州区	9	884	9925.2	1850.2	5545.5	747
广丰区	1	68	757.1	100	442.5	
上饶县	3	299	3777.6	413.8	2494.1	167.6
玉山县	21	1535	55576.3	16218.9	25528.4	3948.1
铅山县	1	91	6936.7		2346.6	
横峰县	2	41	545.7		167.1	
弋阳县	3	172	1390.4		738.1	
余干县	4	508	6359.2		2787.8	
鄱阳县	2	443	3604.1		1711.8	
万年县	1	156	2430.8		1264	
婺源县	12	1024	9165	1888.9	5327.5	397.5
德兴市	5	418	4600.4	434.4	2829.8	13.5
四、餐饮业按地区分组	30	1984	29729	3471.6	8101	1399
信州区	7	429	4085.6	144.2	722.2	
广丰区	4	282	3441.8	1653.5	1595.7	1252
上饶县	2	311	4406.3	1155	1567.9	115
玉山县	3	105	2995.3	518.9	939	32
铅山县	3	150	5276.7		1467.6	
横峰县	1	49	1415.4			
弋阳县	1	12	260.3		86.7	
余干县	3	222	3020			
鄱阳县	1	60	485			
婺源县	1	15	845.1		372.2	
德兴市	4	349	3497.5		1349.7	

单位:万元

其中:通过非自营收入平台实现的客户收入	餐费收入	其中:通过公共网络实现的餐费收入	其中:通过非自营平台实现的餐费收入	商品销售收入	其他收入	客房数（间）	床位数（个）	餐位数（位）	年末餐饮营业面积（平方米）
	1758.3			38.6	9.5			1604	2942
139.1	4386.3	1412	101.3	48	15.8	569	997	3529	14841
	304.5					79	150	400	3000
	304.5					79	150	400	3000
	2283.9					147	213	450	2000
	969.9					140	280	220	270
171.1	14698.2	2506	101.3	1934.7	556.2	1023	1651	9462	35010
	304.5					79	150	400	3000
	880.6					172	281	1220	4897
171.1	19137.1	2506	101.3	1934.7	556.2	1561	2575	11752	45177
139.1	3297.2	912	101.3		15.8	356	551	1450	3230
32	15839.9	1594		1934.7	540.4	1205	2024	10302	41947
3031.7	46084.1	1819.9	667.8	5793.1	2008.1	9583	16554	31269	124915
333.7	4232.5	421	143.8	92.4	54.8	1220	1948	2471	16920
	314.6					136	204	500	2000
	1172.6				110.9	561	893	1732	10101
2566.2	26425	1215.4	501.8	3383.8	239.1	3574	6764	10995	51033
	1899.1			1752.1	938.9	94	177	1203	1250
	378.6					82	100	420	5500
	652.3					229	379	1400	6660
	2798.1			196	577.3	552	725	3388	5812
	1806.2			62.3	23.8	329	463	1410	6530
	1166.8					212	368	1500	2794
131.8	3470	175.6	22.2	306.5	61	1912	3302	4378	10303
	1768.3	7.9			2.3	682	1231	1872	6012
171.1	19137.1	2506	101.3	1934.7	556.2	1561	2575	11752	45177
	3362	1594		1.4		287	411	1398	10490
139.1	1770.3	912	101.3	60	15.8	288	488	1712	4730
	2838.4					147	213	950	6711
32	1748.6			307.7		150	276	748	2367
	1839.8			1443.5	525.8	183	264	1390	6680
	1415.4							60	600
	173.6					54	103	400	500
	2929.9			75.5	14.6			2690	6142
	485							625	2000
	426.3			46.6		90	170	200	300
	2147.8					362	650	1579	4657

12－12　亿元商品市场成交额

（2015 年）　　单位：亿元

地　区	亿元市（商）场及商业街名称	全年
总　计		227.1
信州区（10 家）	※江南商贸城	52.0
	※上饶市赣东北农产品批发大市场	13.1
	上饶大市场	5.5
	※信州区八角塘市场	4.4
	※信州区白鸥园	2.6
	抗建路步行街	5.4
	信江路副食品批发街	8.1
	赣东北大道商业街	1.4
	※南方棉布批发市场	15.6
	洪客隆投资发展（上饶）有限公司	2.9
广丰区（5 家）	※广丰裕丰大市场	1.6
	※卧龙城建材市场	1.9
	广丰县烟花鞭炮批发市场	1.0
	※广丰县鸟林街	1.1
	月兔广场商业街	1.6
上饶县（2 家）	※上饶县香港国际家具城	3.4
	※上饶佳利商品批发交易中心	14.3
玉山县（4 家）	玉山将军庙市场	3.6
	玉山沿河路市场	3.9
	玉山县商业街	3.7
	玉山县步行街	4.5
铅山县（2 家）	※铅山县河口消费品综合大市场	9.9
	铅山县河口镇建材大市场	1.4
横峰县（1 家）	横峰县农贸市场	1.6
弋阳县（1 家）	※弋阳县城北综合大市场	4.9
余干县（2 家）	※余干县商贸广场	4.3
	※余干县财富广场	3.1
鄱阳县（4 家）	鄱阳县帅特龙商业街	2.5
	鄱阳县建材大市场	2.2
	鄱阳县恒昌糖酒有限公司	2.1
	鄱阳县装饰大市场	1.5
万年县（2 家）	※万年县万昌大市场	2.3
	※万达建材家居广场	1.9
德兴市（1 家）	※德兴市禾底畈农贸市场	3.8
婺源县（2 家）	婺源县茶乡商贸城	4.0
	婺源县朱子步行街	2.1
经开区（1 家）	月亮湾汽车城	28.1

注：“※”为省认定的亿元市场

主要统计指标解释

社会消费品零售总额 指批发和零售业、住宿和餐饮业以及其他行业直接售给城乡居民和社会集团的消费品零售额。其中,对居民的消费品零售额,是指售予城乡居民用于生活消费的商品金额;对社会集团的消费品零售额,是指售给机关、社会团体、部队、学校、企事业单位、居委会或村委会等,公款购买的用作非生产、非经营使用与公共消费的商品金额。社会消费品零售总额包括:售给城乡居民作为生活消费用的商品和修建房屋用的建筑材料的金额,以及售给来华的外国人、华侨、港澳台同胞的消费品金额;售给社会集团用作非生产、非经营使用与公共消费的商品金额。

不包括:

城市居民间或居民委托信托商店卖出的商品;

售给农业、工业、建筑业等行业用于生产的商品。

亿元以上商品交易市场 指年成交额在亿元及以上的商品交易市场。商品交易市场是指经有关部门和组织批准设立,有固定场所、设施,有经营管理部门和监管人员,若干市场经营者入内,常年或实际开业三个月以上,集中、公开、独立地进行生活消费品、生产资料等现货商品交易以及提供相关服务的交易场所,包括各类消费品市场、生产资料市场等。

综合市场 指经营生产资料、工业消费品、农产品等多种商品的综合性现货商品交易市场。市场内经营的两类或两类以上工业消费品或农业消费品,如果不属于同一专业市场大类,应将市场划为工业消费品综合市场或农产品综合市场。如,市场中既有服装、鞋帽、针纺织品摊位,又有日用品类摊位,且成交比重难以分出主次的,应将市场类别确定为工业消费品综合市场;市场中既有粮油类、肉禽蛋类、水产品类,又有蔬菜类、干鲜果品类,且成交比重难以分出主次的,将市场类别确定为农产品综合市场。

专业市场 指主要进行某一领域商品的交易活动的现货市场。根据所经营的商品类别,分为12类专业市场。

专业市场类别应根据摊位交易情况确定,即经营某类商品的摊位成交额超过总成交额的60%,市场则确定为相应的专业市场,如以粮油类商品成交为主的市场确定为粮油市场;经营灯具、日用塑料制品、日用金属制品、日用小百货、餐具、厨具、工艺品、儿童玩具、洗涤用品、钟表眼镜、烟花爆竹、缝纫机、人力或助动车类及配件等为主的市场,摊位成交额为日用品类成交额,市场类别为小商品市场;经营天然植物、人造花卉类为主的市场,摊位成交额为其他类成交额,市场类别为花卉市场;经营五金电料类、家具类、木材及制品类和建筑及装潢材料类等商品的市场,摊位成交额中这四类商品成交额超过总成交额的60%,市场类别为这四类成交额中最大的商品所对应的专业市场类别。

营业额 指住宿和餐饮业单位在经营活动中因提供服务或销售商品等取得的全部收入,包括:客房收入、餐费收入、商品销售额(含增值税)和其他收入。不包括法人企业附营的其他行业产业活动单位的餐费收入、商品销售收入等各项收入。

十三、对外经济贸易、旅游业

简要说明

●本篇资料反映全市对外贸易、利用外资和旅游事业发展状况。

●本篇中有关对外经济贸易和利用外资的数据来源于市商务局，有关旅游的资料来源于市旅游发展委员会。

内容提要

● 2015 年，外贸出口总额 381521 万美元，比 2014 年增长 5.8%。

● 2015 年，实际利用外资 94111 万美元，比 2014 增长 12.2%。

● 2015 年，接待国内游客 9344 万人次，比 2014 年增长 33.1%；旅游综合收入 7902776 万元，比 2014 年增长 38.0%。

本篇资料整理、校对

徐　静、邓晓芸

13-1 分商品进出口情况

（2015年）　　　　金额单位：万美元、%

商品名称	出口	同比增长	进口	同比增长
全　　市	381521	5.8	50893	18.6
#高新技术产品	128969	35.9	43292	35.8
机电产品	188718	10.5	44097	31.0
光伏产品	119375	39.7	39972	32.4
纺织服装	61004	8.2	423	-46.9
农产品	17490	-7.0	323	2148.6
陶瓷产品	8217	-15.7		
钢　　材	5153	72.6	5	201.1
玻璃制品	1526	-42.4	52	-48.0
纸及纸板	3043	73.2		
纺织机械及零件	1110	-7.2		
印刷品	469	-20.0		
医药品	540	114.8		
肥　　料	208	17.4		

13－2　县(市、区)实际利用外资情况

单位:万美元

县(市、区)	2014年	2015年	增幅(%)
总　　计	83912	94111	12.2
信 州 区	6545	7326	11.9
广 丰 区	8656	9615	11.1
上 饶 县	5795	7744	33.6
玉 山 县	5653	6512	15.2
铅 山 县	4116	5070	23.2
横 峰 县	4210	4520	7.4
弋 阳 县	4561	5053	10.8
余 干 县	4674	5659	21.1
鄱 阳 县	5171	5716	10.5
万 年 县	5439	6042	11.1
婺 源 县	3875	4335	11.9
德 兴 市	3558	3950	11.0
经 开 区	20100	20869	3.8
三 管 委	1559	1700	9.0

13－3　主要景区旅游接待人数及收入

（2015 年）　　　　单位:万人次、万元、%

县　市	旅游人数		旅游综合收入	
	总计	增长	总计	增长
上饶市	9344	33.1	7902776	38.0
信州区	971	26.5	1013385	15.0
广丰区	490	24.6	696927	42.0
上饶县	278	37.4	192667	13.2
玉山县	818	9.7	763134	31.7
铅山县	454	61.8	362464	68.9
横峰县	119	－12.9	103362	－7.7
弋阳县	780	100.6	390449	36.1
余干县	299	57.6	231190	61.1
鄱阳县	1141	52.5	830451	58.3
万年县	311	15.3	262709	17.2
婺源县	1445	12.6	704703	8.4
德兴市	576	219.7	601374	178.5
三管委	1272	17.9	1128738	31.9
集中营	289	9.8	591310	68.7
方管委	102	11.5	29915	10.3

13－4 主要景区一览

(2015年)

名称	简介
三清山	东方女神、巨蟒出山、观音赏曲、万笏朝天……，鬼斧神工的绝景；春花秋月、晨曦暮霭、云涛雾海、珍禽异兽……，美不胜收的自然。世界自然遗产、世界地质公园、国家级风景名胜区、国家5A级旅游景区三清山，因玉京、玉虚、玉华“三峰峻拔，如三清列坐其巅”而得名，高凌云汉、清绝尘嚣，自古号称“天下第一仙峰，世上无双福地”，被誉为“世界精品、人类瑰宝、精神玉境”。
婺源	中国最美的乡村、首批中国旅游强县婺源县位于赣东北，与皖浙两省交界，徽州六县和徽州文化的发祥地之一。县内生态环境优美，全县森林覆盖率82.5%，全县就是一个大公园、大景区。境内文化底蕴深厚，历史遗迹、明清古迹遍布乡野，三雕（石雕、砖雕、木雕）、歙砚制作技艺为国家非物质文化遗产。婺源素有“书乡”、“茶乡”之称，是全国著名的文化与生态旅游示范县，2013年1月16日婺源县江湾景区成功创建国家5A级旅游景区，目前全县共有6个4A级旅游景区，1个3A级旅游景区；2011年10月全国唯一的“国家乡村旅游度假实验区”落户婺源，将把婺源旅游发展提升到一个新的水平。
龟峰	世界自然遗产、世界地质公园、国家级风景名胜区、国家4A级旅游景区—龟峰，这里“无山不龟、无峰不龟、无石不龟”，素有“江上龟峰天下稀”之美誉。徐霞客赞叹“盖龟峰峦嶂之奇、雁荡所无”，是“天赐的园林”、“璀璨的明珠”。典型丹霞地貌的龟峰，丹山碧水中有精雕细刻的灵巧，又有刀削斧劈的粗犷，三十六峰、峰峰奇特，八大景观、景景壮观；峻峭的山峦、秀逸的峰岩、嶙峋的怪石、幽奇的岩洞，让你一饱眼福；挺拔的劲松、亭亭的翠竹、葱茏的草木、汩汩的清泉，使你流连忘返……
鄱阳湖国家湿地公园	鄱阳湖国家湿地公园位于鄱阳湖东岸，国家4A级旅游景区，面积365平方公里，她浓缩了中国湖泊的精华，荟萃了鄱阳湖水、鸟、草、鱼、岛、渔等自然与人文精华，被誉“地球上最美的母亲”春：在山花烂漫的湖畔有氧踏车，在斑斓的热气球中飞翔，或是赤脚奔跑在湖畔青草地上。夏：蓝天碧水，白鱼青虾，一湖睡莲。可一枚扁舟上慵懒悠闲，也可乘游艇惊险刺激，或是寻个无人野渡畅游潜泳，摸鱼抓虾。秋：搭帐篷、观候鸟、看星星？还是荡舟湖上、与落霞孤鹜一起，品读夕阳的静谧绚丽，抑或点起一堆篝火，自渔自烹。冬：98%的湿地候鸟群、数十万只天鹅、白鹤、大雁、白鹳，沉寂单调绝不属于鄱阳湖的冬天。你可以聆听天籁般的鸟鸣，可以观看，可以与鸟同行，幸运的话，把小鸟送回它温暖的窝。
鹅湖书院	鹅湖书院位于鹅湖山国家森林公园，号称天下四大书院之一，现为国家重点文物保护单位。南宋淳熙二年(1175)，朱熹、吕祖谦、陆九渊、陆九龄及其友朋弟子在此共同讲学（史称“鹅湖之会”），成为中国理学史上的里程碑，对我国古代的文化学术和哲学的发展与繁荣起到了极大的作用，影响巨大。
葛仙山	葛仙山地处江西铅山县南武夷山北麓，是著名的道教名山。因汉末赤乌元年间江左著名道士、医药学家，道教灵宝派创始人葛玄（后人称之为葛仙翁）在此炼丹、飞升，故亦名葛仙山，又称葛山。葛仙山以神秘悠久的宗教文化和旖旎秀丽的自然风光而著称于闽浙皖赣，号称“中华灵宝第一山”。一山两教，道佛双修，世所罕见。葛仙殿、老君殿、慈济寺、飞升亭、观道亭、碑林等灵宝派道教建筑群，为东南亚之最。一千多年的道教文化积淀，使葛仙山蕴藏着周边风景区无法比拟的文化内涵。
大茅山	大茅山国家级风景名胜区座落在德兴市境内，与三清山东西并峙，是一处以“登山揽胜、休闲度假、宗教朝觐、红色缅怀”为主要功能的山岳型风景名胜区，由大茅山、笔架山、四角坪、双溪湖四个景区组成。风景区风光秀丽、松竹茂密、瀑布聚集、云海雾涛、蔚为壮观，珍稀野生动植物丰富，同时拥有溪、潭、山、石、林、花等多种景源。区内奇特的花岗岩峰峦地貌、良好的森林植被和丰富的水资源融为一体，形成了独特的以“森林生态、峡谷水景”为主要牲的山水景观，具有很高的游憩、景观价值。
灵山	灵山风景名胜区位于江西省上饶县北部，距离上饶县城和上饶市区18公里，为国家级风景名胜区。灵山自然环境独特，地质构造复杂，地貌类型多样，是道、佛二教圣地，道家书列天下第三十三福地，素有“华夏第一龙脊，灵应逍遥福地”之美誉，是一个集运动休闲、度假养生、观光体验、宗教朝觐为一体的近郊山岳型风景名胜区。
上饶集中营	上饶集中营景区座落于江西省上饶市城区南部（今茅家岭街道境内），分为五大参观游览区，拥有革命烈士陵园区、茅家岭监狱旧址、周田监狱旧址区、李村监狱旧址区、七峰岩监狱旧址区等纪念性建筑物及23处遗址、遗迹。上饶集中营名胜区是全国重点文物和革命烈士纪念建筑物重点保护单位，全国爱国主义教育示范基地，全国十大红色旅游基地，全国红色旅游经典景区、国家4A级旅游景区。
方志敏纪念馆·闽浙皖赣革命根据地旧址	上饶方志敏纪念馆·闽浙皖赣革命根据地旧址管委会所辖景区位于弋阳、横峰两县境内，拥有方志敏纪念馆、方志敏故居、漆工暴动纪念馆、叠山书院，闽浙赣省委、省苏维埃政府、省军区、红五分校、红军操场，列宁公园等纪念地，是全国红色旅游经典景区，全国爱国主义教育示范基地，全国重点文物保护单位，国家国防教育示范基地，国家三级博物馆。
神农源	神农源国家级风景名胜区座落在万年、弋阳、乐平三县（市）交界处，是联合国粮农组织评定的“世界农业文化遗产”，分仙人洞、神农宫等6个景区。仙人洞、吊桶环遗址的考古发现，把世界人工栽培水稻的历史提前了5000年。景区内生态资源丰富，地质景观奇特，山林溪水优美，历史古迹众多，具有很高的自然景观与历史文化价值。是一处以山水文化为内涵，以观光游览、科学研究、休闲度假、文化科普为主要功能，集特色、研究与旅游价值较高的山水型风景名胜区。
铜钹山	铜钹山位于闽浙赣三省交界处，距广丰城区26公里，先后被评为国家森林公园、国家3A级景区、省级自然保护区。明代大旅行家徐霞客游历铜钹山后，在《闽游日记后》中赞叹：峰峦环列，此真独胜。铜钹山是“千年封禁神山，休闲养生福地”，拥有3.6万亩原始森林、5万余株红豆杉、135平方公里丹霞石林、3大高峡平湖。境内的白花岩是江南佛教圣地，北宋抗金名将张叔夜故里—塔底，至今还存着宋高宗、宋宁宗御题全文。明代文学家吕怀、清代诗人徐兆伦等文人墨客在这里写下了许多佳词与秀美的自然景观辉映，美不胜数。
云碧峰	云碧峰国家级森林公园位于上饶市信江南岸，原名琅琊峰，是一处融山、林、江、寺为一体的市区内森林绿地。植被以亚热带天然次生林为主，有乔木、灌木、藤木及草本植物共307种，森林覆盖率85%。公园内的“亭、台、楼、阁”是典型的中式风格、中国文化元素，是城市的亮点。

13－5　县(市、区)旅游星级饭店情况

(2015 年)

县　市	四星(家)	三星(家)	二星(家)	小计
全　　市	25	26	2	53
信 州 区	4	2		6
广 丰 区	1	1	1	3
上 饶 县	2			2
玉 山 县	5	3		8
弋 阳 县		1		1
鄱 阳 县		2		2
余 干 县	1	2		3
德 兴 市	2	3		5
婺 源 县	6	6	1	13
三 管 委	4	6		10

主要统计指标解释

外贸进出口总额　对外贸易进出口总额是指从国外(境外)进入国境的进口商品和从国内运出国境的出口商品的总金额,包括一般贸易(含进料加工)、技术成套设备进口和出口、补偿贸易、来料加工装配、易货贸易以及中外合资、合作和外商独资企业的进口和出口等。外贸进口按到岸价格(CIF)计算,出口按离岸价格(FOB)计算。

海关进出口总额　海关进出口总额指实际进出我国国境的货物总金额,包括对外贸易实际进出口货物,来料加工装配进出口货物,国家间、联合国及国际组织无偿援助物资和赠送品,华侨、港澳同胞和外籍华人捐赠品,租赁期满归承租人所有的租赁货物,进料加工进出口货物,边境地方贸易及边境地区小额贸易进出口货物(边民互市贸易除外),中外合资经营企业、中外合作经营企业、外商独资经营企业进出口货物和公用物品,到、离岸价格在规定限额以上的进出口货样和广告品(无商业价值、无使用价值和免费提供出口的除外),从保税仓库提取在国境内销售的进口货物,以及其他进出口货物。进出口总额用以观察一个国家在对外贸易方面的总规模。海关出口货物按离岸价格计算,进口货物按到岸价格计算。

利用外资　是指我国各级政府、部门、企业、中国银行和其他单位通过对外借款、吸收外商直接投资和用其他方式筹措的境外现汇、设备、技术等。不包括赠款、援款。

对外借款　是我国利用外资的主要部分,包括我国通过外国政府贷款、国际金融组织贷款、外国银行商业贷款、出口信贷以及对外发行证券等方式,从国外和港澳地区筹措的资金。

外商直接投资　是指外国企业和经济组织或个人(包括华侨、港澳同胞以及我国在境外注册的企业)按我国有关政策、法规,在我国境内开办外商独资企业、与我国境内的企业或经济组织共同举办中外合资经营企业、合作经营企业或合作开发资源的投资以及外商从企业得到收益的再投资。

外商其他投资　指对外借款和外商直接投资以外,用其他方式吸收的外资,包括补偿贸易、加工装配以及国际租赁等。

旅游人数　是指来我国参观、访问、旅行、探亲、访友、休养、考察、参加会议和从事经济、科技、文化、教育、体育、宗教等活动的外人、华侨、港澳和台湾同胞的人数。不包括外国在我国的常驻机构,如领使馆、通讯社、企业办事处的工作人员和来我国常住的外国专家和留学生等。

旅游外汇收入　指国内各部门为来我国旅游的外国人、华侨、港澳和台湾同胞提供商品和劳务而得到的外汇收入。包括供应商品、饮食和提供住宿、交通、邮电、文化娱乐、导游等各项服务所得的全部外汇收入。

十四、财政、金融

简要说明

●本篇资料反映财政收支状况及金融业发展情况。

●本篇财政部分资料来源于市财政局财政决算报表，金融部分资料来源于市人民银行统计报表。

内容提要

●2015 年，全市财政总收入 2901584 万元，比 2014 年增长 10.5%，一般公共预算收入 2223687 万元，比 2014 年增长 14.5%。

●2015 年，全市一般公共预算支出 4569648 万元，比 2014 年增长 18.8%。

●2015 年末，全市人民币金融机构存款余额 2258.4 亿元，其中个人存款 1438.6 亿元；人民币贷款余额 1474.3 亿元。

本篇资料整理、校对

王忠诚、孙飞

14－1 一般公共预算收支情况

（2015 年）　　单位：万元

项　　目	金　额	项　　目	金　额
收入合计	2223687	支出合计	4569648
一、税收收入	1464733	一、一般公共服务支出	372212
增值税	280270	二、公共安全支出	168557
其中：改征增值税	164074	三、教育支出	924780
营业税	372413	四、科学技术支出	52745
企业所得税	101869	五、文化体育与传媒支出	49455
个人所得税	26031	六、社会保障和就业支出	535998
资源税	77833	七、医疗卫生与计划生育支出	526593
城市维护建设税	58786	八、节能环保支出	82186
房产税	34076	九、城乡社区支出	451461
印花税	13993	十、农林水支出	646526
城镇土地使用税	45674	十一、交通运输支出	89518
土地增值税	167109	十二、资源勘探信息等支出	231618
车船税	10793	十三、商业服务业等支出	75413
耕地占用税	146095	十四、金融支出	409
契税	129791	十五、国土海洋气象等支出	34526
二、非税收入	758954	十六、住房保障支出	241880
专项收入	58753	十七、粮油物资储备支出	11971
行政事业性收费收入	165601	十八、其他支出	65883
罚没收入	58712	十九、债务付息支出	6527
国有资源（资产）有偿使用收入	448220	二十、债务发行费用支出	1390
其他收入	27668		

14-2 分县(市、区)财政收支情况

(2015 年) 单位:万元

地　　区	财政总收入	一般公共预算收入	税收收入	一般公共预算支出
上饶市	2901584	2223687	1464733	4569648
市本级	464972	308487	174837	596854
县市区小计	2436612	1915200	1289896	3972794
信州区	210005	168029	142425	232526
广丰区	418099	283279	186451	473892
上饶县	225017	180300	119972	393150
玉山县	212190	165017	118862	307968
铅山县	180203	147505	83620	250773
横峰县	115159	92966	40743	184356
弋阳县	136276	114743	76817	252562
余干县	145915	105957	85080	404184
鄱阳县	161262	134739	97934	566873
万年县	170067	143509	108302	297218
婺源县	131400	101845	72081	229242
德兴市	331019	277311	157609	380050

14－3　金融机构人民币信贷收支情况

单位：万元

项　　目	2015年末	比年初增减数	
		2014年	2015年
资金来源合计	22296451	1511311	5424373
#各项存款	22584147	2412071	3518212
境内存款	22580436	2412820	3517513
住户存款	14385675	1702440	1897855
非金融企业存款	4600261	517348	1231755
广义政府存款	3556821	147326	405741
非银行业金融机构存款	37679	45706	－17838
境外存款	3711	－749	699
应付及暂收款	433945	39655	－129067
各项准备	538546	61505	113215
所有者权益	1218124	142224	133502
其他	－2478310	－1144145	1788511
资金运用合计	22296451	1511311	5424373
#各项贷款	14742891	2291659	2401932
境内贷款	14742724	2291782	2401984
住户贷款	6728026	935659	689913
非金融企业及机关团体贷款	8014698	1356123	1712071
境外贷款	167	－123	－53
债券投资	603387	25436	－40627
股权及其他投资	2816355	266505	1755460
买入返售资产	39878	30000	9878
联行往来(净)	3683567	－1162174	1314831
外汇买卖	－1919	－504	－575
应收及预付款	141557	31511	－16606
固定资产	270735	28877	80

14－4　县(市、区)金融系统存贷款余额

单位:万元

县(市、区)	金融系统存款余额		其中:居民储蓄存款		金融系统贷款余额	
	2015 年末	比年初增长%	2015 年末	比年初增长%	2015 年末	比年初增长%
上饶市	22584147	18.5	14385675	15.2	14742891	19.5
市辖区	5898348	21.6	2337279	7.2	5331508	20.2
广丰区	1810697	22.4	1290734	22.5	1266533	18.2
上饶县	1821330	20.6	1215053	15.6	1476467	21.7
玉山县	1799897	30.7	1208705	19.3	1266629	19.8
铅山县	1067047	9.7	862257	12.3	519495	21.5
横峰县	605998	11.6	441561	12.9	438898	18.4
弋阳县	1084621	16.9	765985	16.5	592044	26.5
余干县	2136712	16.2	1613912	16.0	776498	19.3
鄱阳县	2697276	17.2	2042820	19.6	941295	18.2
万年县	1172853	18.4	847357	18.8	751420	16.6
婺源县	1264746	14.9	876065	16.3	663065	19.3
德兴市	1224621	4.3	883947	9.5	719039	10.3

统计指标解释

财政收入 国家财政参与社会产品分配所取得的收入，是实现国家职能的财力保证。财政收入所包括的内容几经变化，目前主要包括：

1.各项税收：包括增值税、营业税、消费税、土地增值税、城市维护建设税、资源税、城市土地使用税、印花税、固定资产投资方向调节税、个人所得税、企业所得税、关税和耕地占用税等。

2.专项收入：包括征收排污费、征收城市水资源费收入、教育费附加收入等。

3.其他收入：包括基本建设贷款归还收入、国家能源交通重点建设基金收入、国家预算调节基金等。

4.国有企业计划亏损补贴：这项为负收入，冲减财政收入。

财政支出 国家财政将筹集起来的资金进行分配使用，以满足经济建设和各项事业的需要，主要包括一般公共服务、外交、国防、教育、公共安全、科学技术、文化体育与传媒、社会保障和就业、医疗卫生、环境保护、城乡社区事务、农林水事务、交通运输、工业商业金融等事务和其他支出等科目。

信贷资金 国家银行用于发放贷款的资金叫信贷资金。中国人民银行信贷资金的来源有各项存款、对国际金融机构负债、流通中货币、银行自有资金及当年结益等。信贷资金的运用有各项贷款、黄金占款、外汇占款、财政借款及在国际金融机构中的资产等。

存款 企业、机关、团体或居民根据可以收回的原则，把货币资金存入银行或其他信用机构保管并取得一定利息的一种信用活动形式。根据存款对象的不同可划分：企业存款、财政存款、机关团体存款、对外贸易存款、城乡居民储蓄存款和农村存款等科目，它是银行信贷资金的主要来源。

贷款 银行或其他信用机构根据必须归还的原则，按一定利率，为企业、个人等提供资金的一种信用活动形式。我国银行贷款，分流动资金贷款、固定资产贷款、城乡个体工商户贷款以及农业贷款等科目。

城乡居民储蓄存款 指某一时点城乡居民存入银行及农村信用社的储蓄金额，包括城镇居民储蓄存款和农民个人储蓄存款，不包括居民的手存现金和工矿企业、部队、机关、团体等单位存款。

十五、教育、科技、文化
卫生、体育、其他

简要说明

●本表反映教育、科技、文化、卫生、体育、社会福利、城市建设及其他事业发展情况。

●资料来源:教育方面的资料由市教育局提供;专业技术人员方面的资料由市人力资源和社会保障局提供;广播电视、文化方面的资料由市文广新局提供;卫生方面的资料由市卫计委提供;体育方面的资料由市体育局提供;律师、公证、调解情况由市司法局提供;城市园林绿化、环境保护方面的资料由市建设局和市环保局提供;火灾、交通事故方面的资料由市武警消防支队和市公安局交警支队提供;社会福利和婚姻登记情况由市民政局提供;城市建设基本情况由市建设局提供。

内容提要

● 2015 年末,各类全日制学校 4520 所,其中:高等学校 3 所,中等专业学校 7 所;在校学生 140.53 万人,其中:高等学校 2.62 万人,中等专业学校 2.53 万人。

● 2015 年末,卫生机构 1044 个,床位 2.51 万张,卫生技术人员 2.56 万人。

本篇资料整理、校对

汪涛、丰何生、林嵩

15－1 各类全日制学校基本情况

（2015 年）

类 别	学校数（所）	在校学生数（人）	招生数（人）	毕业生数（人）	教职工数（人）	#专职教师
普通高等学校	3	26166	8900	6996	1639	1324
中等专业学校	7	25343	9036	8269	749	592
中等技术学校	5	16014	5970	4397	364	273
中等师范学校	2	9329	3066	3872	385	319
普通中学	460	410649	144925	125209	31844	26780
高 中	76	137070	48749	41317	9872	6988
初 中	384	273579	96176	83892	21972	19792
职业中学	27	15584	6344	4539	782	616
小 学	1898	681175	113518	97635	36341	35470
特殊教育学校	12	3458	753	571	95	76
幼儿园	2118	242952	141894	112391	15326	9365

15－2 各类学校教师负担学生数

单位：人

类 别	专任教师		平均每个教师负担学生数	
	2014 年	2015 年	2014 年	2015 年
普通高等学校	1285	1324	20	20
中等学校	27976	27988	16	16
中等专业学校	595	592	44	43
普通中学	26673	26780	15	15
职业中学	708	616	22	25
小 学	34892	34745	20	20

15－3 普通高等学校、中等专业学校基本情况

(2015 年)　　　　单位:人

类　　别	在校学生数	招　生　数	毕业生数	教职工数	# 专职教师
普通高等学校	26166	8900	6996	1639	1324
上饶师范学院	16847	4810	4627	1006	833
江西医学高等专科学校	7263	2936	2024	449	355
上饶职业技术学院	2056	1154	345	184	136
中等技术学校	16014	5970	4397	364	273
婺源茶校	941	467	163	78	70
市卫生学校	8833	2343	2989		
市中等专业学校	2976	1268	933	286	203
市职业技术学院中专部	2452	1080	305		
赣东北职业技术教育学校	812	812	7		
中等师范学校	9329	3066	3872	385	319
上饶师范学校	5287	1843	1845	231	191
万年师范学校	4042	1223	2027	154	128

注:市卫生学校、市职业技术学院中专部、赣东北职业技术教育学校的教职工数分别由江西医学高等专科学校、上饶职业技术学院、万年师范学校的教职工兼任。

15－4 普通中学基本情况

(2015 年)　　　　单位:人

类　　别	学校数(所、班)	在校学生数	招　生　数	毕业生数	教职工数	# 专职教师
总　　计	460	410649	144925	125209	31844	26780
城　　区	31	36502	12339	10985	2900	2582
镇　　区	243	294818	104514	89886	21625	17786
乡　　村	186	79329	28072	24338	7319	6412
初　　中	384	273579	96176	83892	22193	19792
城　　区	20	20771	7316	6241	1647	1509
镇　　区	190	181862	63937	55593	13987	12261
乡　　村	174	70946	24923	22058	6559	6022
高　　中	76	137070	48749	41317	9651	6988
城　　区	11	15731	5023	4744	1253	1073
镇　　区	53	112956	40577	34293	7638	5525
乡　　村	12	8383	3149	2280	760	390

注:初中包括初级中学和九年一贯制,高中包括完全中学、高级中学和十二年一贯制

15－5　分县(市、区)普通中学概况

(2015 年)

县　市	学校数(所)			毕业生数(人)			招生数(人)		
	合计	初中	高中	合计	初中	高中	合计	初中	高中
全　市	460	384	76	125209	83892	41317	144925	96176	48749
市　直	4		4	4316	1359	2957	4409	1475	2934
信州区	22	17	5	4019	3574	445	5339	4616	723
广丰区	45	39	6	16704	11336	5368	19086	11782	7304
上饶县	49	39	10	14021	9718	4303	15950	11041	4909
玉山县	26	20	6	10275	6889	3386	13278	9190	4088
铅山县	37	33	4	6254	4256	1998	7642	5329	2313
横峰县	13	12	1	2702	1954	748	3315	2390	925
弋阳县	26	23	3	5626	4190	1436	7084	5262	1822
余干县	66	52	14	14670	9387	5283	18635	12635	6000
鄱阳县	105	93	12	27710	18893	8817	28500	18235	10265
万年县	22	17	5	8726	5565	3161	9723	6091	3632
婺源县	24	22	2	5425	3464	1961	6385	4281	2104
德兴市	20	16	4	4670	3216	1454	5465	3735	1730
三管委	1	1		91	91		114	114	

15－5　续表

县　市	在校学生数(人)			教职工数(人)	
	合计	初中	高中		#专职教师
全　市	410649	273579	137070	31844	26780
市　直	14128	4389	9739	948	874
信州区	14336	12616	1720	1248	1064
广丰区	54114	34655	19459	4007	3452
上饶县	45680	32087	13593	3436	2870
玉山县	36726	25102	11624	2335	2102
铅山县	21484	14675	6809	2027	1766
横峰县	9408	6695	2713	810	673
弋阳县	18829	14002	4827	1539	1373
余干县	51875	35108	16767	4644	3485
鄱阳县	83078	54223	28855	6300	5116
万年县	27106	17292	9814	1929	1547
婺源县	18244	12001	6243	1338	1282
德兴市	15324	10417	4907	1258	1152
三管委	317	317		25	24

15－6　分县(市、区)职业中学概况

(2015 年)　　单位:人

县　市	毕业生数	招生数	在校学生数	教职工数	
				合　计	# 专任教师
全　市	4539	6344	15584	782	616
信州区	1083	911	2348	168	110
广丰区	494	1321	3217	80	64
上饶县	427	900	2168	103	85
玉山县	369	491	1323	104	77
铅山县	486	591	1009	56	37
横峰县					
弋阳县	553	461	1116	37	34
余干县	427	418	987	38	34
鄱阳县				48	39
万年县	60	324	829	56	51
婺源县	235	237	775	62	55
德兴市	405	690	1812	30	30

15－7　分县(市、区)小学概况

(2015 年)

县　市	学校数(所)	毕业生数(人)	招生数(人)	在校学生数(人)	教职工数(人)	# 专任教师
全　市	1898	97635	113518	681175	36341	34745
市　直	1	270	459	2457	69	60
信州区	67	5281	5939	37255	1832	1769
广丰区	165	11462	14506	81932	4302	4266
上饶县	225	11171	12309	73281	4177	4136
玉山县	120	8687	8080	57943	2337	2312
铅山县	81	5186	6487	40999	2036	2001
横峰县	59	2341	4450	22550	1045	1039
弋阳县	116	5000	7368	40598	1812	1807
余干县	365	14485	17237	98273	5573	5258
鄱阳县	460	19207	19504	117147	7627	6665
万年县	137	6387	7018	46437	2165	2095
婺源县	40	4223	5012	30875	1634	1627
德兴市	52	3689	4915	29616	1652	1632
三管委	10	246	234	1812	80	78

15－8　幼儿教育基本情况

（2015年）

城乡	园数（所）	在园幼儿数（人）	新入园幼儿数（人）	教工人数（人）	#教师
总计	2118	242952	141894	15326	9365
城区	188	22799	10426	2222	1345
镇区	889	125302	70166	8795	5538
乡村	1041	94851	61302	4309	2482

15－9　城乡小学基本情况

（2015年）

城乡	学校数（所、班）	在校学生数（人）	招生数（人）	毕业生数（人）	教工人数（人）	#教师
总计	1893	681175	113518	97635	36341	35470
城区	71	45877	7779	6265	2269	2201
镇区	496	350615	53926	53977	16861	16431
乡村	1326	284683	51813	37393	17211	16838

15－10　小学学龄儿童入学率情况

（2015年）　　单位：人

城乡	校内外六至十二周岁学龄儿童总数	小学在校学龄儿童情况分组								学龄儿童入学率（%）
		合计	六周岁	七周岁	八周岁	九周岁	十周岁	十一周岁	十二周岁	
总计	652948	652948	100255	107957	115706	118475	109674	100881		100
城区	44018	44018	6695	7414	7865	7832	7649	6563		100
镇区	334366	334366	48132	53212	56291	61465	58048	57218		100
乡村	274564	274564	45428	47331	51550	49178	43977	37100		100
△女儿童	303147	303147	47183	49909	54042	55241	50510	46262		100

15－11　分县(市、区)学龄儿童入学率

(2015 年)　　单位:人

县　市	六至十二周岁学龄儿童总数	已入学的六至十二周岁学龄儿童总数	入学率(%)
全　市	652948	652948	100
信州区	37988	37988	100
广丰区	73184	73184	100
上饶县	70941	70941	100
玉山县	57186	57186	100
铅山县	39707	39707	100
横峰县	20970	20970	100
弋阳县	39322	39322	100
余干县	95749	95749	100
鄱阳县	115712	115712	100
万年县	43761	43761	100
婺源县	30169	30169	100
德兴市	28259	28259	100

说明:市本级、三管委并非国家定的正式行政区域,无正式国标码,故将上述两个地方的"校内外人口数"和"在读人数"自然划定到所属的信州区和玉山县统计。

15－12 成人教育概况

项目	2014年	2015年
学校数(所)	18	16
成人高等学校	6	4
成人中等学校	12	12
招生数(人)	4143	3785
成人高等学校	3045	2687
成人中等学校	1098	1098
毕业生数(人)	2661	2709
成人高等学校	1910	1958
成人中等学校	751	751
在校学生数(人)	15253	13030
成人高等学校	12996	10773
成人中等学校	2257	2257

15－13　地方国有企事业单位各类专业技术人员

类别	2014年		2015年		平均每万人口中专业技术人员(人)		平均每万职工中专业技术人员(人)	
	人数(人)	比重(%)	人数(人)	比重(%)	2014年	2015年	2014年	2015年
总计	87441	100	87420	100	130.98	130.45	2262.97	2149.50
工程技术人员	4194	4.80	2990	3.42	6.28	4.46	108.54	73.52
农业技术人员	2507	2.87	2476	2.83	3.76	3.69	64.88	60.88
卫生技术人员	15902	18.19	16270	18.61	23.82	24.28	411.54	400.05
科学研究人员	97	0.11	119	0.14	0.15	0.18	2.51	2.93
教学人员	60116	68.75	61275	70.09	90.05	91.43	1555.80	1506.64
会计人员	1338	1.53	1212	1.39	2.00	1.81	34.63	29.80
统计人员	401	0.46	412	0.47	0.60	0.61	10.38	10.13
播音人员	73	0.08	71	0.08	0.11	0.11	1.9	1.75
翻译人员	4	…	4	…	0.01	0.01	0.10	0.10
体育人员	102	0.12	68	0.08	0.15	0.10	2.64	1.67
经济人员	760	0.87	700	0.80	0.15	0.10	2.64	1.67
图书档案文博人员	261	0.30	193	0.22	0.39	0.29	6.75	4.75
工艺美术人员	13	0.01	14	0.02	0.02	0.02	0.34	0.34
律师公证人员	109	0.12	96	0.11	0.16	0.14	2.82	2.36
政工人员	698	0.80	802	0.92	1.05	1.20	18.06	19.72
新闻出版人员	165	0.19	222	0.25	0.25	0.33	4.27	5.46
艺术人员	701	0.80	496	0.57	1.05	0.74	18.14	12.20

15－14　文化事业机构人员情况

（2015 年）

项　　目	机构数（个）	职工数（人）	项　　目	机构数（个）	职工数（人）
总　　计	268	1357	群众文化事业	211	571
艺术事业	14	234	群众文化馆	13	216
艺术表演团体	9	216	文化站	198	355
艺术表演场所	4	10	其他事业单位	4	209
文艺科研机构	1	8	文物事业	26	181
图书馆事业	13	162	博物馆	13	142
公共图书馆	13	162	文物保护机构	13	39

1、总计＝艺术事业＋图书馆事业＋群众文化事业＋其他事业单位＋文物事业
2、群众文化事业＝群众文化馆＋文化站

15－15　各县(市、区)文化事业单位数

（2015 年）　　单位:个

县　　市	艺术表演团体	艺术表演场所	文　化　馆	公共图书馆	博物(纪念)馆
总　计	9	6	13	13	13
市　级	1		1	1	1
信州区	1		1	1	1
广丰区		1	1	1	1
上饶县	1		1	1	1
玉山县	1	1	1	1	1
铅山县			1	1	1
横峰县		1	1	1	1
弋阳县	1	1	1	1	1
余干县		1	1	1	1
鄱阳县	1		1	1	1
万年县	1		1	1	1
婺源县	1		1	1	1
德兴市	1	1	1	1	1

15－16 各县(市、区)文化事业单位业务情况

(2015 年)

县　　市	艺术表演团体演出场次(场)	艺术表演团体演出观众人数(千人次)	群艺、文化馆组织文艺活动(次)	公共图书馆总藏书量(千册)	博物(纪念)馆文物藏品(件)
总　计	1984	1513.94	290	2020.85	24290
市　级	70	77.44	80	927.04	89
信州区	135	237.66	32	171.2	1340
广丰区			9	59	1393
上饶县	435	190.2	16	59	541
玉山县	228	50.76	6	93.22	1244
铅山县				67.15	899
横峰县			6	60	462
弋阳县	210	180.46	26	142.76	408
余干县			17	73.18	1562
鄱阳县	355	527.7	30	100.9	1065
万年县	439	197.7	36	59.64	1545
婺源县	112	52.02	12	88.25	12178
德兴市			20	119.5	1564

15－17 卫生机构、床位和各类人员数

项　　目	2014 年	2015 年
机构数总计(个)	1054	1044
床位数总计(张)	23667	25147
人员数总计(人)	28813	30088
卫生技术人员合计	24627	25590
执业医师	7416	7363
执业助理医师	1789	1859
注册护士	10018	10606
药师(士)	1560	1560
技师(士)	1710	1845
其他	2134	2357
其他技术人员	1091	1365
管理人员	987	956
工勤人员	2108	2177

其中:卫生技术人员＝执业医师＋执业助理医师＋注册护士＋药师(士)＋技师(士)＋其他;人员总计＝卫生技术人员＋其它技术人员＋管理人员＋工勤人员

15－18 各类卫生机构基本情况

（2015年）

分组	机构数（个）	床位数（张）	人员合计（人）	#卫生技术人员	#医生
总计	1044	25147	30088	25590	9222
一、医院合计	116	17187	18996	16076	5114
综合医院	87	12822	15141	12806	4006
中医医院	12	2969	2884	2502	911
专科医院	17	1396	971	768	197
#精神病医院	7	1100	619	494	114
骨科医院	4	166	154	116	44
二、社区卫生服务中心(站)	64	373	855	747	287
三、卫生院合计	237	6130	6235	5471	2242
四、门诊部	15	77	160	142	56
五、诊所.卫生所.医务室	527		740	729	604
六、急救中心(站)	1		45	6	1
七、采供血机构	1		83	65	4
八、专科疾病防治院(所、站)	18	700	665	508	249
#血吸虫病防治所、站	7	510	469	348	175
皮肤病与性病防治所(站、中心)	10	160	182	152	69
九、疾病预防控制中心（防疫站）	12		512	396	164
十、妇幼保健院(所、站)	13	680	984	851	337
十一、卫生监督所	12		243	195	
十二、健康教育所(站、所)					
十三、其他卫生机构	28		570	404	164

15－19　体育事业基本情况

（2015 年）

指　　标	数　值	指　　标	数　值
体委机关职工合计(人)	210	少年儿童业余体育学校情况	
公务员	72	学　　校(所)	9
教练员	41	在校学生数(人)	1068
医　生	2	专职教练员(人)	41
文化教师	36	各类体育培训班人数(人)	35000
管理人员	40	教练员	
工勤人员	18	裁判员	
其他人员	1	学校体育教师	
等级运动员发展人数(人)	41	体育干部	
国家运动健将		举办运动会或比赛	
# 女		# 举办现代运动会次数	60
一级		举办民间比赛次数	100
# 女		举办全民健身活动情况	
二级	41	# 举办全民健身活动次数	
# 女	8	# 1000 人以上的活动	
三级		参加活动人数	
# 女		国际体育活动情况	
少年级		# 出访起数	
# 女		出访人次	
等级裁判员发展人数(人)	404	《国家体育锻炼标准》施行情况	
国际裁判		应参加达标学校数	
# 女		应参加达标校活动学生数	
国家级		达标学生数	
# 女		其他体育场所使用情况	
一级	11	使用个数(个)	347
# 女	8	使用场次(场次)	200000
二级	393		
# 女	94		
三级			
# 女			

15-20 广播电视事业发展情况

指　　标	单　位	2014 年	2015 年
广播电台	座	12	12
节目套数	套	12	12
全年广播剧播出部数	部	3	4
全年广播剧播出集数	集	32	48
中短波广播发射台	座	1	1
广播人口覆盖率	%	98.63	98.37
# 农村广播人口覆盖率	%	98.33	98.37
电视台	座	12	12
节目套数	套	13	13
全年电视剧播出部数	部	873	880
全年电视剧播出集数	集	29320	29450
电视转播发射台数	座	51	51
电视人口覆盖率	%	98.70	98.80
广播电视卫星发射站	座	45000	45000
有线电视入户率	%	49.28	62.28
农村有线电视入户率	%	38.76	46.72

15－21 婚姻登记情况

（2015 年）

县市	准予登记结婚（对）	初婚数（人）	再婚数（人）	准予登记离婚（对）
全市	65446	116346	14543	11887
信州区	3521	5762	1280	1018
广丰区	7736	14127	1345	1145
上饶县	5819	10191	1441	1455
玉山县	4493	7722	1264	954
铅山县	3507	6052	962	790
横峰县	1687	2830	544	483
弋阳县	2819	4857	781	731
余干县	10411	19429	1398	831
鄱阳县	16331	30203	2457	1880
万年县	3757	6626	888	777
婺源县	2943	4895	991	915
德兴市	2340	3513	1167	891
三管委	82	139	25	17

15－22　律师、公证、调解工作基本情况

指　　　　标	2014 年	2015 年
律师工作		
律师事务所(个)	38	41
持律师职业证(人)	368	427
# 专职律师	348	407
兼职律师	20	20
聘请担任常年法律顾问的单位(家)	912	2937
民事代理(件)	2670	4339
刑事辩护(件)	862	1302
非诉讼事件(件)	468	954
公证工作		
公证处(个)	13	13
公证人员(人)	79	73
# 公证员	39	43
办理国内公证事项	12212	10668
办理涉外公证	2377	2579
人民调解工作		
人民调解委员会(个)	3781	3841
调解人员(人)	20433	19668
调解民间纠纷(件)	19609	20962
调解成功率(%)	97.7	97.8

15－23 各县(市、区)火灾、交通事故情况

(2015年)

县市	火灾情况				交通事故情况			
	起数(起)	死亡(人)	伤人(人)	损失(万元)	次数(次)	死亡(人)	伤人(人)	损失(万元)
合计	525	1	2	2573.22	335	113	354	1021805
信州区	91			226	78	14	72	38738
广丰区	29	1	2	457	14	10	10	9340
上饶县	56			115.2	44	7	50	15500
玉山县	59			83.76	19	5	22	10810
铅山县	21			106.07	5	2	4	10200
横峰县	32			16.37	15	3	20	90800
弋阳县	64			113.2	28	6	25	113416
余干县	8			31.8	8	7	2	33500
鄱阳县	71			953.2	80	45	90	609401
万年县	46			126.8	4	1	6	600
婺源县	13			27.12	25	3	45	71700
德兴市	31			97.2	8	8		6600
经开区	4			219.5	7	2	8	11200

15－24　环境保护、园林绿化情况

指　　　　　　　　标	2014 年	2015 年
一、环境保护		
环境保护投资(万元)	22560.04	33952.4
工业废水排放总量(万吨)	5047.92	6570.4
工业废气排放总量(万标立方米)	12129935.95	15219899
废气中二氧化硫(吨)	35431.53	35021.5
#　去除率(%)	68.6	71.0
工业烟粉尘排放量(吨)	36088.06	36403.2
工业固体废物产生量(万吨)	4679.34	4693.3
工业固体废物综合利用率(%)	18.97	21.5
工业固体废物处置率(%)	1.8	1.46
二、园林绿化		
建成区面积(平方公里)	231.99	240.06
城市绿化覆盖率　(%)	47.16	46.96
城市绿地率　(%)	42.16	42.43
人均公共绿地面积　(平方米)	14.76	15.29

备注:环境保护投资仅为环保系统掌握的全市工业污染治理项目建设投资,分别包括:统计年度内正式施工的,且没有纳入“三同时”项目管理的老工业源治理项目累计投资及履行环评审批手续,且调查年度内完成竣工环保验收的新、改、扩建“三同时”项目累计投资。

15－25 社 会 福 利 事 业

（2015年）

项目	单位	合计	项目	单位	合计
一、社会福利院（国家）	（个）	17	七、社会救济		
年末职工人数	（人）	322	（一）城镇		
床位数	（张）	2956	1、城市居民最低生活保障人数	（人）	115692
年末在院人数	（人）	2236	2、城市居民最低生活保障家庭数	（户）	61161
二、光荣院	（个）	64	3、城市临时救济人次数	（人次）	3360
年末职工人数	（人）	415	（二）农村		
床位数	（张）	3670	1、农村低保情况		
年末在院人数	（人）	3206	（1）农村居民最低生活保障人数	（人）	276939
三、工商登记福利工厂	（个）	51	（2）农村居民最低生活保障家庭数	（户）	152763
职工人数	（人）	6108	2、农村临时救济人次数	（人次）	6972
四、烈士纪念建筑管理单位	（个）	5	（三）农村医疗救助总人次数	（人次）	457341
职工人数	（人）	34	（1）农村大病医疗救助人数	（人次）	156315
五、救助管理站	（个）	4	（2）民政部门资助参医疗救助人数	（人）	301026
职工人数	（人）	42	（四）城市医疗救助人数	（人次）	172056
六、殡仪馆单位数	（个）	11			
职工人数	（人）	275			

15-26 城市建设基本情况

（2015年）

指　　标	单　位	上饶市	其中:城区
年末城市人口	（万人）	193.7	145.9
城区(县城)面积	（平方公里）	316.2	92.0
城市建成区面积	（平方公里）	240.1	77.4
供水管道长度	（公里）	2597.8	668.0
供水总量	（万立方米）	14280.9	6389.3
# 生活用	（万立方米）	7282.4	2814.4
用水人口	（万人）	191.6	66.3
天然气供应量	（万立方米）	1675.9	1260.9
# 生活用	（万立方米）	1147.3	819.0
液化气供应量	（吨）	49221.7	20400.0
# 生活用	（吨）	38456.0	15285.0
污水年排放量	（万立方米）	11707.0	4754.0
污水处理总量	（万立方米）	8983.0	4124.0
排水管道长度	（公里）	2667.6	1032.3
生活垃圾清运量	（万吨）	80.7	27.8
生活垃圾处理量	（万吨）	99.4	46.7
公园面积	（公顷）	2421.2	628.0
建成区绿化面积	（公顷）	10482.0	3591.0
道路长度	（公里）	1919.7	681.1
道路面积	（万平方米）	3999.5	1432.9
桥梁数	（座）	98.0	28.0
照明路灯数	（盏）	124156.0	53575.0

注:城区数据含信州区和广丰区

主 要 统 计 指 标 解 释

普通高等学校 指按照国家规定的设置标准和审批程序批准举办,通过国家统一招生考试,招收高中毕业生为主要培养对象,实施高等教育的全日制大学、独立设置的学院和高等专科学校、短期职业大学。

成人高等学校 指按照国家有关规定审批,招收通过全国成人高教统一招生考试的具有高中毕业或同等学历的在职从业人员利用脱产、半脱产、业余或函授等多种形式对其实施高等学历教育,培养高等教育专科或本科毕业水平的专门人才,修业年限、课程设置和总学时数均按高等学历教育要求付诸实施的学校。包括广播电视大学、职工高等学校、农民高等学校、管理干部学院、教育学院、独立设置的函授学院等。

小学学龄儿童入学率 指调查范围内已入小学学习的学龄儿童占校内外学龄儿童总数(包括弱智儿童在内,但不包括盲聋哑儿童)的比重。计算公式:

$$小学学龄儿童入学率=\frac{已入学的小学学龄儿童数}{校内外小学学龄儿童总数)}\times 100\%$$

专业技术人员 指已取得科学技术职称,或大学、中专的理、工、农、医科系毕业,以及国民经济各部门从工作实践中提拔,从事理、工、农医等自然科学技术的研究、教学、生产的专业人员和在机关、企业、事业中从事科学技术业务管理工作的专业人员。

工程技术人员 指在国民经济各行业从事工程技术工作的自然科学技术专业人员,包括:高级工程师、工程师、助理工程师、技术员和未评定职称的技术人员。

农业技术人员 指在国民经济各行业从事农业技术工作的自然科学技术专业人员,包括:高级农艺师、农艺师、助理农艺师、技术员和未评定职称的技术人员。包括卫生事业机构支付工资的全部固定职工和合同制职工中现任职务为卫生技术工作人员。

卫生技术人员 指在国民经济各行业从事卫生医务工作的自然科学技术专业人员,包括:正副主任医师、主任医师、医师、医(护)士和未评定职称的技术人员。

科学研究人员 指在国民经济各行业从事科学技术活动的自然科学技术专业人员,包括:正副研究员、助理研究员、研究实习员、技术员和未评定职称的技术人员。

文化事业机构 指从事专业文化 作和为专业文化工作服务的独立建制的单独核算的单位。不包括这些单位另外举办独立核算的其他机构和各部门的业余文化组织。

艺术表演团体 指从事戏曲、音乐、舞蹈、杂技等专业技术表演,有独立帐户,实行单独核算的团体。不包括半工半艺、半农半艺和民间职业剧团。

艺术表演观众人数(人次) 指售票、包场演出或民族地区免费演出的艺术表演观众人次数。不包括彩排审查和内部观摩演出的观看人次数。

医院 指名称为医院,设有固定床位能收容病人住院并能为病人提供医疗、护理服务的医疗机构。包括县及县以上医院、农村乡卫生院、其他医院三部分。按所属性质分为卫生部门、工业及其他部门、集体经济单位三类。其中县及县以上医院按业务性质分为综合医院和专科医院。

医生 指经卫生部门审查合格,从事医疗工作的专业人员。分为中医医生和西医医生,包括卫生技术人员中的中医师、西医师、中西医结合的高级医师、中医士、西医士和其他中医。

等级运动员人数 指经考核正式批准授予等级运动员称号的人数。运动员等级分为国际级运动健将、运动健将、一级运动员、二级运动员、三级运动员、少年级运动员。

等级裁判员人数 指经考核正式批准授予等级裁判员称号的人数。裁判员等级分为国际裁判、国家裁判、一级裁判、二级裁判、三级裁判。

运动场 指有400米跑道(中心含足球场)和固定道牙,跑道6条以上,没有固定看台的室外田径场地。

体育场 指有400米跑道(中心含足球场)和固定道牙,跑道6条以上,并有固定看台的室外田径场地。以看台空纳观众人数分:甲级25000人以上,乙级15000-25000人,丙级5000-15000人,丁级5000人以下,共四级。

律师 指受聘参加法律顾问处工作,担任法律顾问、刑(民)事代理人、刑事辩护人、办理非诉讼事件、解答法律询问、代写法律事务文书等主要律师业务的专职法律工作者和兼职律师。

公证人员 指在国家公证机关依法办理公证事务的司法人员。包括公证员、助理公证员和在公证处工作的其他人员。

办理公证文书 公证处在年内办结的公证文书件数。公证文书系按司法部规定或批准的格式制作。包括国内公证和涉外公证两部分。其中国内公证分为经济合同公证和民事法律关系公证两大类。

调解人员 在人民调解委员会担任调解民间一般民事纠纷和轻微违法行为所引起的纠纷的工作人员,包括调解委员会的委员和调解小组的调解员。

调解民间纠纷 指调解委员会依照法律规定,根据自愿原则,用说服教育的方法调解民间发生的有关民事权利和义务的争执,促成当事双方达到协议和谅解,解决纠纷。包括婚姻家庭纠纷,财产权益纠纷等。不包括法院受理调解的民事案件数。

社会福利事业单位 指集中收养社会孤、老、残、幼的机构。包括由民政部门管理的社会福利院、儿童福利院、精神病人福利院和城镇集体办的福利院,以及农村集体举办的敬老院。

社会福利事业单位收养人数 包括民政部门管理的和城镇及农村集体举办的社会福利事业单位中收养的老人、少年儿童、缺乏生活自理能力的残疾人员和精神病人。

十六、江西省及兄弟市对比资料

本篇资料整理、校对

王忠诚、孙　飞

16－1 各设区市行政区划、人口和土地面积

（2015 年）

地　区	设区市（个）	县级市（个）	县（个）	市辖区（个）	年末总人口（万人）	#城镇人口	年平均人口（万人）	人口自然增长率（‰）	土地面积（平方公里）
江西省	11	10	68	22	4565.63	2357	4553.90	6.96	166933
南昌市	1		3	6	530.29	379	527.15	6.75	7194
景德镇市	1	1	1	2	164.05	104	163.51	6.83	5261
萍乡市	1		3	2	190.11	125	189.55	6.98	3830
九江市	1	2	9	2	482.58	244	481.63	6.93	19078
新余市	1		1	1	116.67	80	116.37	6.86	3161
鹰潭市	1	1	1	1	115.33	64	115.04	6.81	3560
赣州市	1	1	15	2	854.71	389	852.73	6.99	39363
吉安市	1	1	10	2	489.90	226	489.01	7.02	25283
宜春市	1	3	6	1	551.20	247	550.26	7.02	18668
抚州市	1		10	1	399.28	180	398.47	7.08	18799
上饶市	1	1	9	2	671.51	318	670.16	7.01	22791

16－2　各设区市生产产值

（2015 年）

地　区	地区生产总值（亿元）	第一产业	第二产业	第三产业	人　均生产总值（元）
江　西　省	16723.78	1772.98	8487.30	6463.50	36724
南　昌　市	4000.01	171.26	2179.96	1648.79	75880
景德镇市	772.06	57.22	437.58	277.25	47218
萍　乡　市	912.39	62.83	517.29	332.27	48135
九　江　市	1902.68	140.75	1014.59	747.34	39505
新　余　市	946.80	55.95	527.93	362.92	81361
鹰　潭　市	639.26	49.40	379.57	210.29	55569
赣　州　市	1973.87	295.56	870.46	807.85	23148
吉　安　市	1328.52	217.40	657.23	453.89	27168
宜　春　市	1621.02	236.04	838.60	546.38	29459
抚　州　市	1105.14	181.81	549.30	374.02	27735
上　饶　市	1650.81	222.80	803.38	624.62	24633

16－3　各设区市生产总值指数

（上年＝100）

地　区	地区生产总值	第一产业	第二产业	第三产业	人均生产总值
江西省	109.1	103.9	109.4	110.0	108.5
南昌市	109.6	103.9	109.8	109.8	108.3
景德镇市	108.6	103.6	108.9	108.8	107.9
萍乡市	108.9	104.0	108.4	111.0	108.3
九江市	109.7	104.0	109.3	111.5	109.2
新余市	108.5	103.6	108.3	109.6	107.9
鹰潭市	109.0	104.0	109.2	109.8	108.4
赣州市	109.6	104.1	109.8	111.4	109.1
吉安市	109.6	104.2	110.0	111.6	109.2
宜春市	109.5	104.0	110.0	111.6	109.1
抚州市	109.2	104.2	109.2	111.4	108.7
上饶市	109.5	103.7	109.7	111.3	109.1

16－4 各设区市农业总产值

（2015年，按当年价格计算）

地区别	农业总产值（亿元）	农业产值	林业产值	牧业产值	渔业产值	服务业产值
江西省	2859.10	1326.90	293.69	719.83	419.99	98.69
南昌市	296.92	115.57	3.71	102.16	69.21	6.27
景德镇市	87.96	48.12	6.33	22.47	6.48	4.55
萍乡市	97.96	37.77	7.55	45.04	6.85	0.74
九江市	246.82	110.95	15.34	46.87	66.18	7.48
新余市	94.15	44.46	13.76	23.17	9.83	2.93
鹰潭市	79.56	32.19	4.79	31.67	9.71	1.20
赣州市	480.59	235.75	33.57	148.20	53.91	9.16
吉安市	364.71	179.58	45.98	92.35	39.39	7.41
宜春市	418.61	194.87	41.98	129.72	48.41	3.63
抚州市	328.32	199.19	15.65	75.87	31.04	6.56
上饶市	363.51	150.76	30.58	93.21	80.07	8.90

16－5　各设区市规模以上工业主要经济指标

（2015 年）

地区	企业单位数（个）	工业增加值		主营业务收入		利润税金		工业经济效益综合指数（%）
		总量（亿元）	比上年增长（%）	总量（亿元）	比上年增长（%）	总量（亿元）	比上年增长（%）	
江 西 省	9226	7268.9	9.2	32459.4	4.3	3543.8	3.8	334.1
南 昌 市	1227	1451.8	9.4	5472.4	7.1	585.3	2.9	313.9
景德镇市	320	271.0	9.4	1084.2	4.0	95.2	3.7	314.6
萍 乡 市	652	429.2	8.0	1682.1	3.0	277.9	0.4	371.4
九 江 市	1259	1035.6	9.9	5109.2	7.5	570.1	13.2	422.7
新 余 市	353	320.0	8.0	1545.1	－4.9	92.1	－15.3	293.1
鹰 潭 市	235	358.6	9.0	3435.7	0.5	160.5	－8.7	447.4
赣 州 市	1188	753.3	9.2	3124.0	3.8	336.0	1.5	312.9
吉 安 市	1095	730.2	9.8	2998.5	7.2	394.2	6.0	374.3
宜 春 市	1097	870.5	9.4	3571.4	7.6	464.0	6.2	337.2
抚 州 市	903	364.2	8.6	1540.0	3.7	170.9	5.7	319.8
上 饶 市	897	690.5	9.6	2897.0	7.4	397.6	3.1	379.5

注:本表数据为快报数

16－6 各设区市500万元以上项目固定资产投资

（2015年）

地区	投资完成额(亿元)			比上年增长(%)		
	固定资产投资	工业投资	房地产开发投资	固定资产投资	工业投资	房地产开发投资
江西省	16993.90	8918.31	1520.10	16.0	12.8	14.9
南昌市	4000.07	1552.73	485.37	17.0	11.5	17.2
景德镇市	690.88	485.49	27.44	11.0	7.5	－25.8
萍乡市	1026.74	664.43	45.46	13.3	7.2	22.3
九江市	2119.92	1543.90	132.91	17.0	23.7	2.9
新余市	822.60	404.84	26.33	10.0	－6.1	－8.0
鹰潭市	531.56	281.59	57.76	14.5	14.3	28.5
赣州市	1892.21	584.05	274.35	17.6	－6.0	19.1
吉安市	1486.95	880.61	82.00	17.1	14.0	24.1
宜春市	1588.14	1012.62	149.08	17.2	20.4	34.6
抚州市	1099.67	618.63	110.00	17.1	14.2	11.2
上饶市	1560.23	889.42	129.39	16.1	20.5	3.1

16－7　各设区市城乡居民人均收入和消费支出

（2015 年）　　单位:元

地　区	城镇居民可支配收入	农村居民可支配收入	城镇居民消费支出	农村居民消费支出
江　西　省	26500	11139	16732	8486
南　昌　市	31942	13693	21396	8788
景　德　镇　市	29101	12736	18198	9508
萍　乡　市	28335	14046	18928	10006
九　江　市	27635	11143	17483	8688
新　余　市	29836	13986	19002	10190
鹰　潭　市	26952	12383	17080	9631
赣　州　市	25001	7786	16080	6725
吉　安　市	27078	10355	16628	7947
宜　春　市	25381	11621	15888	9041
抚　州　市	25065	11441	15032	7488
上　饶　市	26924	10112	15137	7198

16－8　各设区市财政、金融及其他

（2015年）

地区	公共财政预算收入（亿元）	公共财政预算支出（亿元）	人民币各项存款余额（亿元）	储蓄存款余额	人民币各项贷款余额（亿元）	在岗职工年平均工资（元/人）	社会消费品零售总额（亿元）
江　西　省	2165.74	4412.55	24785.15	12389.73	18348.10	52137	5925.50
南　昌　市	389.34	543.18	8342.63	2491.39	7376.05	59509	1671.19
景德镇市	90.59	172.65	810.92	510.28	499.08	45372	269.61
萍　乡　市	106.07	185.80	790.34	458.56	539.29	48100	304.57
九　江　市	247.20	442.86	2173.34	1193.18	1451.90	51065	581.45
新　余　市	98.80	153.27	902.71	410.23	664.59	51639	214.82
鹰　潭　市	83.01	127.74	589.35	327.10	451.71	57623	172.57
赣　州　市	245.51	615.08	3355.91	2014.14	2297.55	50313	708.74
吉　安　市	161.73	359.64	1938.64	1276.05	1055.36	48201	398.47
宜　春　市	215.04	403.51	2140.59	1324.42	1318.60	45330	533.31
抚　州　市	126.82	294.68	1432.01	942.63	939.58	49522	430.35
上　饶　市	222.37	456.96	2258.41	1438.57	1474.29	50414	640.42

16－8 续表1

地区	进出口总额		出口额		实际利用外资	
	绝对数（亿元）	比上年增长（%）	绝对数（亿元）	比上年增长（%）	绝对数（万美元）	比上年增长（%）
江西省	2641.5	0.7	2060.9	4.8	947300	12.1
南昌市	711.5	－5.2	532.7	3.1	261656	12.7
景德镇市	50.1	4.1	48.4	4.0	17115	10.4
萍乡市	78.5	－13.9	77.8	－13.4	30758	9.8
九江市	370.4	4.7	304.7	7.0	163019	12.4
新余市	112.9	－10.1	78.7	1.3	36562	5.8
鹰潭市	224.9	－11.2	59.1	8.4	24011	11.3
赣州市	258.3	7.8	210.9	7.2	137013	12.1
吉安市	302.8	11.4	262.0	6.1	88323	12.4
宜春市	160.2	9.5	148.1	8.3	65440	11.9
抚州市	103.6	8.5	102.3	8.1	29313	16.8
上饶市	268.1	8.0	236.4	6.6	94111	12.2

16-9 闽浙皖赣毗邻十市主要经济指标

(2015 年)

市名	行政区划土地面积(平方公里)	年末总人口(户籍,万人)	年末总人口(常住,万人)	地区生产总值		第一产业增加值	
				总额(亿元)	为上年(%)	总额(亿元)	为上年(%)
福建省							
南平市	26280	319.86	264.00	1339.5	9.1	289.2	4.5
浙江省							
金华市	10942	478.09	545.40	3406.5	7.8	141.2	1.5
衢州市	8845	256.38	213.3	1146.1	6.6	84.4	1.4
丽水市	17298	266.38	213.90	1103.3	6.4	91.4	2.4
江西省							
景德镇市	5256	166.73	164.05	772.1	8.6	57.2	3.6
鹰潭市	3560	127.26	115.33	639.3	9.0	49.4	4.0
上饶市	22791	774.40	671.51	1650.8	9.5	222.8	3.7
抚州市	18799	427.24	399.28	1105.1	9.2	181.8	4.2
安徽省							
黄山市	9678	147.69	137.37	530.9	6.1	55.1	3.9
宣城市	12313	279.95	259.20	971.5	8.2	121.3	4.2

16-9 续表 1

市名	第二产业增加值		工业增加值		第三产业增加值		人均地区生产总值	
	总额(亿元)	为上年(%)	总额(亿元)	为上年(%)	总额(亿元)	为上年(%)	总额(常住,元)	为上年(%)
福建省								
南平市	578.2	8.6	428.1	8.2	472.1	12.3	50932	8.7
浙江省								
金华市	1538.9	5.8	1323.5	5.1	1726.3	10.5	62480	7.5
衢州市	534.8	4.2	455.2	3.7	526.8	10.4	53847	6.3
丽水市	503.9	3.4	426.2	1.8	508.0	10.5	51676	6.0
江西省								
景德镇市	437.6	8.9	383.6	9.1	277.3	8.8	47216	7.9
鹰潭市	379.6	9.2	347.5	8.6	210.3	9.8	55568	8.5
上饶市	803.4	9.7	661.1	9.1	624.6	11.3	24633	9.1
抚州市	549.3	9.2	449.9	8.3	374.0	11.4	27735	8.9
安徽省								
黄山市	211.8	4.4	164.9	4.2	264.0	8.3	38794	5.4
宣城市	486.3	7.7	411.5	7.7	363.8	10.6	37610	7.6

16－9　续表 2

市名	农林牧渔业总产值（现价，亿元）	规模以上工业总产值（现价，亿元）	利税总额（亿元）	# 利润总额（亿元）	社会消费品零售总额（亿元）	出口总额（亿美元）	当年实际利用外资金额（亿美元）
福建省							
南平市	496.4	1669.0	118.8	66.0	503.9	11.3	1.5
浙江省							
金华市	226.1	4720.8	410.5	244.0	1783.1	476.7	2.7
衢州市	139.8	1515.8	127.8	73.5	551.0	32.9	0.6
丽水市	140.3	1704.4	187.3	130.9	519.3	31.4	2.2
江西省							
景德镇市	88.0	1097.6	95.3	48.5	269.6	7.8	1.8
鹰潭市	79.6	2091.8	154.6	87.8	171.7	9.5	2.4
上饶市	363.5	2826.8	397.6	244.6	640.4	38.2	9.4
抚州市	328.3	1551.4	170.9	94.8	428.2	16.5	2.9
安徽省							
黄山市	95.0	568.0	33.8	22.4	281.1	5.3	1.9
宣城市	221.2	1796.4	158.6	106.4	422.5	17.5	8.0

16－9　续表 3

市名	固定资产投资额（亿元）	财政总收入（亿元）	公共财政预算收入（亿元）	城乡居民储蓄存款余额（亿元）	农村居民人均可支配收入（元）	城镇居民人均可支配收入（元）	居民消费价格指数（上年＝100）
福建省							
南平市	1775.0	124.3	86.4	761.8	12264	26120	101.6
浙江省							
金华市	1836.2	517.0	309.7	3535.0	20297	43193	101.2
衢州市	882.0	144.0	94.0	897.5	16884	33212	101.1
丽水市	751.5	151.7	94.6	1028.4	15000	32875	101.2
江西省							
景德镇市	690.9	111.6	90.6	510.3	12736	29101	101.7
鹰潭市	531.6	112.4	83.0	327.1	12463	26952	101.5
上饶市	1560.2	290.2	222.4	1438.6	10112	26924	101.2
抚州市	1099.7	165.2	126.8	1432.0	11441	25065	100.9
安徽省							
黄山市	552.5	92.5	71.6	570.0	11872	26226	100.7
宣城市	1283.4	188.9	131.6	1204.7	12309	28602	101.6